中华人民共和国海船船员适任考试培训教材

交通运输类“十四五”创新教材

符合《海船船员培训大纲（2021版）》《海船船员考试大纲（2022版）》要求

GMDSS设备操作

中国海事服务中心 组织编审

杨家轩　张树奎　任云烨 ◎ 主编

大连海事大学出版社

DALIAN MARITIME UNIVERSITY PRESS

图书在版编目(CIP)数据

GMDSS 设备操作 / 杨家轩，张树奎，任云烨主编. —
大连：大连海事大学出版社，2021.12(2024.12 重印)
中华人民共和国海船船员适任考试培训教材
ISBN 978-7-5632-4225-2

Ⅰ. ①G…　Ⅱ. ①杨…　②张…　③任…　Ⅲ. ①全球海上遇险与安全系统—通信设备—操作—职业培训—教材
Ⅳ. ①U676.8

中国版本图书馆 CIP 数据核字(2021)第 265165 号

大连海事大学出版社出版

地址:大连市黄浦路523号　邮编:116026　电话:0411-84729665(营销部)　84729480(总编室)

http://press.dlmu.edu.cn　E-mail:dmupress@dlmu.edu.cn

大连金华光彩色印刷有限公司印装　大连海事大学出版社发行

2021 年 12 月第 1 版　2024 年 12 月第 2 次印刷

幅面尺寸:184 mm×260 mm　印张:20.5　字数:503 千

出版人:刘明凯

责任编辑:董洪英　责任校对:李继凯

封面设计:解瑶瑶　版式设计:解瑶瑶

ISBN 978-7-5632-4225-2　定价:62.00 元

中华人民共和国海船船员适任考试
培训教材编审委员会

前 言

为有效履行经修正的《1978年海员培训、发证和值班标准国际公约》(STCW公约)等国际公约,进一步规范海船船员培训行为,确保船员培训质量,根据《中华人民共和国船员条例》《中华人民共和国船员培训管理规则》,交通运输部编制了《海船船员培训大纲(2021版)》,自2021年10月1日起施行。

为了更好地指导帮助船员进行适任考试前的培训,促进高素质船员队伍建设,中国海事服务中心组织全国有丰富教学、培训经验和航海实践经验的专家共同编写了本套教材。本套教材严格按照《海船船员培训大纲(2021版)》编写,符合培训大纲对船员适任培训的要求,具有权威、准确、系统、实用的特点,重点突出船员适任和航海实践需掌握的知识,旨在培养船员具备在实践中应用知识的能力,可作为船舶工具书使用。

本套教材包括:

《船舶管理(船长/大副)》《船舶操纵与避碰——船舶操纵(船长/大副)》《船舶操纵与避碰——船舶避碰与值班(船长/大副)》《航海英语(船长)》《航海英语(大副)》《航海学——天文、地文、仪器(船长/大副)》《航海学——航海气象与海洋学(船长/大副)》《船舶结构与货运(大副)》《船舶操纵与避碰——船舶避碰与值班(二/三副)》《船舶操纵与避碰——船舶操纵(二/三副)》《船舶管理(二/三副)》《船舶结构与货运(二/三副)》《航海学——航海气象与海洋学(二/三副)》《航海学——天文、地文、仪器(二/三副)》《航海英语(二/三副)》《值班水手业务》;

《GMDSS英语阅读》《GMDSS综合业务》《GMDSS英语听力与会话》《GMDSS设备操作》;

《轮机英语(轮机长/大管轮)》《船舶动力装置(轮机长)》《船舶管理(轮机长/大管轮)》《主推进动力装置(大管轮)》《船舶辅机(大管轮)》《轮机工程基础(大管轮)》《船舶电气与自动化(船舶电气)(大管轮)》《船舶电气与自动化(船舶自动化)(大管轮)》《轮机英语(二/三管轮)》《船舶管理(二/三管轮)》《主推进动力装置(二/三管轮)》《船舶辅机(二/三管轮)》《轮机工程基础(二/三管轮)》《船舶电气与自动化(船舶电气)(二/三管轮)》《船舶电气与自动化(船舶自动化)(二/三管轮)》《值班机工业务》;

《电子电气员英语》《船舶电气(电子电气员)》《船舶机舱自动化》《信息技术与通信导航系统》《船舶管理(电子电气员)》《电子技工业务》《电子技工英语》《电子电气员英语听力与会话》《电子技工英语听力与会话》。

本套教材的编写、出版工作,得到了各海事管理机构、航海教育培训机构、航运企业等单位的关心和大力支持,特致谢意。

中国海事服务中心

2021年11月

扫码学习《深入学习贯彻党的二十大精神　加快建设交通强国　当好中国式现代化开路先锋》

编者的话

本书根据《1978 年海员培训、发证和值班标准国际公约马尼拉修正案》对 GMDSS 设备操作的培训要求,并以《海船船员培训大纲(2021 版)》的具体规定设置全书章节及内容,力求知识点全面,针对性强、实用性强,图文并茂,易于学员学习、理解,旨在帮助学员顺利通过海船船员适任考试。

通信技术飞速发展,为了满足航海信息化和智能化的需求,IMO 已经完成了 GMDSS 高级复审和详细复审,正在推进 GMDSS 现代化。船载 GMDSS 设备有了新的发展,受训学员接触信息化产品的机会日益增多,使用水平随之提高。面对这些变化和新情况,我们先进行调研,了解了目前船舶上和各航海类院校所使用的 GMDSS 设备的机型;再按照《海船船员培训大纲(2021 版)》对“GMDSS 设备操作”这一科目的考点要求编写了本书,并结合受训学员的特点,采用立体化的手段,通过视频方式展现详细的操作步骤。

本书共分七章:第一章为 GMDSS 设备操作概述,第二章为 Inmarsat-C 船站设备操作,第三章为 Inmarsat-F 船站设备操作,第四章为 MF/HF 通信设备操作,第五章为 VHF 通信设备操作,第六章为海上安全信息接收设备操作,第七章为 EPIRB 和 SART 操作。

本书由杨家轩、张树奎、任云烨担任主编,刘锦辉、黄德元担任副主编,黄耀倧、刘长青担任主审。王永进、袁富春、郭春燕参与了本书的编写。全书由杨家轩统稿。

本书适用于 GMDSS 通用操作员适任考试培训,也可作为航海院校师生的教学参考书及航运管理相关人员的工作参考书。

航海科技日新月异,新理论、新技术、新航法、新设备不断涌现并投入航海实践,相关国际公约、各国法律法规、行业标准和规定也随之不断进步完善,本书未尽之处,敬请广大同仁和读者批评斧正,不吝赐教。

编　者

2021 年 11 月

目录

第一章 GMDSS设备操作概述

第一节 GMDSS 概述

全球海上遇险与安全系统(Global Maritime Distress and Safety System,GMDSS)是由国际海事组织(International Maritime Organization,IMO)开发实施的海上通信网。1988 年 10 月,IMO 召开缔约国外交大会,通过了《1974 年国际海上人命安全公约》1988 年修正案,对 SOLAS 公约第四章"无线电通信"进行了全面的替代,将 GMDSS 引入了公约,并规定 GMDSS 于 1992 年 2 月 1 日开始生效,并于 1999 年 2 月 1 日开始全面实施。

GMDSS 是一个服从于《1979 年国际海上搜寻救助公约》的全球性通信网,它是一个用于全球海上遇险、紧急、安全通信和常规通信的综合通信系统。它建立的目的是最大限度地保障海上人命与财产的安全,将海上航行安全提高到一个新的水平。随着电子技术、通信技术和计算机技术的发展,GMDSS 进一步得到了完善,其功能一直在不断地优化和提升。

一、GMDSS 的功能

GMDSS 能实现遇险船舶的可靠报警,对遇险船舶进行识别、定位,实现救助单位之间的协调通信和救助现场的通信,提供必要的预防措施以及船岸之间的日常通信等各项服务。当海上发生遇险事件时,遇险船舶可以使用多种手段迅速、有效地发出报警信息,岸上的搜救机构或/和遇险船舶附近的其他船舶能够及时收到遇险船的报警,以最短的时间、最快的速度进行协调救助。GMDSS 还提供广泛的、必要的预防措施,例如定时发布有助于海上航行安全的信息,包括航行警告、气象预报和其他海上紧急信息,以保证船舶航行的安全。另外,船舶可利用 GMDSS 通信设备,在各自的航行区域内,可靠地完成正常业务通信,如话音、电传、视频及多种形式的数据通信,满足了船舶常规通信的需要,有效地提高了常规通信效率。GMDSS 的功能归纳如下:

1.遇险报警

遇险报警是指遇险船舶向搜救协调中心(Rescue Coordinating Centre,RCC)和附近的船舶迅速有效地发出遇险报警信息,RCC 收到报警后立刻采取措施,可通过海岸电台或卫星地面站及时将报警信息转发到有关的搜救单位和遇险现场附近的其他船舶,并负责指挥协调救助。遇险报警的内容主要包括遇险船的识别、遇险的位置、遇险的时间、遇险的性质和有助于搜救的其他信息。

在 GMDSS 中,遇险报警可在三个方向上进行,即船对岸、船对船、岸对船。这三种形式的遇险报警都是向某一个方向发出特定的报警信息,属于单向通信。遇险船舶可根据所处的海域采用有效、恰当的遇险报警手段实现报警信息的发送。报警迅速可靠,成功率高,从而使遇险目标得到及时的救助。

2.搜救协调通信

搜救协调通信是指 RCC 成功收到遇险报警信息后,与遇险船、参与救助的船舶或飞机以及陆上其他有关搜救协调中心间进行协调搜救活动的通信。RCC 距离海事发生现场相对较远,所以搜救协调通信属于远距双向通信,它与遇险报警只向某一方向传输特定信息不同。搜救协调通信可使用合适的海上遇险和安全通信频率,采用无线电话和无线电传等通信方式进行,这主要取决于船舶设备的配备和出事的海域。

3.救助现场通信

在救助现场,遇险船舶或救生艇与参与救助的各单位(救助船或飞机)间和各救助单位为向遇险船舶提供援助或为救助幸存者而进行的直接通信就是现场通信。现场通信通常采用无线电话或无线电传在中频和甚高频波段的海上遇险与安全通信频率上进行。飞机参与现场通信时,通常采用的频率为 3 023 kHz、4 125 kHz 和 5 680 kHz。此外,救助飞机还可以使用 2 182 kHz、156.8 MHz 及其他移动单位通信。现场通信属于近距双向通信。

4.搜救定位

搜救定位是寻找和发现遇险目标(遇险船舶、救生艇或幸存者)的过程。在救助现场迅速找到遇险目标是实现及时救助的前提。参与救助的船舶仅凭收到的遇险报警信息往往难以准确、及时地找到遇险目标,这主要是由于遇险船舶受到复杂海况的影响,同时报警的定位系统也存在一定的允许误差。因此,救援船或飞机到达海事发生现场后,必须依靠一种定位手段快速有效地找到遇险船舶、救生艇或幸存者,以便进行及时的救助。

自 GMDSS 从 1992 年 2 月 1 日逐步开始实施至 2010 年以前,现场寻位系统由遇险目标携带的搜救雷达应答器(Search and Rescue Radar Transponder,Radar-SART)和救助船或飞机上的 X 波段雷达所构成。从 2010 年 1 月 1 日起,自动识别系统搜救发射器(Automatic Identification System Search and Rescue Transmitter,AIS-SART)也可作为搜救定位装置,通过自动识别系统在 AIS 的专用频道上自动发射遇险信息。

搜救寻位装置在海上搜救中发挥了关键性作用,目前船舶既可采用搜救雷达应答器(Radar-SART),也可选用 AIS 搜救发射器(AIS-SART),两种设备均符合 GMDSS 设备的配备要求。

5.海上安全信息的播发与接收

为了保证船舶航行的安全,GMDSS 提供了有效的手段及时向在航船舶播发航行警告、气象警报、气象预报以及其他有关航行安全的信息，同时船舶按要求配备相应的设备自动接收相关信息，从而为船舶航行提供预防性的安全措施。按照覆盖区域划分，海上安全信息播发可通过以下系统实现：

①奈伏泰斯（Navigational Telex，NAVTEX）系统；

②增强群呼（Enhanced Group Call，EGC）系统；

③高频窄带直接印字电报系统（High Frequency Narrow Band Direct Printing，HF NBDP）系统。

其中 NAVTEX 系统服务于 A1 和 A2 海区；EGC 系统服务于 A3 海区，HF NBDP 系统服务于 A4 海区。

6.快捷高效的常规通信

常规通信是指除遇险、紧急、安全通信以外的船舶业务和公众业务的通信，即船舶与陆上的管理部门、相关用户、港方等进行有关管理、调度、货物及个人方面的通信，其中某些方面的通信从本质上说也保证了船舶航行的安全，如引航和拖船要求、货物装载情况、有关设备修理等。GMDSS 不但满足了遇险、紧急、安全通信的要求，而且提供了更有效、合理的常规通信手段，从而使日常通信效率得到提高。随着 GMDSS 的发展和完善，不断有新的通信技术应用于海上日常通信，如高质量话音与传真通信、电传与电子邮件、高速数据通信和视频传送等数字移动多媒体技术的应用，都使海上通信更加快捷和高效。

7.驾驶台对驾驶台通信

驾驶台对驾驶台通信（Bridge to Bridge Communication）是指船舶在狭窄水道和繁忙水道航行或进出港口避让以及在水上交通管理系统中采用 VHF 无线电话进行有关安全方面的通信。

GMDSS 的基本概念如图 1-1-1 所示。它的各项功能都是基于航行安全的角度，其中遇险报警是最基本、最重要的功能，因为只有成功地报警才能被及时、恰当地救助。遇险船能够被成功救助，除了依靠它自身采用合理、有效的报警手段之外，还主要依靠岸上搜救部门的指挥决断和所提供的救助手段。为此，要求海岸电台或卫星地面站与搜救协调中心之间要有畅通的岸基通信网，要求参与救助的船舶或飞机能迅速响应来自 RCC 的指挥，从而对遇险目标展开及时、有效的救助。GMDSS 是一个技术先进、自动化程度和可靠性高的综合通信系统，它确保了各项功能的全面实施，并且随着通信技术的发展和海上通信的客观需要，GMDSS 将会不断发展和改进。

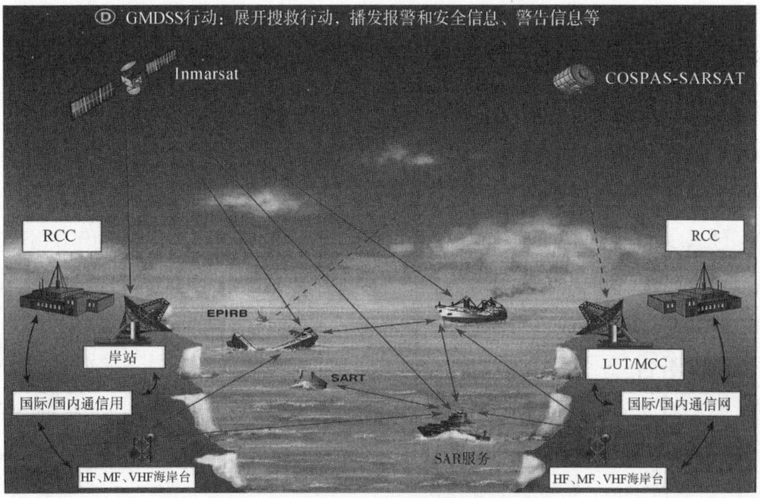

图 1-1-1　GMDSS 的基本概念

二、GMDSS 船载设备

可以从不同的角度对 GMDSS 进行划分。按空间范围划分,GMDSS 分为地面通信系统和卫星通信系统;按功能和作用划分,GMDSS 分为 Inmarsat 系统、地面通信系统、海上安全信息播发系统、定位和寻位系统。GMDSS 船载设备是船舶通过 GMDSS 开展无线电通信所必需的电台。

1.船载地面通信设备

船载地面通信系统包括中高频(MF/HF)无线电话系统、甚高频(VHF)无线电话系统、数字选择性呼叫(DSC)系统、窄带直接印字电报(NBDP)系统、奈伏泰斯(NAVTEX)系统和寻位系统。船载地面通信系统主要工作在 MF、HF 和 VHF 频段,用于近、中、远距离的遇险、紧急、安全和常规通信,从而实现 GMDSS 的功能。该系统由船舶电台(船载设备)、海岸电台和与岸台连接的国际、国内陆地公众通信网或专用通信网组成;海岸电台相当于船舶电台与陆地通信网用户的接口,起到有线通信与无线通信转接的作用。

满足 GMDSS 要求的船载地面通信设备包括:

(1)中高频(MF/HF)通信设备,包括单边带无线电话、DSC、NBDP、DSC 值守接收机;

(2)甚高频(VHF)通信设备,包括 VHF 无线电话、DSC、DSC 值守接收机;

(3)便携式 VHF 双向无线电话设备;

(4)奈伏泰斯(NAVTEX)接收机;

(5)搜救雷达应答器(Radar-SART);

(6)自动识别系统搜救发射器(AIS-SART);

(7)VHF CH70 应急无线电示位标(VHF EPIRB)。

单边带无线电话和 VHF 无线电话用于船岸间和船舶间的近、中、远距离无线电话的遇险、安全和常规通信。DSC 设备和 NBDP 设备是地面通信系统的数字化通信终端。DSC 终端与全球定位仪(GPS)相连,船位等信息可自动输入,船舶采用 DSC 终端在 MF、HF 和 VHF 频段可实现遇险报警、遇险转发、遇险确认,同时它也是船与船之间、船与岸之间建立常规无线电通信的一种可靠呼叫手段。NBDP 终端采用自动通信技术,占用较窄的通信频带(约 0.5 kHz 带宽),在遇险、安全和常规通信中可通过 MF、HF 频段实现无线电传的自动收发,并且输出是直接以打印形式给出的,它出现后取代了海上传统莫尔斯(Morse)电报。

便携式 VHF 无线电话设备用于近距离无线电话通信,遇险时可由船舶、救生艇筏上的人员携带,实现救助现场通信;日常也完成常规通信和驾驶台对驾驶台通信的功能。

NAVTEX 接收机用于接收 NAVTEX 系统播发的海上安全信息。沿海近距离的海上安全信息是通过 NAVTEX 系统播发的,各国主管部门依据 IMO 的相关规定,设立相应的海岸电台,在 518 kHz 频率上向 400 n mile 以内海域的船舶用英语按时播发海上安全信息,船载 NAVTEX 接收机自动接收并打印(某些新型接收机直接存储)有关海上安全信息的内容;也可在其他规定的频率上使用本国语言进行安全信息的播发与接收。目前许多厂家生产的 NAVTEX 接收机都可同时接收 518 kHz、4 209.5 kHz 和 490 kHz 频率的信号,并可对所接收的信息进行直接保存,早期生产的 NAVTEX 接收机不能保存接收的海上安全信息(MSI)的全部内容,仅存储电文编号,对于海上安全信息的内容直接打印。

搜救寻位装置可选用搜救雷达应答器(Radar-SART),也可选用自动识别系统搜救发射器(AIS-SART),它们可由遇险船舶、救生艇筏或落水人员携带。当发生遇险事件时,这两种设备均可人工启动,此时就会在救助船舶的相应设备上标识出遇险目标的位置。Radar-SART 工作在 9 GHz 波段,当救助船舶或飞机上的 X 波段雷达发射信号触发 Radar-SART 时,它将发出应答信号,并在救助船舶或飞机的雷达屏幕上显示出遇险目标的位置,从而对遇险者迅速实施救助。同时 Radar-SART 上有听觉和视觉指示,提醒幸存人员有救援人员已到达附近,从而提高幸存人员获救的可能。AIS-SART 工作在 AIS 系统的专用频道(CH87B 或 CH88B),内置全球导航定位系统(GNSS)接收装置,具有独特的九位数字识别码,当船舶遇险时,人工开启,会在专用频道上自动发射遇险报警信息,遇险目标周围的船舶收到该特殊信息后,在 AIS 设备上显示 AIS-SART 的准确位置,如果雷达已经连接 AIS 设备,则在雷达上也显示 AIS-SART 所发射的信息。AIS-SART 比 Radar-SART 定位更快、更准,特别是在恶劣海况下,能够更迅速、准确地对遇险船舶或遇险人员定位。

VHF CH70 应急无线电示位标(VHF EPIRB)可替代 VHF 频段的 DSC 设备。它的工作原理、电文格式和 VHF DSC 相同,主要用于 A1 海区船对岸的遇险报警,也可用于船对船的近距报警。但由于 406 MHz EPIRB 的广泛使用,目前船舶很少配备 VHF EPIRB。

2.船载卫星通信设备

GMDSS 使用了两种卫星通信系统,即国际移动卫星通信系统(Inmarsat)和全球卫星搜救系统(COSPAS-SARSAT)。满足 GMDSS 要求的船载卫星通信设备包括:

(1)Inmarsat-C 船站,具有 EGC 接收功能;

(2)Inmarsat-F 船站;

(3)406 MHz EPIRB。

除此之外,有些船舶根据实际通信需要,还装配了非 GMDSS 的卫星通信设备,用于常规通信。如 Mini-M 船站、海用卫星宽带(Fleet Broadband,FBB)终端和甚小口径卫星终端(Very Small Aperture Terminal,VSAT)等,它们都具有强大的数据和语音通信功能。

国际移动卫星通信系统(Inmarsat)是第一个全球移动卫星通信系统,由国际移动卫星组织(IMSO)运营,自 1982 年正式开始运行,为全球海上、陆地和航空用户提供现代化通信业务。从 Inmarsat 系统正式投入运营至今,先后出现了 Inmarsat-A、B、C、D/D+、M、Mini-M/M4、E、F、FB、航空宽带系统(SB)、陆地宽带系统(BGAN)、手持机系统(IsatPhone)、Gx、Fx 等系统,目前运行并满足 GMDSS 要求的有 Inmarsat-C 和 Inmarsat-F 系统。

1991 年,Inmarsat-C 系统正式推出,提供双向存储转发电传和低速数据通信业务,还具有增强群呼、车船队管理、数据采集和 E-mail 等业务。Inmarsat-C 船站的终端和天线体积小,安装调试简单,通信费用低,使用领域广,得到了广泛的应用。

为了满足海上移动用户对多媒体通信的需求,2002 年,Inmarsat 正式推出了 Inmarsat-F 系统,该系统提供话音、传真和数据通信业务。它的最大特点是把综合业务数字网(Integrated Service Digital Network,ISDN)和移动包交换数据业务(Mobile Packet Data Service,MPDS)技术应用于海上移动通信。通过移动 ISDN 和 MPDS 业务能够快速、方便地连接到 Internet,达到与 LAN 或 WAN 网直接互联的目的,使移动站就像公司总部里的一个办公室,真正实现海上移动通信与陆地通信的一体化。通过 Inmarsat-F 系统的移动 ISDN 业务还可进行高质量的话音通信、高速传真和其他增值业务。此外,Inmarsat-F 系统还完全符合 IMO 关于 GMDSS 的新决议条款，是目前唯一满足该条款的卫星通信系统。

Inmarsat 从当初仅为海上用户提供服务到如今可向陆、海、空全球范围内的用户提供通信服务，并从模拟通信逐步发展到全数字化通信和卫星多媒体通信，第四代卫星于 2005 年开始投入使用，第五代卫星于 2013 年年底投入使用，使全球卫星宽带通信系统步入了新阶段，从而使传统的信息处理方式和通信手段发生了变化，高效、快捷、共享信息资源的卫星通信网给用户带来了巨大的方便和效益，同时也将得到更广泛的应用。

406 MHz EPIRB 是 COSPAS-SARSAT 的船载设备，是 GMDSS 中重要的船对岸报警装置。它的作用是发射遇险报警和在搜救时帮助确定幸存者位置。COSPAS-SARSAT 系统是一个国际联合卫星搜救定位系统，该系统使用近极轨道卫星和同步轨道卫星，可以探测到 406 MHz EPIRB 发出的遇险报警信号，用于陆、海、空遇险事件的搜救业务，并向全球开放。遇险目标可利用其自身携带的示位标自动或人工启动发射遇险报警信号，该系统根据收到的报警信号可迅速地确定遇险目标的位置，从而进行及时、有效的救助。

三、海区划分及船载通信设备配备

1.海区划分

在 GMDSS 系统中，船载通信设备配备取决于船舶所航行的海区。海区是按海岸电台（简称岸台）使用的各频段无线电波覆盖范围划分的。四个海区的范围分别为：

（1）A1 海区——以岸台为中心，至少一个甚高频（VHF）岸台无线电波所覆盖的海域。一般指距岸 25 n mile 以内的海域范围。

（2）A2 海区——不含 A1 海区，以岸台为中心，至少一个中频（MF）岸台电波所覆盖的海域。一般指距岸 25～150 n mile 的海域范围。

（3）A3 海区——国际移动卫星系统同步卫星所覆盖的海域，一般是指 76°S～76°N 的海域，但不包括 A1 和 A2 海区。

（4）A4 海区——A1、A2 和 A3 海区之外的海域，主要是指 76°S～76°N 以外到两极之间的大部分海域。

2.GMDSS 船载设备配备要求

IMO 于 1988 年 10 月在《〈1974 年国际海上人命安全公约〉1988 年修正案》中规定，所有从事国际航行的客船和 300 总吨以上的货船，都必须按其航行的海区配备相应的 GMDSS 船用设备。

此外，船舶配备的无线电设备应至少能在两种通信分系统中工作，以提供两种以上的通信方式，每种方式应能采用独立设备执行连续报警功能；设备应操作简单、可靠且可无人值守；救生艇配备无线电设备是为完成现场通信以及能发射寻位信号，以便顺利地与搜救船舶（或飞机）配合，完成对救生艇的搜救工作。

（1）各海区航行的船舶均应配备的通信设备

①VHF 通信设备 1 台。要求能在 CH70 DSC 值守、收发 DSC 遇险报警信号；能在 CH06、CH13、CH16 上进行通信，并能在驾驶台直接启动 CH70 上的 DSC 遇险报警。

②NAVTEX 接收机 1 台。

③406 MHz EPIRB 1 部。要求能自动或人工启动,并可在水上漂浮。

④Radar-SART 或 AIS-SART。要求客船和 500 总吨及以上的货船每船至少应配备 2 部,未满 500 总吨的货船可配备 1 部,同时允许船舶和救生艇筏兼用。

⑤便携式 VHF 双向无线电话设备。要求所有客船和 500 总吨及以上的货船每船至少应配备 3 部,未满 500 总吨的货船可配备 2 部,该设备应具有 CH16 和至少其他 1 个频道。

为了保证在应急情况下船舶能够进行遇险和安全通信,除船舶主电源和应急电源外,MF/HF/VHF 通信设备或 Inmarsat 船站必须配有备用电源以及充分充电的蓄电池充电器,并满足设备工作容量的要求。一旦船舶主电源和应急电源故障,备用电源自动启动工作。备用电源除充电过程外,应独立于船舶主电源工作,其有效容量应确保 VHF 通信设备、MF/HF 通信设备和 Inmarsat 船站等主要 GMDSS 设备连续工作 1 h,还要保障船舶电台的应急照明。

(2)各海区船舶还应增配的通信设备

GMDSS 船舶除应配备上述必配的通信设备外,还应根据其所航行的海区增配满足遇险和常规通信最低要求的设备。具体配备方案如下:

①航行于 A1 海区的船舶

只要满足各海区航行的船舶均应配备的通信设备即可,可采用 VHF EPIRB 代替 406 MHz EPIRB。

②航行于 A1 和 A2 海区的船舶

应增配 MF 通信设备、NBDP 终端和 MF DSC 终端(可在 2 187.5 kHz 上值守、发射 DSC 遇险报警),工作频率范围为 1 605~4 000 kHz;或增配满足 GMDSS 要求的 Inmarsat 船站设备。

③航行于 A1~A3 海区的船舶

应增配满足 GMDSS 要求的 Inmarsat 船站和 MF 通信设备(包括单边带无线电话、DSC 值守接收机),可以在 2 187.5 kHz 上值守、发射 DSC 遇险报警;或增配 MF/HF 通信设备(包括单边带无线电话、DSC 终端、NBDP 终端、DSC 值守接收机),工作频率范围为 1 605~27 500 kHz,至少可在 2 187.5 kHz 和 8 414.5 kHz 上值守、发射 DSC 遇险报警。此外,Inmarsat 船站应具有 EGC 接收功能,或配备专用的 EGC 设备,用来接收海上安全信息。

④航行于 A1~A4 海区的船舶

应增配 MF/HF 通信设备(包括单边带无线电话、DSC 终端、NBDP、DSC 值守接收机),工作频率范围为 1 605~27 500 kHz,至少可在 2 187.5 kHz 和 8 414.5 kHz 上值守、发射 DSC 遇险报警。此外,HF NBDP 设备应具有接收海上安全信息的功能。

以上所介绍的船舶通信设备配备是根据船舶航行离岸距离的远近,实现安全和常规通信的覆盖范围,所以这是单套设备的配备要求。在 GMDSS 中,为了保证船用通信设备的有效性和可用性,还要采用合理、可靠的方案。

3.船舶在各海区使用的报警设备

船舶一旦遇险,应根据其所航行的海区和所配备的设备采用恰当的方法、使用合适的设备,实现船到船、船到岸的有效报警,如图 1-1-2 所示。

航行在不同海区的船舶选用报警手段的一般原则可归纳如下:

(1)航行在 A1 海区的船舶,船对船、船对岸报警可使用 VHF CH70 上的 DSC 或 VHF 应急无线电示位标(VHF EPIRB)。

(2)航行在 A2 海区的船舶,船对船的报警可使用 VHF CH70 上的 DSC 或 MF 2 187.5 kHz

上的 DSC；船对岸的报警可使用 MF 2 187.5 kHz 上的 DSC。

(3)航行在 A3 海区的船舶，船对船的报警可使用 VHF CH70 上的 DSC 或 MF 2 187.5 kHz 上的 DSC；船对岸的报警可使用 Inmarsat 船站，或使用 HF 频段上的 DSC，例如 8 414.5 kHz 或其他的 DSC 遇险频率。

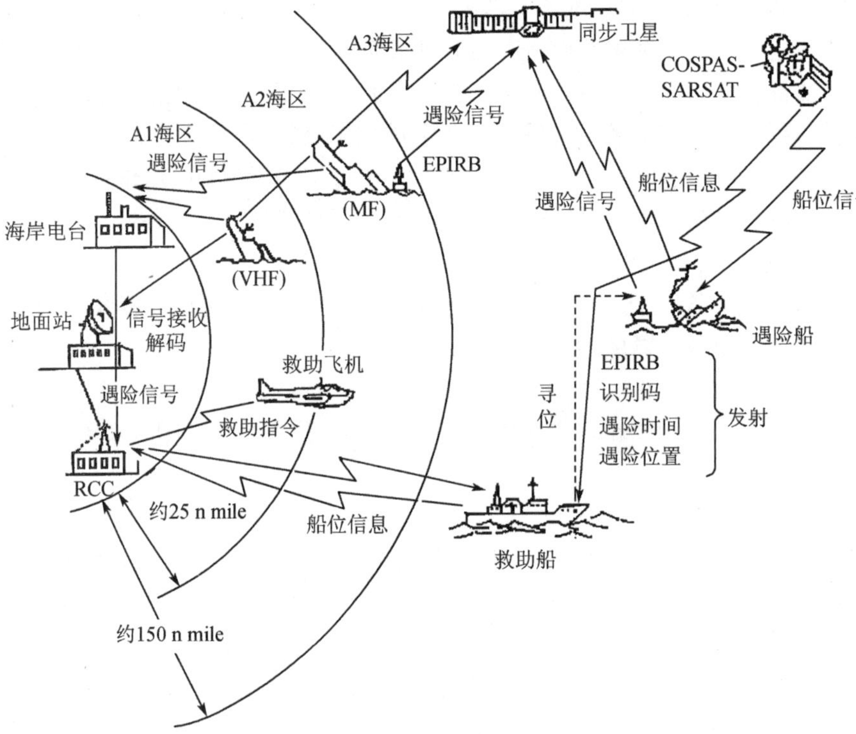

图 1-1-2 GMDSS 各海区船舶遇险报警设备

(4)航行在 A4 海区的船舶，船对船的报警可使用 VHF CH70 上的 DSC 或 MF 2 187.5 kHz 上的 DSC；船对岸的报警可使用 HF 频段上的 DSC，例如 8 414.5 kHz 或其他合适的 DSC 遇险频率。

通过 DSC 在 HF 频段上报警，要根据船舶到海岸电台的距离，在 4 207.5 kHz、6 312 kHz、8 414.5 kHz、12 577 kHz 和 16 804.5 kHz 等遇险频率中选择一个或多个进行。

各海区船舶还可使用 406 MHz EPIRB 通过全球卫星搜救系统（COSPAS-SARSAT）作为船对岸报警的第二种手段。

这里需要指出的是，上述给出的报警方法仅是实施报警首选的基本原则。在实际中，操作者可根据具体情况，灵活、综合地使用有关报警设备，达到迅速、有效报警的目的，以便获得及时的救助；危急情况下，一切可用的通信手段均可用于遇险报警。GMDSS 中的报警设备除应急无线电示位标（EPIRB）既可人工启动也可自动启动报警外，其他设备的报警都是人工启动的，因此操作人员在日常使用和管理这些设备时，应严格按照操作规程使用，防止误报警的发生。一旦由于误操作产生误报警，操作人员应立即中断发射，及时采用合适的通信方式（如电话、电传或其他方式）在相应波段的频率上向有关方面（RCC、海岸电台或岸站）尽快发出取消误报警的声明，将不良影响降到最低限度。否则，对于由误报警引发的不良后果，误报警发出者将承担相应的责任。

四、GMDSS 船载通信设备的性能保障与维修要求

根据《〈1974 年国际海上人命安全公约〉1988 年修正案》(以下简称《修正案》)的规定,船舶配备的 GMDSS 设备应确保可靠实现 GMDSS 的各项功能。也就是说,只有 GMDSS 船载设备全面实现遇险、安全和常规通信的功能,船舶才能适航。船上按标准配备的每一种通信设备均应配有相应的技术资料,包括操作和维修手册等,同时还应配有主管机关认可的适合船上使用的维护工具、备件和测试设备。在 GMDSS 中,为保证海上航行船舶通信设备的可用性,《修正案》提供了三种可选择的方案:

(1)双套设备(Duplication of Equipment):在根据航行海区配备单套设备的基础上,增配相应的设备,以达到双配套设备的要求。

(2)岸上维修(Shorebased Maintenance):船舶主管单位与认可的、具有经营资质的陆上维修公司签订协议,形成维修网络,保证对船舶无线电设备的保养和维修提供适当技术支持,保证设备故障能够及时得到修复,从而确保设备的可用性。

(3)海上电子维修(At Sea Electronic Maintenance):船舶配备相关部门认可的具有维修资质的无线电操作员,利用船上的维修和测试仪器及备件,对设备进行维修和保养。

航行在 A1 和 A2 海区的船舶,经主管机关的认可,应采用上述三种方案中的一种。例如,采用配备双套设备或岸上维修或海上电子维修或综合使用上述方案来保证 GMDSS 设备的可用性。实际中采用双套设备配备方案的公司较多。

航行在 A3 和 A4 海区的船舶,经主管机关的认可,应至少综合使用上述三种方案中的两种来保证 GMDSS 设备的可用性。例如配备双套设备和岸上维修,或配备双套设备和海上电子维修,或在配备单套设备的情况下采用海上电子维修和岸上维修的方案。实际中采用双套设备和岸上维修方案的公司较多。

各海区船舶双套设备配备方案可表述如下:

(1)A1 海区:VHF 通信设备 2 台(包括 VHF 无线电话、DSC 终端、DSC 值守接收机)。

(2)A2 海区:VHF 通信设备 2 台(包括 VHF 无线电话、DSC 终端、DSC 值守接收机),MF 通信设备 2 台(包括单边带无线电话、DSC 终端、NBDP 终端、DSC 值守接收机)。

(3)A3 海区有两种双套设备的配备方案:

第一种方案:VHF 通信设备 2 台(包括 VHF 无线电话、DSC 终端、DSC 值守接收机),MF 通信设备 1 台(包括单边带无线电话、DSC 终端、NBDP 终端、DSC 值守接收机),Inmarsat 船站 2 台,且带有 EGC 接收功能。

第二种方案:VHF 通信设备 2 台(包括 VHF 无线电话、DSC 终端、DSC 值守接收机),MF/HF 通信设备 1 台(包括单边带无线电话、DSC 终端、NBDP 终端、DSC 值守接收机),Inmarsat 船站 1 台,且带有 EGC 接收功能。

(4)A4 海区:VHF 通信设备 2 台(包括 VHF 无线电话、DSC 终端、DSC 值守接收机),MF/HF 通信设备 2 台(包括单边带无线电话、DSC 终端、NBDP 终端、DSC 值守接收机)。

远洋船舶主要航行于 A1、A2、A3 海区,所以绝大多数采用双套设备和岸上维修方案,这种选择方案也是 IMO 建议的。多数船舶选用双套设备的第二种方案,这样的配备可以使船舶在地面通信系统和卫星通信系统中实现遇险、紧急、安全和常规通信功能的覆盖,并且使船舶在

海上通信更加机动、灵活、方便,避免在单一系统出现通信困难时影响在航船舶的安全通信。

五、GMDSS 无线电操作员

除了建立有效的全球通信网和船舶配备符合标准的 GMDSS 设备外,SOLAS 公约和无线电规则对负责船舶无线电通信的人员也提出了要求。《海员培训、发证和值班标准国际公约》(International Convention on Standard of Training Certification and Watch-keeping for Seafarers, STCW)定义了负责船舶无线电通信的人员称呼,随着技术的发展,称呼也发生了变化,由报务员(Radio Officer)变为无线电人员(Radio Personnel),2010 年又变为无线电操作人员(Radio Operator)。

根据《无线电规则》(Radio Regulation,RR)的规定,GMDSS 船舶无线电操作人员证书分为以下四个等级:

(1)一级无线电电子证书(First-Class Radio Electronic Certificate);

(2)二级无线电电子证书(Second-Class Radio Electronic Certificate);

(3)通用操作员证书(General Operator's Certificate,GOC);

(4)限用操作员证书(Restricted Operator's Certificate,ROC)。

对于持有一、二级无线电电子证书的无线电人员,要求其具备船舶电台管理与通信操作、设备维修与保养、海上移动通信业务方面的知识和技能,以及电子通信技术理论等方面的知识;对于持有通用操作员证书和限用操作员证书的无线电人员,则只要求其具备相应海区船舶电台管理与通信操作、海上移动通信业务等方面的知识与技能。

根据国际电信联盟(ITU)制定的《无线电规则》(RR)的规定,使用 GMDSS 频率与技术的所有船舶电台和其他受 GMDSS 约束的海上设施,应该指派持有相应资格的、由管辖该电台的主管部门所颁发或认可证书的无线电人员。

为了对船舶电台进行有效控制,实现可靠的遇险和常规通信,航行在不同海区的船舶应指派持有相应证书的无线电人员。具体而言,航行于 A1~A4 海区的船舶、海上平台或设施,在设备单配套情况下,应配备持有一级无线电电子证书的专职无线电人员;航行于 A1~A3 海区的船舶、海上平台或设施,在设备单配套情况下,应配备持有二级无线电电子证书的专职无线电人员;航行于 A1、A2 海区的船舶、海上平台或设施,在设备单配套情况下,应配备持有通用操作员证书的无线电人员;航行于 A1 海区的船舶、海上平台或设施,在设备单配套情况下,应配备持有限用操作员证书的无线电人员。对于航行于 A3、A4 海区的船舶、海上平台或设施,当采用双套设备和岸上维修的保障方案时,应至少配有两名持有通用操作员证书的兼职无线电人员,或一名持有通用操作员证书的专职无线电人员。

第二节　GMDSS 通用操作员实践技能与要求

2021 年 8 月 19 日,交通运输部发布了《海船船员培训大纲(2021 版)》,并于 2021 年 10 月 1 日起施行。《海船船员培训大纲(2021 版)》在《海船船员培训大纲(2016 版)》的基础上,进一步规范海船船员培训行为和要求,充分体现了国家对海船船员实践技能训练的重视。与《海船船员培训大纲(2016 版)》相比,《海船船员培训大纲(2021 版)》对 GMDSS 通用操作员培训的理论知识有新要求,实践技能与要求有微调整,但实践评价标准没有发生变化。本节按照 GMDSS 设备的类型分别列出各类设备的操作要求及评估标准,以便于读者在使用本书的过程中有针对性地学习。GMDSS 船载 Inmarsat-C 船站设备操作要求及评估标准如表 1-2-1 所示;Inmarsat-F 船站设备操作要求及评估标准如表 1-2-2 所示;406 MHz EPIRB 设备操作要求及评估标准如表 1-2-3 所示;船载 VHF 通信设备操作要求及评估标准如表 1-2-4 所示;船载 MF/HF 通信设备操作要求及评估标准如表 1-2-5 所示;接收 MSI 的 NAVTEX 和 EGC 设备操作要求及评估标准如表 1-2-6 所示;搜救定位装置的操作要求及评估标准如表 1-2-7 所示,GMDSS 设备电源及 GMDSS 设备简单故障定位、排除的操作要求及评估标准如表 1-2-8 所示。此外,对于利用 GMDSS 设备进行遇险、紧急、安全通信等的要求及评估标准如表 1-2-9 所示,如何利用海上通信业务出版物的要求及评估标准如表 1-2-10 所示。

表 1-2-1 Inmarsat-C 船站设备操作要求及评估标准

实践技能与要求	评估标准
1. 熟练完成基本设置; 2. 熟练完成入网、退网; 3. 熟练完成向陆地电传用户、传真用户、邮件用户发送电文; 4. 熟练转换洋区卫星; 5. 熟练完成性能测试; 6. 能完成数据(位置报告)报告; 7. 熟练完成地址簿编辑; 8. 熟练完成查看通信记录; 9. 借助“帮助”功能,能够建立便捷操作	1. 了解 Inmarsat-C 系统的组成及功能; 2. 掌握 Inmarsat-C 系统的通信方式; 3. 熟练完成 Inmarsat-C 船站的基本设置、编辑; 4. 熟练完成 Inmarsat-C 船站常规电传、E-mail、文本文件传送到陆上传真用户的通信

表 1-2-2 Inmarsat-F 船站设备操作要求及评估标准

实践技能与要求	评估标准
1. 熟练完成入网、退网; 2. 熟练使用电话呼叫陆地用户、船站; 3. 熟练发送电子邮件给陆地用户; 4. 熟练改变卫星、海岸地球站; 5. 熟练编辑位置、时间 6. 熟练编辑默认设置; 7. 熟练编辑地址簿; 8. 熟练查看呼叫记录; 9. 熟练建立便捷操作方法(TX/RX 开启、成功入网); 10. 熟练完成启用试验; 11. 熟练编辑、存储、调用(电子邮件、报文); 12. 熟练撰写正确电子邮件到船或陆地用户; 13. 熟练查看收到的记录; 14. 能使用“帮助”功能	1. 了解 Inmarsat-F 系统的组成及其功能; 2. 掌握 Inmarsat-F 系统的通信方式; 3. 熟练完成 Inmarsat-F 船站的基本设置及基本操作; 4. 熟练使用电话呼叫陆地用户、船站; 5. 熟练发送电子邮件给陆地用户

表 1-2-3　EPIRB 设备操作要求及评估标准

实践技能与要求	评估标准
1. 能正确使用和维护 EPIRB； 2. 熟练预防及处理 EPIRB 误报警	1. 了解 COSPAS/SARSAT 卫星系统及信号路由； 2. 熟悉正确使用 EPIRB 完成遇险报警； 3. 熟练完成 EPIRB 测试及维护； 4. 熟悉误报警的预防及误报警的正确处理

表 1-2-4　船舶 VHF 通信设备操作要求及评估标准

实践技能与要求	评估标准
1. 熟悉 VHF 设备面板各按钮的作用； 2. 熟练完成 VHF DSC 常规呼叫：单呼、群呼； 3. 熟练完成 VHF DSC 查询、位置请求操作； 4. 熟练查看 VHF DSC 已经收到存储在存储器中的报文； 5. 熟练查看 VHF DSC 本台的 MMSI； 6. 熟练编辑 VHF DSC 岸台、用户、位置及时间； 7. 熟练改变 VHF DSC 自动收妥设置、信道、功率设置； 8. 熟练完成 VHF DSC 地址簿编辑； 9. 熟练完成 VHF DSC 日常测试； 10. 熟练完成 VHF DSC 各类呼叫电文的编辑与接收； 11. 熟练完成 VHF 无线电话常规通信：船到船、船到岸 VHF 无线电话通信； 12. 熟练完成 VHF 电话的各类设置操作： (1)高/低发射功率转换； (2)设置双值守； (3)信道的存储和扫描； (4)调整控制面板亮度和对比度； (5)开启或关闭扬声器； (6)调节静噪等	1. 掌握 VHF 频率范围、带宽、频道间距等； 2. 了解 VHF DSC 技术； 3. 了解 VHF 无线电话技术； 4. 掌握 VHF DSC 呼叫程序； 5. 掌握 VHF 无线电话通信程序； 6. 掌握 VHF 频率、信道； 7. 熟练完成 VHF 设备基本操作； 8. 熟练完成 VHF DSC 常规呼叫； 9. 熟练完成 VHF 无线电话常规通信； 10. 熟练完成 VHF 设备的基本设置、编辑； 11. 熟练完成 VHF DSC 自测和性能测试

表 1-2-5　船载 MF/HF 通信设备操作要求及评估标准

实践技能与要求	评估标准
1. 熟悉 MF/HF 设备面板各按钮的作用。 2. 熟练完成 MF/HF DSC 单呼、群呼、区呼操作。 3. 熟练查看已经收到的报文。 4. 熟练查看本台的 MMSI。 5. 熟悉 MF/HF DSC 基本设置: (1)熟练完成收妥方式、位置和时间设置等; (2)功率设置、通信类型设置。 6. 熟练查找海岸电台的通信频率,并能在 MF/HF 设备上设置收发频率。 7. 熟练完成天线调谐及匹配。 8. 熟练完成射频增益调整。 9. 熟练完成 MF/HF DSC 日常自测和呼叫测试。 10. 熟练完成无线电话遇险安全频率 2 182 kHz 的快捷设置; 11. 熟练完成常规无线电话通信。 12. 熟练完成 MF/HF 电话的各类设置及电话通信操作: (1)工作方式的切换、信道/收发频率的选择与输入; (2)无线电话国际遇险与安全频率的设置与使用; (3)调整发射的功率以及设置静噪; (4)频率的存储与调取; (5)MF/HF 无线电话通信[船-岸、船-用户 MF/HF 无线电话通信;船-船 MF/HF 无线电话通信、岸台通话表(T/L)的接收]。 13. 熟练完成 MF/HF 无线电传常规通信操作。 14. 其他: (1)熟悉 NBDP 普通电文与通告电文的格式; (2)熟练完成电文修改、保存; (3)熟练完成 NBDP 遇险与安全通信频率设置。 15. 能够完成 MF/HF 无线电设备日常维护与管理	1. 了解船舶 MF/HF 设备类型和组成; 2. 掌握 MF/HF DSC 呼叫程序; 3. 掌握 MF/HF 无线电话通信程序、NBDP 通信程序; 4. 掌握 MF/HF 通信频率及通信频率的正确选择; 5. 熟练完成 MF/HF DSC 设备常规呼叫操作; 6. 熟练完成 MF/HF 船到船、船到岸无线电话常规通信; 7. 熟练完成 MF/HF 无线电传常规通信; 8. 熟练完成 MF/HF 设备的基本设置、编辑

表 1-2-6　MSI 接收设备(NATEX&EGC)操作要求及评估标准

实践技能与要求	评估标准
1. 熟练完成 NAVTEX 接收机设置:依据实际航线正确选择接收台、报文类别、接收频率等; 2. 熟练查看 NAVTEX 接收机收到的报文; 3. 熟练完成 EGC 设置: 4. 熟练操作气象传真机; 5. 熟练完成 HF MSI 的接收设置	1. 了解海上安全信息基本概念; 2. 熟练完成 NAVTEX 接收机的基本设置及其测试; 3. 熟练完成 NAVTEX 接收 MSI(根据航线); 4. 了解安全网业务; 5. 熟练完成 EGC 设置(根据航线); 6. 熟练操作气象传真机接收气象传真(根据航线); 7. 熟练完成 HF MSI 的接收设置; 8. 能正确处理有关船舶和船上人员安全以及保护海洋环境的英文信息

表 1-2-7 搜救定位装置(SART)的操作要求及评估标准

实践技能与要求	评估标准
1. 能正确使用和维护 SART	1. 了解搜救雷达应答器寻位原理及其功能； 2. 了解 AIS-SART 寻位原理及其功能； 3. 熟练使用 SART 完成寻位； 4. 熟练完成 SART 测试及维护

表 1-2-8 GMDSS 设备电源及 GMDSS 设备简单故障定位、排除的操作要求及评估标准

实践技能与要求	评价标准
1. 辨别各类电池； 2. 熟练完成电池充电及维护； 3. 熟练完成电池酸性检测及电压测量； 4. 能够完成 GMDSS 海上电子设备简单故障定位及排除	1. 掌握 GMDSS 设备电源，特别是备用电源； 2. 了解不同类型的电池及其特性； 3. 了解海上通信设备的各类天线； 4. 熟练完成电池充电及维护； 5. 熟练完成酸性电池的密度和电压测量； 6. 能够完成 GMDSS 海上电子设备简单故障定位及排除

表 1-2-9 利用 GMDSS 设备进行遇险、紧急、安全通信的要求及评估标准

实践技能与要求	评估标准
1. VHF 设备： 1.1 熟练完成 VHF DSC 两种遇险报警(快速报警和编发报警)； 1.2 对收到的 VHF DSC 遇险报警能正确处理(包括收妥及转发等)； 1.3 熟练完成 VHF DSC 紧急呼叫、安全呼叫； 1.4 熟练使用遇险、紧急和安全信号并能完成遇险、紧急和安全呼叫及遇险、紧急和安全通信； 1.5 了解 VHF DSC 医疗运输请求操作。 2. MF/HF 设备： 2.1 熟练完成 DSC 遇险报警以及对收到的遇险报警能正确处理(包括收妥及转发等)； 2.2 熟练完成 DSC 紧急、安全呼叫； 2.3 能够完成 DSC 医疗运输、医疗指导呼叫与通信； 2.4 熟练使用 MF/HF 无线电话遇险、紧急、安全信号，并能完成遇险、紧急、安全呼叫及遇险、紧急、安全通信； 3. Inmarsat-C 船站： 3.1 熟练发送遇险报警及遇险通信； 3.2 熟练完成误报警处理。 4. Inmarsat-F 船站： 4.1 熟练使用 Inmarsat-F 船站进行遇险报警和	1.掌握无线电话遇险通信程序、紧急通信程序和安全通信程序； 2. 掌握不同遇险报警方式； 3. 掌握遇险通信、紧急通信和安全通信的不同通信方式； 4. 掌握不同通信方式的遇险、安全通信频率； 5. 熟练完成船舶 VHF DSC 遇险报警； 6. 能正确处理收到的 VHF DSC 遇险报警； 7. 熟练完成 VHF DSC 紧急呼叫、安全呼叫； 8. 熟练使用遇险信号、紧急信号和安全信号并能完成 VHF 无线电话遇险、紧急和安全呼叫及遇险、紧急和安全通信； 9. 熟练完成 MF/HF DSC 遇险报警 10. 对收到的 MF/HF DSC 遇险报警能正确处理(包括收妥及转发等)； 11. 熟练完成 MF/HF DSC 紧急、安全呼叫； 12. 熟练使用 MF/HF 无线电话遇险、紧急、安全信号并能完成遇险、紧急、安全呼叫及遇险、紧急、安全通信； 13. 熟练使用 Inmarsat-C 船站发送遇险报警及遇险通信； 14. 熟练使用 Inmarsat-C 船站完成误报警处理； 15. 熟练使用 Inmarsat-F 船站进行遇险报警和遇险通信；

续表

遇险通信； 4.2 熟练使用接续码通过电话发送紧急、安全呼叫； 4.3 熟练发送遇险转发给 RCC。 5. EPIRB： 5.1 熟练使用 EPIRB 完成遇险报警。 6.熟练使用驾驶台报警面板	16. 熟练使用 Inmarsat-F 船站接续码通过电话发送紧急、安全呼叫； 17. 熟练使用 EPIRB 完成遇险报警； 18. 熟悉防止误报警方法及误报警的取消程序； 19. 熟练使用驾驶台报警面板； 20. 能正确处理有关船舶和船上人员安全以及保护海洋环境的英文信息

表 1-2-10　利用海上通信业务出版物的要求及评估标准

实践技能与要求	评估标准
1. 熟练查阅各类电台表； 2. 熟练查阅英版无线电信号表Ⅰ/Ⅱ/Ⅲ/Ⅳ卷； 3. 熟练使用海上移动业务和海上卫星移动业务手册	1. 熟悉船台表结构及内容，熟练查找所需船台； 2. 熟悉岸台表结构及内容，熟练查找所需岸台； 3. 熟悉特别业务电台表结构及内容，熟练查找所需电台； 4. 了解海上移动业务和海上卫星移动业务手册及相关内容； 5. 熟练查阅英版无线电信号书Ⅰ/Ⅱ/Ⅲ/Ⅳ卷

第三节　评估模式

可通过真实设备进行教学和评估，但是要注意防止因操作不当而发出报警，造成错误报警，影响海上通信秩序。也可使用 GMDSS 模拟器进行教学和评估，这种方式可设置不同的条件模拟各种场景。还可以采用真实设备与模拟器相结合的方式进行教学和评估，虚实结合，效果更好。

受新冠肺炎疫情影响，自 2020 年春季学期以来，在线教学得到了充分实践，目前已经研制出了互联网版本的 GMDSS 模拟器。待条件成熟，GMDSS 设备操作的培训也可通过在线教学的形式完成。

第二章

Inmarsat-C 船站设备操作

第一节 Inmarsat-C 船站概述

Inmarsat-C 系统自从 20 世纪 90 年代初期正式投入使用以来,已拥有众多的海上用户。该系统主要向装备 Inmarsat-C 终端(船站)的船舶提供遇险报警服务、存储转发的电文传输业务(包括转发电传、传真、电子邮件业务等)、增强群呼(EGC)业务和询呼业务。Inmarsat-C 船站(简称"C 船站")体积小、重量小,安装和使用方便灵活。

为了使船舶无线电操作员能够正确操作和使用 Inmarsat-C 船站,本章将介绍 JRC JUE-75C/85/75A、FURUNO FELCOM-15/12、SAILOR H2095C 等常用型号 C 船站的操作方法。

第二节 JUE-75C/85/75A 型 C 船站的操作

JUE-75C/85/75A 型 C 船站由日本 JRC 公司生产,属于第二类 C 船站,即常规电文的收发与 EGC 信息的接收不能同时进行。这些型号的 C 船站通信菜单的操作是相同的,所以这里仅以 JUE-75C 型 C 船站为例介绍相关操作。JUE-75C 型 C 船站和 JUE-85 型 C 船站的外形分别如图 2-2-1 和图 2-2-2 所示。

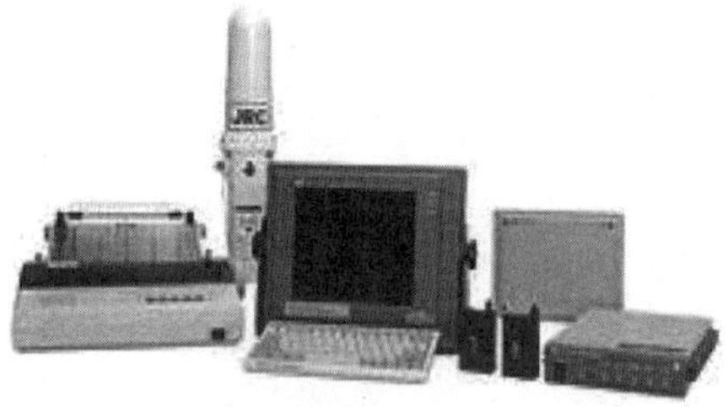

图 2-2-1　JUE-75C 型 C 船站

图 2-2-2　JUE-85 型 C 船站

JUE-75C 型 C 船站主要由以下部分组成：

(1)工作天线，或称外部安装设备(Externally Mounted Equipment, EME)：该工作天线可通过最长 100 m 的同轴电缆与主机单元相连，其工作电源是由主机单元通过同轴电缆提供的。EME 的体积很小，其高度只有 46 cm，直径约为 11 cm，所以便于安装。EME 由天线、双工滤波器、低噪声放大器、功率放大器和天线罩组成，属于全向天线。

(2)主机单元，或称内部安装设备(Internally Mounted Equipment, IME)：整机信息处理与控制的中心，主要由频率变换单元、中频单元、中央控制单元、电源(包括 EME 的电源)和面板单元组成。

(3)操作单元(包括显示部分和键盘)，或称数据终端设备(Data Terminal Equipment, DTE)：通过专用电缆与 IME 相连，实现对 C 船站的各种通信操作与控制。

(4)打印机：通过专用电缆既可与 IME 相连，也可与 DTE 相连，实现对发射信息、接收信息或已编辑电文的打印。

(5)主电源单元(External Power Supply Unit, EXTPSU)：为 IME、DTE 和打印机提供稳定可靠的电源。这部分的输入电压是 DC 24 V 和 AC 100 V/110 V/220 V，由于交、直流电源的同时接入，当船舶主电源故障时，备用的直流电源可自动接通，从而保证船站在应急情况下的正常工作。

(6)遇险报警按钮(Distress Button, DB)：用于直接启动遇险报警的发射，所以在日常通信工作中要按操作规程正确操作和管理设备，防止误报警的发生。

(7)外接蜂鸣器(External Buzzer)：通过任选开关箱与 IME 相连，当船站收到信息时蜂鸣器将发出响声，同时相应的指示灯点亮。

(8)任选开关箱(Optional Switch Box, OSB)：用于控制任选单元的接入，即外接蜂鸣器、遇险报警按钮和 GPS 设备与主机单元的连接。

在以上的组成部分中，前五部分是必配部分，后三部分是任选部分，用户可根据需要进行选择安装。

JUE-75A 型 C 船站是 JRC 公司较早生产的产品，它的组成、功能与操作与 JUE-75C 型 C 船站相同；所不同的是 JUE-75C 型 C 船站对遇险报警菜单中的个别项目做了调整，对关机自动脱网做了改进。JUE-85 型 C 船站与 JUE-75C 型 C 船站的操作功能相同，只是在 JUE-85 型 C 船站中增加了船舶保安报警(Ship Security Alert System, SSAS)的功能，所以通过本节对 JUE-75C 型C 船站操作内容的介绍，JUE-85/75A 型 C 船站的操作问题也就迎刃而解了。

一、开关机操作和相关状态指示

(一)JUE-75C 型 C 船站的开机与关机操作

1.设备的开机

(1)闭合主电源单元面板上的交流(AC POWER)和直流(DC POWER)开关,此时电源面板上的交流电源指示灯“DIMMER”和直流 24 V 输出指示灯“DC 24 V OUTPUT”点亮。

(2)由于数据终端 DTE 的电源是由主电源单元直接提供,此时 DTE 的电源自动接通,并且经过约 30 s 的时间,屏幕上会自动启动主菜单。

注意:正常情况下,外接直流电源不工作,一旦交流电源断电时,外接直流电源会自动工作,从而保证船站在应急情况下的正常通信。当外接直流电源工作时,电源面板上的直流工作指示灯“DC OPERATION”点亮,交流指示灯“DIMMER”熄灭。

(3)闭合打印机的电源开关,此时打印机上的电源指示灯点亮。打印机上的“ONLINE”开关用于交替控制打印机的联机与脱机状态,正常情况下,打印机应一直在联机状态,以保证接收电文或编辑电文的打印。

(4)闭合主机 IME 面板上的电源开关“POWER”,电源指示灯点亮。此时设备将自动寻找卫星信号,在船站与卫星信号同步之后,将自动执行入网(Log-in)申请,正常情况下这一过程约持续 30 s。

注意:JUE-75A 型 C 船站的 DTE 电源是单独控制的,所以这种型号船站开机的步骤是依次闭合主电源开关、打印机开关、DTE 开关和主机 IME 开关。另外,JUE-75A 型 C 船站主菜单的启动不是自动的,而是使用软盘通过输入指令实现的,所以在开机前应保证软盘驱动器中没有启动盘,当屏幕显示“C>”时,将启动软盘插入软盘驱动器,再键入“A:”并按回车键,此时显示“A>”提示符,然后键入启动指令“Operate”,约经过 30 s 之后主菜单将被启动。

2.设备的关机

(1)断开主机 IME 面板上的“POWER”开关,但此时电源并未立刻断开,而要维持约 30 s,直到本机脱网(Log-out)申请程序完成,电源才被真正断开。

(2)关闭打印机电源。

(3)关闭主电源的交流和直流电源开关,此时 DTE 的电源也随之关闭。

(二)JUE-75C 型 C 船站的相关状态指示

1.设备面板的指示灯

(1)主机 IME 的指示灯

“POWER”灯:电源指示灯。闭合电源开关后,此灯点亮。

“SYNC”灯:同步(Synchrony)指示灯,或称卫星跟踪指示灯。当船站调谐到当前洋区网络协调站(NCS)的公共频道(跟踪上了卫星的信号)后,该灯点亮;当船站调谐到某一岸站(LES 或 CES)的公共频道后,此灯将闪亮,表示本船站正在进行通信。

"LOG-IN"灯:入网登记或称守听登记指示灯。当船站在当前洋区的 NCS 中成功守听登记后,该灯点亮,否则表示本机处于脱网(Log-out)状态。

"TRANSMIT"灯:发射信息指示灯。本机在发射信息的持续期间将间断式点亮。

"RECEIVE"灯:接收信息指示灯。当收到安全或常规等级的信息时,此灯点亮并伴有 1~10 s(可在此范围内设置)的蜂鸣声,当接收的电文在打印机上自动打印之后或在 DTE 上显示之后,该灯熄灭。

"DISTRESS"灯:接收或发射遇险信息指示灯。当接收到紧急或遇险等级的信息时,此灯将发出红色闪光并伴有连续的蜂鸣声,若想要取消响声可同时按键盘上的[CTRL]和[A]键;当本机发射遇险报警信息时,该灯也将发出红色闪光并发出蜂鸣响声,但音调与前者不同。当报警信息成功发射到岸站后,此响声自动停止。

(2)数据终端 DTE 的指示灯

"POWER"灯:电源指示灯。电源接通后,此灯点亮。

"READY"灯:船站状态指示灯。当本船站跟踪上卫星信号并在当前洋区的 NCS 中成功登记时,此灯点亮。

"COMM"灯:通信(Communication)指示灯。本机正进行通信时该灯点亮。

注意:JUE-75A 型船站的数据终端 DTE 上没有设置上述三个指示灯。

2.屏幕主菜单与状态显示

(1)屏幕主菜单的构成如下:

```
Ready    Rec(POR):Good-15                             07-05-18-09:15(UTC)
N38.52 E121.18 Course:125 deg Speed:12.5kt Update:05-18 08:30  Esc:Main menu
---------------------------------------------------------------------------
Transmit  Read-out  Edit  Call-log  Distress  Ncs/les-info  Receive-mode EGC
---------------------------------------------------------------------------
Transmit      :To transmit message.
Read-Out      :To read out received message.
Edit          :To edit a message or to manipulate files.
Call-log      :To display the call history.
Distress      :To initiate a distress alert.
Ncs/les-info  :To display or register NCS/LES information.
Receive-mode  :To select receive mode, INMARSAT-C or EGC receive only.
EGC           :To select EGC service type.
---------------------------------------------------------------------------
Move the cursor to the item you want with ← and → keys and press ENTER key or
Hold down the Alt key and press any capital character.
```

①船站状态区:位于屏幕的最上面两行。这个区域显示了本船站所处的工作状态、日期和时间以及当前的船舶位置。

②主菜单区:这个区域共有八个可选指令。利用光标可选择任一指令进行操作,也可使用直接指令进行操作。直接指令就是不用光标选择,而是在按下键盘上的[Alt]键的同时,再按下当前状态下某一指令中的大写字母(如发射指令"Transmit"中的大写字母"T"),即可选择该指令的操作,这一直接指令的使用方法也可在任一子菜单中运用。

③窗口区:根据在主菜单区选择的指令可进入相应的子菜单操作窗口,从而完成进一步的

操作。在没有进入具体的子菜单操作窗口时(主菜单状态),该区域解释了主菜单区八个指令的基本操作功能。

④操作指导区:位于屏幕最下面的两行,该区用于操作的提示与指导。

(2)特殊直接指令

①Ctrl+A——船站在收到紧急或遇险等级的信息后,IME 上的蜂鸣器将发出报警声音,利用该指令可中止这一报警声音。

②Ctrl+D——调整 IME 面板上的指示灯亮度。

③Ctrl+L——控制船站状态区船位的显示与消隐。

④Ctrl+O——直接执行脱网(Log-out)申请。

⑤Ctrl+F——在船站状态区控制船站频道的通信状态显示。当按下该指令时,船位显示将自动消隐。

⑥Ctrl+Z——交替控制打印机的打印状态,并在屏幕上方的船站状态区显示。

⑦Ctrl+B——控制 DTE 屏幕的背景显示亮度。

⑧Ctrl+T——调整 DTE 屏幕显示的对比度。

⑨Ctrl+R——复位 DTE 屏幕的显示亮度与对比度。

⑩Ctrl+I——调整 DTE 上的指示灯("POWER""READY""COMM"灯)亮度。

(3)船站状态区的各种状态显示

船站状态区各种状态的显示,指示出了本船站当前所处的工作状态,因此操作者要充分掌握各种显示内容的含义,以便正确使用设备,进一步完成相应的通信操作。

①通信状态显示,即船站在相应通信状态下的指示。

Tune:表明本船站正向某一个 NCS 的公共 TDM 频道调谐(寻找卫星信号);或在发射电文之前,正向选定的 LES 的 TDM 频道调谐。

Ready:即 Log-in 状态,它表明本船站已在当前洋区的 NCS 中入网(登记),在这种状态下才能进行常规电文的收发,所以船站在正常工作时应一直保持入网状态。

Log-out:表明本船站处于脱网状态,即未在当前洋区的 NCS 中登记。在这种状态下,船站只能实现遇险报警的发射和 EGC 电文的接收。

Comm(Tx):船站正在向 LES 发射申请或电文;或者向 NCS 发射 Log-in 或 Log-out 申请程序,即入网或脱网。

Comm(Rx):船站正在接收岸到船方向的信息。

Queue:岸站忙,呼叫申请处于排队之中。

PV test:环路测试(Performance Verification test),或称船站工作性能测试。这种状态表明本船站正通过某一个 LES 检测自身的各种通信性能,这一过程完全是在自动程序下进行的,待检测程序完毕,自动显示测试结果。

EGC only:表明本船站被设置在只能接收 EGC 电文的模式,在这种状态下不能进行常规电文的收发通信,但可进行遇险报警的发射。

Scan:表明本船站正以扫描方式寻找 NCS 的公共频道信号(公共 TDM 信号),即自动寻找卫星信号。

EGC(Rx):表明本船站正在接收 EGC 电文。

②接收状态显示,即船站接收 NCS 或 LES 信号的识别指示。

AORW：已跟踪大西洋西区卫星的信号。

AORE：已跟踪大西洋东区卫星的信号。

POR：已跟踪太平洋区卫星的信号。

IOR：已跟踪印度洋区卫星的信号。

注意：如果正在通过某一岸站进行电文通信，当调谐到岸站的 TDM 频道后，在屏幕第一行"Rec"后的括号内将显示这一岸站的识别码(接入码)，如"Rec(211)"表示接收的是北京岸站的 TDM 信号。

③接收电平显示，即船站接收卫星信号的强度指示。

Poor：信号强度大于 0、小于 8，信号差，此时通信困难或不能进行通信。

Fair：信号强度大于等于 8、小于 10，信号较好，这种情况有时不能进行通信。

Good：信号强度大于等于 10、小于等于 15，信号好，此时能够保证通信的正常进行。

④发射功率显示，即本船站向卫星发射信号的功率强度。

[space]：没有信号发射。

Tx(Low)：低功率发射。

Tx(Norm)：正常功率发射。

Tx(High)：高功率发射。

Tx alarm：当设备检测到发射不正常时，将显示"发射报警"并自动中止发射，但遇险报警发射除外。

⑤打印机状态显示，即打印机的联机状态指示。

[space]：接收自动打印状态被关闭，此时接收的电文不能被自动打印输出。

Msg print：接收自动打印状态被开启，此时接收的电文能够被自动打印输出。

Print err：无打印纸或打印机未打开或未联机或打印机故障。

⑥优先等级显示，即当前通信所采用的优先等级指示。

[space]：表示常规等级的通信。

SOS：表示遇险等级的通信。

二、船站通信状态的调整

在进行通信之前，应将船站调整到正常的状态，才能保证设备按要求进行工作，下面将介绍相关指令的功能和使用方法。

(一) 卫星的选择与洋区的设置 (Ncs/les info 指令)

指令"Ncs/les info"用于卫星选择、洋区设置和岸站信息的查询与登记，当选择该指令时，数据终端屏幕将显示如下：

```
                    Ncs/les information
Les information
Ncs information
Preferred Ocean region
-----------------------------------------------------------
                                        F10:Previous
```

1.选择卫星

选择卫星实质上就是选择相应洋区 NCS 的公共频道信号，Inmarsat-C 系统四个洋区的 NCS 分别对应一个识别号码，NCS 具体的识别号码分配如表 2-2-1 所示：

表 2-2-1 NCS 具体的识别号码/分配

洋区	大西洋西区	大西洋东区	太平洋区	印度洋区
识别码	044	144	244	344

(1)利用 NCS 的识别码选择卫星

①在“Ncs/les info”指令窗口中选定“Ncs information”指令，进入 NCS 识别码显示窗口。

②移动光标选择所需洋区的 NCS 识别码(上述四个号码中的一个，其余显示的识别码暂无定义)。

③按功能键[F3]（“Ncs select”指令)并按回车键确认，此时即选定了卫星，同时屏幕状态区有相应寻找卫星的指示。

(2)利用扫描指令选择卫星

①在“Ncs/les info”指令窗口中选定“Ncs information”指令，进入 NCS 识别码显示窗口。

②按功能键[F4]（“scan”指令)，选择“Yes”并按回车键确认，此时设备自动寻找信号最强的卫星，同时屏幕状态区有相应的指示。

注意：不管采用哪一种方法选择卫星，在船站跟踪卫星信号之后，它都将向当前守听洋区 NCS 自动执行 Log-in 申请。

2.选择洋区

在“Ncs/les info”指令窗口中选择“Preferred Ocean region”指令，此时屏幕将显示洋区选择窗口，然后利用光标选择并确认，这样就选定了船站所要跟踪的洋区。

如果船舶跨洋区航行，应选择“所有洋区(All ocean region)”指令跟踪，使船舶跨洋区时能够自动转换卫星。不难看出，选定洋区的同时也重新选择了卫星。

3.岸站信息

在“Ncs/les info”指令窗口中选择“Les information”指令，可查看当前跟踪洋区所开放岸站的识别码和相应信息，并可在这一指令下登记和修改岸站的名称。需要指出的是，只有在跟踪卫星信号后，并经过几分钟收到了当前洋区的岸站信息之后，该窗口才有信息显示，否则该窗口为空白显示。

（二）船站时间设置和入网（Log-in）与脱网（Log-out）的操作

JUE-75C/A 型 C 船站除主菜单中的八个操作指令外，还有一个隐含的直接指令“Alt+U”，在主菜单状态下利用该指令可直接进入“Set up”窗口，从而实现多项操作功能。该窗口结构如下，在这里只介绍日期与时间的设置、入网与脱网的操作，其他相关内容将在后面介绍。

1.日期与时间的设置

在“Set up”窗口中选择“Date & time”指令，则显示日期与时间的设置窗口，然后根据窗口中的显示即可方便地修改日期和时间。日期与时间的输入按世界时(UTC)计算，时差(Time difference)是指船舶所在时区与 UTC 的差值。

Set up	
Date & time	(日期与时间设置)
Log-out initiation	(脱网申请)
Log-in initiation	(入网申请)
Performance test initiation	(环路性能测试或称 PV 测试)
Scheduled transmission	(定时发射设置)
Land id registration for polling	(查询功能设置)
Closed network id select	(闭合网络识别码选择)
Peripheral Function	(外围设备功能设置)
	F10:Previous

2.Log-in 操作

船站在正常工作时,应一直保持入网登记状态,即 Log-in 状态,这样才能实现各种形式的通信。因此,当船站处于脱网状态,即 Log-out 状态时,应在"Set up"窗口中选择"Log-in initiation"指令,执行登记申请。

3.Log-out 操作

当船站处于登记状态时,若要使船站脱网,则可在"Set up"窗口中选择"Log-out initiation"指令,执行脱网申请。一般在关机前最好先执行这种操作,以保证设备在关机前可靠地实现了脱网。

(三)船站接收模式的设置

接收模式可通过主菜单中的"Receive-mode"指令设置,在选定该指令后屏幕将显示如下窗口,利用光标可选择相应的工作模式。

Receive mode	
Inmarsat-C	EGC receive only
	F10:Previous

JUE-75C/A 型 C 船站属于第二类 C 站,所以电文的收发不能与 EGC 电文的接收同时进行。在选定"Inmarsat-C"工作模式时,设备可实现各种电文的收发,在空闲期间也可接收 EGC 电文;在选定"EGC receive only"工作模式时,设备只能接收 EGC 电文,不能实现常规等级的电文收发,但在两种模式下发射遇险报警都不受限制。

应该指出,当船站从"Inmarsat-C"模式转换到"Egc receive only"模式时,设备将自动执行 Log-out 申请;反之,将执行 Log-in 申请。

三、电文的编辑与管理

在发送电文之前,首先要编辑电文。JUE-75C 型 C 船站的文件编辑与管理指令"Edit"可划分为三部分操作内容,即电传通信文件与数据通信文件的编辑、文件管理和磁盘管理。电文的存储有下列两种途径:

(1)编辑的电文可存储在 DTE 的存储器中,它的存储容量约为 1 M 或最大存储文件数量为 100 个。因此,当文件数量将满时,应及时删除无用的文件。

(2)如果有软盘驱动器连接到 DTE,编辑的文件还可以存储到磁盘中,这样可以存储更多的文件。

在主菜单下选定“Edit”指令后，屏幕将显示下面的窗口。移动光标或用直接指令选择将要操作的指令，即可完成相应的操作。

Edit	
Edit Telex file	（编辑电传通信文件）
Edit Ascii file	（编辑数据通信文件）
Delete file	（删除文件）
Rename file	（重命名文件）
Copy file	（拷贝或称复制文件）
Copy to another disk	（向另一磁盘拷贝选定的文件）
Initialize diskette	（格式化磁盘）
Diskcopy	（磁盘复制）
	F10:Previous

（一）文件编辑

文件编辑指令包括电传文件的编辑和数据通信文件（Ascii 码文件）的编辑，在指令的使用方法上它们是相同的，但它们的用途是不同的，前者用于向陆地电传通信网或移动船站传输文件的编辑，后者用于向各种数据通信网（主要是编辑邮件电文）传输文件的编辑。

1.电传文件的编辑

在上述窗口中选择“Edit Telex file”指令，屏幕将显示电传文件目录窗口，目录中的文件是本次编辑操作之前已编存的文件，下面窗口中的 3 个文件是任举的例子。

Edit Telex file

File:

No.	File name	Date	Time	Size
1.	AA.TLX	07-05-18	11:26	145
2.	BB.TLX	07-05-18	08:15	78
3.	CC.TLX	07-05-16	15:48	112
			F10:Previous	

（1）电传文件的编辑要求

①主文件名最多 8 个字符，操作者可根据需要在键盘上输入；扩展名为 3 个字符并自动产生，固定为“TLX”。

②通过陆地电传通信网传输的文件，!、@、#、$、%、^、&、*、_、{、}、[、]、:、\、"、~、' 等符号没有定义，即无法传递，在编辑电传文件时这些符号不能使用，因此在该指令下编辑电文设备对这些字符自动做了禁止键入。

③在文件编辑状态下，每行最多字符数量默认为 69 个，字符满行之后自动换行。

（2）编辑新文件

①在“File:”位置输入文件名，文件名可以是字母也可以是数字；然后按［Enter］键即可进入编辑屏幕状态。

②在编辑屏幕状态下，通过键盘输入电文内容，并利用屏幕最下面的两行指令实现多种编辑操作；最后保存退出，完成文件编辑操作。

在屏幕编辑状态，最下面的功能指令有 A、B 两组，每组有 10 个指令，每个指令与键盘上的功能键 F1～F10 相对应。两组功能指令的切换可通过按功能键[F10(Others)]交替实现，具体的指令功能分别介绍如下：

①A 组功能指令

F1(Insert mode)：字符输入模式控制，即字符插入与替换两种状态的转换。通过按[F1]功能键可在两种字符控制状态交替转换，并在编辑屏幕的右上角有对应的状态指示。当显示“Insert on”时，表示字符插入状态；当显示“Overwrite”时，表示字符替换状态。

F2(Ins-Line)：行插入指令，按该指令可在光标所在行之前插入一行。

F3(Block)：字符块控制指令。这个指令类似于 Word 文档中文件块的一些操作，所以在这里做简单介绍。该指令窗口下的指令功能如表 2-2-2 所示。

表 2-2-2　F3(Block)指令窗口下的指令功能

指令	指令功能
Top-marker of block	选择字符块首
Bottom-marker of block	选择字符块尾
Remove markers	取消字符块选择
Copy block	将已选定的字符块拷贝到光标所在行之前的位置
Move block	将已选定的字符块移动到光标所在行之前的位置
Delete block	删除选定的字符块
Save block as	把已选定的字符块作为另一个文件存储
Go to the block	将光标移动到字符块之首

注：JUE-75A 型 C 船站无字符块操作指令。

F4(Del-Word)：删除光标所在位置的单词(连续的字符串)。

F5(Del-Line)：删除光标所在位置的电文行。

F6(Transmit)：按该键时可从编辑状态直接进入发射指令“Transmit”窗口，并自动保存当前的电文。

F7(Quit)：退出编辑状态，但文件不能保存。

F8(Save as)：将当前文件另存一份，此时应根据屏幕提示输入新的文件名。

F9(Save & Quit)：以当前文件名保存屏幕中的文件，并退出编辑状态。

F10(Others)：按该功能键切换到下一组(B 组)指令。

②B 组功能指令

F1(Max Column)：设定屏幕每行输入最多字符数量，在编辑电传文件时最大值为 69。

F2(Set Tab)：输入字符的列定位，以方便类表格型电文的操作。根据输入电文格式的要求，在该指令下输入想定位的列号，各列号间用“/”隔开，如“10/30/50”，然后利用键盘上的“Tab”键控制光标自动移到设定的列号，此时即可输入字符，如此重复运用，直到电文编辑完成。

F3(Undo-Char)：在光标所在位置恢复出最后一次被删除的字符。

F4(Undo-Word)：在光标所在位置恢复出最后一次被删除的单词(字符串)。

F5(Undo-Line)：在光标所在行的前一行位置恢复出最后一次被删除的行。

F6(Merge file)：用于文件的合并操作。利用该指令可将两个或多个文件合并到一个文件中,合并之后的文件要按要求整理并保存。

F7(Find):在已编辑的电文中自动寻找字符或单词等。把光标移到电文的第一行首,按“F7”键,然后输入要寻找的字符或单词,再按确认键,即可自动找到它们在电文中的位置。

F8(Printout):打印电文。按该指令,屏幕上的电文将在打印机上打印输出。

F9(Find & Replace):在电文中用新的内容替换已寻找的字符或单词。

F10(Others):按该功能键切换到下一组(A 组)指令。

2.数据通信文件(Ascii 码文件)的编辑

在编辑指令窗口中选择“Edit Ascii file”指令,屏幕将显示 Ascii 码文件目录窗口,目录中的文件是本次编辑操作之前已编存的文件(下面窗口中的 5 个文件是任举的例子)。

Edit Ascii file

File:

No.	File name	Date	Time	Size
1.	AA.TLX	07-05-18	11:26	145
2.	BB.TLX	07-05-18	08:15	78
3.	BCXD	07-05-17	18:16	158
4.	CC.TLX	07-05-16	15:48	112
5.	TEST	07-05-13	20:16	96

F10:Previous

在通过陆地专用数据通信网(PSDN 和 PSTN 网)传输文件或发射电子邮件时,应采用“Edit Ascii file”指令编辑文件。这个指令的使用方法和格式与“Edit Telex file”指令完全相同,所以这里不再重述。但应注意以下事项:

(1)文件名最多为 8 个字符,操作者可根据需要在键盘上输入;扩展名为 3 个字符,可任选,也可以没有扩展名。

(2)电传文件编辑状态下不能使用的字符,即!、@、#、$、%、^、&、*、_、{、}、[、]、:、\、”、~、’等符号在这里可以使用。

(3)在文件目录中包含所有已编辑的电文,即包括 Ascii 码文件和电传文件。

(二)文件管理

文件管理指令包括文件的删除、文件的改名和文件的拷贝,这三个指令操作较简单,下面做简单介绍。

1.文件的删除

(1)在“Edit”指令窗口中选择指令“Delete file”进入文件删除窗口,用光标直接选择要删除的文件或键入要删除的文件名,然后按回车键。

(2)在删除提示(“Yes”或“No”)窗口中选择并确认,这样选定的文件即被删除。

2.文件的改名

(1)在“Edit”指令窗口中选择指令“Rename file”进入文件改名窗口,用光标直接选择要改名的文件或键入要改名的文件名,然后按回车键。

(2)键入新文件名,按回车键确认并根据改名提示(“Yes”或“No”)操作,即完成改名操作。

3.文件的拷贝

(1)在“Edit”指令窗口中选择指令“Copy file”进入文件拷贝窗口,用光标直接选择要拷贝的文件或键入要拷贝的文件名，然后按回车键。

（2）键入新文件名，按回车键确认，即完成拷贝操作。注意，键入的新文件名不能与窗口中现有的文件重名，否则已存在的文件将被覆盖。

（三）磁盘管理

磁盘管理指令包括源盘向目标盘的文件拷贝、软盘格式化和软盘复制（全盘拷贝）。在JUE-75C 型 C 船站中软盘驱动器是任选件，而在 JUE-75A 型 C 船站中软盘驱动器是必配的，即文件只能保存在软盘中。

1.源盘向目标盘的文件拷贝

（1）在“Edit”指令窗口中选择指令“Copy to another disk”进入源盘文件目录窗口，用光标直接选择要拷贝的文件或键入要拷贝的文件名，然后按回车键。

（2）在磁盘指示灯熄灭后，从驱动器中取出源盘，再插入目标盘，然后按任意键确认，稍后选定的文件即被拷贝到目标盘。如果目标盘存在同名的文件，屏幕将会出现提示，操作者根据自己的需要选择覆盖还是不覆盖这个同名文件。

2.软盘格式化

（1）在“Edit”指令窗口中选择格式化指令“Initialize diskette”，然后根据提示（“Yes”或“No”）选择并确认。注意格式化指令将删除磁盘上所有的文件，所以格式化之前要检查磁盘上的文件是否有用。

（2）插入要格式化的软盘。

（3）选择软盘类型（2HD 代表双面高密，2DD 代表双面中密），然后按回车键即开始格式化，待磁盘指示灯熄灭后，表示格式化完成，同时屏幕有相应的格式化进度指示。

3.软盘复制

（1）在“Edit”指令窗口中选择软盘复制指令“Diskcopy”并按回车键。注意磁盘复制指令要求两个软盘类型必须相同。

（2）插入源盘并按任意键。

（3）待磁盘指示灯熄灭后，取出源盘，插入目标盘并按任意键。

（4）根据屏幕提示，交替插入源盘和目标盘并按任意键，直到复制完成为止。

注意：每次取盘必须在磁盘指示灯熄灭后进行。

四、电文的发射

Inmarsat-C 系统的电文发射都是非实时的，即在岸站以存储转发的方式传输。电文的发射形式主要包括电传、转发方式的传真、在 PSDN 和 PSTN 上的信息传输以及电子邮件的发射。对于 JUE-75C 型 C 船站和 JUE-75A 型 C 船站，每次发射电文的最大长度为 8 kB，如果选定发射的电文长度超过 8 kB，屏幕将会出现相应提示。这时应修改电文，减小电文长度，或者将电文内容划分成几个文件，然后执行发射，不过在实际通信中极少有超过 8 kB 长度的电文。

在船站的通信状态设置正确之后，对已经编辑好的电文即可进行发射。在主菜单下选定“Transmit”指令后，屏幕将显示下面的发射窗口，移动光标或用直接指令选择所要求的发射指令,即可完成相应的操作。

```
                          Transmit
  Telex                            (经电传通信网发射电文)
  Fascimile                        (经传真通信网发射电文)
  Data (PSDN)                      (经 PSDN 通信网发射电文)
  Data (PSTN)                      (经 PSTN 通信网发射电文)
  Closed network                   (经专用通信网发射电文)
  Special access network           (经特别业务通信网发射电文)
  Others                           (其他业务)

  Cancel call                      (发射呼叫的取消)
                                           F10:Previous
```

(一)发射电传

在"Transmit"窗口中,移动光标选定"Telex"指令并按回车键,此时屏幕将显示下列窗口(窗口中各项内容的选择为举例)。

```
                              Telex
  Destination code-subscriber's number and
  answerback                               : 085-12345
  File name                                : test.tlx
  Land earth station(les)                  : 211(Beijing)
  Position                                 : On  Off
  Delivery Confirmation                    : On  Off
  Character code                           : IA5 ITA2
  Priority                                 : Routine  Distress
  F1:Send call                                 F10:Previous
```

按照该窗口所示的格式,移动光标逐项输入相应的内容或设置所需的选项,然后按功能键[F1(Send call)]可实现电文的发射。

1.直接输入号码的单址发射

单址发射是指每次将电文只发给一个用户,在"Telex"窗口中按以下步骤操作:

(1)用光标选择"Destination code-subscriber's number and answerback[电传目的码(国家电传码)、用户电传码和应答码]"并按回车键,此时屏幕出现下列窗口:

```
                          Destination
  subscriber's no.       Answerback        subscriber's name
  1:085-12345            ABCD  CN
  2:   -
  3:   -
  4:   -
  5:   -
  F2:Address book code                     F10:Previous
```

注意:必须移动光标在"1:"位置,依次键入国家电传码和用户电传码、应答码(回答码)并回车,然后按[F10]键退回电传发射窗口。其中国家电传号码为三位,不够三位数的国家码,第一位填"0",用户名称不需输入。

(2)光标移至"Filename"并按回车键,然后键入要发射的文件名或按[F2(File selection)]

键进入文件选择窗口直接选择文件。

(3)键入所选岸站的识别码或进入岸站表直接选择岸站。注意,所选岸站必须是当前船站所守听洋区的岸站,否则屏幕将出现提示:重新选择正确的岸站。

(4)船位发射选择,"On"表示发射,"Off"表示不发射。

(5)电文发射确认选择,要求岸站确认选择"On",不需要确认选择"Off",实际通信中一般情况都要求岸站给予确认。

(6)字符编码选择,通常选择"IA5"编码。

(7)通信优先等级选择,正常情况下选择"常规(Routine)";属于遇险性质的通信,可选择"Distress"。

(8)在上述所有项目已正确选择之后,按[F1(Send call)]键执行发射,一般 3~5 min 后即完成通信。

当岸站收到电文之后,屏幕将显示:

```
S&F message(13-09-29 12:18) sent to LES(211)
                                        F10:Previous
```

当收到确认后,表示用户收到电文时,屏幕将显示:

```
S&F message(13-09-29 12:23) delivered to subscribers(08512345)
                                        F10:Previous
```

2.直接输入号码的多址发射

多址发射是指将同一个电文同时发给同一个电传目的码(国家电传码)的最多 5 个不同用户,具体操作步骤如下:

(1)用光标选择"Destination code-subscriber's number and answerback[电传目的码(国家电传码)、用户电传码和应答码]"并按回车键,此时屏幕出现下列窗口,然后输入要发射的用户号码,用户名称不需输入。

```
                         Destination
subscriber's no.      Answerback           subscriber's name
1:085-85345            ABCD  CN
2:    67890            TFCO  CN
3:    45678            BGHK  CN
4:
5:
F2:Address book code                      F10:Previous
```

(2)按[F10(Previous)]键退回电传发射窗口,如下列窗口所示。此时"目的码、用户码和应答码"一项只显示第一个用户的号码,同时还显示一个"*",即表示多址发射。

```
                              Telex
Destination code-subscriber's number and
answerback                              : 085-85345 *
File name                               : test.tlx
Land Earth station (LES)                : 211(Beijing)
Position                                : On  Off
Delivery Confirmation                   : On  Off
Character code                          : IA5 ITA2
Priority                                : Routine  Distress
F1:Send call                              F10:Previous
```

(3)其他操作步骤与单址发射完全相同,在此不再赘述。

3.地址簿(Address book)方式发射

把常用的电传用户号码先登记保存在地址簿号码表中,当向这些用户发射电文时可直接从地址簿中调取所需的号码,这就是地址簿方式发射。

(1)地址簿号码的登记

①在电传发射窗口中用光标选择"Destination code-subscriber's number and answerback[电传目的码(国家电传码)、用户电传码和应答码]"并按回车键。

②按[F2(Address book code)]键,进入地址簿登记窗口。

③按[F6(New code)]键进入登记状态,依次输入要登记用户的名称、号码(包括国家码)和应答码,本机最多可登记40个用户。

④登记完成之后,按[F1(Complete)]键,退出登记状态,按"ESC"返回主菜单。

```
                          Address book code
 Number:
 subscriber's name           subscriber's no.          Answerback
 1: user1                     085-11111                  AAAA CN
 2: user2                     085-22222                  BBBB CN
 3: user3                     802-55555                  CCCC HK

     ⋮                            ⋮                         ⋮

 39:                              -
 40:                              -
   F1:Complete                F6:New code              F10:Previous
```

(2)发射时地址簿号码的选择

①在电传发射窗口中用光标选择"Destination code-subscriber's number and answerback[电传目的码(国家电传码)、用户电传码和应答码]"并按回车键。

②按[F2(Address book code)]功能键,进入以下地址簿窗口,用光标选择用户(例如选择2号用户,则窗口左上方同时出现"2"显示),然后按回车键,如果是多址发射,最多可选五个用户,但国家码要相同,否则将无法选中。

```
                          Address book code
 Number: 2
 subscriber's name           subscriber's no.          Answerback
 1: user1                     085-11111                  AAAA CN
 2: user2                     085-22222                  BBBB CN
 3: user3                     802-55555                  CCCC HK

     ⋮                            ⋮                         ⋮

   F1:Complete                F6:New code              F10:Previous
```

③按[F10(Previous)]键,返回目的码和用户号码窗口。

④再按[F10(Previous)]键,返回电传发射窗口。

⑤发射窗口其他内容的选择与单址或多址发射的选择相同,在此不再赘述。

(二)发射传真

通过Inmarsat-C系统发射的传真只能传输纯文本信息,船站将电文发至岸站后,岸站再经陆地传真通信网把电文发到指定的用户,也是存储转发的方式。在使用这种业务时要注意所采用岸站的有关格式要求，以及该岸站是否开放这种业务。

在“Transmit”窗口中，移动光标选定“Fascimile”指令并按回车键，此时屏幕将显示下列窗口（窗口中各项内容的选择为举例）：

```
                              Fascimile
  Country code-
  subscriber's number                    : 086-41182345678
  Modem of subscriber                    : T30
  File name                              : test.fax
  Land earth station(LES)                : 211(Beijing)
  Position                               : On   Off
  Character code                         : IA5  Data
  Delivery Confirmation                  : On   Off
  F1:Send call                                       F10:Previous
```

按照该窗口所示的格式，移动光标逐项输入相应的内容或设置所需的选项，然后按功能键［F1（Send call）］即可方便地实现电文发射。

1.单址发射

在“Fascimile”窗口中按以下步骤操作：

（1）用光标选择“Country code-subscriber's number（传真国家码、用户传真号码）”并按回车键，此时屏幕出现下列窗口：

```
                              Destination
  subscriber's no.                       subscriber's name
  1:086-4118234578
  2:
  3:
  4:
  5:
  F2:Address book code                               F10:Previous
```

（2）必须移动光标在“1:”位置，依次键入传真国家码和用户传真码并回车键，然后按［F10］键返回传真发射窗口。其中传真国家号码为三位，不够三位数的国家码，第一位填“0”，用户名称不需输入。

（3）用户传真机类型不需选择，默认为“T30”型。

（4）光标移至“Filename”并按回车键，键入要发射的文件名或按［F2（File selection）］键进入文件选择窗口直接选择文件。

（5）键入所选岸站的识别码或进入岸站表直接选择岸站。注意，所选岸站必须是当前船站所守听洋区的岸站，否则屏幕将出现提示：重新选择正确的岸站。

（6）船位发射选择，“On”表示发射，“Off”表示不发射。

（7）电文发射确认选择，要求岸站确认选择“On”，不需要确认选择“Off”，实际通信中一般情况都要求岸站给予确认。

（8）字符编码选择，通常选择“IA5”编码。

（9）在上述所有项目已正确选择之后，按［F1（Send call）］键执行发射，一般 3~5 min 后即完成通信。

当岸站收到电文之后，屏幕将显示：

```
S&F message(13-08-19 08:29) sent to LES(211)
                                   F10:Previous
```

当收到确认,表示用户收到电文时,屏幕将显示:

```
S&F message(13-08-19 08:35) delivered to subscribers(08641182345678)
                                   F10:Previous
```

2.多址发射

多址发射是指将同一个电文同时发给同一个传真目的码(传真国家码)的最多五个不同用户,具体操作步骤与电传多址发射相同,在此不再赘述。

3.地址簿(Address book)方式发射

把常用的传真用户号码先登记保存在地址簿号码表中,在向这些用户发射电文时可直接从地址簿中调取所需的号码。登记和使用的方法与电传地址簿的登记与使用方法相同,但传真用户没有应答码。

(三)通过 PSDN 发射数据电文

Inmarsat-C 系统的船站通过相关岸站可将电文转发到陆地的 PSDN(公共交换数据网或包交换数据网)用户,这种发射也是存储转发的方式,在使用这种发射方式时要注意该岸站是否开放这种业务,并注意使用岸站所提供的数据网识别号码。

在"Transmit"窗口中,移动光标选定"Data(PSDN)"指令并按回车键,此时屏幕将显示下列窗口(窗口中各项内容的选择为举例):

```
                         Data(PSDN)
Data network id
subscriber's number            : 2665-12345678
File name                      : test.pdn
Land earth station(LES)        : 211(Beijing)
Position                       : On   Off
Delivery Confirmation          : On   Off
F1:Send call                          F10:Previous
```

按照该窗口所示的格式,移动光标逐项输入相应的内容或设置所需的选项,然后按功能键[F1(Send call)]即可方便地实现电文发射。

注意:这种业务形式的单址发射、多址发射以及地址簿的登记与使用方法是与电传或传真的相应发射方式相同的,在这里不再重述。

(四)通过 PSTN 发射数据电文

Inmarsat-C 系统的船站通过相关岸站可将电文转发到陆地的 PSTN(公共交换电话网)用户,这种发射也是存储转发的方式,在使用这种发射方式时要注意该岸站是否开放这种业务。

在"Transmit"窗口中,移动光标选定"Data(PSTN)"指令并按回车键,此时屏幕将显示下列窗口(窗口中各项内容的选择为举例):

```
                              Data(PSTN)
Country code-
subscriber' s number           : 086-41181234567
Modem of subscriber            : V22 B22Bis V32Bis Others(T30)
File name                      : test.ptn
Land earth station(LES)        : 211(Beijing)
Position                       : On  Off
Character code                 : IA5 Data
Delivery Confirmation          : On  Off
F1:Send call                                    F10:Previous
```

按照该窗口所示的格式，移动光标逐项输入相应的内容或设置所需的选项，然后按功能键[F1(Send call)]即可方便地实现电文发射。

注意：①这种业务形式的单址发射、多址发射以及地址簿的登记与使用方法是与电传或传真的相应发射方式相同的，在这里不再重述。

②“PSTN 用户调制解调器(Modem of subscriber)类型”有以下选择，所选定的类型要与实际通信的 PSTN 用户相同。

· V22：1 200 bps

· B22Bis：2 400 bps

· V32Bis：9 600 bps

· Others(T30)：CCITT 的 3 位数技术协议号码

(五)通过专用数据网发射电文

Inmarsat-C 系统的船站通过相关岸站可将电文转发到专用数据网用户，这种发射也是存储转发的方式，在使用这种发射方式时必须先从相应岸站下载专用数据网的识别号码(DNID)，否则不能实现这种形式的电文发射。

(1)在“Transmit”窗口中，移动光标选定“Closed network”指令并按回车键，此时屏幕将显示下列窗口(窗口中各项内容的选择为举例)。

```
                         Closed network
Data network id               : 12345
File name                     : test.cnk
Land earth station(LES)       : 211(Beijing)
Position                      : On  Off
Transfer                      : Data report     S&F
Character code                : IA5  ITA2  Data
Delivery confirmation         : On  Off
F1:Send call                                 F10:Previous
```

(2)按照该窗口所示的格式，移动光标逐项输入相应的内容或设置所需的选项，然后按功能键[F1(Send call)]即可方便地实现电文发射。

注意：①这种业务形式的发射没有多址发射和地址簿的发射形式。

②在“传输类型(Transfer)”中，若选择“Data report(数据报告)”时窗口中没有后两项显示，此时按[F1(Send call)]指令即可发射，这样数据报告将被发送到该业务所登记的岸站的对应文件存储器中；当选择“S&F(存储转发)”时，按窗口中正常程序进行操作。

（六）发射电子邮件

Inmarsat-C 系统的船站可将电文直接发到相关岸站为陆上有关用户开放的专用邮箱或通过岸站将电文转发到陆地用户的其他邮箱,这种发射也是存储转发的方式。存储转发的电子邮件是实际工作中较常用的通信方式。本机电子邮件的发送程序可按以下步骤进行:

(1)在"Edit"窗口中选择"Edit Ascii file"指令进入文件编辑菜单,编辑邮件电文,这种文件的格式要按照所选岸站的要求进行编辑。下面以北京岸站为例,简单介绍邮件电文的编辑格式:

邮件地址→TO:user1@ dimin1.com,user2@ domain2.net,…

抄　　送→CC:user3@ dimin3.com,user4@ domain4.com,…

主　　题→SUBJECT:E-mail test(一般空一行再输入正文内容)

正　　文→This is an E-mail test text.

注意:若有多个邮件用户,各地址间用","或";"隔开。

(2)在"Transmit"窗口中,移动光标选定"Special access network"指令并按回车键,此时屏幕将显示下列窗口(窗口中各项内容的选择为示例)。

```
                      Special access network
Special access code                  : 555
File name                            : test.eml
Land Earth station(les)              : 211(Beijing)
Position                             : On  Off
Character code                       : IA5 Data
Delivery Confirmation                : On  Off
F1:Send call                                   F10:Previous
```

(3)按照该窗口所示的格式,移动光标逐项输入相应的内容或设置所需的选项,然后按功能键[F1(Send call)]即可方便地实现电文发射。

注意:①电子邮件的发射没有地址簿的发射形式。

②窗口中的"特别接入码(Special access code)"是指所选岸站的特别业务接入码,如北京岸站接入码为"555"。

③窗口中的"字符编码类型(Character code)"选择"Data"或"IA5",具体可根据岸站的业务要求选择。

（七）向手机发送短信息（SMS）

Inmarsat-C 系统的船站可通过开放短消息业务的岸站向移动手机发送短消息,这种发射也是存储转发的方式。本机短消息的发送程序可按如下步骤进行:

(1)在"Edit"窗口中选择"Edit Ascii file"指令进入文件编辑菜单,编辑短消息电文,这种文件的格式要按照所选岸站的要求进行编辑。下面以北京岸站为例,简单介绍短信息的编辑格式:

第一行输入 TO:手机号@ sms。

第二行输入正文内容。

注意:若群发短信,各不同短信地址间用","或";"隔开。

(2)在"Transmit"窗口中,移动光标选定"Special access network"指令并按回车键,此时屏幕将显示下列窗口(窗口中各项内容的选择为示例)。

```
                         Special access network
Special access code               : 555
File name                         : test.sms
Land earth station(LES)           : 211(Beijing)
Position                          : On  Off
Character code                    : IA5 Data
Delivery confirmation             : On  Off
F1:Send call                                F10:Previous
```

(3)按照该窗口所示的格式,移动光标逐项输入相应的内容或设置所需的选项,然后按功能键[F1(Send call)]即可方便地实现电文发射。

注意:①窗口中的"特别接入码(Special access code)"是指所选岸站的特别业务接入码,如北京岸站接入码为"555"。

②窗口中的"字符编码类型(Character code)"选择"Data"或"IA5",具体可根据岸站的业务要求选择。

(八)定时发射

Inmarsat-C 系统的船站可通过岸站向用户定时发射信息,JUE-75C 型或 JUE-75A 型 C 船站能够有规律地向指定的用户发送船位、文件、数据等信息,并且最多可设置 5 个不同的定时程序。具体操作方法如下:

(1)同时按[Alt]键和[U]键,进入"Set up"窗口。

(2)用光标选择"Scheduled transmission"指令并按两次回车键确认,进入如下所示的定时发射窗口,然后按照窗口中的内容逐项选择与设置。

```
                  Scheduled transmission #1
Starting date and time
(yy-mm-dd hh:nn UTC)           : 13-08-28   09:00
Requesting interval            : 12:00
LES                            : 021-121-212-311
Network type                   : Telex
Distination code &
Subscriber's number            : 085-12345
Character code                 : IA5 Data
Data type  QTH                 : On  Off
           DS                  : 1  2  Both  None
           File name           : 0:TEST.TLX
Transmission                   : On  Off
                    F9:Next          F10:Previous
```

(3)各项设置完成之后,按[F10(Previous)]键保存退出,最多可预置 5 个定时程序。

上述定时发射窗口中各项目的含义如表 2-2-3 所示:

表 2-2-3 定时发射窗口中各项目的含义

项目	功能描述
Starting date and time	开始发射的日期和时间
Requesting interval	重复发射的间隔时间(最小间隔 10 min)
LES	选用的岸站,要按照 AORW—AORE—POR—IOR 的顺序各选择一个岸站

续表

项目	功能描述
Network type	选择通信网类型,共有下列 4 种选择: · Telex(电传通信网) · PSTN(公共交换电话数据网) · PSDN(公共交换数据网) · Closed network(专用通信网)
Destination code & Subscriber's number	目的码和用户号码
Character code	通信链路字符编码选择 IA5 或 Data(7 或 8 比特)
Data type	发射数据信息设置,共有以下 3 种选择: · QTH(船位数据) · DS(数据源) · File name(发射的文件)
Transmission	定时程序的启动或关闭

注:在"File name"之前的数字选择有"0""1""2"三种,它表示船站中 DTE 的编号,所发文件存储在哪个 DTE 中就选择对应的编号。实际中的船站一般只安装一部数据终端,所以正常情况下固定选择"0"。

五、接收电文管理

JUE-75C 型或 JUE-75A 型 C 船站接收的电文(包括 EGC 电文和其他类型的电文)都保存在同一个目录中,接收的电文既可设置自动打印,也可单独选择打印。接收电文存储器的存储容量为 80 kB 或固定保存 200 份电文,其中 EGC 电文和其他类型电文各占 50%的容量。查看接收电文的操作可按下列步骤进行:

(1)在主菜单中选择"Read-out"指令并按回车键,进入如下所示的文件目录窗口。此时若按[F5(Print out)]键即可打印出所有的文件目录。

(2)在接收文件目录窗口中用光标选择所要查看的文件,然后按回车键,此时屏幕即可显示具体的接收文件内容。

(3)若要打印该文件,可按[F5(Print out)]键,此时打印机将打印出文件。

(4)若要将该文件保存到 DTE 存储器或软盘,可按[F6(Save as)]键,然后按照提示输入要保存的文件名,再按回车键,文件即被保存。

(5)若退出窗口,可按[F10(Previous)]或[ESC]键。

```
                      Reception message list
 No.   Date      Time   Priority   Size   Service(*:EGC message)
 1.   13-09-21  12:18   Routine    216    *Chart correction service
 2.   13-09-21  08:15   Safety     2162   *WMO meteorological forecasts
 3.   13-09-19  08:15   Safety     982    *WMO meteorological forecasts
 4.   13-08-31  10:18   Routine    516    *NAVTEX re-broadcast
 5.   13-08-31  09:22   Urgency    1168   *WMO meteorological forecasts
 6.   13-18-29  06:35   Distres    262    *WMO meteorological forecasts
 7.   13-08-28  16:25   Routine    346
 8.   13-08-28  13:18   Routine    146
 9.   13-08-27  05:25   Routine    548
 10.  13-08-26  18:25   Routine    286
                    ↓ contd.(Total 168 Residual 18 kbytes)
   F5: Printout                                  F10:Previous
```

注意:①文件目录中的电文带“ * ”标志表示该电文是 EGC 电文。

②目录中最新接收的电文排列在最前面,即按时间顺序排列。当接收文件已达到最大容量,则最早接收的文件自动溢出。

③若接收的文件是数据通信文件,在查看时将出现“电文不能显示”的窗口,此时按[F10(Previous)]键退出,再按[F6(Save as)]键保存电文。然后在主菜单的“Edit”窗口中使用“Edit Ascii file”指令查看该文件。

六、通信记录

JUE-75C 型或 JUE-75A 型 C 船站能够对收发的电文情况进行自动记录,但通信记录指令中不记录具体的通信文件,只记录发生的时间和结果等信息。本机的通信记录最多可保存 100 个,最新的记录排列在最前面,按时间顺序排列,当记录数量满 100 个,再产生新的记录时,最早的记录将自动溢出。

(一)通信记录的查看

要查看通信记录时,可在主菜单中用光标选择指令“Call log”并按回车键,此时显示以下窗口:

```
                              Call logging history
   Date       Time         Type of call    Destination  LES     Msg no    size
 07-05-20  16:25-16:30     S&F    T        08512355     211     21236     346
                        …Deliberde to LES
 07-05-19  13:18-13:23     S&F    R                     212     6542      146
                        …Reciption success
 07-05-18  08:19-08:21     S&F    T        07222536     203     8568      246
                        …Deliberde to subscriber
 07-05-16  05:25-05:27     Log-in                       244
                        …Call successful
 07-05-10  18:25-18:28     S&F    T        08586789     211               286
                        …Call failure
                                                  ↓contd.(Total 48)
F1:Delivery confirmation  F5:Printout    F7:Clear history  F10:Previous
```

通信记录窗口中各项内容的含义:

Time:通信所发生的时间。

Type of call:呼叫类型,包含以下类型:

S&F:存储转发通信;

S&F Poll:存储转发方式的询呼通信;

S&F sched:存储转发方式的定时发射;

S&FDist:遇险性质的存储转发通信;

Data RPT:数据报告;

Distress:遇险报警;

Log-in:入网申请;

Log-out:脱网申请;

PV test:船站自动性能测试(环路自动测试)通信;

T:发射呼叫(船至岸);

R:接收呼叫(岸至船);

Destination:陆地用户号码,包括国家码;

LES:通信时使用的岸站;

Msg no.:岸站来往信息的编号;

Size:收发电文的字符数量。

每个记录的第二行表示该呼叫的通信结果。

(二)通信记录中各指令的作用

F1:Delivery confirmation,确认已发射的电文是否被收妥。注意,只有通信记录中显示"Deliberde to LES"的呼叫,才可用该指令申请确认所发电文是否被指定的用户收妥。

F5:Print out,打印所有的通信记录。

F7:Clear history,清除所有的通信记录。

F10:Previous,退出通信记录窗口。

七、遇险报警

JUE-75C 型或 JUE-75A 型 C 船站的遇险报警操作方式有 3 种,即利用主菜单中的"Distress"指令发射报警;利用遇险报警按钮(DB)直接启动报警;或者预先编辑遇险报警电文,选用电传发射指令,并将通信优先等级选择为"Distress",然后执行发射,实现报警。在实际工作中要高度重视,正确操作设备,防止误报警事件的发生。

(一)利用主菜单中的"Distress"指令发射报警

(1)在主菜单中用光标选择"Distress"指令并按回车键,进入如下所示的遇险报警操作窗口。

```
                              Distress
Nature                 : grounding
Data sourse            : GPS    Manual
Position               : N35 45.22 deg min
                         E128 56.26 deg min
Update                 : 12:38 hh:mm
Course                 : 122 deg
Speed                  : 10 knots
LES                    : 211
F1:Send call                                    F10:Previous
```

(2)按照窗口中的各项参数要求逐项选择,完成遇险报警的设置。

Nature:遇险的性质(遇险类型)。

Data Sourse:船位数据来源,有全球定位仪(GPS)和手动(Manual)两种选择。若选择"GPS",则船位自动输入;若选择"Manual",则船位可由操作者通过键盘输入。

Position:遇险的位置。

Update:船位的最新更新时间。

Course:船舶的航向。

Speed：船舶的航速。

LES：遇险报警发射所选择的岸站。

（3）在 JUE-75C 型 C 船站中，完成各项设置之后，只能按遇险报警按钮发射报警。而在 JUE-75A 中，既可按遇险报警按钮发射，也可按［F1（Send call）］键发射，为了防止误报警，此时 DTE 屏幕出现发射确认显示（“Yes”或“No”），若确认发射，可选择“Yes”并按回车键。

（4）在执行发射之后，IME 上的蜂鸣间歇地响起，当响声停止时，表示遇险报警信息已成功发至所选择的岸站，岸站再把该报警信息转发到最近的救助协调中心（RCC）。

注意：①当船位超过 4 h 没有更新时，DTE 的屏幕将出现“输入新的船位”提示；若再过 8 h 船位还未更新，本船站将接收所有地理区域除常规等级信息以外的全部安全网信息。

②如果 GPS 与船站的信息连接被断开超过 3 min，本船站将发出响声，同时 DTE 的屏幕出现“GPS 信息未接入”的警告。

③船位的有效时间为 24 h，航向与航速的有效时间为 1 h。

（二）利用遇险报警按钮（DB）报警

（1）打开遇险报警按钮的护盖，按下红色报警按钮直至蜂鸣器发出响停交替 0.5 s 声音，此时 DTE 屏幕的上方显示“SOS”。如果此时不想发射报警可在 3 s 内立刻停止按压报警按钮。

（2）连续按压遇险报警按钮 4 s 以上，此时蜂鸣器连续发出响声，并且 DTE 的屏幕上显示“Distress Alert Transmission（遇险报警发射）”，这样遇险报警信息即被发射。

注意：通过遇险报警按钮发射报警，如果遇险性质未事先设定，设备将遇险性质自动设置为“Undesignated（性质不明）”。

（三）利用电传发射指令中的“遇险”通信等级发射报警

（1）在遇险的情况下，如果时间较充裕，可利用主菜单“Edit”指令窗口中的电传编辑指令，根据遇险情况预先编辑较详细的遇险电文并保存（如文件名为 DIS.TLX）。

（2）然后在主菜单中选择“Transmit”指令进入发射窗口，移动光标选定“Telex”并按回车键，此时将进入如下所示的电传发射窗口。

```
                               Telex
  Destination code - subscriber's number and
  answerback                              : SEARCH AND RESCUE
  File name                               : DIS.TLX
  Land Earth station(LES)                 : 211(Beijing)
  Position                                : On   Off
  Delivery Confirmation                   : On   Off
  Character code                          : IA5  ITA 2
  Priority                                : Routine  Distress
  F1:Send call                                  F10:Previous
```

（3）在电传发射窗口中，在“File name”项目上输入已预先编辑好的遇险报警电文名称，在“Priority”项目上选择“Distress”，此时在“Destination code-subscriber's number and answerback”项目上将自动出现“SEARCH AND RESCUE（救助协调中心）”的默认设置，即报警的目的用户为救助协调中心,在这种条件下该目的号码项目将不能更改。具体内容如上述的电传发射窗口所示。

(4)其他项目的选择可按照该窗口所示的格式正常设置,然后按功能键[F1(Send call)]即可将报警电文发射至所选定的岸站,然后由该岸站将报警信息转发至适当的救助协调中心,从而实现遇险报警。

(四)误报警的取消

在实际工作中,要正确使用船站设备,不可随意发射遇险报警。一旦发生误报警事件,应按下列方法采取适当的通信手段,及时向有关的 RCC 或相关岸站发出取消误报警的报告,避免造成更严重的影响和损失。

(1)如果报警指令刚被执行,可立刻断开船站电源,中止发射程序。

(2)如果报警已成功发出,立刻向有关的 RCC 或相关岸站报告以下内容,以便取消误报警:

①船舶的船名和呼号。

②船站识别码(IMN)。

③误报警时的船位和时间。

④指明刚才发射的报警是一个误报警,简要说明误报警的原因。

⑤如可能,还可给出船站设备的型号、系列号码和投入使用的日期。

注意:若用本 C 站取消误报警,应选择误报警时所用的岸站发射。

在电台日志中记录所发误报警窗口中信息,便于核实。

八、EGC 信息的接收设置

增强群呼(EGC)信息包括安全通信网(Safety NET)信息和船队通信网(Fleet NET)信息。陆地信息提供者通过陆地通信网将这些信息发送至相关的岸站,由岸站再转发至相关的网络协调站,最后由网络协调站将信息发至船站。船站操作者可根据船舶航行的范围和需要,设置所要接收的区域和信息种类。

在主菜单中用光标选择"EGC"指令并回车确认,此时 DTE 的屏幕将显示以下 EGC 信息接收设置窗口:

```
                    EGC
Nav area                          (航行警告区选择)
Fix area                          (固定区域选择)
Reception Type                    (信息接收选择)
Navtex Coverage area              (Navtex 区选择)
Navtex Message                    (Navtex 信息种类选择)
-----------------------------------------------------------
                                              F10:Previous
```

(一)接收区域选择

(1)在"EGC"窗口中选择"Nav area"指令,进入接收区域选择窗口。

(2)移动光标选定所需要的区域(如选定 7~12 区),然后按[F10(Previous)]键退出即完成区域选择。

注意:①"Enable"表示该区域被选定,即接收对应的区域;"Disable"表示该区未被选定,即拒收对应的区域。

②由于固定海区(Fixed area)业务暂未提供,所以这一项可不选择。

(二)接收信息类型选择

(1)在"EGC"窗口中选择"Reception Type"指令,进入接收信息类型选择窗口。

(2)根据需要,在窗口中用光标逐项选择,即"接收"或"拒收"选择。窗口中信息类型的具体含义如下:

Chart Correction Service:海图修改信息;

Chart Correction Service for Fixed Areas:固定区的海图修改信息;

Download Group Identity:下载群呼识别号码;

General Call:对所有船播发的信息;

Group Call:对船队播发的信息。

注意:对于 EGC 系统播发的安全通信网信息,设备已默认接收。

(三)NAVTEX 接收区和信息种类选择(沿岸警告接收区和信息种类选择)

根据上述类似的操作方法,可设置 NAVTEX 接收区和信息接收种类,在此不再重述。应当指出,这里的 NAVTEX 信息(沿岸警告信息)是指有些航行警告区没有设立 NAVTEX 播发台,且该信息是通过 ECG 系统提供的,或者是指在 NAVTEX 系统已播发过的重要电文需在 EGC 系统中重播的信息。

九、用于询呼功能的陆地用户识别码的登记

为了使陆地用户能随时通过陆地通信网和 Inmarsat-C 通信网从 JUE-75C 型 C 船站中查询(询呼)有关信息(如船位、文件、文件目录和通信记录以及设置定时发射参数等信息),操作员必须在本船站询呼功能指令中预先登记相关陆上用户的识别号码,这样的号码最多可登记 10 个。具体操作如下:

(1)同时按[Alt]键和[U]键进入"Setup"窗口,选择"Land ID registration for polling"指令进入下述窗口。

```
                     Land ID registration for polling
#1  Destination code & subscriber's no.: 085-12345    LES:021-121-221-321
#2  Destination code & subscriber's no.: 072-22356    LES:011-112-202-312
#3  Destination code & subscriber's no.:     -        LES:0  -1  -2  -3
#4  Destination code & subscriber's no.:     -        LES:0  -1  -2  -3
#5  Destination code & subscriber's no.:     -        LES:0  -1  -2  -3
#6  Destination code & subscriber's no.:     -        LES:0  -1  -2  -3
#7  Destination code & subscriber's no.:     -        LES:0  -1  -2  -3
#8  Destination code & subscriber's no.:     -        LES:0  -1  -2  -3
#9  Destination code & subscriber's no.:     -        LES:0  -1  -2  -3
#10 Destination code & subscriber's no.:     -        LES:0  -1  -2  -3
                                         F10:Previous
```

(2)在该窗口中登录陆上用户的电传识别码和所选用的岸站。

注意:①操作窗口中"#1"的"085-12345","85"是中国国家电传码,不够 3 位数填"0"占位,"12345"表示某陆地电传用户的识别码。

②各洋区所选择的岸站识别码要按照 AORW—AORE—POR—IOR 的顺序输入。如操作窗口中"LES:021-121-221-321"表示法国地面站在四个洋区的识别码。

十、船站的环路测试

船站的环路测试(PV test)也称链路测试,该性能测试指令完全是自动的,利用该指令可检查本船站的信号功率、线路接续和各种控制响应特性。自动测试项目主要有:

①船至岸的频道申请测试;

②岸至船的信息传输测试;

③船至岸的信息传输测试;

④船至岸的遇险报警测试;

⑤信号强度与布告板的错误率。

为了执行性能(环路)测试,应按[Alt]+[U]键进入"Setup"窗口,选择"Performance test initiation"指令并按回车键确认,船站开始自动执行测试,经过几分钟之后,DTE 屏幕上自动显示出测试结果。

第三节　FELCOM-15/12 型 C 船站的操作

FELCOM-15/12 型 C 船站由日本 FURUNO(古野)公司生产,FELCOM-15 是 FELCOM-12 的升级型,FELCOM-15 将电子单元(主机)和操作终端单元合二为一,结构更加紧凑,但操作菜单和界面显示是相同的,它们都属于第二类 C 船站,即常规电文的收发与 EGC 信息的接收不能同时进行。该船站符合 GMDSS 的相关技术标准,具有多种形式的通信功能,如遇险报警、存储转发方式的电文传输(包括 EGC 电文的接收和电子邮件转发)。FELCOM 15/12 型 C 船站外形分别如图 2-3-1 和图 2-3-2 所示。

图 2-3-1　FELCOM-15 型 C 船站

图 2-3-2　FELCOM-12 型 C 船站

FELCOM-15 型 C 船站主要由以下几部分组成:

(1)终端单元(IC215),它是整机信息处理与控制的中心,主要由终端控制、频率变换、内部电源(包括 EME 的电源)、显示器(包括键盘)和软盘驱动器组成。通过键盘可实现对本船站的各种操作控制。

(2)天线单元(IC115),它通过同轴电缆与终端单元相连,实现射频信号的发射与接收,其工作电源由终端单元通过同轴电缆提供。该天线体积小、重量小,便于安装与架设。

(3)打印机(PP510),它通过专用电缆与终端单元相连,可实现发射信息、接收信息、已编辑电文或其他设置信息的打印。

(4)外部主电源单元,它为终端单元和打印机提供稳定可靠的电源,终端单元要求输入的电压是 DC 12~24 V,若选用专用的 PR240 CE 型交流电源供电,其输入的交流电压是可选的单相交流电 AC 100 V/115 V/220 V/230 V。

(5)遇险报警发射与 EGC 信息接收报警复位单元(IC 305)和常规电文接收与船站状态报警单元(IC-306),这两个单元可直接与终端单元相连接,也可通过连接箱与终端单元相连接。

一、船站的启动

(一)开关与按钮的作用

1.终端单元上的按钮与软盘驱动器

(1)电源开关(POWER)

电源开关用于终端单元、天线单元、遇险报警发射与 EGC 信息接收报警复位单元、常规电文接收与船站状态报警单元的电源通断控制,该开关上带有指示灯。

(2)遇险报警按钮(DISTRESS)

按压遇险报警按钮 4 s 可直接发射遇险报警,该按钮上带有指示灯。

(3)软盘驱动器

软盘驱动器适用于 2HD(1.44 MB)和 2DD(720 kB)型号的软盘,用来存储本船站发射和接收的电文,所以在设备工作时应插入满足要求的软盘。

2.遇险报警发射与 EGC 信息接收报警复位单元上的按钮

(1)遇险报警按钮(DISTRESS)

遇险报警按钮在终端单元之外,用于直接启动遇险报警的发射。按压该按钮 4 s 以上,遇险报警即被发射,同时按钮上的指示灯连续点亮。在日常通信工作中要防止误报警的发生。

(2)EGC 信息接收复位按钮(ALARM ACK)

当本船站收到紧急或遇险等级的 EGC 信息时,该单元将发出声音报警,同时按钮上的指示灯闪亮,此时可按压按钮确认,并按压终端单元上的[F10]键,取消报警声音,熄灭该按钮上的指示灯。

3.常规电文接收与船站状态报警单元上的按钮

(1)当本船站收到常规电传或邮件信息时,该单元将发出声音报警,同时“ALARMRESET”按钮上的指示灯闪亮,此时按压该按钮即可停止声音报警。

(2)当本船站工作状态不正常时(如失去卫星信号 6 min 以上、打印机故障、没有外接或内接 GPS 信息输入、船位 4 h 未更新或设备故障等),该单元将发出报警声音,同时指示灯闪亮,此时按压终端单元键盘上的[F10]键,即可取消报警声音,熄灭该单元按钮上的指示灯。

(二)船站的开关机与主菜单的构成

1.开关机操作

(1)开机:依次接通外部主电源开关、终端单元上的"POWER"开关(此时开关上的绿色指示灯点亮)、打印机电源开关,船站即被启动。

(2)关机:依次关闭终端单元上的"POWER"开关、打印机电源开关和外部主电源开关,船站即被关闭。

2.主菜单的构成

当船站接通电源后,将执行自检程序并自动启动主菜单,显示器上的主菜单构成如下:

```
     File   Edit   Transmit   EGC   Reports   Logs   Options   Setup   Position   Stop Alarm
                                                                     IMN:441212345
 Date             07-05-18                       BBER                     000
 Time             09:26(UTC)                     C/N                      OK( 42dB)
                                                 Send Level               OK(  0)
 Position         LAT   38:56.12N                Rx AGC Level             OK(156)
                  LON  121:36.28E                REF Offset Freq          OK(  44Hz)
 Waypoint         LAT                            Synthe Local             OK
                  LON                            VCXO Control             172
 Course           126.5 DEG
 Speed            12.5 KTS
 Current NCS      244(POR)   LOGOUT              Antenna Power Supply     OK(7.6V)
 Current Channel  NCS CC
 Current TDM      NCS CC                         Water Temperature        26.6 DEG
 MES Status       Idle                           Water Current
 GPS Status       ****                                 Derection          216  DEG
                                                       Speed              1.8  KTS
 DCE Memory       32818 Bytes free               Depth
 Current State:IDLE              SYNC(NCS)                  07-05-18 09:26(UTC)
                                 NCS:POR   LOGOUT               LAT:   38:56.12N
 DCE F15 Ver.03                                                 LON:  121:36.28E
```

(1)菜单指令区

屏幕最上方的区域是菜单指令区,共有 10 个指令,它们依次与键盘上[F1]~[F10]功能键相对应,通过按相应的功能键来选择对应的菜单指令,具体对应关系如表 2-3-1 所示。

表 2-3-1 功能键和菜单指令对应关系

功能键	F1	F2	F3	F4	F5
指令	File	Edit	Transmit	EGC	Reports
功能键	F6	F7	F8	F9	F10
指令	Logs	Options	Setup	Position	Stop Alarm

(2)工作区

屏幕中间的区域是工作区,选择指令操作时将在该区显示相应的指令。同时该区一直显示本船站工作的相关信息,具体含义如下:

①IMN:本船站识别码。

②Date:当前的日期。

③Time:当前的时间。

④Position:当前的船位(可手动和自动输入)。

⑤Waypoint：在 GPS 导航仪中设置的转向点位置。

⑥Course：航向。

⑦Speed：航速。

⑧Current NCS ：本船站守听的网络协调站(卫星信号)。

⑨Current Channel：当前使用的频道(岸站或网络协调站)。

⑩Current TDM：当前的 TDM 频道(岸站或网络协调站的 TDM 频道)。

⑪MES Status：船站的状态。

⑫GPS Status：从 GPS 导航仪接收数据的状态。

⑬DCE Memory：通信单元内存剩余存储空间。

⑭BBER：布告版的错误率。

⑮C/N：检测天线和通信单元与岸站的通信工作状态，正常显示的数字应大于 31。

⑯Send Level：发射电平检测。正常发射时显示的数字应大于 123，正常接收时显示的数字应小于 32。

⑰Rx AGC Level：检测天线和通信单元的接收状态，正常显示的数字应大于 80。

⑱REF Offset Freq：参考频率偏移显示，正常应低于 150。

⑲Synthe Local：射频控制与 CPU 板检测的状态。

⑳Antenna Power Supply："NG"显示表示断开，"OK"显示表示接通。

㉑Water Temperature：如果安装传感器可显示海水的温度。

㉒Water Current：如果安装传感器可显示海流的方向、速度和水深。

(3)船站状态区

屏幕最下方的区域是船站状态区，该区域将显示本船站的各种工作状态和有关信息，具体显示的状态如下：

①终端单元状态显示，主要包括正在寻找卫星信号、空闲、发射、接收、遇险报警、正在进行的入网与脱网申请、电文发射确认申请和只接收 EGC 电文模式等状态显示。

②通信状态显示，主要包括正在进行的呼叫、等待岸站确认、正在接收 EGC 电文信息、入网与脱网成功与否、遇险报警成功与否、电文是否发至相关岸站、电文是否成功接收和 PV(性能证实)测试状态显示。

③船站软件版本号显示，如 DCE F15 Ver.01。

④船站同步状态显示，主要包括船站当前与 NCS 或 LES 的同步状态、船站的信令频道或信息频道以及正在进行与 NCS 或 LES 的同步操作(调谐)等状态显示。

⑤接收的洋区显示，包括大西洋西区、大西洋东区、太平洋区和印度洋区显示，即表明船站当前所跟踪的卫星。

⑥船站登录状态显示，即船站目前状态是入网(Log-in)状态还是脱网(Log-out)状态。

⑦日期、时间、当前船位显示。

⑧其他信息显示，主要包括接收的常规电文还未打印、设置待发的数据报告、定时电文发射的显示，这些显示与正常的文字显示相反(反白显示)，即黑背景亮字。

3.菜单指令的操作方法

本船站采用菜单驱动式操作的方法，简单、直观、方便。通过键盘上与主菜单中 10 个指令对应的 10 个功能键，可选择所需的指令，并根据各级子菜单的提示即可完成各种操作。

二、船站通信状态的初始设置

在进行各项通信操作之前,只有对船站的初始通信状态进行正确设置,才能使信息被正确、快捷地收发。

(一)系统设置

按功能键[F8]进入"Setup"菜单,再按[2]键或用光标选择进入"System Setup"菜单,在该菜单中可进行下列参数设置:

```
                              System Setup
System Date & Time                 09:28  07-05-16(YY-MM-DD)
IMN                                441292315
MES Opertion Mode                  Inmarsat-C
Nav Port                           EXT
Active Port                        INT
Message Output Port                INT
EGC Output Port                    INT
Network Setup
Command Wind
```

注意:船站识别码(IMN)项不能修改,它是在设备安装时输入的。指令"Network Setup"用于接入船舶局域网的设置,指令"Command Wind"未使用。

(1)按照菜单中给出的格式,输入日期和时间。

(2)设置船站的工作模式"MES Operation Mode",正常情况下应选择"Inmarsat-C"模式。在该模式下,当船站没有进行正常的电文收发时,可接收 EGC 电文。

(3)设置导航仪接口"Nav Port",根据船站实际连接情况,在 OFF(未接)、EXT(外接)、INT(内接)中选择。

(4)操作终端端口激活设置"Active Port",若选择"INT",表示仅使用主终端;若选择"ALL",表示可使用包括分终端在内的所有终端。

(5)接收电文输出设置(Message Output Port):

①"INT"表示所有接收电文输出到主终端。

②"EXT"表示所有接收电文输出到外接分终端。

③"INT+EXT"表示所有接收电文输出到主终端和外接分终端。

④"AUTO"附带地址号"000"的接收电文和其他类型的接收电文输出到主终端,附带外接终端地址号的接收电文输出到该分终端。

(6)EGC 电文输出设置(EGC Output Port):

①"INT"表示 EGC 电文输出到主终端。

②"INT+EXT"表示 EGC 电文输出到主终端和外接分终端。

(二)卫星的选择及入网与脱网

按功能键[F7]进入"Options"菜单,然后移动光标或按对应的数字键即可选择相应的指令,完成选择卫星等设置。

```
                          Options
1.  Login                   : 入网申请
2.  Logout                  : 脱网申请
3.  Abort                   : 中断正在进行的程序
4.  Select NCS              : 卫星选择
5.  Ocean Region            : 洋区设置
6.  LES Information         : 岸站信息查看
7.  Test                    : 各种自检指令  (包括 PV 测试)
```

(1)选择卫星(Select NCS),按[4]键进入"NCS Channel List"菜单,在"044(AORW)""144(AORE)""244(POR)""344(IOR)"中选择所需的"NCS",即所需要的卫星。

(2)洋区选择(Ocean Region),按[5]键进入"Ocean Region"菜单,在"Auto""West-Atlantic""East-Atlantic""Pacific""Indian"中选择所需的洋区,其中"Auto"表示自动扫描跟踪。

(3)入网申请(Login),按[1]键并按回车键确认。

(4)脱网申请(Logout),按[2]键并按回车键确认。

(5)中断正进行的申请(Abort),按[3]键并回车确认。

(6)岸站信息的查看(LES Information),按[6]键进入"LES Information"菜单,可查看当前洋区开放业务的岸站信息。

(三)EGC 接收信息设置

按功能键[F8]进入"Setup"菜单,分别选择"EGC Setup"和"Auto Mode Setup"指令可设置 EGC 信息的接收、存储与打印。在没有进行任何 EGC 接收设置时,本船站将默认接收当前船位所在航行警告区的 EGC 信息,而"EGC Setup"菜单中的区域设置是另外选择接收的附加航行警告区。

(1)EGC 接收区域设置,按[5]键或用光标选择进入"EGC Setup"菜单。

```
                              EGC Setup
Receive EGC Area
   Additional Position                  38:56N   121:26E
             Nav area                   01 09 11 12 15 -- -- -- --
   Fixed Area                           -------- -------- --------
   Waypoint(from NAV Equipment)         OFF
 ----------------------------------------------------------------
NAVTEX
  Station Code    AHPQR
  Type of Message(Can't reject other report)
      Ice reports         ON         OMEGA message          OFF
      Meteo. Forecasts    ON         SATNAV messages        OFF
      Pilot service       OFF        Other navaid msg       OFF
      DECCA messages      OFF        QRU(no message)        ON
      LORAN messages      ON
```

①输入附加位置。利用指令"Additional Position"输入附加位置的经纬度,例如输入"38 56N 121 26E",表示本船站将接收该位置(38.56°N,121.26°E)所在区的 EGC 信息广播。

②选择附加航行警告区(Nav area)。在 1~16 区(目前为 12 个区)之间采用两位数字选择,最多可选择 9 个区,并且依次在给定的位置上输入,例如选择"0109111215"。

③选择固定区域(Fixed Area)。该功能用于海图修改信息的接收,最多可设置 3 个区,但

实际中这种业务还未提供。

④选择转向点所在区(Waypoint)。转向点设置在 GPS 导航仪中,该项功能选择“ON”时,船站将接收该位置所在区的 EGC 信息。

(2)沿岸警告信息的接收选择,按[5]键或用光标选择进入“EGC Setup”菜单。

①选择“Station Code”项并按回车键进入,然后输入要接收的表示 NAVTEX 播发区的大写字母(A~Z),例如选择“AHPQR”。

②用光标选择所要接收的信息类型,即接收(ON)或拒收(OFF)选择。

(3)EGC 电文和其他接收信息的自动存储与打印设置:

先按功能键[F8]进入“Setup”菜单,再按[6]键进入自动模式设置(Auto Mode Setup)菜单:

Auto Mode Setup		
Auto Log Print	(通信记录自动打印)	OFF
Receive Alarm	(接收报警自动打印)	OFF
Auto Receive Message Save	(接收电文自动存储)	ON
Auto Receive Message Print	(接收电文自动打印)	OFF
Data Report & Polling Print	(数据报告与询呼信息自动打印)	OFF
Auto EGC Message Save	(电文自动存储)	
Auto EGC Message Print	(EGC电文自动打印)	

①通过上述菜单中的前五项指令,可设置通信记录、接收报警、接收的普通电文和数据报告与询呼信息的自动打印以及接收普通电文的自动存储。“ON”表示自动打印或存储,“OFF”表示关闭自动打印或存储状态。

②选择菜单中的“Auto EGC Message Save”和“Auto EGC Message Print”指令进入相应的菜单,也可方便地设置各种通信等级的安全网信息、船队信息和 Inmarsat 系统信息的自动打印与存储。

(四)岸站信息

先按功能键[F8]进入“Setup”菜单,然后按[9]键进入“Configuration”菜单,再按[2]键进入“LES List”菜单,此时将显示四个洋区已开放业务的岸站信息,在这里仅列出一部分岸站,上下移动光标可查看更多的岸站信息。

LES List Ctrl+P:Print ENTER:List Entry ESC:Quit				
No.	AOR(WEST) Name	AOR(EAST) Name	POR Name	IOR Name
01	Telenor S.S.Ine	Telenor S.S.Ine	Telenor S.S.Ine	
02	Stratos M.N.	Stratos M.N.	Stratos M.N.	Stratos M.N.
03	KDDI	KDDI	KDDI	KDDI
04	Telenor S.S.AS	Telenor S.S.AS	Telenor S.S.AS	Telenor S.S.AS
05		Telecom Italia		OTE
06				VSNL
07				
08			Korea Telecom	Korea Telecom
09				
10		Turkey Telecom	Singapore Telecom	Turkey Telecom
11			Beijing Marine	Beijing Marine

1.岸站通信费率录入

(1)用光标选择所要录入的岸站名称再按回车键确认,此时将显示该岸站的通信费率输入菜单。

(2)根据菜单中的项目,输入已查到的各种通信类型(电传、转发的传真、电子邮件、数据通信等)的通信费率,这样就方便了实际的通信工作。

2.增加或修改岸站信息

(1)将光标移动到所要登记的位置(如将光标移至大西洋西区的第 12 行),然后按回车键,即可进入岸站信息登记菜单,此时可输入岸站的名称和通信费率,注意岸站识别码自动显示(如显示“012”),不能修改。

(2)若修改已存在的岸站信息,可经光标移到相应的岸站名称上,然后按回车键,进入该岸站信息菜单可修改岸站名称和通信费率。

3.岸站信息打印

(1)按下[Ctrl]键的同时按[P]键,即可打印所有的岸站信息。

(2)按 3 次[ESC]键即可返回主菜单状态。

(五)用户地址簿登记

在日常通信工作中,可将常用的各种通信用户的号码或地址(如电传、传真、数据通码邮件地址等)登记到地址簿中,方便实际通信的使用,本船站最多可登记 99 个用户地址。

1.登记新用户地址

(1)先按功能键[F8]进入“Setup”菜单,然后按[9]键进入“Configuration”菜单,再按[1]键进入地址簿“Station List”菜单:

```
                           Station List
  Group   Station Name        Type         Code/Address
 01 aaa    dayaco          Telex        85  81234
 02 bbb    mobship         Telex        582 441212345
 03 aaa    user1           E-mail       asd@sina.com.cn
 04 bbb    user2           E-mail       sdl@tom.com
 05
 06
 07
 08
 Page Up, Page Down:Mode                              Ctrl+P:Print
 Sort(Ctrl+G:Grop,Ctrl+N:Station Name,Ctrl+T:Type)
```

注意:按“Ctrl+G”指令,地址簿按组别升序或降序排列;按“Ctrl+N”指令,地址簿按用户名称升序或降序排列;按“Ctrl+T”指令,地址簿按通信类型升序或降序排列;按“Ctrl+P”指令,打印地址簿。

(2)在地址簿中将光标移至空位(如第 5 号位置),然后按回车键进入地址信息输入菜单:

Station Group	：用户组名
Station Name	：用户名称
Destination Type	：目的终端类型 （通信类型，如“Telex”）
Prefix Code	：前缀码
Country Code	：各种通信类型的国家码
Station ID	：用户号码
Modem Type	：用户调制解调类型
E-mail Address	：邮件地址
Remarks	：备注
Erase the name to delete this station.	

(3)根据菜单中的项目移动光标选择,然后按照提示输入各种要登记的信息,其中用户组名最多为5个字符,用户名称最多为15个字符。登记完成后按[ESC]键退出。

2.修改已登记的用户地址

(1)先按功能键[F8]进入“Setup”菜单,然后按[9]键进入“Configuration”菜单,再按[1]键进入上述的地址簿“Station List”菜单。

(2)在地址簿中移动光标选择要修改的用户,然后按回车键进入用户地址信息菜单,即可进行各项修改操作。

(六)岸站 E-mail 业务的登记与设置

1.登记新增 E-mail 业务的岸站

(1)按功能键[F8]进入“Setup”菜单,然后按[9]键进入“Configuration”菜单,再按[5]键进入“E-mail Service List”菜单,登记新增 E-mail 业务的岸站,已开放这种业务的岸站在设备出厂前已被登记。

E-mail Service List					
	Station Name	AOR.W	AOR.E	POR	IOR
01	Telenor S.S.Ine	001	101	201	321
02	Xantic(NED)	012	112	212	312
03	Stratos M.N.	002	102	202	302
04	Telenor S.S.AS	004	104		304
05	KDDI	003	103	203	303
06	Singapore Telecom			210	328
07					
08					
09					

(2)在“Station Name”所在列移动光标选择一个空行(如07行),然后按回车键进入新增 E-mail 业务的岸站信息登记窗口,下面以北京岸站为例登录格式信息。

(3)登记完成后按回车键关闭窗口,再按[ESC]键退出。此时“E-mail Service List”菜单07行就会增加北京岸站的相关信息。

注意:①“Station ID”表示岸站的特别业务接入码,如北京岸站特别业务接入码为“555”。

Station Name	BEIJING LES	
Station ID	555	
LES ID (AORW)	021	
(AORE)	121	
(POR)	211	
(IOR)	311	
To:	TO:	邮件格式
Cc:	CC:	
Subject:	SUBJECT	
Separtor	Blank	
Attach File(MIME)	ON(BASE64) -	

②"Attach File(MIME)"表示附件电文类型转换选择,具体如下:

· "OFF"表示不需转换。

· "BASE64"表示采用通用电文转换器。

· "UNIX"表示采用 UNIX 系统转换器。

③在登记岸站邮件信息前,要查阅具体岸站的相关信息和邮件格式的要求。

2.选择提供 E-mail 业务的岸站

(1)按功能键[F8]进入"Set up"菜单。

(2)用光标选择用于日常发射 E-mail 所需的岸站(如"Beijing Marine"岸站)并按回车键,即可完成设置,以后发射 E-mail 时,本船站将默认使用该岸站。

E-mail Service List					
	Station Name	AOR.W	AOR.E	POR	IOR
01	Telenor S.S.Ine	001	101	201	321
02	Xantic(NED)	012	112	212	312
03	Stratos M.N.	002	102	202	302
04	Telenor S.S.AS	004	104		304
05	KDDI	003	103	203	303
06	Singapore Telecom			210	328
07	Beijing Marine	021	021	211	311
08	-		-		

(七)船站初始设置信息的管理

通过指令操作可将初始设置信息保存到软盘上,也可将软盘中的备份信息导入船站的终端单元。此外,当船站未自动获得 GPS 导航仪的信息时,可手动输入当前的船位。

1.备份初始设置信息到软盘

(1)插入软盘,按功能键[F8]进入"Setup"菜单,然后按[9]键进入"Configuration"菜单,再按[6]键进入"存储与导入(Save/Load)"菜单。

(2)在菜单中选择指令"Save to FD(存储到软盘)",然后按回车键进入如下所示的窗口:

Save to FD	
1.ALL	(备份所有信息)
2.Station List	(备份用户地址簿信息)
3.LES List	(备份岸站信息表)
4.E-mail Service List	(备份提供E-mail业务的岸站表)
5.Other	(备份其他信息)

(3)按照窗口中的项目提示移动光标选择,即可完成相应数据的备份。

2.将备份的初始设置信息导入终端单元

(1)插入含有初始设置信息的软盘,按功能键[F8]进入"Setup"菜单,然后按[9]键进入"Configuration"菜单,再按[6]键进入"存储与导入(Save/Load)"菜单。

(2)在窗口中选择指令"Load from FD(从软盘导入)",然后按回车键进入如下窗口:

Load from FD	
1. ALL	(导入所有信息)
2. Station List	(导入用户地址簿信息)
3. LES List	(导入岸站信息表)
4. E-mail Service List	(导入提供E-mail业务的岸站表)
5. Other	(导入其他信息)

(3)按照窗口中的项目提示移动光标选择,即可完成备份信息从磁盘到终端单元的导入。

3.船位的手动输入

(1)按[F9]键进入船位输入窗口(Ship Position)。

(2)输入经纬度,按回车键关闭窗口,再按[ESC]键确认更新船位。

三、文件编辑

在 FELCOM-15 型 C 船站中可编辑两种类型的电文,即普通电文和加密电文,它们都被保存在软盘中,每份电文的长度最大为 32 kB。加密电文只能发给 FELCOM 型 C 船站,本船站可接收来自陆地用户或其他的 FELCOM 型 C 船站以相同方式加密的电文。

(一)编辑状态设置与快捷指令

1.编辑状态的设置

(1)按功能键[F8]进入"Setup"菜单,然后按[3]键进入"Editor Setup(编辑器设置)"窗口:

Editor Setup		
Text Mode	Telex	(选择创建"Telex"或"ASCII"文件)
Edit Mode	Insert	(字符插入"Insert"与替换"Overwrite"的切换选择)
Word Wrap	ON	(行末是否加入连字符号,用"ON"和"OFF"选择)
Line No.	ON	(电文中是否加入行编号,用"ON"和"OFF"选择)
Tab Width	4 Char	(行字符定位选择,"2、4 或 8 个字符宽度")
Column Width	69	(行字符数设置,"Telex"为69;"ASCII"为40～80)
Cursor Type	Block	(光标形状选择,即方块或下横短线)
Scroll	Full Screen	(半屏或全屏滚动设置)

(2)根据电文编辑的需要,在上述窗口中用光标选择所需要的设置。

2.键盘快捷指令

常用的键盘快捷指令及其功能如表 2-3-2 所示:

表 2-3-2　常用的键盘快捷指令及其功能

快捷指令	指令功能
[Alt]键+[N]键	与[File]菜单中的创建新文件指令相同
[Alt]键+[O]键	与[File]菜单中的打开文件指令相同
[Alt]键+[Q]键	与[File]菜单中的关闭文件指令相同
[Alt]键+[D]键	与[File]菜单中的删除文件指令相同
[Alt]键+[S]键	与[File]菜单中的存储文件指令相同
[Alt]键+[P]键	与[File]菜单中的打印文件指令相同
[Alt]键+[X]键	与撤销指令相同
[Delete]键	与[Edit]菜单中的剪切指令相同
[Alt]键+[C]键	与[Edit]菜单中的拷贝指令相同
[Insert]键	与[Edit]菜单中的粘贴指令相同
[Fn]键+[←]键	与[Edit]菜单中的光标移至电文头指令相同
[Fn]键+[→]键	与[Edit]菜单中的光标移至电文尾指令相同
[Alt]键+[V]键	与[Edit]菜单中的窗口切换指令相同

（二）电文的编辑与管理

电文的编辑与管理主要通过主菜单状态下的“File”指令实现，在主菜单状态下按功能键[F1]即可进入如下所示的窗口：

```
                                  File
1. New            ALT+N           (创建新电文)
2. Open           ALT+O           (打开已保存的电文)
3. Close          ALT+Q           (关闭打开的电文或存储电文)
4. Save           ALT+S           (保存电文)
5. Delete         ALT+D           (删除电文)
6. Rename                         (对已有的电文进行重新命名)
7. Print          ALT+P           (打印选定的电文)
8. Format Disk                    (格式化软盘)
9. MIME(Decode)                   (对已编码的电子邮件电文解码)
```

在上述窗口中，对各个指令的功能都加上了中文注解，在电文编辑与管理中可根据操作需要正确选择相应的指令。

1.普通电文的编辑

（1）在主菜单中按功能键[F1]进入“File”菜单，然后按[1]键进入新文件（如编辑“Telex”文件）编辑窗口。

（2）在窗口中输入电文内容，此时窗口最下面区域的字符数、表示光标所在行和列的号码也相应随之变化，电文中的行编号可用指令设置为“显示或关闭”。本船站在编辑状态下可同时打开两个窗口，并可用下面介绍的指令相互切换。

2.加密文件的编辑

加密电文有两种类型，即仅包含收件方编码的加密电文和同时包含收件方编码与密码的加密电文。接收方收到加密电文后不能直接显示与打印，必须输入相应的密码，收、发双方要预先设定共同的接收方编码与密码，才能使用加密功能。这种电文的内容输入和编辑与普通电文相同，只是在电文的开头要按如下所示的格式：

（1）仅包含接收方编码的加密电文格式：

S???-接收方编码（最多8个字符）：（冒号必须输入）电文内容

（2）同时包含接收方编码与密码的加密电文格式：

S???-接收方编码（最多8个字符）-密码（最多8个字符）：（冒号必须输入）电文内容

3.电文编辑中使用的相关指令

在电文编辑与修改过程中经常使用主菜单状态下的“Edit”指令，只有在创建新电文窗口和打开已编的电文窗口时，“Edit”指令才被激活，否则处于休眠状态（显示灰色），按功能键[F2]即可进入该指令菜单，具体如下面的窗口所示。根据编辑的需要，在窗口中选择各种功能的指令，并按照相应的提示完成操作。

对于字符块的选择，可先用光标选择起始位置，然后在按下[Shift]键的同时用光标键[→]和[←]选择范围即可实现。其他指令用法较简单，这里不再详述。

Edit	
1. Cut	（剪切）
2. Copy	（复制）
3. Paste	（粘贴）
4. Insert(With Citation)	（字符插入与替换选择）
5. Select All	（选择所有电文）
6. Search or Replace	（查找和替换）
7. Goto Line	（置定光标到目的行）
8. Time or Pos. Ins	（时间与船位插入）
9. Change Window	（转换电文窗口）

4.保存电文

（1）若在主菜单中按功能键[F1]进入“File”菜单，再按[4]键，然后根据提示输入文件名称（文件名最多为8个字符，扩展名为3个字符）并确认，文件即被保存，此时该文件内容仍然在屏幕上显示。

（2）若在主菜单中按功能键[F1]进入“File”菜单，再按[3]键并确认，然后根据提示输入文件名称再按回车键，文件即被保存，但此时清屏。

5.文件的打开、删除、改名与打印

可按照上述介绍的“File”指令窗口中的相关指令进行。它们操作简单，在此不再详述。

6.合并文件

（1）若将文件B合并到文件A中，可先同时打开这两个文件。

（2）置定光标在文件B的开头，在按下[Shift]键的同时，按[↓]键选择电文。

（3）在按下[Alt]键的同时，按下[C]键，此时文件B被放在剪切板。

（4）在按下[Alt]键的同时，按下[V]键，切换到文件A。

（5）在按下[Fn]键的同时，按下[→]键，然后按回车键，将光标置定到文件A的末尾。

（6）按键盘上的[Insert]键，此时文件B即被合并到文件A的后面。

7.E-mail 附件的解码

当接收的电子邮件中含有附件时，该附件是不能被直接打开的，必须经过解码才能正常打开查阅，具体解码方法如下：

(1)在主菜单中按功能键[F1]进入"File"菜单，再按[9]键进入文件解码(MIME)窗口，用光标选择文件并确认，此时屏幕将显示要解码的附件名称。

(2)根据窗口的提示，选择"Yes"，再按回车键确认，开始解码。此时屏幕显示文件解码的窗口，解码完成后，按任意键即可退出，这样该附件可被正常查看。

(3)若要更改原文件名，可在窗口中用退格键删除原文件名，然后输入新文件名并按回车键。

8.文件子目录的建立

在软盘中可建立操作者所需的子目录，以便对电文进行分类存储，从而便于对各种文件的管理，如预编的发射电文、接收的电文和 EGC 电文等。

(1)在主菜单中按功能键[F8]进入"Setup"菜单，然后按[8]键进入"Directories"窗口：

```
    Directories
Message Directory                    (建立指定类型的电文目录)
EGC Message Directory                (建立EGC电文目录 )
```

(2)用光标选择并按回车键，进入子目录建立窗口，根据窗口提示和给出的相关指令即可建立所需类型的目录，同时也可删除子目录。

(3)在子目录下，用光标选择"..."项，然后按回车键可直接返回根目录。

四、电文的发射

在执行电文发射操作之前，首先要正确设置船站的通信状态，并且预编各类要发射的电文。在这里主要介绍实际通信中常用的电传、转发方式的传真和电子邮件的发射方法，其他类型的电文发射方法与这些类型的发射方法相似，所以不再另做叙述。电文发射窗口的结构和各项功能如下：

```
                          Transmit Message
Priority                  (通信的优先等级选择)
Message File              (发射的电文名称)          Size  (电文的字符数量)
Station Name              (用户名称)                Cost  (选用岸站的费率)
Destination Type          (目的用户类型，如电传、传真、电子邮件等)
  Prefix Code             (前缀码)
  Country/Ocean Code      (用户所在国家码或洋区电传码)
  Station ID              (目的用户号码)
  Modem Type              (调制解调器类型，用于传真通信)
  Address                 (电子邮件地址)
  Subject                 (电子邮件主题)
  Attach File             (电子邮件附件)
LES ID                    (选用的岸站识别码)
Option                    (选择项目)
  Confirmation            (发射确认选择，"On"：要确认；"Off"：不要确认)
  Send Delay              (发射延时设定，最长延时为 99 小时 59 分钟)
  Delivery Delay          (要求岸站的投递方式选择，立刻或延迟投递)
  Code                    (通信编码选择，即 IA5/ITA2/DATA 选择)
[TRANSMIT]                (启动发射控制，YES：启动发射；NO：不启动发射)
```

（一）电传的发射

1.直接输入用户号码的电传发射

（1）根据本节前面介绍的方法，编辑要发射的“TELEX”类型电文并保存到软盘。

（2）在主菜单中按功能键[F3]进入发射菜单，然后按[1]键进入电文发射窗口。

（3）在发射窗口中根据提示用光标逐项选择，如通信优先等级、发射的电传文件名称、用户名称、目的用户类型（选“TELEX”）、国家电传码和用户电传码、岸站识别码和发送确认等项目。窗口中不属于电传发射的项目将显示灰色（未被激活），即不能输入或选择信息。

（4）最后选择“TRANSMIT”指令并按回车键，启动发射程序，当发射成功之后，屏幕上将出现相应的发射显示，同时发射电文被打印。

注意：若要发射编辑器（编辑窗口）中当前显示的电文，发射菜单中的“Message File”项可不用选择电文名称，此时该项自动显示“Message now being edited”，表示本次发射的电文是编辑器中所编辑好的电文。

2.在地址簿号码表中选择用户电传号码发射

（1）在进入发射窗口之后，光标移至“Station Name”的位置并按回车键，此时进入如下所示的用户地址簿窗口。

Station List

Group		Station Name	Type	Code/Address
01	aaa	dayaco	Telex	85 81234
02	bbb	mobship	Telex	582 441212345
03	aaa	user1	E-mail	asd@sina.com.cn
04	bbb	user2	E-mail	sdl@tom.com
05				
06				
07				
08				

Page Up, Page Down:Mode　　Ctrl+P:Print
Sort(Ctrl+G:Grop, Ctrl+N:Station Name, Ctrl+T:Type)

（2）用光标选择需要的用户并确认（如 01 号用户），此时发射窗口中的用户名、目的用户类型、国家码和用户码将自动导入。

（3）发射窗口中的其他项目的设置与前面介绍的方式相同。

（4）若选择多个用户发射，必须是同类型用户，最多可选 9 个用户。选择的方法是先用光标键选定用户，然后按空格键，此时该用户前将出现“ * ”的标志，选择完成后再确认，则这些用户将被同时选定。

（二）转发方式的传真

1.直接输入用户号码的传真发射

（1）在主菜单中按功能键[F3]进入发射菜单，然后按[1]键进入如下所示的电文发射窗口。

（2）在窗口中选择目的用户类型为“FAX”；输入国家传真码和用户传真码（包括区号）；调制解调器类型选择“T30”。

(3)其他操作程序与电传发射相同。

```
                         Transmit Message
Priority                 Normal
Message File             BBB.TXT            Size          156
Station Name                                Cost ********.**(US$)
Destination Type         FAX
  Prefix Code
  Country/Ocean Code     86
  Station ID             41112345678
  Modem Type             T30
  Address
  Subject
  Attach File
LES ID                   211(Beijing)
Option
  Confirmation           ON
  Send Delay             00:00
  Delivery Delay         Immediate
  Code                   IA5
[TRANSMIT]
```

2.在地址簿号码表中选择用户传真号码发射

这种发射形式与上面介绍的“在地址簿号码表中选择用户电传号码发射”的操作程序相同,故不再重述。

(三)电子邮件的发射

1.直接输入用户邮件地址的发射

(1)在主菜单中按功能键[F3]进入发射菜单,然后按[1]键进入电文发射窗口。

(2)根据本节前面的介绍,在“E-mail Setup”菜单中设置发射邮件时所使用的默认岸站(如北京岸站),在发射邮件时发射窗口中的“Station ID”和“LES ID”项将自动导入相关信息(显示呈灰色),不能手动修改。

(3)在窗口中选择目的用户类型为“E-mail”,输入邮件地址、题目,选择附加文件。

(4)其他操作程序与电传发射相同。

2.在地址簿号码表中选择用户邮件地址的发射

这种发射形式与上面介绍的“在地址簿号码表中选择用户电传号码发射”的操作程序相同。但是,发射之前要先在“E-mail Setup”菜单中设置发射邮件时所使用的默认岸站。

(四)发射程序的取消与确认

1.取消等待的发射

(1)在主菜单中按功能键[F3]进入发射菜单,然后按[2]键选择“Cancel”窗口,发射状态显示“等待(Waiting)”的电文可以被取消。

(2)在窗口中选择处于等待发射状态的电文,然后确认即可取消该发射。

2.申请电文的投递状态

(1)在主菜单中按功能键[F3]进入发射菜单,然后按[3]键进入“Request Delivery Status”窗口。

(2)用光标选择尚未获得投递确认的发射电文,然后按回车键,几分钟后即可获得岸站发来的发送确认信息。

五、通信记录与EGC电文的查阅

通信记录包括电文发射记录、接收电文记录和EGC电文记录,以及电文收发状态记录。通过船站自动模式设置,接收电文和EGC电文既可被自动存储与打印,又可手动打印与存储,同时又具有声音报警及成功接收信息的显示。在主菜单状态下可按功能键[F6]进入通信记录窗口,实现通信电文与通信状态的查阅。

Logs	
1. Send Message Log	(电文发射记录)
2. Receive Message Log	(接收的电传或邮件电文记录)
3. EGC Log	(接收的EGC电文记录)
4. Log	(电文收发状态记录)

(一)通信记录的查阅

1.查阅发射电文记录

(1)在主菜单中按功能键[F6]进入通信记录菜单(Logs),然后按[1]键进入"电文发射记录(Send Message Log)"窗口。

(2)用光标选择要查看的文件,即可获得相关发射文件和发射记录消息。

2.查阅接收电文记录

(1)在主菜单中按功能键[F6]进入通信记录菜单(Logs),然后按[2]键进入"接收的电传或邮件电文记录(Receive Message Log)"窗口。

(2)选择查看文件。注意电文的名称为8个字符,第一个字符为"R"(表示接收);第二个字符为"0"(表示电文保存在主终端);后6个数字是年、月、日各两位。另外,扩展名为3位数字,表示接收电文编号(每天重新编号)。例如:R0130526.001。

(3)使用窗口下方的指令可将文件存储到软盘或删除,还可使用"Ctrl+P"指令打印接收文件。

3.查阅电文收发状态

(1)在主菜单中按功能键[F6]进入通信记录菜单(Logs),然后按[4]键进入电文收发状态(Log)窗口。该窗口中共可保存50个收发电文状态的记录,当超过50个记录时,最早的记录将被自动删除。

Log

	S/R	Message No.	Type	Pri	Date	Time	LES	Station	Size	Cond
01	S	T0130518.001	TELEX	Nrm	07-05-18	10:18	211	qwey	126	Success
02	R	R0130517.001	TELEX	Dis	07-05-17	09:25	202		246	
.										
.										
.										

50(max)
Ctrl+P:Print

(2)在窗口中可查看通信的类型、优先等级、通信时间、经由的岸站、目的用户名称、电文长度和通信结果等信息。

(二)EGC 电文的查阅

1.查阅 EGC 电文记录

(1)在主菜单中按功能键[F6]进入通信记录菜单(Logs),然后按[3]键进入"EGC 电文记录(EGC Message Log)"窗口。

```
                                  EGC Message Log
Message No.     LES        Priority     Size     Seq.No.    Rec.Date&Time     Type
E0130525.015    KDDI       Urgent        428     01286      07-05-25 10:36
E0130523.002    BEIJING    Safety        846     02458      07-05-23 15:25

                                               Memory available:32689Kytes
ENTER:Display        S:Save        D:Delete
```

(2)用光标选择文件,根据窗口下方的指令可查看或删除文件,还可以将所选文件保存至软盘。

2.直接显示 EGC 电文

(1)在主菜单中按功能键[F4]进入 EGC 电文菜单(EGC),然后按[1]键进入"EGC 电文显示(Display EGC Message)"窗口,此时最新电文的内容将自动显示在屏幕上,用上下光标键滚动屏幕,依次查看所收到的 EGC 电文,也可用窗口下方的指令打印或存储电文。

(2)专用的 EGC 电文存储器的容量是 32 kB,当 EGC 电文存满之后,最早接收到的 EGC 电文将被自动删除。

3.查阅 EGC 专用网络(船队网)识别号码(ENID,EGC closed network ID)

(1)为了实现船队网(Fleet NET)信息的接收,船站必须登记到 EGC 专用网络中,即向船站下载 EGC 群呼号码(最多为 64 个),船站操作者不能改变已下载的 ENID。

(2)在主菜单中按功能键[F4]进入 EGC 电文菜单(EGC),然后按[2]键进入 ENID 窗口(EGC Network ID),然后用光标键选择,再用空格键激活或禁止某一个群呼号码,即可实现选择所需 ENID 的目的。

六、遇险报警的发射

(一)利用遇险报警按钮直接发射报警

(1)打开终端单元或遇险报警单元 IC305 上的"遇险报警(DISTRESS)"按钮的盖子。

(2)按下"遇险报警"按钮(约 4 s),当此按钮上的指示灯连续点亮并发出报警声音时,表明遇险报警已被发出。此时屏幕显示"发射遇险报警(Sending Distress Alert)",当从岸站收到遇险报警确认时,屏幕显示"收到遇险确认(Distress Acknowledgment Received)",按钮上的指示灯缓慢闪动,并发出间歇的报警声音。

(3)按下键盘上的功能键[F10],取消报警声音。

(二)利用“Distress”菜单(遇险报警电文自动产生器)发射报警

(1)在主菜单中按功能键[F8]进入“Setup”菜单,然后按[1]键进入“Distress Alert Setup”窗口。

```
                         Distress Alert Setup
LES ID             211                          (报警时选用的岸站)
Update Time        06:45 07-02-19(YY-MM-DD)     (遇险的时间)
Position           LAT  30:00N                  (遇险时的船位)
                   LON 140:00E
Protocol           Maritime                     (海上协议,不能选择)
Nature             Grounding                    (遇险的性质)
Course             178                          (航向)
Speed              0.2KTS                       (航速)
```

(2)按照窗口中的提示,选择报警所用的岸站,以及遇险的性质等信息。

(3)按[ESC]键,然后选择“Yes”并按回车键确认,从而更新报警数据。

(4)打开终端单元或遇险报警单元 IC-305 上的“遇险报警(DISTRESS)”按钮的盖子,按下“遇险报警”按钮(约 4 s),当此按钮上的指示灯连续点亮并发出报警声音时,表明遇险报警已被发出。

(5)其他操作与状态显示与利用遇险报警按钮发射报警的形式相同。

(三)利用电传发射指令中的“遇险”通信等级发射报警或遇险电文

(1)在编辑指令下按照遇险电文的格式编辑遇险电文,在电文中可较详细地表述遇险的情况以及要求救助的方式,便于搜救部门掌握较详细的情况,进而恰当地进行救助。这种电文可在收到遇险报警确认之后发出,也可作为初始的遇险报警信息发出。

(2)在主菜单中按功能键[F3]进入发射菜单,然后按[1]键进入如下所示的电文发射窗口(窗口中给出了具体的例子)。

(3)在发射窗口中用光标选择通信优先等级为“遇险”、目的码类型为“电传”。通信优先等级为“遇险”时,用户名称自动显示“SEARCH AND RESCUE”。

```
                         Transmit Message
Priority              Distress
Message File          Message now being edited   Size       126
Station Name                                     Cost ********.**(US$)
Destination Type      TELEX
  Prefix Code
  Country/Ocean Code
  Station ID          SEARCH AND RESCUE
  Modem Type
  Address
  Subject
  Attach File
LES ID                211(Beijing)
Option
  Confirmation        ON
  Send Delay          00:00
  Delivery Delay      Immediate
  Code                IA5
[TRANSMIT]
```

(4)选择岸站的识别码,但国家码等信息不需要输入。

(5)最后选择“TRANSMIT”指令并按回车键,启动发射程序。此时,发射的遇险电文以红色显示,同时屏幕还显示“Distress Message Call Activated”,表示报警电文的发射正在进行。当成功收到确认之后,屏幕上将闪动显示“Distress Message Call Acknowledged”,表示发射成功。

第四节　H2095 型 C 船站的操作

一、概述

H2095 型 C 船站外壳坚固耐用,具有设计小巧、简洁、省电等特性,非常适用于 GMDSS 功能需要。它和 TT3020C 终端操作方法基本一致,只是终端面板略有差异,本书重点针对 H2095 型 C 船站的操作方法加以说明。本节内容基于 Capsat 3.21 编写。

H2095 型 C 船站支持所有的 Inmarsat-C 通信模式,包括 E-mail、电传、X.25 和移动站到陆地方向的传真等业务。对于一些重要的信息,如位置报告、数据监控、短信、货物装卸载信息、路线计划等,也可以通过 H2095 型 C 船站快速、稳定地传递。目前,有多款保安报警系统也基于 H2095C(或者 TT3020C)工作。

如果想要操作和控制上述两款终端,可以通过 TT3606E 或 TT3606C 终端、个人计算机或者远端使用随机的 Capsat Manager 软件。

H2095C 设备连接如图 2-4-1 所示,利用附加附件如直交流电源自动切换开关、远端报警器、EGC 打印机等可以进一步完善 GMDSS 的功能。

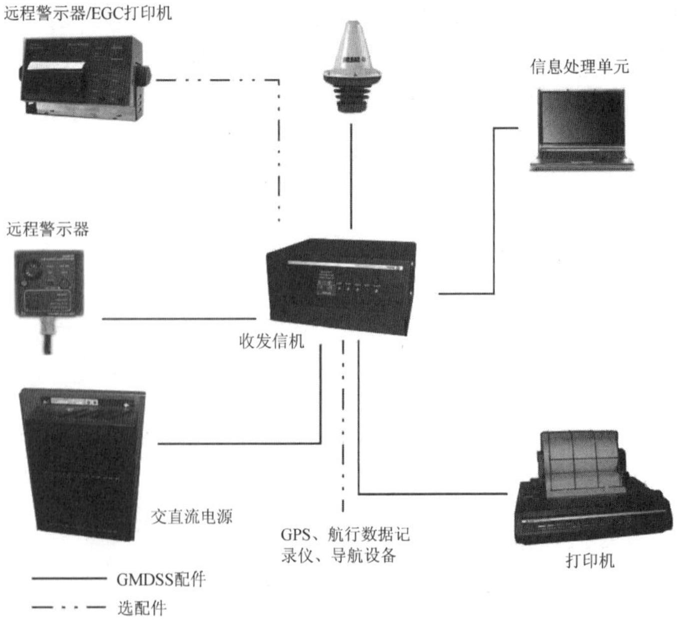

图 2-4-1　H2095C 设备连接图

二、显示和操作

（一）H2095 型 C 船站的主要技术指标

①接收频率：1 525.0～1 559.0 MHz。

②发射频率：1 626.5～1 660.5 MHz。

③频道间隔：5 kHz。

④具有遇险报警功能，满足 GMDSS 相关要求。

⑤甲板上设备的环境特性：操作温度为-35～55 ℃，存放温度为-40～80 ℃。

⑥调制方式：二进制相移键控（BPSK）。

⑦频率精度：C 站发射的载波频率通过与 NCS 及 LES 的 TDM 载波频率比对来校准。除遇险报警之外，C 站在 L 波段发射的载波频率与接收的 LES 的 TDM 载波频率之差不超过±150 Hz。

（二）开机步骤及指示灯的说明

1.设备加电

H2095 型 C 船站设备开机时的加电顺序为：总电源、显示器、计算机主机、电子单元，关机时则相反。

2.电子单元各键及指示灯

电子单元各键及指示灯如图 2-4-2 所示，其说明如表 2-4-1 所示。

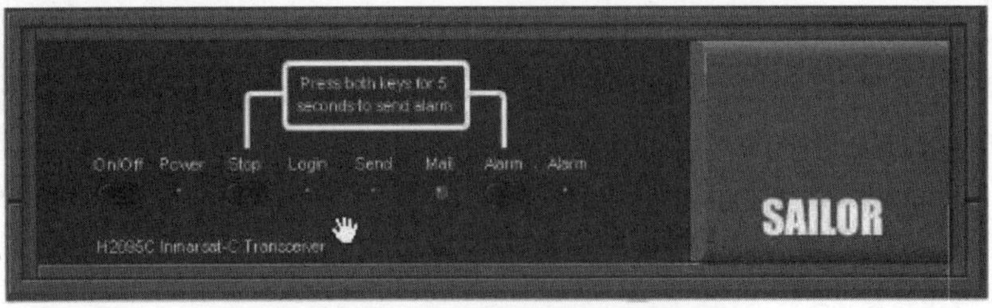

图 2-4-2　电子单元各键及指示灯

表 2-4-1　电子单元各键及指示灯说明

键	说明
[On]/[Off]键	电源开关
[Power]指示灯	电源指示灯，打开电源时指示灯亮
[Stop]键	停止正在进行的操作；和[Alarm]键组合用于遇险报警的发送
[Login]指示灯	入网指示灯。灯闪烁表示正在入网，不能通信；灯亮表示已入网，可以通信；灯灭表示没有入网，不能通信
[Alarm]键	和[Stop]键组合用于遇险报警的发送，当需要发送遇险报警时，同时按下[Alarm]键和[Stop]键 5 s
[Alarm]指示灯	灯灭：没有收到遇险报警或没有发射遇险报警。灯亮：收到遇险报警或发射了遇险报警。灯闪：正在建立遇险报警链路
[Send]指示灯	发送指示灯
[Mail]指示灯	灯闪，正在建立接受电文链路；灯亮，正在接受存储报文；灯灭，报文接收完毕

（三）主菜单说明

开机后，光标显示在编辑栏，利用[ESC]键把光标移动到主菜单上，利用[←]或者[→]键移动光标，选择操作项目后，按回车键进入菜单。在菜单中，粗体字表示快捷键，光标在编辑栏时同时按住[Alt]键和快捷键，光标在主菜单栏直接敲击快捷键都可以方便地进入各子菜单。

具体菜单（Capsat 软件主菜单）如图 2-4-3 所示。

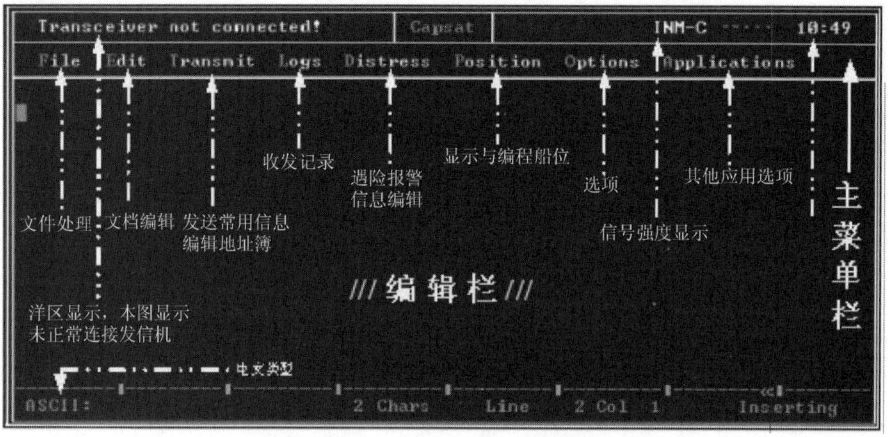

图 2-4-3　Capsat 软件主菜单

（四）各菜单内容介绍与操作

1.船站状态显示菜单

（1）洋区显示

正常情况下，洋区显示栏是设备入网卫星的标识。当系统的控制终端和收发信机连接发生故障时，会显示"Transceiver not connected"；当船舶摇摆剧烈，或者卫星天线被岸吊、烟囱等建筑物遮挡，设备无法与卫星保持同步时，此栏显示"Sync lost"；当有新的来电未处理时，还可能显示"MAIL""EGC-MAIL"等。

（2）信号强度

信号强度显示在主菜单的右上角，与很多移动电话显示强度的方式类似，通过方块"■"表达强度。最大强度时显示 5 个"■"，如果要保障通信可靠，需要保证 3 个（含 3 个）以上"■"。

（3）本机号码查询

如需查询本机号码，进入"File"菜单后，利用[↓]键移动至"About"，按回车键完成选择后就可看到设备相关信息对话框，这时屏幕出现一个"About"信息窗口，依次显示 C 站的版本、厂商、收发信机的版本、序列号、INM 号码，这些信息不允许更改。

2.文件处理菜单（File）

（1）在文件处理菜单利用[↑]或者[↓]键移动光标套取目标，如下图所示，按回车键选中。

（2）编辑电文时，根据编辑目标不同选择"New Telex"或者"New ASCII"。对于前者无法使用某些特殊符号，如 $ 、&、* 等。

(3)合并文件时,先执行"Load file"调取一个文件,移动光标到要合并的位置,然后选择"Merge file"项按回车键,选择另一个文件,即可以完成合并。

(4)其实可以把合并也看作编辑的一种形式。完成编辑后,通过光标选择"Save..."项,完成存储。

(5)"目录显示"可以对文件实现删除、复制、重命名、打印、查看文件内容等。

New Telex	(编辑信电文)
New ASCII	(ASCII 码编辑)
Load file	(调取文件,可以再编辑)
Merge file	(合并文件)
Save ...	(存储文件)
Print text	(打印正在编辑的文件)
Print file	(打印存档文件)
Directory	(目录显示)
New Path	(重置路径)
Exit...	(退出 C 系统)
About...	(相关信息)

Cut	Shift+Del	(切割文件)
Copy	Ctrl+Ins	(复制文件)
Paste	**Shift+Ins**	(粘贴文件)
Clear	Del	(删除)
Delete word	Alt+F3	(删除一个字)
Delete line	Alt+F4	(删除一行)
Time Ins	Alt+F5	(时钟插入)
Position Ins	Alt+F6	(船位插入)
Search ...	Alt+F7	(字符搜索)
Replace...	Alt+F8	(字符替换)
Set up		(设置屏幕参数)

3.文档编辑帮助菜单(Edit)

功能显示帮助,需要注意的是在"Search..."和"Replace..."项目中,查找过程英文字母区分大小写。

4.常规信息发送菜单及操作程序

常规信息发送菜单如图 2-4-4 所示。

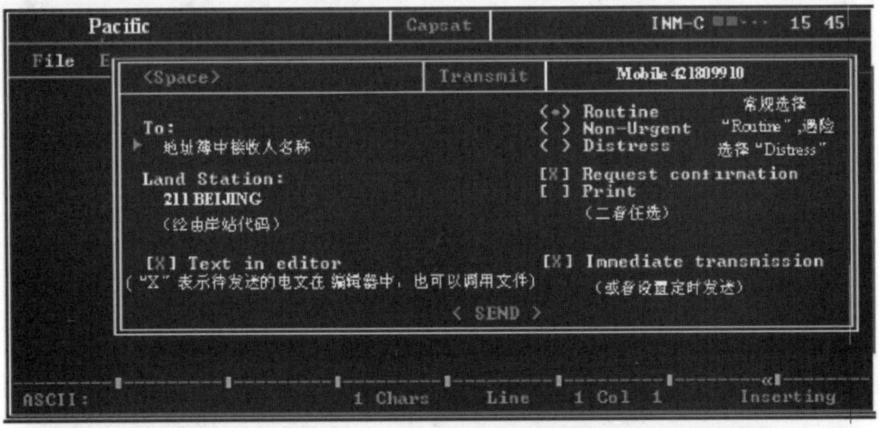

图 2-4-4 常规信息发送菜单

①在"Transmit"菜单中,可以通过[↑]、[↓]、[→]、[←]键移动光标位置选择意图操作的项目,选中后利用空格键([Space]键)实现操作。

②在接收人栏目中,既可以输入接收人在地址簿注册的名称来选择接收人,也可以利用空格键进入地址簿,然后利用光标在地址簿中选择接收人。

③经由的地面站需要从岸站列表中选择。选择时，操作员只能进入船舶注册(Login)洋区的地面站列表，而其他三个洋区的地面站状况无法显示。

④[ ]中的"●"或者"X"表示是否认可对应项：如果[ ]空缺，表示未选择对应项。

⑤"Routine""Non-Urgent""Distress"只能三选一。一旦选择"Distress"，无论接收人栏目做出怎样的选择，电文都将被直接发送到地面站或者与之相关联的搜救协调中心。常规通信选择"Routine"。

⑥"Request confirmation"表示电文需要经由的岸站针对送达情况给予确认。需要注意的是，有些地面站在繁忙时，如果电文被顺利送达可能不再给予回执。

⑦"Immediate transmission"前面的[ ]空缺时，屏幕会出现设定发送时间的子菜单。

⑧光标选中"SEND"发送，或者确认定时发送。

⑨右上方的"Mobile 421809910"为本船站号码。

下面为三种常规通信的具体实例操作：

(1)电传通信菜单及操作程序

经由北京地面站向太平洋中的某一船舶发送常规电传，如图 2-4-5 所示。按照上述②中介绍的方法输入接收人"COSCO"，在"Land Station"岸站选择项中，选择"BEIJING"地面站，如图 2-4-6 所示。图中所示含义为：此电传为常规电传，电文正在编辑中，且编辑完成后立即发送，并需要北京岸站给予确认。

(2)传真通信菜单及操作程序

在 C 站中完成传真通信只能是船到陆地单一方向，即 C 站将编辑好的电文发送到陆地用户的传真机上实现文字传真。传真电文编辑存储、发送操作与电传的电文编辑存储及发送操作步骤一致，详细过程参照上述(1)电传操作的内容。图 2-4-7 表示向北京某一传真号码为"861066294532"的传真用户发送传真，其含义为：传真接收人为"sss"，选择通信优先级别"Routine"，信息传输类型"Fax"和"7 bit"，同时要求岸站给予确认。

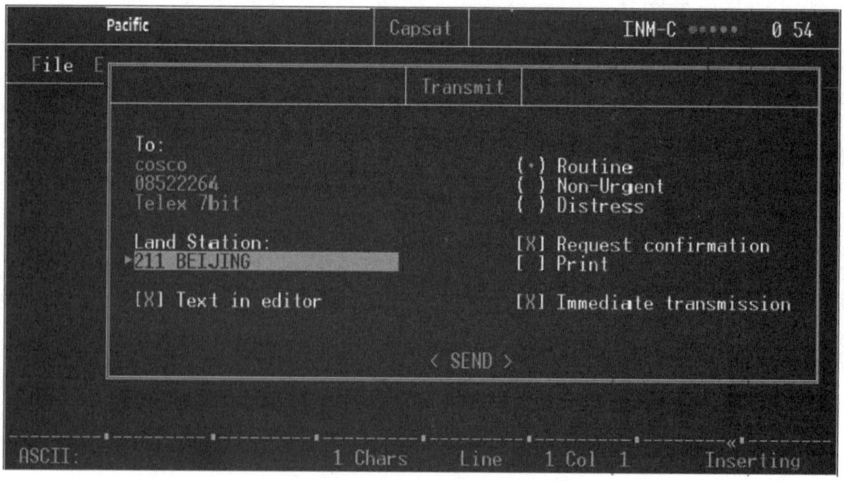

图 2-4-5　发送菜单中通信地址的选择菜单

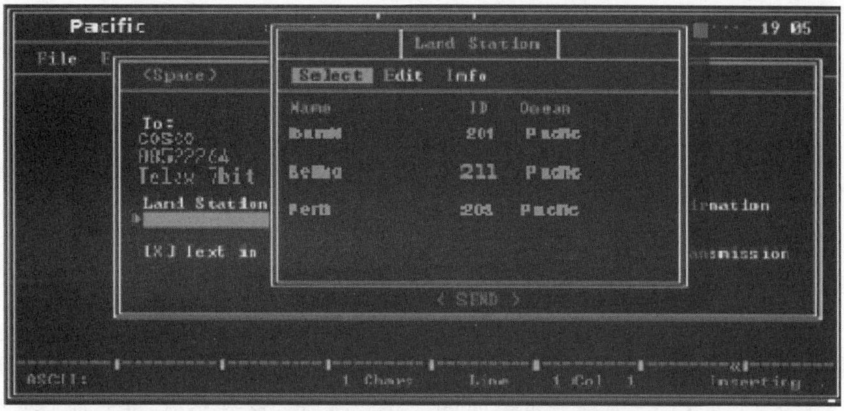

图 2-4-6　发送菜单中岸站选择菜单

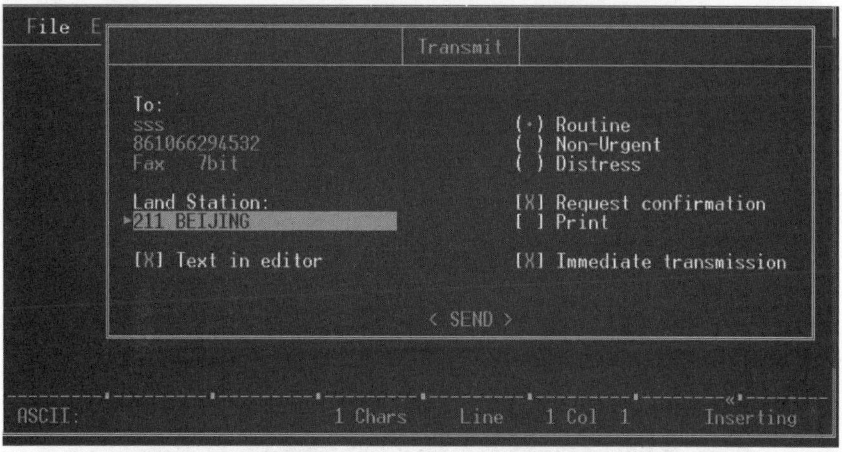

图 2-4-7　发送菜单中传真信息发送显示窗口

(3)电子邮件菜单及操作程序

对于 E-mail 业务,如果使用的软件版本有特定选项,根据菜单指示操作即可;但是选择经由地面站时必须注意,不是所有的地面站都提供该业务,一定选择注明提供该业务的地面站。如果操作机型无 E-mail 选项,则操作如下:

①选择“File”菜单,调取需要的电文。

②电文首行输入收报方的邮箱地址,例如:

TO:TIAODU@ COSCOQD.COM.CN

③电文编辑完毕,在“File”菜单的“Save...”项保存待发送的邮件。

④调出“Transmit”菜单,按空格键调出收报方通信地址簿菜单。

⑤如通信地址簿中没有存储需要的地址,则按发送邮件信息的方式输入用户邮箱地址或呼叫 LES 的邮件接续码后,移动光标至“<OK>”,按回车键完成收报方地址编辑。

⑥移动光标至“Select”,选择合适的邮件收报方地址,按回车键调出收报方地址发送信息菜单。

⑦选择与地址簿设置邮件接续码对应的地面站。

⑧选择已编辑的邮件电文(从编辑屏幕或存储器选择)。

⑨移动光标至“<SEND>”,按回车键即发送邮件,如图 2-4-8 所示。

下面是利用北京地面站发送 E-mail 业务的具体实例：

首先确定经由的地面站，然后查找资料并且按照地面站要求格式撰写电文：

邮件地址：TO：TIAODU@ COSCOQD.COM.CN

抄　　送：CC：ADMIN@ KDDI.COM

标　　题：SUBJECT：INMARSAT-C SERVICE INFORMATION

（………………留一空行………………）

主信息栏：THIS IS THE INFORMATION OF INMARSAT-C SERVICE.

注意：如有几个收件人，请用“；”（分号）将邮址分隔开。

下面是当所用型号没有 E-mail 业务时向北京某一用户发送电子邮件的界面介绍：首先，按照上述（1）、（2）、（3）步进行调取，如图 2-4-8 所示，编辑格式如上所述；其次，调出“Transmit”菜单，按空格键调出收报方通信地址簿菜单，此菜单中，信息传输方式为“Special”和“8 bit”，“Special Access code”输入“555”（北京 LES 邮件接续码），如图 2-4-9 所示；最后，配合回车键进入发送信息菜单，选择北京岸站，点击“SEND”发送，如图 2-4-10 所示。

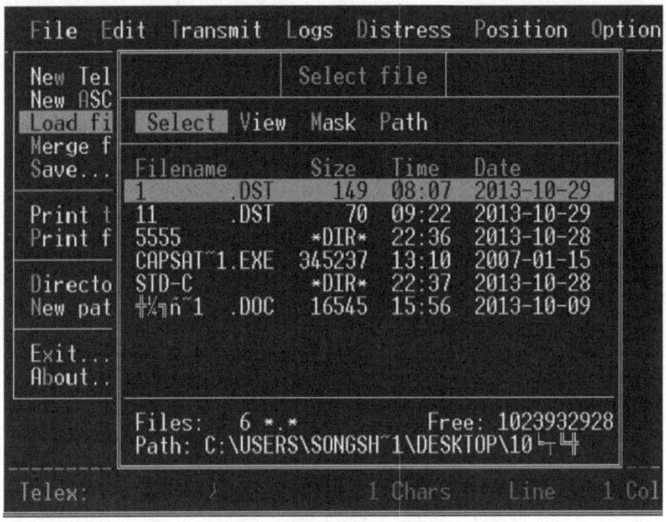

图 2-4-8　邮件电文调取菜单

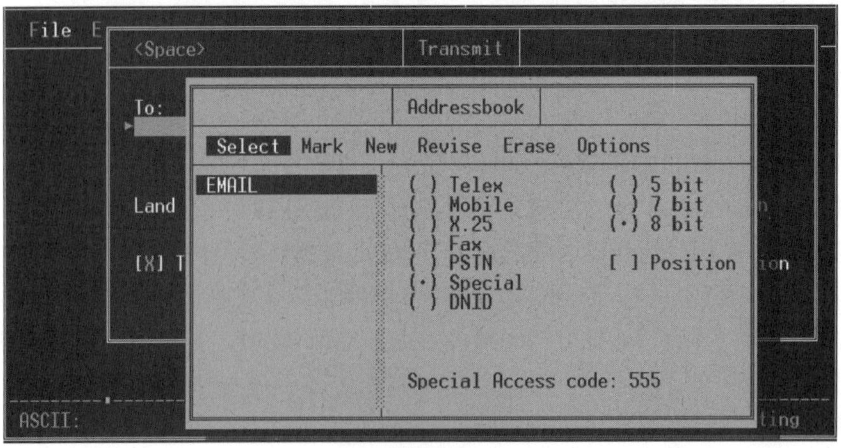

图 2-4-9　邮件接续码的输入显示

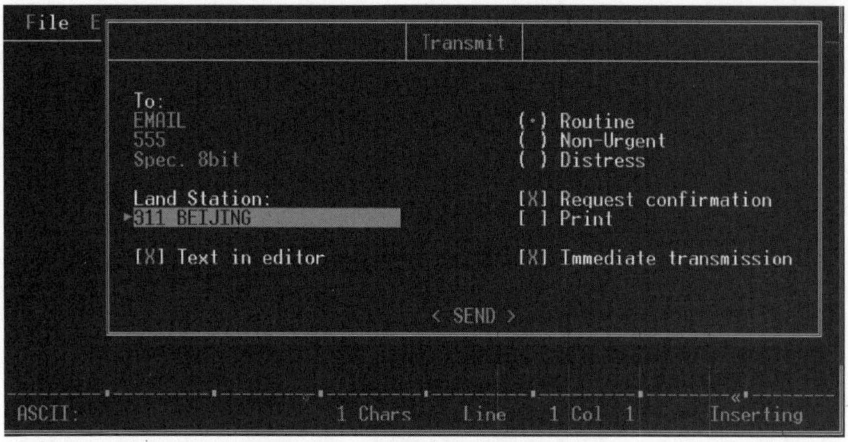

图 2-4-10 发送信息菜单显示窗口

5.收发记录菜单（Logs）

（1）对“Logs”菜单的操作通过[↑]、[↓]键配合回车键完成。

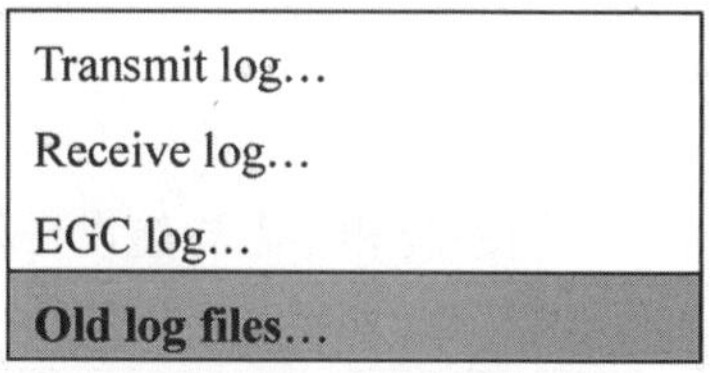

（2）在“Transmit log”子菜单中，有查看（View）、重新发送（Resubmit）、删除（Erase）、临时增加回执要求（Confirm）、打印（Print）等选项。对于每一份电文，子菜单中还给出日期（Date）、时间（Time）、目的地（Destination）和目前电文状态（Status）等内容。在扩展信息（Expanded information）中，还对每一份电文加以详细说明（Msg、No、Type、kbits 等），其中“Ref”是地面站给出的关联号。在一报多地址发送（在后面将加以阐述）的情况下，除第一地址以外，其他地址地面站都无法给出关联号。由于没有关联号，地面站很难对电文送达状态予以跟踪，也就无法给出回执。

根据电文是否索取回执、发送状态等信息在菜单状态栏（Status）下方分别标注：确认成功（Conf OK）、发送失败（Failed）、无法给出回执或者发送结果不明（Unknown）以及地面站收妥（Acknowledged）。可见，在一报多地址发送的情况下，第一地址送达状态（Status）根据投递情况可能显示“Conf OK”“Conf Req”等，而以后的地址一律显示“Unknown”。

（3）在“Receive log”子菜单中，有查看（View）、打印（Print）、打印记录（Print log）、索取电文（Request Mail）等选项。当选择“Request Mail”时，会出现如下图所示的下拉菜单。使用该业务时，船站必须已经注册了邮箱业务“Using Mail box Service”。每次使用前，操作员还必须设置意图使用的“DNID”。

接收信息内容的查阅，取决于信息存储路径的设置（在“Options”菜单下“Configuration”子菜单的“Routing”项完成）。如果路径设置只打印不存盘，则内存单元中只存文件目录，不存文件内容。

6.当前船位显示菜单（Position）

①“Position”中的信息在发送遇险报警时可以直接被调用。

Position	
Latitude	**36° 34′ 00N**
Longitude	120° 36′ 36E
Course	123 Degrees
Speed	14 Knots
Updated at:	08：42 UTC
Status	OK
<OK>	

②当系统和船上导航设备相连接时，位置信息将会以一定的周期被更新。

③当系统未和船上导航设备相连接时，操作员需要利用[↑]和[↓]键定时手动更新船位，但是根据《〈1974 年国际海上人命安全公约〉1998 年修正案》的第 18 条“船位更新”的要求，“船上安排的双向通信设备应能从内部或外部航行接收装置中自动地获得船舶遇险时的船位信息”，可见，已经不需要操作员手动更新船位。注意，更新船位很重要，如不及时更新船位，一旦发生海难，搜救行动可能在错误的地点展开。

④在位置信息中还包括信息更新时间和信息状态。上述信息主要供搜救协调中心评价遇险位置可信度时使用。信息状态分别以“OK”和“Invalid”表达。

7.遇险报警设置菜单及报警操作

①遇险类型共 11 类，有些软件版本中是 10 类，不包括“Piracy/armed attack”。在本软件中的“Piracy/armed attack”和保安报警器产生的报警在通信优先等级、路由、接警人等方面都是不同的，因此两者不可以互相替代。

②选择遇险类型时通过[↑]、[↓]、[→]、[←]键配合空格键共同完成。

③菜单栏上部“Setting Distress Alert”表示设置报警信息，完成设置后在“<OK>”处按回车键，表明信息完成设置，如果发送报警，操作员需要在收发信机面板上按下相应的报警键，或者通过 TT3042C 远程警示器报警。需要注意的是，有些版本的软件菜单栏上部标识是“Distress”，下部以“<SEND>”取代了“<OK>”，运用这种软件时，如果在“<SEND>”位置按下回车键，遇险报警将被直接发送出去。

遇险报警操作包括利用报文产生器的详细报警和快速报警两种方式。

（1）利用报文产生器的报警操作

下面是某船舶向北京站发出的船舶搁浅报警的具体操作。

①选择“Distress”菜单进入遇险报警电文产生器菜单，如图 2-4-11 所示。

<Space>	Setting Distress Alert	
Land station:	(●) Unspecified	
211 Beijing	( ) Explosion /fire	
Latitude 36° 34′ 00N	( ) Flooding	
Longitude 120° 36′ 36E	( ) Collision	
Course 123 Degrees	( ) Grounding	
Speed 14 Knots	( ) Listing	
	( ) Sinking	
Updated at: 08: 42 UTC	( ) Disabled&adrift	
Status OK	( ) Abandoning ship	
	( ) Req. Assistance	
	( ) Piracy/armed attack	
	<OK>	

②开始光标停在“Land Station”处,按空格键进入“Land Station”列表,如图 2-4-12 所示,移动光标按回车键选择“BEIJING”作为遇险报警地面站。

③移动光标选择遇险性质“Grounding”,按空格键确认。

④移动光标至“<SEND>”位置,按回车键后出现遇险发射的确认菜单,如图 2-4-13 所示,如确认发射报警,选择“Yes”,则发射带遇险性质的报警信息;否则,光标移到“No”按回车键取消。也可在收发信机面板或者远程警示器完成报警操作。

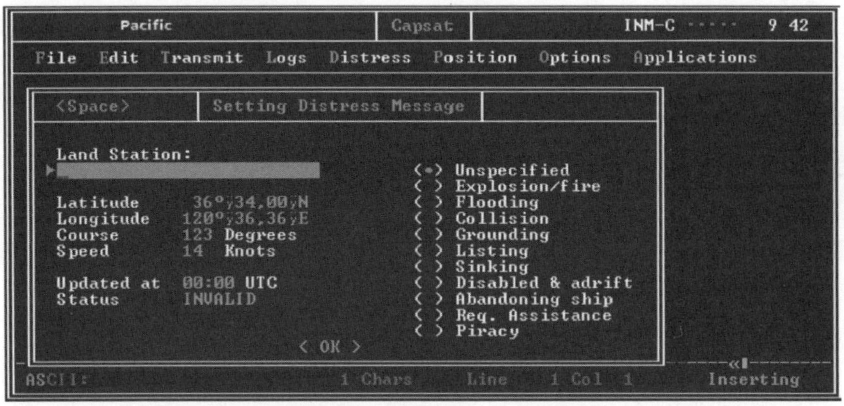

图 2-4-11 遇险报警电文产生菜单

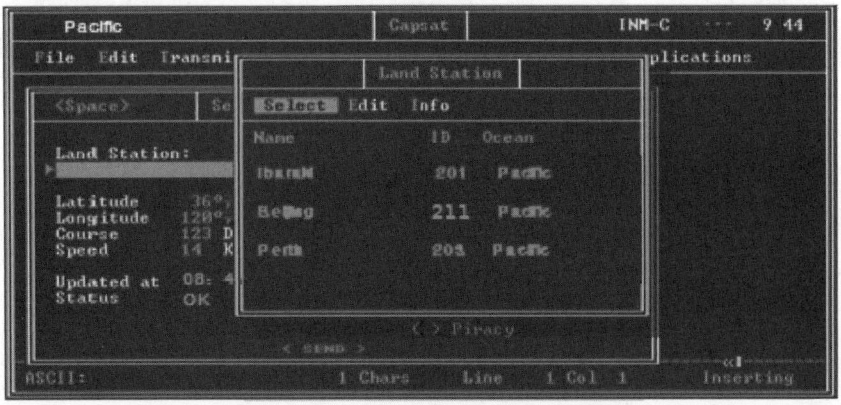

图 2-4-12 遇险报警地面站选择菜单

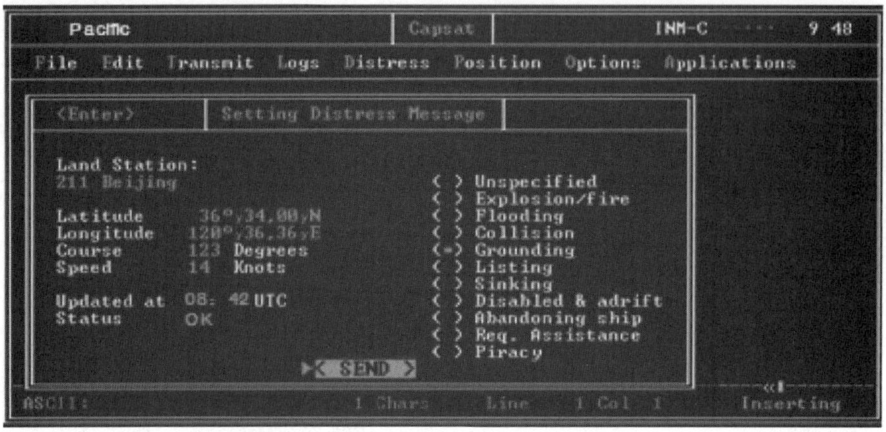

图 2-4-13 遇险报警电文发射菜单

(2)快速遇险报警操作

当遇险情况紧急需要岸上或者其他移动单元给予救助时,在移动单元负责人的授权下才可以释放遇险报警。H2095C 和 TT3020C 释放报警时一般都是在设备面板上或者远程警示器上完成,一般有两种方法:

①掀开防护盖,按下报警按钮[Distress]超过 5 s;

②同时按住[Set]键和[Alarm]键 5 s。报警启动后,蜂鸣器和示警灯光信号会同时启动。本报警只发送本船的识别和船位信息。另外,启动报警前,应在遇险报警报文产生菜单中选择遇险报警地面站,如操作(1)中的第②步。如果没有选择报警地面站,遇险报警将启动转发到网络协调站所在的 RCC。

8.选择项菜单(Options)

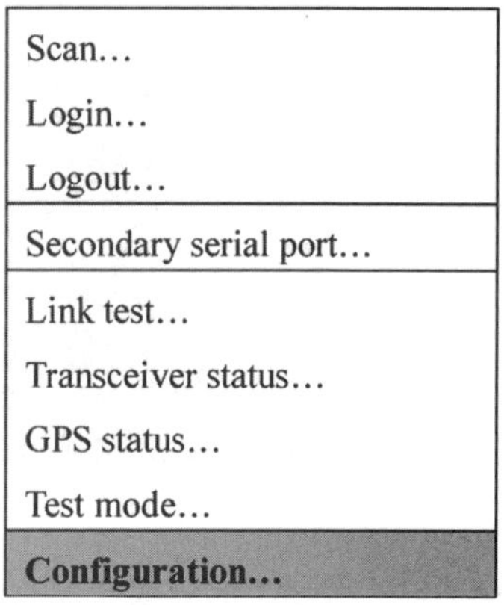

①利用光标套住"Options"选项,按回车键后出现如右图所示的下拉子菜单。

②利用[↑]和[↓]键配合回车键,分别进入子菜单中的各选项。

③本节只针对海船操作员日常工作中经常遇到的操作加以阐述。

(1)扫描、入网和脱网

①进入"Scan"后,出现下一层下拉子菜单,其中包括"West-Atlantic""East-Atlantic""Pacific""Indian""All Oceans"等 5 个栏目。"West-Atlantic""East-Atlantic""Pacific""Indian"分别命令设备在天空搜寻相应的卫星;如果选择"All Oceans",设备扫描完天空后,将锁定信号最强的卫星。

需要注意的是,如果海船操作员需要设备在某一时刻接收 EGC 内容,届时一定要确保船站守听广播 EGC 的卫星。因此,一般来讲,海船操作员应该避免选择"All Oceans"。

②进入"Login"后,下拉菜单中会出现"West-Atlantic""East-Atlantic""Pacific""Indian""Channel..."等 5 个栏目。操作员可以通过选择特定卫星或者特定频道的方式入网。

无论是"Scan"还是"Login",一定要考虑船舶所在的地理位置,卫星覆盖以外的区域选择卫星无效。

船站关机以前，一定注意执行“Logout”操作，这样收发信机会对一些系统参数进行存储，例如 EGC-、IN-和 OUT-文件编号等；同时，一旦有人呼叫船站，Inmarsat 系统可以通知呼叫方该船站已经关机，这样可以避免造成误解和产生呼叫费用。操作员执行脱网操作时，设备会弹出对话框进一步确认指令的正确性。

上述 3 个指令执行都需要几分钟时间，而且一旦启动执行其中一个，则必须完成该指令才能接受其他指令。

(2)第二串行接口界面(Secondary serial port…)

Capsat 软件支持两个串行通信接口。第一个接口连接收发信机，第二个接口作为接入 Inmarsat-C 系统的备用接口。一般来讲，该接口用来连接个人计算机，通过计算机发送特定的信息。由于该界面和海船关系不大，因此本节不做详细介绍。

(3)链路测试和状态栏

①链路测试(Link test…)

链路测试由地面站配合完成，主要包括：常规信息的接收、发送，遇险报警的发送等三部分。通过链路测试，能够确保 H2095C 和 TT3020C 收发正常。

通过[↑]、[↓]和回车键选择进入“Link test…”子菜单。子菜单栏引导操作员选择启动(Activate)测试或者打印测试结果(Print)。选择启动测试后按回车键，洋区显示栏显示“LINKTEST”。系统首先测试收信机状态，主机面板上的“MAIL”指示灯闪亮，然后测试发射机，“SEND”灯闪亮。测试结束后，屏幕显示“Link Test finished”，同时在菜单中显示测试结果。

在“Link test…”下部有两个状态栏可以选择，即“Transceiver status…”(收发机状态)和“GPS status…”(GPS 状态)，供操作员查看收发机和 GPS 状态时使用。

②测试模式(Test mode…)

通过[↑]、[↓]和回车键选择进入“Test mode…”子菜单。进入子菜单后，屏幕上显示：

Test Mode
Yes No
Distress buttons are under test. Cancel the test mode if a real distress alert needs to be sent. Cancel?

与此同时，设备蜂鸣器和报警指示灯启动。在测试模式下，允许操作员测试遇险报警按钮。操作员可以在设备面板上按下“Reset”键或者从上面的子菜单中选择“Yes”退出测试模式。注意，一旦退出测试模式，再按下遇险报警按钮将会真正启动遇险报警。

(4)参数配置(Configuration…)

在“Options”菜单中利用[↑]、[↓]和回车键选择进入“Configuration…”子菜单，其格式如下：

EGC... （EGC 参数设置）
Routing... （信息存储路径）
Position report... （自动船位报告）
NCS-Channel... （NCS 信道）
DNIDs...（船队业务）
ENIDs... (识别码)
Password... （密码设置）
Terminal mode... （终端方式）

①EGC 参数设置子菜单如下：

<Space>	EGC	
( ) EGC only		( ) System message
( ) Additional NAVAREA [ ]		(X) Safety
Coastal Warning Areas [ ]		
( ) Nav. Warning	( ) Pilot service	( ) SATNAV
( ) Met. Warning	( ) DECCA	( ) Other Nav. Aid
( ) Ice Reports	( ) LORAN	( ) Add. Nav. Warn
(X) SAR	( ) OMEGA	( ) No message
( ) Met. Forecast		
< Fixed Position >	<OK>	

说明：

a.屏幕左上角指示当前光标所示位置的有效按键。

b.各项目前面“( )”中的“X”表示该项目是否被选择。Safety 项的“X”不可以更改，即强制接收。

c.如果选择“EGC only”，则船站处于只接收 EGC 的状态，此时不能发送信息。由于该项目会影响系统的常规通信，因此设置该项目时，会弹出确认对话框。确认“EGC only”后，主菜单左上角显示洋区的位置会出现“EGC ONLY”的字样。

d.很多 EGC 广播内容是和船位相关的，例如 SAR 信息。TT3020C 和 H2095C 利用“Position”栏目的船位数据对接收的 EGC 进行判断、打印和输出。但是很多时候，一艘船除了关心当前船位附近的海况、气象等信息之外，还关心其他区域的航行环境，例如航线前方的气象条件等。Capsat 软件通过在“Additional NAVAREA”后面的[ ]中填入 1～16 这 16 个数字的任何一个，表示本船站除了接收当前航行区域的 EGC 之外，还接收[ ]中数字标明的 NAVAREA 区域的 EGC 广播。

e.“Coastal Warning Areas”表示 NAVAREA 内部的近岸航警区域，具体区域代码和 NAVTEX 相同。

f.<Fixed Position>选中后，最多填写 5 对经纬度，表示本船站接收包含这些点的区域广播的 EGC 信息。

g.设置完成后,在“<OK>”处按回车键退出。

②存储路径设置(Routing)

进入“Routing”子菜单后,如下图所示。

<Space>	Routing		
	Diskette	Local Prn	Remote Prn
Mail	[ ]	[ ]	[ ]
EGC system	[ ]	[ ]	[ ]
EGC FleetNET	[ ]	[ ]	[ ]
EGC FleetNET Satety+Routine	[X]	[ ]	[ ]
EGC FleetNET Urgent+Distress	[X]	[X]	[ ]
Message Log files	[ ]		
Local printer installation	[X]PC	[ ]Transceiver	
No automatic printer changeover			
Path of Mail:			
Path of EGC:			
Path of Log			
	<OK>		

说明:

利用空格键对 5 种信息(“Mail”“EGC system”“EGC FleetNET”“EGC FleetNET safety+Routine”“EGC FleetNET Urgent+Distress”)分别处理(存盘、本地打印和远端打印等)。一般来讲,前面 3 种信息可以任意设置:三选一、三选二、三选三,甚至一项都不选择。而对于“EGC FleetNET Satety+Routine”和“EGC FleetNET Urgent+Distress”信息,Capsat 软件做出了较高要求:前者必须至少在“Diskette”和“Local Prn”之间二选一,后者至少选择“Local Prn”。“Local printer installation”表示设备打印机的安装方法。由于本地打印机是强制安装设备,因此本栏的最低要求是二选一。“Path of…”表示信息的存储路径。

③船队业务(DNIDs…)

DNID 业务和询呼(Polling)业务是密切相关的。询呼是一则消息,它和一般信息是有区别的:它只能从地面用户,例如 TELEX、X.25 或者电话调制解调器发往移动单元。询呼有 3 种方式:单呼、群呼、局域呼。接收询呼指令的单元将启动执行特定的任务,例如发送船位报告等。DNID 是在陆地用户和移动用户之间使用的识别码:陆地用户发出询呼指令、移动用户应答时都会使用该识别码(Number)。陆地和移动用户可以同时拥有多个识别码。多个移动用户可以拥有同一个识别码,因此一个识别码组下面还有成员号(Member)。

选择“DNIDs…”项并且进入子菜单,利用[↑]和[↓]键选择 DNID 地址,在菜单栏选择项目对地址实现控制:启用(Enabled)、禁用(Disabled)和发送(Transmit)。选择“Transmit”后出现下面所示的下拉式子菜单:

利用下拉式子菜单可以分别从存盘文件中或者编辑屏幕上发送数据报。值得注意的是，数据报最长为 120 个字节(Bytes)，如果超过 120 个字节，只有前面的 120 个字节能够成功发送。使用该业务之前必须确保设备申请并且下载了 DNID，DNID 的申请是免费的。

④自动船位报告菜单及操作程序(Position report...)

进入“Position report”子菜单，如下图所示：

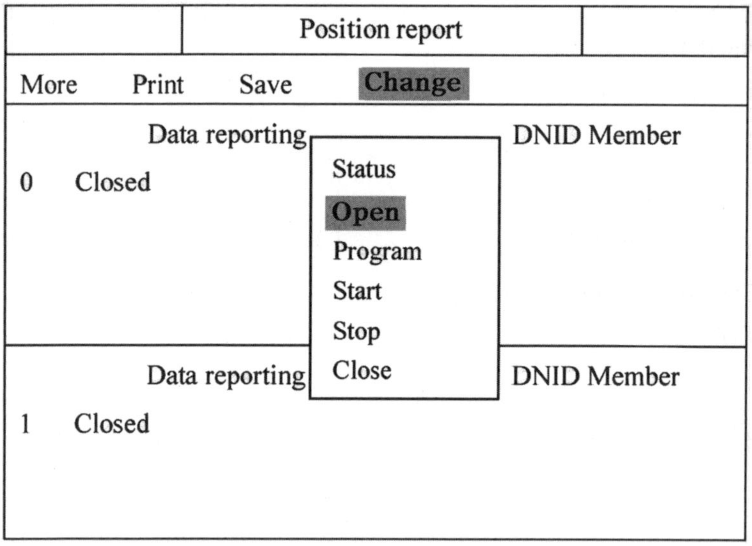

说明：

a.船位报告功能可以使设备在无人照料的情况下自动向 DNID-mailbox 发送压缩的船位报告。不仅可以降低操作员的劳动强度，而且由于采取了数据报告(DNID)的形式，通信费用低廉。

b.确认报告系统的 DNID 已经下载到船舶端，检查船舶端 C 站 DNID 列表时需要注意的是全球航线的船舶应该在四个洋区都有 DNID。

c.设置定时船位报：

“Change”→“Open”→“Select DNID：特定的 DNID”。

“Change”→“Program”→输入时间间隔(分钟)。

“Change”→“Start”。

如果以后不要定时报，可以使用“Change”→“Stop”。

某船舶自动船位报告菜单及操作程序如图 2-4-14、图 2-4-15 所示。

调出“Options”菜单，选择“Configuration”后，按回车键，再移动光标选择“Position report...”，按回车键进入子菜单，如图 2-4-14 所示。设置船位报告发送开关，为“[X]ON”，如需每天 12 点发送船位报告，则输入时间为 12:00，4 个洋区可预先设定(可直接在相应位置输入 LES 编码)，光标移到“Address”时，置入船位报告中接收的地址用户码，按空格键从通信地址簿获取，显示设置如图 2-4-15 所示。

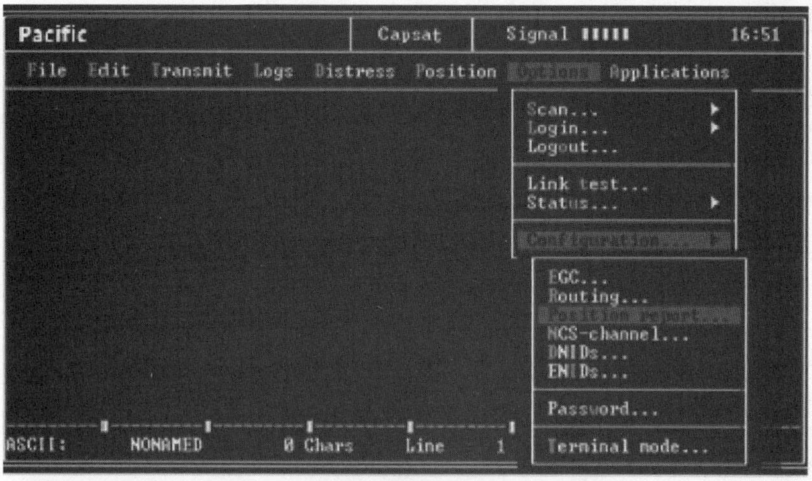

图 2-4-14 自动船位报告菜单的选择显示

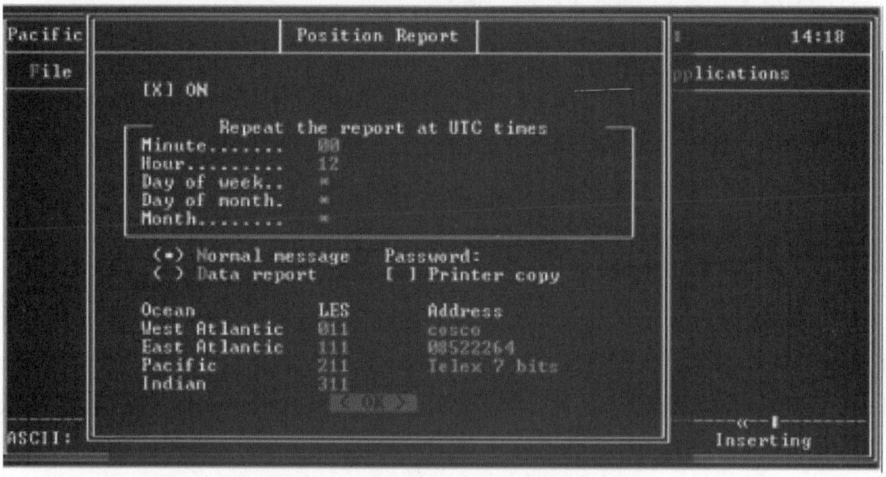

图 2-4-15 自动船位报告设置窗口显示

⑤EGC 识别码(ENIDs...)

有时 EGC 发送者不希望同区域的其他船舶收到自己广播的电文,因此需要有一种方式把希望接收广播的船舶识别出来。ENID 就是完成这项工作的一个独特数字。它由提供 EGC 网服务的岸站下载到 C 终端设备。当若干个移动终端拥有一个共同的 ENID 时,这些移动终端被组成一个组。ENID 用于在陆地用户和卫星移动终端之间建立连接。陆地用户通过 EGC 网以广播的形式发送信息给指定的一组终端用户,节省通信费用。

ENID 的申请是免费的。当 C 终端中存储某一个 ENID 后,可以接收专为此 ENID 的用户群发射的 EGC 业务。和 DNID 类似,船舶操作员可以对识别码实现启用(Enabled)和禁用(Disabled)。

⑥密码设置(Password...)和终端方式(Terminal mode...)

密码设置是指对整个参数配置子菜单设置密码,由于船舶操作员流动性较大,一般不建议使用。

进入终端方式后,可以利用 Thrane & Thrane 公司公布的内部指令控制船站的发送、设置等。由于和船舶操作员关系不大,这里不再赘述。

9.应用项菜单（Applications）

应用项菜单如图所示。

Capsat	F2
Address book	**F3**
Directory	F9
System	F10

通过[↑]、[↓]键选择进入各子菜单。

由于本菜单中目录显示(Directory)前面做了简单介绍,而系统(System)中主要完成时钟设定、屏幕颜色更改、窗口移动等,对船舶操作员的实际工作意义不大,这里不再赘述。本小节主要介绍地址簿(Address book)子菜单。地址簿子菜单如图所示:

<Space>	Address book			
Select Mark	New Revise	Erase	Option	
Thrane & Thrane	▶ (•)	Telex	( )	5 bit
Silver River	( )	Mobile	( )	7 bit
Zhang Weichao	( )	x.25		
	( )	Fax		
	( )	PSTN	[ ]	Position
	( )	Special	[ ]	Prefixed
	( )	DNID	<OK>	
	Number:			
	Answerback:			

地址簿是 H2095C 和 TT3020C 通信时一个极其重要的菜单。进入地址簿(Address book)菜单有两种方式:从应用项(Applications)菜单进入和从发射(Transmit)菜单进入。进入方式不同,操作上也会略有区别。进入地址簿菜单后,利用[→]、[←]键在子菜单中选择条目,选中回车后便进入子菜单。地址簿菜单共有 6 个下拉式子菜单:选择(Select)、标注(Mark)、新添加(New)、更改(Revise)、删除(Erase)和任选(Option)等,下面分别阐述。

(1)选择项(Select)

进入选择项后,利用[↑]、[↓]键移动光标使之套在不同的地址名称上,此时按回车键可能出现两种不同结果:如果操作员是从应用项菜单(Applications)进入选择(Select)子菜单的,按回车键后退回应用项菜单;如果操作员是从发射菜单(Transmit)进入选择子菜单的,按回车键后退回发射菜单,同时选中的地址名称和号码被选入发射菜单。在选择项内部,也可以利用[↑]、[↓]键选择地址名称,使用空格键在名称前面添加或删除"▶"符号,然后将光标套住"Select"并按回车键。按回车键后,根据进入选择(Select)子菜单方式的不同进入不同子菜单。如果是从发射菜单进入选择子菜单的,在地址栏中名称标注"▶"符号的地址一并被选入发射栏,从而可以完成电文的一址多发。

注意:标注符号时最多只能使 10 个被标注地址生效。

(2)标注项(Mark)

标注项操作和前面选择项利用空格实现一址多发是相同的,只是选择时通过按回车键完成。

(3)新添加项(New)

选择进入新添加(New)子菜单后,光标显示在地址名称栏空白处,操作员可以输入长达15位的地址名称,按回车键进入右边选择业务类型。根据业务类型不同,右边数据位长度可能发生变化,个别数据位长度禁用。在可以选择的前提下,7 bit 长度可以被所有地面站受理,而5 bit长度可以在所有业务中应用,费用可以节约33%。

业务和数据位选择如表2-4-2所示:

表2-4-2 业务和数据位选择

<table>
<tr><th>业务类型</th><th colspan="2">地址代码</th><th>数据位长度</th></tr>
<tr><td>Telex</td><td colspan="2">电传国家码+用户号码</td><td>5 或者 7 bit</td></tr>
<tr><td>Mobile</td><td colspan="2">洋区码+移动号码(581、582、583、584)</td><td>5 或者 7 bit</td></tr>
<tr><td>Mobile</td><td colspan="2">洋区码+移动号码(1111、1112、1113、1114)</td><td>8 bit</td></tr>
<tr><td>X.25</td><td colspan="2">数据网识别码(DNIC)+用户号码</td><td>5、7 或者 8 bit</td></tr>
<tr><td>Fax</td><td colspan="2">电话国家码+用户号码(只有船对岸方向)</td><td>5、7 或者 8 bit</td></tr>
<tr><td>PSTN</td><td colspan="2">电话国家码+用户号码</td><td>5、7 或者 8 bit</td></tr>
<tr><td rowspan="5">Special</td><td colspan="2">预先定义的业务码</td><td rowspan="5">5、7 或者 8 bit
5、7 或者 8 bit</td></tr>
<tr><td>32:医疗指导</td><td>5、7 或者 8 bit</td></tr>
<tr><td>33:技术援助</td><td>5、7 或者 8 bit</td></tr>
<tr><td>38:医疗救助</td><td>5、7 或者 8 bit</td></tr>
<tr><td colspan="2">43:船位报告和开航计划报告(地面站自定义的特别业务码咨询相应地面站)</td></tr>
<tr><td>DNID</td><td colspan="2">DNID 号码和成员码</td><td>5、7 或者 8 bit</td></tr>
<tr><td>E-mail</td><td colspan="2">标准电子邮件地址
(少数版本 Capsat 软件有该选项)</td><td>5、7 或者 8 bit</td></tr>
</table>

选择好业务类型和数据位长度之后,移动光标到"[ ]Position"处,使用空格键选择或删除"X"。在"Position"前面"[ ]"内出现"X"时,表示发送电文时,系统自动调取船位信息随电文一同发送。

在Telex、Mobile、X.25、Fax和PSTN类型分别被选中的情况下,在"[ ]Position"下方会出现"[ ]Prefixed",利用[↑]、[↓]键移动光标并且选中"Prefixed"之后,上述类型地址前面会出现"Two Digit Prefix:",要求操作员在填写地址码之前首先填写两位前置代码。有些地面站提供业务时需要填写特殊的接入代码、具体业务代码,操作员使用时需要咨询特定的地面站。

(4)更改项(Revise)

更改一个已经存在的联系人地址,操作方法和新添加选项相同。

(5)删除项(Erase)

选中后删除一个存在的联系人。

Find…	(查找)
Save…	(存盘)
Load…	(调用)
Print…	(打印)
Password…	(密码)

(6)任选项(Option)

一份地址簿编辑完成之后,利用"Save…"命令存储地址簿,存储后在文件夹中生成扩展名为".DST"的文件。"Load…"可以将存储的地址簿调出编辑、使用,注意,调用时选取扩展名为".DST"的文件。

第五节 Inmarsat-C 船站的维护与保养

一、Inmarsat-C 船站的一般故障处理

1.天线发生故障

Inmarsat-C 船站在正常值守过程中，洋区卫星信号完全消失，不能同步和入网。如果过一段时间洋区信号自动恢复，是因为卫星信号受外界干扰，属于正常现象；如果船站一直都没有卫星信号，一般是天线单元故障。此时应卸下电缆与天线接头，用短路法进行电阻测量，如果天线阻抗与正常值相差悬殊，则天线出现故障，应立即报告公司，以便联系维修。

部分 Inmarsat-C 船站天线阻抗和电压参数如表 2-5-1 所示，测量电阻时使用指针式万用表电阻(×1k)挡。

表 2-5-1 Inmarsat-C 船站天线阻抗和电压参数

设备名称	设备型号	天线型号	天线种类	正向阻值/kΩ	反向阻值/kΩ	天线电压/V
Inmarsat-C 船站	TT3020A	TT3001B	有源	7.5	16	28
	H2095C	403005M	有源	3.3	9	12
	JUE75-C	NAF74B	有源	3.3	13	12
	FELCOM-15	IC-115	有源	3.5	10.5	12

2.Inmarsat-C 船站没有 GPS 船位信号

此故障一般是由信号线接口或转换部分接触不良造成的，表现为收发单元的故障报警器每隔一段时间就响。此时应首先检查 GPS 输出信号格式是否正确，然后每隔 4 h 人工输入一次船位，以保证设备能够正常工作。

3.Inmarsat-C 船站“死机”

Inmarsat-C 船站在常开或操作使用过程中容易死机，所有功能键无法操作。主要原因是终端单元 CPU 运行冲突或内存不足。此时应关机释放内存，然后重启；或将终端单元系统重装，重新格式化软盘或调出报文目录菜单“DIRECTORY”，然后删除多余的报文。

4.Inmarsat-C 船站打印机故障

Inmarsat-C 船站在打印过程中有时会出现打印报警响、打印机故障灯亮、打印机停止打印等故障。引起打印机故障的原因有：打印纸即将用完、打印机信号线接触不良、打印机无电源、卡纸或其他故障、C 船站输出的打印信号乱码。不同的故障原因有不同的解决方法，如果打印纸即将用完，则更换打印纸；如果是因为打印机或信号线故障，必须设法使打印机或信号线恢复正常才能消除报警。为了判明是打印机本身故障还是外部原因，可启动打印机自检程序，方法是先断开打印机电源，然后按住[LF]键同时开机，便进入自测。自测是把字符库存打一遍，可用关断电源的方法结束。如自测正常，表明打印机本身无故障，可再检查其他接线是否正常。如果 C 站输出打印信号乱码，这时应将 Inmarsat-C 船站与打印机同时关闭再重启。

5.Inmarsat-C 船站收发单元运行故障

在使用过程中，Inmarsat-C 船站终端单元显示“没有连接到收发单元”，终端不能进行正常通信。可能原因是收发单元与显示单元的数据插头接触不良或者是收发单元输出信号不正常。此时应检查数据线头是否松动，将收发单元及显示单元关机重启。如故障依然存在，报公司申请维修。

二、Inmarsat-C 船站的一般维护和保养

（1）用干布清洁设备通风口等处，保持设备清洁。

（2）检查并上紧所有螺丝，检查并确保所有接线接触良好。

（3）若数据终端显示“TXALARM”或设备死机，则关闭电源，过一会再开机。若不能恢复正常工作，则须报修。

（4）对使用软盘的 Inmarsat-C 船站，应该使用专用的软盘，不要使用其他计算机的软盘，以免病毒入侵。在软盘复制过程中，根据屏幕提示，交替插入源盘和目标盘并按任意键，直到复制完成为止，每次取盘必须在磁盘指示灯熄灭后进行。

（5）每个月进行一次 PV 测试，包括岸到船的信息传输测试、船到岸的信息传输测试、船到岸的遇险报警测试。

（6）在天线日常维护中，应检查天线安装是否牢固，底部电缆是否连接可靠。

（7）打印机在每天结束工作之前都要打印测试条，并保证所有的喷嘴都喷墨正常，室内要防尘，不能与产生灰尘的机器放在一起，同时机器上不能放任何东西。

练习题

1. Inmarsat-C 船站正常开机并入网太平洋洋区，GPS 设备关闭，设置默认船位为 26°23′N，126°26′E，请查看并报告本机船位，随后手动设置船位为 25°23′N，125°25′E。

2. Inmarsat-C 船站正常开机并入网太平洋洋区，GPS 设备关闭，设置终端时间为 1300UTC，请对 Inmarsat-C 船站进行操作：①以报文发射菜单为例，解释菜单功能；②查看并报告本 Inmarsat-C 船站当前卫星同步状态与入网的洋区；③查看并报告本 Inmarsat-C 船站的 ID；④查看并报告本 Inmarsat-C 船站的当前时间，并将当前时间修改为 1400UTC；⑤操作 Inmarsat-C 船站，将信息记录文件设置为存盘，将本地打印机设置为安装在 PC 机之上；⑥查看 Inmarsat-C 船站的最近一条发信记录。

3. Inmarsat-C 船站已开机并入网印度洋洋区，本船航行于中国沿海，请操作 Inmarsat-C 船站，执行退网操作，退网成功后，再手动入网到太平洋洋区。

4. Inmarsat-C 船站已开机并正常入网，请编辑并存储下列报文，文件存储名称为 WATER。

TO：COSCO CN

FM：XIN HE/BOAD/441212345

PLS PROVIDE FRESH WATER 200 TONS

TKS.　MASTER

5. “复兴”轮（FUXING/441219050/BOAA）配备的 Inmarsat-C 船站已开机并入网太平洋洋区，船位为 30°35′N，120°45′E，航向为 125°，航速为 2 kn，请使用 Inmarsat-C 船站进行遇险报警和通信操作：由于机舱火灾遇险，船位为 30°35′N，120°45′E，航向 125°，航速为 2 kn，需要消防

救助。①口述如何利用 Inmarsat-C 船站完成快速遇险报警；②口述如何利用报文通过北京地面站完成遇险报警；③如果后期通过船员的扑救，火灾威胁解除，请通过北京地面站发送下列电文，将该遇险报警取消。

TO：CHINA MRCC

FM：MV HAIHE/ BOAA/ 441219051/POR

DT：2011-06-10 0210UTC

正文：MY C-MES SENT AN ALERT AT 0203UTC, AT PSN 3035N/12045E. PLS IGNORE IT, BECAUSE THE FIRE WAS DISTINGUISHED. MY VESSEL IS SAFE. TKS. MASTER

6. “新长江”轮航行在太平洋，船载 Inmarsat-C 船站（MMSI：441219050）已开机并入网太平洋洋区，航行过程中对 Inmarsat-C 船站进行测试时，不慎通过北京地面站向中国海上搜救中心发送了一个误报警信息，请口述如何取消该误报警，并简述日常工作中如何预防误报警。

7.启动 Inmarsat-C 船站并入网印度洋洋区，终端中存有一份名称为“REQUEST”的电文等待发送，请按以下要求对 Inmarsat-C 船站进行操作：

①编辑并保存中国某电传用户地址（号码为 30348 COSCO CN，用户名为 Land48），通过北京地面站将已保存的报文“REQUEST”发送给该用户，要求发送船位，要求地面站提供投递回执单（Confirmation）。

②编辑并保存中国北京某公司的传真地址（号码为 010-68823977，用户名为 ABCFAX），从已保存的报文列表中选择报文“REQUEST”，将该报文经过北京地面站以文本传真的方式发送给上述用户。

③本船航行在印度洋，请编辑并以“REQUEST Email”名称存储抵港预报，然后通过北京地面站，把该电文发送给位于香港的代理公司（hkagency@ hotmail.com）。

参考电文

TO：hkagency@ hotmail.com

CC：

SUBJECT：REPORT

M/V YUPENG/BPQN ETA AT HONGKONG AT 0200LT 2021-06-08

B’RGDS

MASTER

附：北京地面站 E-mail 业务参考资料

网络类型：Special，接续码：555，数据位长度：7 bit 或 8 bit

8. Inmarsat-C 船站已开机并入网太平洋洋区，请设置本 Inmarsat-C 船站通过电文信道于每天 0800UTC 向上海某远洋运输公司发送船位报告信息，TELEX 号码：30340；FAX 号码：86-2183967127。

9. “振兴”轮的 Inmarsat-C 船站已开机并入网太平洋洋区，该轮计划从上海开航驶往澳大利亚。请根据你所使用的 Inmarsat-C 船站设置 EGC 接收机。要求终端在沿途能够接收 NAVAREA 第 10 区和第 11 区的信息；沿岸区域为 B、C、N、D，信息类型包括航行警告、气象警告、搜救信息以及气象报告。

10. 假设保安报警设备处于正常工作状态，请对 Inmarsat-C 船站船舶保安报警系统进行操作：①船舶保安报警器的报警和测试操作；②船舶保安报警器操作的注意事项。

11. Inmarsat-C 船站已开机并入网，请对 Inmarsat-C 船站进行操作：①执行一次环路测试并打印测试结果，并口述测试时的注意事项；②口述 PSCO 对 Inmarsat-C 船站检查的要求。

第三章

Inmarsat-F 船站设备操作

第一节　Inmarsat-F 船站概述

Inmarsat Fleet 是基于 4 颗第三代同步轨道卫星，但同时又可以工作在新的第四代同步轨道卫星下的 Inmarsat 船站业务。Inmarsat-F 船站分为 F77、F55 和 F33 三类，其中 F77 船站完全满足 GMDSS 的要求，可以提供包括遇险报警在内的电话、传真和数据等通信功能。

第二节　SAILOR Fleet77 TT3084A 型 F 船站的操作

SAILOR Fleet77 TT3084A 是丹麦 Thrane & Thrane 公司生产的 F77 型船站，如图 3-2-1 所示。整套船站由甲板上设备（ADU）、甲板下设备（BDU）、遇险报警盒和控制手柄四大部分组成。甲板上设备安装在甲板外部，包括射频收发单元、高增益天线单元、天线控制单元、GPS 接收单元及天线罩。上述各单元均封闭在天线罩内，天线罩由玻璃纤维材料制成，对甲板上各单元可起到良好的保护作用，需要时可通过天线罩底部的小门进入罩内。甲板下设备指的是船站的主机单元。主机单元配置有各种标准接口，方便用户连接不同的外设终端，用户可根据业务需要选配或自配 PC 机、普通电话、传真机、可视电话等。主机上的主要接口以及各种终端设备与主机的连接如图 3-2-2 所示。遇险报警盒上有一个遇险报警按钮，用来启动遇险报警呼叫，同时遇险报警盒也用来放置控制手柄。控制手柄主要用来打电话，还可以用于对系统进行配置。

图 3-2-1　SAILOR Fleet77 TT3084A 型船站

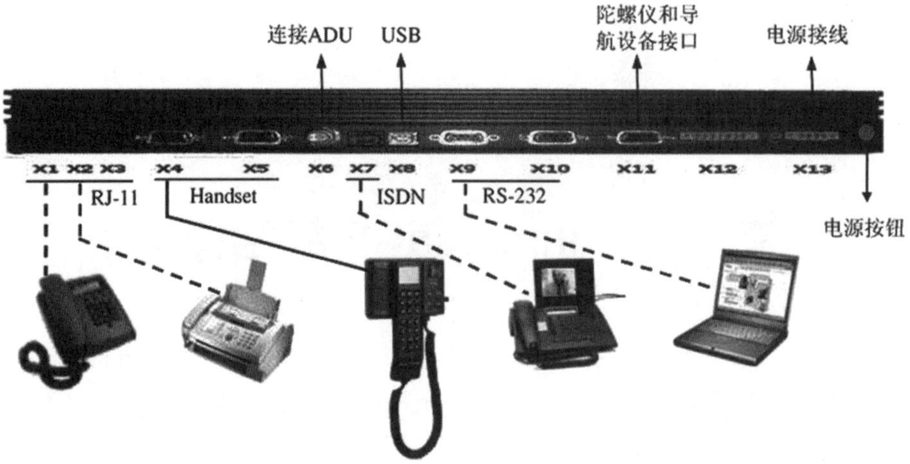

图 3-2-2　主机单元接口及连接

一、控制手柄及报警单元介绍

1.控制手柄

控制手柄是操作 SAILOR Fleet 系统的主要接口,可以用于拨号、显示错误和状态信息、设置 BDU 的参数。控制手柄划分为 3 个区域:液晶显示和指示灯区域、功能按钮区域、数字/字母按钮区域,如图 3-2-3 所示。

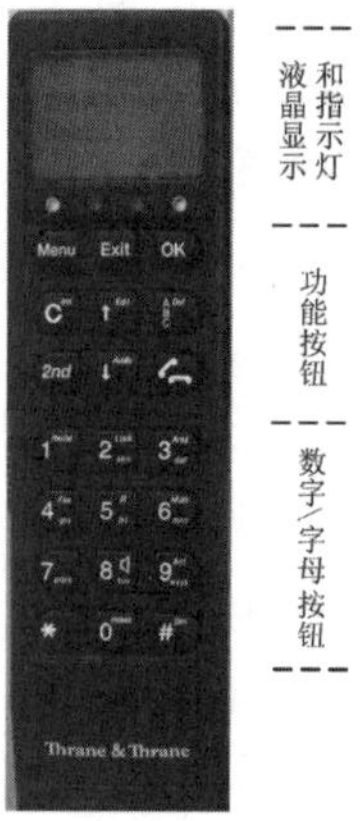

图 3-2-3　控制手柄

(1)液晶显示和指示灯

液晶显示区用于向用户提供系统操作和状态的视觉显示。手柄液晶显示屏的显示如图 3-2-4 所示,这一系列的符号连同下面的指示灯都用于表示系统当前的状态。图中各种符号的含义如下:

⬆ ——菜单条可向上翻。

⬇ ——菜单条可向下翻。

✉ ——储存了一条来自地面站的短信,可通过"Mailbox"菜单查阅(详见本节"八、其他操作"部分)。

——信号强度，最大信号强度为 5 格。

2nd ——第二功能转换键被激活。

——要求输入正确的 PIN 才可使用手柄终端。

ABC ——字母转换键被激活，当前处于字母输入模式。

——通过该键可以选择该菜单的参数值。

——外部扬声器被激活。通过按 8 可接通或关闭外部扬声器。

——手柄处于摘机状态。

液晶显示屏的下方有 4 个指示灯，如图 3-2-5 所示，从左到右依次为电源指示灯、报警指示灯、呼叫指示灯、同步或数据传输指示灯。

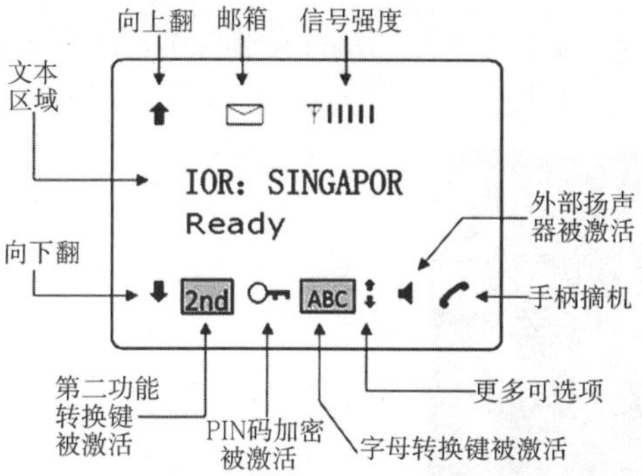

图 3-2-4 手柄液晶显示屏的显示

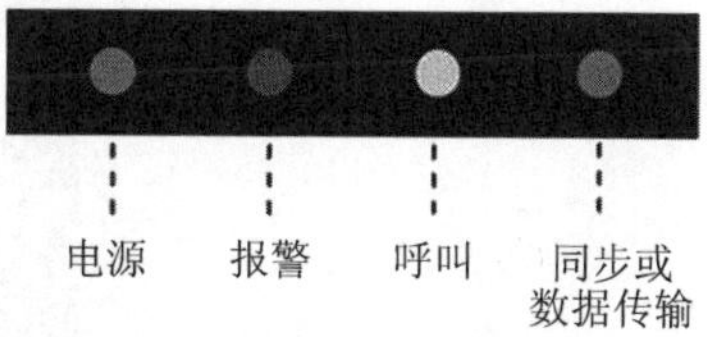

图 3-2-5 手柄单元指示灯

①电源指示灯（绿色）

当该指示灯亮时，表示系统电源接通。

②报警指示灯（红色）

该灯亮时有两个含义：一是表明系统有故障，此时液晶显示屏上会给出故障代码，可查看“Alarmlog”菜单（详见本节“八、其他操作”部分）获知具体报警原因；二是漏接电话报警，该电话是来自授权机构的常规以上级别的电话（详见本节“四、遇险及优先级别电话通信”部分）。

③呼叫指示灯（黄色）

在电话呼叫建立过程中，该灯闪烁，电话接通后该灯会一直亮。

④同步或数据传输指示灯（绿色）

该指示灯有两个含义：在初始化过程中或空闲时，该灯亮表示船站与卫星同步；当进行数据通信时，该灯亮表示船站正在收发数据。

（2）功能按钮

功能按钮及其含义如图 3-2-6 所示，这些按钮可以使用户进入 BDU 的菜单系统及改变参数设置。各按钮功能如下：

Menu 主菜单键，另外，此键可以用来开关机，具体方法见后文的介绍。

Exit 退出键，类似于 PC 机上的[Esc]键。

OK 确定键，类似于 PC 机上的[Enter]键。

2nd 第二功能转换键，可以激活某些功能按钮的第二功能。

↓Audio 下翻屏键。

摘机/挂机键。

有 3 个功能按钮具有双重功能，它们右上角标注的功能为第二功能，必须通过按键 2nd 予以激活。激活方法为先按一下 2nd，然后按欲激活的功能按钮。

C Ins 主要功能是删除，用于输入信息时删除最后一个信息，类似于 PC 机上的[Backspace]键；第二功能是"Insert（插入）"，即在使用手柄的电话簿时用来插入一个新的号码。

↑Edit 主要功能是上翻屏；第二功能是"Edit（编辑）"，即在使用手柄的电话簿时用来编辑一个已经存在的地址。

ABC Del 主要功能是字母输入和数字输入的转换，第二功能是"Delete（删除）"，即在使用手柄的电话簿时用来删除一条地址记录。

图 3-2-6　手柄单元功能按钮

（3）数字/字母按钮

数字/字母按钮如图 3-2-7 所示，正常情况下，各按钮是"数字"模式，用于输入呼叫号码，但进入电话簿输入用户名时，各按钮自动转入"字母"模式。另外，在需要时，也可通过功能键实现"数字"或"字母"输入模式的转换。

图 3-2-7　手柄单元数字/字母按钮

此外，有些数字/字母按钮还具有第二功能，可通过第二功能转换键予以激活。SAILOR Fleet77 TT3084A 控制手柄数字/字母按钮区域的各第二功能键的功能如表 3-2-1 所示。

表 3-2-1　SAILOR fleet77 TT3084A 控制手柄上数字/字母按钮区域的各第二功能键的功能

操作	功能
2nd　1 Redial	调出最后一次拨叫的号码(用于最后一次拨号的重新呼叫)
2nd　2 Lock	手柄终端加锁,使用手柄前必须输入正确的 PIN
2nd　3 Area	直接进入"洋区卫星"选择菜单
2nd　4 Fax	当传真机上无数字键时,由手柄拨号建立传真呼叫(暂无效)
2nd　5 R	电话呼入时,将呼入电话呼叫转移
2nd　6 Mute	手柄上麦克风的通/断
2nd　8 ◄	外部扬声器(手柄架上扬声器)的通/断
2nd　9 Ant	在显示屏上显示 C/N0 信号强度(按 Exit 复原)
2nd　# Dim	直接进入手柄"指示灯亮度"设置菜单
2nd　0 hdesk	直接进入"Help Desk"菜单

2.遇险报警单元

遇险报警单元如图 3-2-8 所示,包括扬声器、遇险报警启动按钮、遇险报警停止按钮和三个指示灯(电源指示灯、优先级别呼叫灯、遇险测试灯)。

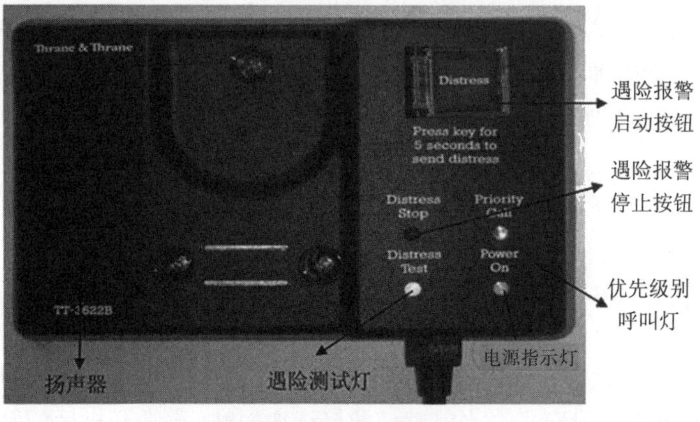

图 3-2-8　遇险报警单元

扬声器位于报警单元左侧下方,在免提操作时使用,可通过在手柄上按 8 ◄ 对其进行通/断控制。

电源指示灯(绿色):亮时,表明遇险报警单元电源正常。

优先级别呼叫灯(红色):亮时,表明本船站正在进行常规以上级别的呼叫。

遇险测试灯(黄色):亮时,表明本船站正在进行电话遇险测试。

二、开机与关机

1.开机

开机有两种方法:一种是用 BDU 的电源按钮开机;另一种是用手柄开机。

手柄上的电源按钮是位于手柄按钮区域的左上角的[Menu]键,按一下此键即可开机;BDU 上的电源按钮位于主机单元背面接口面板的右侧,开机时,按住该电源按钮几秒钟,直到主机正面板指示灯亮时松手,控制手柄及报警盒上的所有指示灯均亮几秒,进行灯自检,完毕后熄灭,只有电源指示灯亮,表明电源正常。

电源开启后,船站初始化启动,执行卫星搜索、与 NCSTDM 同步、GPS 信号接收等过程。这些过程的执行情况会在话机手柄的屏幕上有所显示。当初始化过程结束后,船站已处于准备就绪状态,手柄屏幕显示如下:

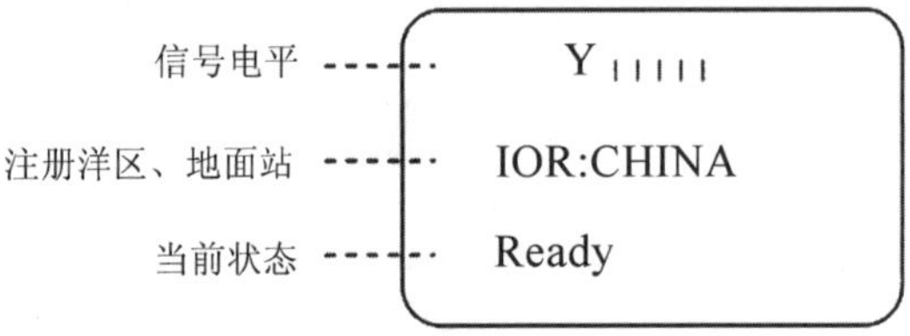

注意:手柄屏幕显示的状态信息可能包括:“Wait for NCS”“Busy”“Wait for GPS”等,只有当前状态信息为“Ready”时,才表明可利用 F77 船站进行通信,但这并不影响在终端上进行参数设置。

2.关机

关机也有两种方法:一种是从 BDU 的电源按钮关机;另一种是从手柄关机。

用手柄上的[Menu]键关机时,需要按住此键直到显示倒计时到“0”,屏幕上显示“Release Power Button”,松开此键即可关机;从 BDU 关机时,按住主机上的“电源按钮”(同开机按钮)几秒钟,直至手柄显示“Thrane F77 Goodbye”再松手。此时,各单元电源关闭,电源指示灯熄灭。

注意:若进行了参数设置,则应在 10 s 后再关机。关机至少 5 s 后才能再次开机。

三、常规电话通信

F77 船站开机后,船站会自动同步于一个洋区卫星 NCS TDM 公共频道上(一般是关机前选定的洋区卫星),并自动设定一个当前默认的接续地面站(通常开机后的默认地面站是最后用过的地面站),这些信息将显示在话机手柄的显示屏上。如果船站操作员不想使用当前的洋区卫星和默认地面站,则可以在进行电话通信之前,通过控制手柄进行以下设置的修改。

1.洋区卫星的选择

①进入卫星选择菜单([Menu]→[Area][OK]→卫星选择菜单):

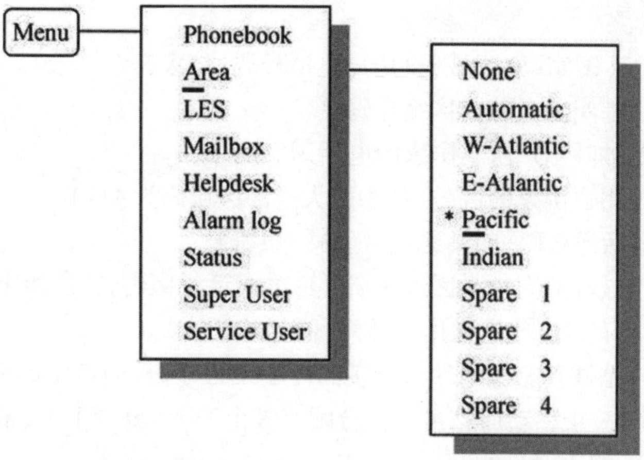

②通过[↑]、[↓]键，选择所希望选择的卫星，按[OK]键确认。

说明：

选定的卫星用“＊”标注。

如果选择“Automatic”，则船站通过扫描选择信号最好的卫星。

“Spare 1”～“Spare 4”是备用卫星，只有当主用卫星出现故障时才启用。

2.地面站的选择

①进入地面站选择菜单([Menu]→“LES”→地面站选择菜单)：

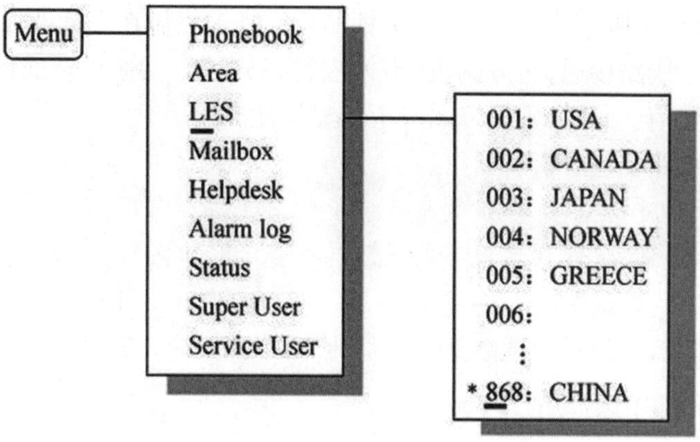

②通过[↑]、[↓]键，选择所希望的地面站，按“OK”键确认。

说明：选定的地面站用“＊”标注。

地面站选择菜单中，左侧信息是本洋区地面站的接续码，船站用户不能改变，它是船站同步后自动接收的布告板中的信息，表明本洋区能提供接续服务的地面站，当洋区卫星改变时，能提供接续服务的地面站信息也随之改变；右侧信息是对应地面站的名称，只有超级用户(“Super User”)通过 PIN 进入，方能输入、修改和删除，当未输入名称时，则手柄屏幕显示接续码，若输入了名称，则显示名称。

3.直接拨号呼叫

做完以上准备工作后，就可以进行电话通信了。本船站的常规电话通信，通常是通过话机手柄实现，如果自配了普通电话、电话/传真两用机或可视电话，也可在这些终端上直接拨号实现，这些终端应分别被分配有识别号码。无论在哪个终端上拨号，其所拨号码的组成都是相同的。

船呼叫岸:00+电话国家码+区域码+用户电话号码+结束符#。

“00”是国际电话呼叫的自动转接服务码。

“电话国家码”是被呼用户所属国家的电话国家码。

“区域码”是被呼用户国家的区号(如中国大连的区域码为411)。

船呼叫船:00+电话洋区码+船站终端号码+结束符#。

“电话洋区码”是被呼船同步洋区或注册洋区的电话洋区码,曾经使用过871~874来代表不同的洋区,但现在所有洋区使用通用电话洋区码“870”。

“船站终端号码”是被呼船特定端口连接的终端设备号码,即特定的Inmarsat船站识别码(IMN)。在F系统中,一个移动船站可以被分配有多个IMN(至少1个,最多6个),对应不同的接口,用于实现不同的通信业务。

注意:船至船的电话通信,可在具有电话业务的Inmarsat船站间进行。例如,F77船站可与安装有F77、F55、F33、Mini-M及B船站的另一船舶进行电话通信。此时,选择的接续地面站应注意能同时提供双方系统及洋区服务。

例3-2-1:与中国大连海事大学用户电话号码为84725678的陆地用户进行常规电话通信,拨号方式为008641184725678。

例3-2-2:与另一安装有F77船站,移动号码为76361234的船舶(无论对方船站同步于哪颗卫星)进行电话通信,拨号方式为0087076361234。

呼叫拨出后,在话机听筒中听到(控制手柄的听筒和麦克风在手柄背面):

回铃声——用户线路接通,对方摘机(有人应答),则可开始通话。通话结束后,挂机或按手柄上的按钮终止通信。此时,手柄显示屏上将显示此次通话时间。

忙音——用户线路忙,挂机,稍后重拨。

注意:在直接拨号呼叫中,许多参数是默认参数,包括:

①接续的地面站,默认话机手柄显示屏上显示的地面站。

②通信级别,默认“常规”级别。

③话音类型,手柄话音通信默认设置为Mini-M话音,即4.8 kbit/s话音。

4.从存储的号码簿中选择用户呼叫

在话机手柄上可通过菜单将用户呼叫号码事先存储到电话簿中(电话簿的相关操作见本节“八、其他操作”部分),然后从存储的号码簿中选择用户码呼叫。有两种操作方法:

方法一:菜单操作法

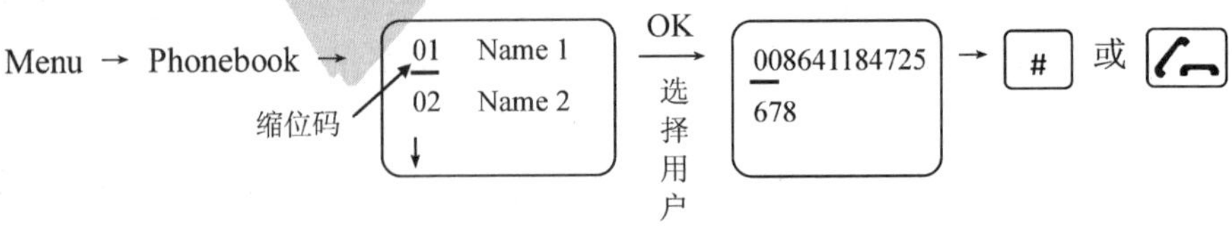

方法二:缩位码操作法

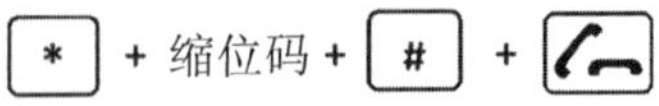

例如,与缩位码为01的用户进行电话通信,操作如下:

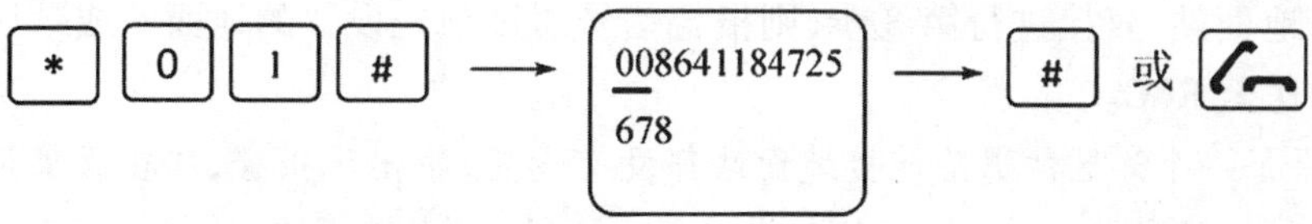

也可以采取拨 [*] [0] [1] 的方式呼叫，此时手柄显示屏将不显示被呼用户号码，直接启动呼叫。

注意：从存储的号码簿中选择用户呼叫，接续的地面站、通信级别及话音类型也是默认值。若要进行改变，应在呼叫前重新进行设置。

四、遇险及优先级别电话通信

1.遇险呼叫

Inmarsat 的每一个地面站都通过专线连接一个对应的 RCC（搜救协调中心），当船舶启动遇险呼叫时，该呼叫会经过地面站直接连接到 RCC。遇险电话呼叫操作如下：

①设置“遇险”优先等级：

a.打开报警单元上的“Distress”红色报警按钮外的保护盖。

b.按住报警按钮 5 s 以上。

说明：

若在 5 s 内释放了按钮，则报警取消，返回常规状态；“Distress”按钮灯在 5 s 内闪烁，5 s 后变为恒亮；蜂鸣器在 5 s 内有响声，5 s 后响声停止。

②选择地面站：

a.用[↑]、[↓]键从地面站列表中挑选地面站（最好选择距离相对较近的地面站）。

b.按[OK]键选择地面站。

③启动呼叫：

按“#”或 启动呼叫。

说明：

手柄屏幕显示“Distress-Calling”，表明正在呼叫；显示“Distress Connected”，表明报警已接至 RCC；报警盒上“Priority Call”灯亮。

④对方接听后，与 RCC 操作员通话告知遇险信息。

⑤断线：挂机或按 键。

说明：

“Distress”按钮灯灭；“Priority Call”灯灭。

若完成遇险优先等级设置后，15 s 之内没有进行第②步，则自动启动呼叫。此时，报警信号通过预先设置的遇险转接地面站（由高级用户通过 PIN 码进入“LES Config”→“Distress LES”菜单设置）接至 RCC；如果没有设置遇险转接地面站，则通过默认地面站（由高级用户通过 PIN 码进入“LES Config”→“Default LES”菜单设置）转接报警信号；如果也没有设置默认地面站，则由网络协调站选择一个合适的地面站转接报警信号。若完成遇险优先等级设置后，15 s 之内按压了报警单元上的“Distress Stop（报警停止）”按钮，则报警取消。

若不选择地面站，直接进行第③步，则报警信号通过预先设置的地面站或默认地面站或NCS转地面站送至RCC。

注意：如果每一个洋区的遇险转接地面站都没有设置，将出现报警，并在报警记录中出现"Distress LES is not selected in all Ocean Regions"的提示。

2.紧急、安全呼叫

紧急、安全呼叫操作如下：

①拨号

按照常规通信的拨号规则在手柄上键入号码，如00861087654321。

②设置通信级别

按[OK]键进入通信级别选择窗口，用[↑]、[↓]键选择"Safety(安全)"或"Urgency(紧急)"级别。

③选择地面站

按[OK]键进入地面站选择列表，用[↑]、[↓]键从地面站列表中选择地面站。

说明：

若不选择地面站，通过默认地面站转接，则直接按"#"或 启动呼叫。

④启动呼叫

按[#]或 或[OK]键。

3.遇险及优先级别呼叫的接收

当船舶收到RCC发来的常规以上级别呼叫时，报警单元上"Priority Call"灯闪烁，如果是最高级别(遇险)，则蜂鸣器同时响。

此时，船舶若正处于通信状态，则低优先级别的通信(包括MPDS、ISDN业务)将被中断。

拿起手柄或按 键，接听电话。此时，报警单元上"Priority Call"灯恒亮，蜂鸣器响声停止。

通话结束，挂机或按 键。"Priority Call"灯灭。

说明：

如果船舶没有接听电话，RCC中断了呼叫，则手柄上"Alarm"报警指示灯亮，表明没有应答遇险报警或优先级别呼叫。具体可查看"Alarm log"菜单。

4.遇险呼叫失败

如果遇险报警启动后，由于系统故障(如甲板上设备、甲板下设备、卫星或地面段出现故障)，遇险呼叫连接失败，则"Distress"按钮灯将熄灭，系统返回常规状态。

五、传真通信

通过F77船站进行传真通信，船舶用户需要自配或选配具有标准接口的传真机，连接至主机单元的相应接口，然后进行传真终端的接口配置。不同型号传真机的功能及使用有所不同，详细内容可参照具体型号传真机操作说明书，这里只介绍具有共性的基本操作。

1.发送传真

①做好洋区卫星和接续地面站设置。

在话机手柄上通过菜单设置,见本节“三、常规电话通信”部分。如果想通过默认参数进行传真通信,则该步骤可以取消。

②将传真文档正确放置到传真机上。

将文档信息面向下插入传真机自动进稿器中(文件顶部先放入为好),并调整导纸板位置以适应文档的宽度,如图 3-2-9 所示。

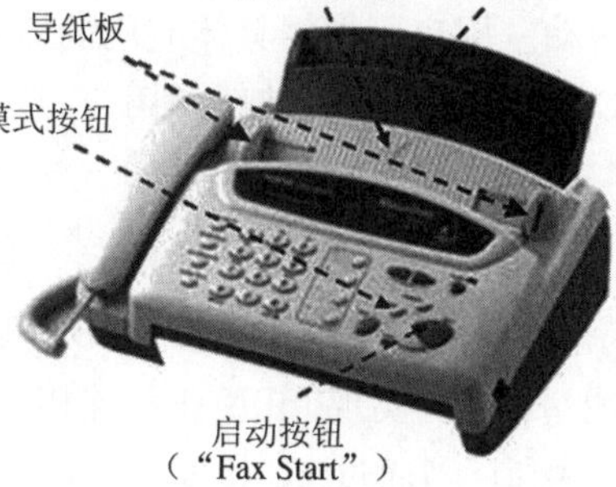

图 3-2-9 传真机图

③拿起听筒或按下免提键,在传真终端上拨号:

如果被呼方传真机设置为“自动”接收模式(通常都会设置成这种模式),则电话接通后会出现几声回铃音,然后被呼方自动进入传真接收模式(呼叫方可听到较刺耳的传真信号音),此时直接按[Fax Start]键启动发射即可。

如果被呼方传真机设置为“手动”接收模式,则电话接通后应先同被呼方对话,表明发送传真意图,待其人工切换到传真接收模式(呼叫方听到传真音)后,再按[Fax Start]键启动发射。

说明:

拨号组成结构与上述电话拨号组成完全相同,只是船至岸中的被呼用户电话号码改为传真机号码;船至船中的船站终端号码应该是对方连接传真机的接口所分配的号码。

例 3-2-3:向中国大连某船务公司发送传真,公司传真号码为 82810888,拨号方式为:

008641182810888 [#]。

例 3-2-4:向另一船舶发送传真,该船舶上安装有 B 船站(无论对方船站同步于哪颗卫星),移动号码为 341232156,拨号方式为:

00870341232156 [#]。

传真启动后,话机手柄显示屏上会显示呼叫过程。

④传真发送后自动断线。

此时,手柄显示屏上将显示通信时间。

2.接收传真

在船上,通常传真的接收都是自动进行的,为此,应注意做好两件事:

①在传真机的纸盒内装好接收纸张,装纸的具体要求参照传真机说明书。

②将传真机的接收模式设置为自动接收模式(方法参照传真机说明书)。

六、数据通信

SAILOR Fleet77 的数据通信通过 ISDN 和 MPDS 业务实现,数据传输的最高速率为 64 kbit/s,可实现收发电子邮件、接入网页、在线新闻浏览、收发图片、视频会议及远程医疗等方面的网络应用。ISDN 和 MPDS 这两种业务的主要不同在于:移动 ISDN 业务按连接时间计费,适用于短时间、大流量的网络活动;而 MPDS 业务按传输的流量计费,更适用于需要长时间在线,但流量相对较小的网络活动。用户可根据具体应用的需要,合理选择使用哪种业务。

F77 的数据通信是通过 PC 终端完成的,因此船舶用户必须自配 PC 机,并应做好 PC 机的连接和参数设置。

1.PC 机终端的连接

通过 Thrane & Thrane F77 船站实现移动 ISDN 和 MPDS 数据业务、PC 机与主机收发单元的连接,如图 3-2-10 所示。当通过 PC 机实现 ISDN 业务连接时,PC 机应通过自配的调制解调器连接到主机单元的 X7(ISDN)接口;当通过 PC 机实现 MPDS 业务连接时,PC 机应直接连接到主机单元的 X10(RS-232)接口。这样,若通过一个 PC 终端实现 ISDN 和 MPDS 数据业务,则要求 PC 机有两个有效的通信端口。

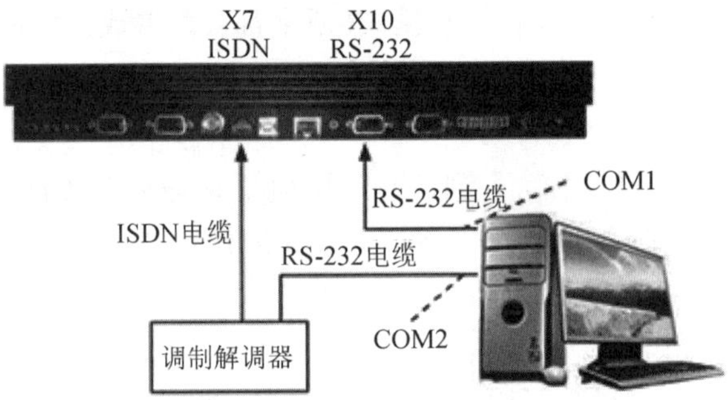

图 3-2-10　MPDS 和 ISDN 的硬件连接

此外,还应注意以下两点:

①PC 机中安装的微软 Windows 操作系统可以是 Windows 7/8/10。

②ISDN 连接自配了调制解调器,应在 PC 机中安装调制解调器驱动程序。

2.MPDS 的设置

MPDS 的设置包括两个方面:

①F77 船站主机单元的接口配置在控制手柄上,通过菜单对主机单元的 RS-232 接口进行参数配置(由高级用户通过 PIN 码进入“Data Setup”菜单设置)。接口配置要求:

Baud Rate:115 200Baud;

Flow Control:Hardware。

②PC 机的设置

PC 机的设置分两步进行,对于每一步设置的具体操作,不同的操作系统略有不同,下面是 Windows 2000 系统下的 PC 机设置步骤。

第一步:安装标准调制解调器

a.打开“我的计算机”→“控制面板”→“电话和调制解调器”→“添加”,选择“不要检测我的调制解调器”→在标准调制解调器窗口选择“28800 bps 调制解调器”→选择端口“COM1”。

b.在调制解调器“属性”中选择,调制解调器端口最大速率为“115200”。

c.进入“高级”设置,在额外初始化命令栏中输入“AT+WS45=4”(表明连接时转到 F77 收发单元)。若想通过指定地面站而不是默认地面站转接,则指令为“AT+WS45=4;+WLES=×××”,其中×××为指定地面站的接续码。

第二步:创建 MPDS 拨号连接

打开“我的计算机”→“控制面板”→“网络和拨号连接”→“新建连接”→进入连接向导,选择“下一步”→选择“拨号到 Internet”→选择“手动设置 Internet 连接”→选择“通过调制解调器连接”→选择刚加入的“28800 bps 调制解调器”→输入虚拟电话号码(可随意输入,如输入“1234”,但不能不输入)→输入连接名称“MPDS”(它决定了拨号连接图标的名称)→完成创建。

3.ISDN 的设置

F77 船站主机单元的接口配置在话机手柄单元上,通过菜单对主机单元的 ISDN 接口进行配置(由高级用户通过 PIN 码进入“Routing”菜单设置)。接口配置为 64 kbit/s。

第一步:安装自配的调制解调器,打开“我的计算机”→“控制面板”→“电话和调制解调器”→“添加”,执行“下一步”,让系统自动检测调制解调器→调制解调器安装完毕。

第二步:创建 ISDN 拨号连接,打开“我的计算机”→“控制面板”→“网络和拨号连接”→“新建连接”→进入连接向导,选择“下一步”→选择“拨号到 Internet”→选择“手动设置 Internet 连接”→选择“通过调制解调器连接”→选择刚安装的调制解调器→输入业务提供商电话号码(包括国家码、区域码、接入点号码)→输入连接名称“ISDN”(它决定了拨号连接图标的名称)→完成创建。

上述 MPDS、ISDN 拨号连接创建完成后,在 PC 机桌面上创建快捷方式,以方便操作。此时,在 PC 机桌面上有两个拨号连接图标,如图 3-2-11 所示。

图 3-2-11 PC 机桌面显示

4.建立 ISDN 和 MPDS 连接

操作步骤如下：

①设置洋区卫星和地面站

在话机手柄上设置合适的洋区卫星和能提供 ISDN 或 MPDS 业务的地面站，设置方法见本节“三、常规电话通信”部分。

②手动拨号建立连接

双击计算机桌面上的“ISDN”或“MPDS”连接图标，如果需要，可输入用户名和密码，然后点击“Connect(连接)”，稍等片刻即可完成连接，计算机屏幕右下角会显示连接图标，此时可进行相应的数据业务。整个呼叫过程在手柄显示屏上也有显示。

中断连接可用鼠标指向屏幕右下角连接图标后，按右键，选择“Disconnect(断开)”即可。

注意：当船站处于 MPDS 或 ISDN 连接模式下时，在 Inmarsat 网络中该船站被标记为“忙”，也就是不能接收任何其他常规呼叫，直至断开连接转回正常的空闲模式。

七、通过 Rydex 软件实现的数据通信

F77 船站的数据通信，除了上述方式外，还可以通过专门开发的数据通信软件来实现。

Rydex 是目前仅有的几种船舶优化通信软件之一，是以电子邮件方式进行数据交换的最新一代船岸数据通信软件。它综合了先进的船/岸通信特点，支持 Inmarsat-B、M、Mini-M、F、BGAN、FBB 系列船站。它使用 Rydex Enhanced Protocol(REP-Rydex 增强型协议)，通过 Inmarsat 系统可方便、高效地交换信息，且操作简单、便于管理。Rydex 软件可以在单台 PC 上使用，也可以用于船舶上多用户局域网络。

Rydex 具有以下特点：

①与微软的 Microsoft Outlook、Outlook Express、Foxmail 等多种电子邮件应用程序配合使用，不改变收发邮件操作习惯，操作简单。

②软件支持全中文数据收发，邮件交互前进行高效的数据压缩，全双工数据传输支持断点续传，节省通信费用。

③可轻松实现邮件管理，如船舶局域网上各 PC 机终端独立邮件收发、邮件的统一管理、邮件选择性接收等。

④可与船舶信息管理系统结合，为船岸信息化管理提供高效、全自动化的数据通信接口。

⑤为用户提供 MPDS、ISDN 方式收发数据量分析及通信费用比较，以方便选择数据传输最佳方案。

北京地面站 2003 年开始提供 Rydex 业务。通过北京地面站 Rydex 业务经 F77 船站实现数据通信，应按以下顺序做好工作：

1.安装 Rydex 软件

将 Rydex 安装光盘放进光驱，系统会自动启动安装程序，如果未启动，则双击光盘中的“SETUP.EXE”程序开始安装。安装过程中选择参数时注意两点：

①如果单用户安装，应选择“Single user Installation”；如果船舶上有局域网，并希望局域网各终端能共享 Rydex 软件资源，应选择“Multiple user Installation”。

②选择收发邮件的工具软件时,选择“MS Outlook Express”。

说明:

Rydex 安装完毕后,Rydex 软件的启动已添加到 Windows 的“Startup(开始)”程序组中。当 PC 机开机进入 Windows 操作系统时,Rydex 软件也被启动,此时屏幕右下角显示一个小的信封图标,如图 3-2-11 所示。

2.配置 Outlook Express

配置 Outlook Express 主要是邮件账户的设置。将微软的 Outlook Express 软件与 Rydex 中的自动邮件交换子系统进行捆绑,单机用户和局域网用户的配置要求不同。

上述工作的具体操作可参考业务提供商提供的“Rydex 软件安装配置手册”,这里不详细介绍。

3.MPDS、ISDN 业务异步频道传输配置

因为 F77 船站可以通过 MPDS 和 ISDN 两种频道进行数据传输,而这两个频道的费率不同,Rydex 软件为用户提供了两种频道传输的费用比较,以方便用户选择传输频道。配置步骤如下:

(1)按图 3-2-10 所示做好硬件连接,并开启 F77 船站和 PC 机的电源。

(2)在 PC 机上进行 MPDS 的设置。

设置分两步,对于每一步设置的具体操作,不同的操作系统略有不同,下面是 Windows 2000 系统下的操作步骤。

第一步:安装标准调制解调器

①打开“我的计算机”→“控制面板”→“电话和调制解调器”→“添加”,选择“不要检测我的调制解调器”→在标准调制解调器窗口,选择“33600 bps 调制解调器”→选择端口“COM1”。

②进入调制解调器“属性”,选择调制解调器端口最大速率为“115200”。

③进入“高级”设置,在额外初始化命令栏中输入“AT+WS45=4;+WLES=868”(表明连接时转到 F77 收发单元,并通过北京 868 地面站转接)。

第二步:创建 MPDS 拨号连接

打开“我的计算机”→“控制面板”→“网络和拨号连接”→“新建连接”→进入连接向导,选择“下一步”→选择“拨号到 Internet”→选择“手动设置 Internet 连接”→选择“通过调制解调器连接”→选择刚加入的“33600 bps 调制解调器”→输入虚拟电话号码(可随意输入,如输入“1234”,但不能不输)→输入连接名称“MPDS”(它决定了拨号连接图标的名称)→完成创建。

(3)在 PC 机上进行 Rydex 软件的配置

在 PC 机上进行 Rydex 软件的配置主要是进行 MPDS、ISDN 异步传输频道参数(调制解调器、端口、端口速率)及费用计算参数的设置。这些配置通常由 Rydex 业务提供商负责,这里不做详细介绍。

4.Rydex 数据通信操作

通过 Rydex 软件收发电子邮件的操作步骤如下:

(1)通过 Outlook Express 建立新邮件

①双击图标打开 Outlook Express→点击“创建邮件”。

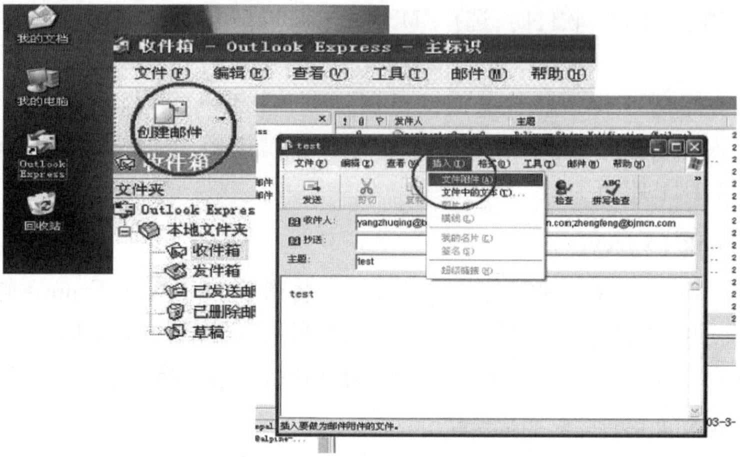

②在“收件人”栏内输入收件人邮件地址，可以一文多址传送，每个邮件地址用“;”分隔；在“主题”栏输入主题内容；在下方空白处编辑窗口输入邮件内容。如果想加入附件，则点击“插入”→“文件附件”，找到想要插入的附件→“确定”。

在编辑窗口写入的信息内容只能输入英文，附件可以是 Word 文档、电子表格文档或图片格式。少量的信息尽可能直接在编辑窗口写入，这样文件占用空间最少，通信时间最短，通信费用也就最低。当使用图片时，尽可能选用 JEPG 等占用内存较小的格式。

(2)将邮件传送至 Rydex 中

①点击“发送”按钮→点击“发送和接收”(如果要在 Outlook Express 点击发送按钮时立刻启动 Rydex，可进入 Outlook Express 的“工具”→“选项”→“发送”中，将“立即发送”选项打勾)，邮件将自动发送到 Rydex 中，屏幕的右下角会出现一个蓝色对话框，如下图所示。

②点击上图中“Start Comms Session”或单击右下角小信封图标，选择“Start Comms Session”，此时文件从 Outlook Express 调到 Rydex 中，同时进行压缩。显示如下：

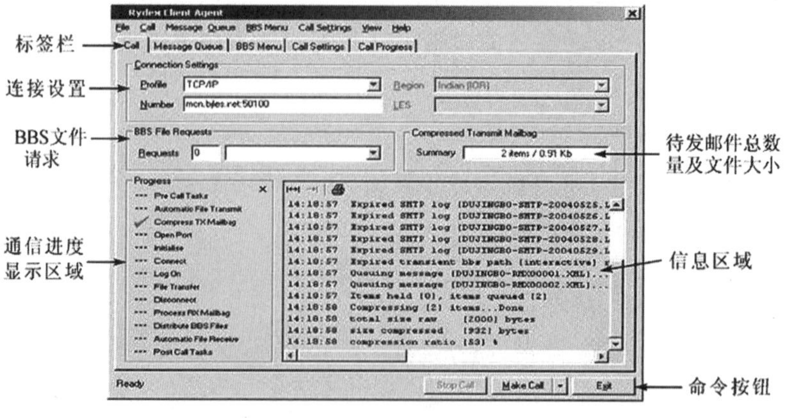

(3)通过 Rydex 经 F77 系统交换邮件

单击"Make Call(拨号)"按钮,弹出费用比较窗口。根据费用比较图,选择"Make Call. Async"或"Make Call.MPDS",连接呼叫开始。一旦连接建立,则开始发送邮件,当在左边的通信进度显示区域中看到从"Compress TXMailbag"直至"Disconnet"都是绿色对号时(如下图所示),表明收发过程完成。点击右下角的"Exit",可退出 Rydex。

当岸上有邮件发往船舶时,在发射邮件的同时,也接收岸到船的邮件,但要显示邮件,则必须将信息由 Rydex 传回 Outlook Express。

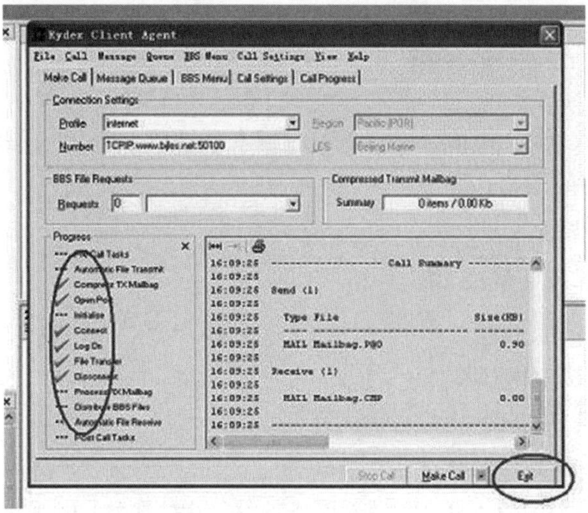

(4)通过 Outlook Express 查看邮件

双击图标打开 Outlook Express→点击"发送和接收",把邮件取到"收件箱",此时方可看邮件内容。

因为 Rydex 的连接过程是一个双向的过程,所以不管是单收、单发或是同时收发都是同样的操作方法。Rydex 软件还有许多其他功能,可向业务供应商索取详细资料。

MS Outlook Express 软件的其他功能操作请参阅 Microsoft 提供的文献。

八、其他操作

1.电话簿(Phonebook)

话机手柄终端电话簿中最多存储 99 个用户电话信息。每个用户电话信息包括:

①用户名;

②用户电话号码;

③缩位码。

用户名最长可以是 16 个字符;用户电话号码应包含自动转接服务码"00"和电话国家码及区域码,号码长度最多可达 22 位;缩位码用于快速拨号,拨号方法见本节"三、常规电话通信"部分(从存储的号码簿中选择用户呼叫)。电话簿中的信息是按照缩位号码排序的,进入电话簿后,若在字母模式下,则显示缩位码和用户名;若按 A Del BC 转入数字模式,则显示缩位码和用户号码。

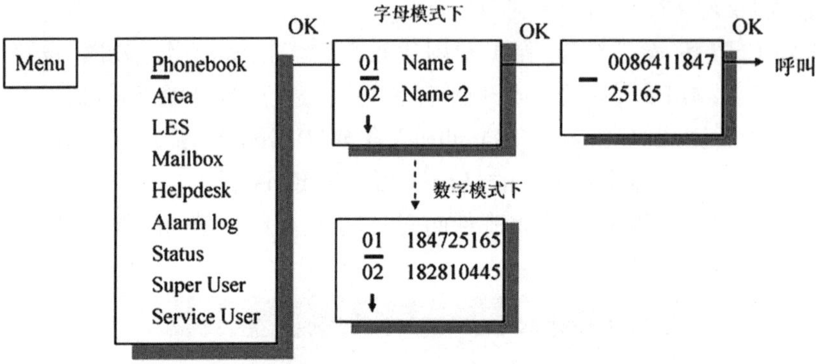

数字模式下只显示号码的后9位

电话簿信息的插入、修改和删除操作须通过输入正确的 PIN 方可实现。

(1)电话簿信息的插入

①进入电话簿菜单。

②按[2nd] [C Ins],输入正确的 PIN。

③输入用户名,按[OK]键。

④输入用户号码,按[OK]键。

⑤输入缩位码,按[OK]键

(2)电话簿信息的修改和删除

进入电话簿菜单后,用[↑]、[↓]键选择信息,按[2nd] [↑ Edit],输入正确的 PIN 后执行信息修改。

进入电话簿菜单后,用[↑]、[↓]键选择信息,按[2nd] [ABC Del],输入正确的 PIN 后执行信息删除。

2.邮箱(Mailbox)

邮箱的作用是存储来自地面站的短信息。如果地面站呼叫船舶终端时,终端忙或关闭了电源,则地面站提供短信告知服务,当终端可正常接收时,短信传送至终端,告知地面站存储有该终端的一条短信。此时,话机手柄显示屏上出现符号 ✉,可通过菜单"Mailbox"查阅。

"Mailbox"菜单中的短信内容包括:

①地面站接续码;

②信息业务种类(Voice、Fax、Data)。

查阅时,选择要查阅的信息后,按[OK]键。

3.报警记录(Alarm Log)

报警记录中记载着系统的全部报警,共可存储 100 条报警记录。从"Alarm Log"菜单中只能实现报警记录的查看,而报警记录的清除须通过 PIN 码进入"Super User"菜单中方可实现。报警名称前的"*",表示报警仍处于激活状态,如下所示:

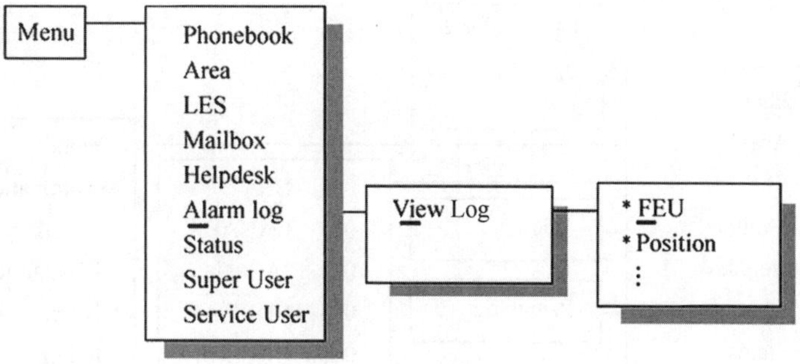

进入“View Log”菜单后,用[↑]、[↓]键选择报警项,按[OK]键即可查阅报警记录。每个报警记录包括报警描述、报警发生的时间和日期。

“Super User(超级用户)”及“Service User(业务用户)”均需要通过输入正确的 PIN 才能进行各种操作,详细可参考制造商提供的设备操作说明书,这里不做介绍。

4.呼入信号的转接

呼入的信号可以连接至许多硬件接口,每一个硬件接口规定有接口代码(如表 3-2-2 所示)。当某一接口应答时,可以实现呼入信号的转移。

表 3-2-2 接口及接口代码

硬件接口	接口标识	接口代码
1st Handset	X4	1
1st RJ-11	X1	2
2nd RJ-11	X2	3
3rd RJ-11	X3	4
ISDN	X7	5

操作方法如下:

[2nd] [5^{R}]+接口代码

例如,对于如图 3-2-2 所示的硬件连接实例,将呼入的信号转接至 X1 端口连接的话机,操作方法为:

[2nd] [5^{R}]+2

5.内部呼叫(各话机间)

SAILOR Fleet77 船站话机手柄与任何一个 RJ-11 接口连接的话机之间可以进行内部呼叫。操作方法为:接口代码+#。

例如:3#,表明呼叫在 X2 端口连接的传真/电话两用机。

6.船站的菜单树

最后,对 SAILOR Fleet77 TT3084A 型船站的菜单树做以下展示:

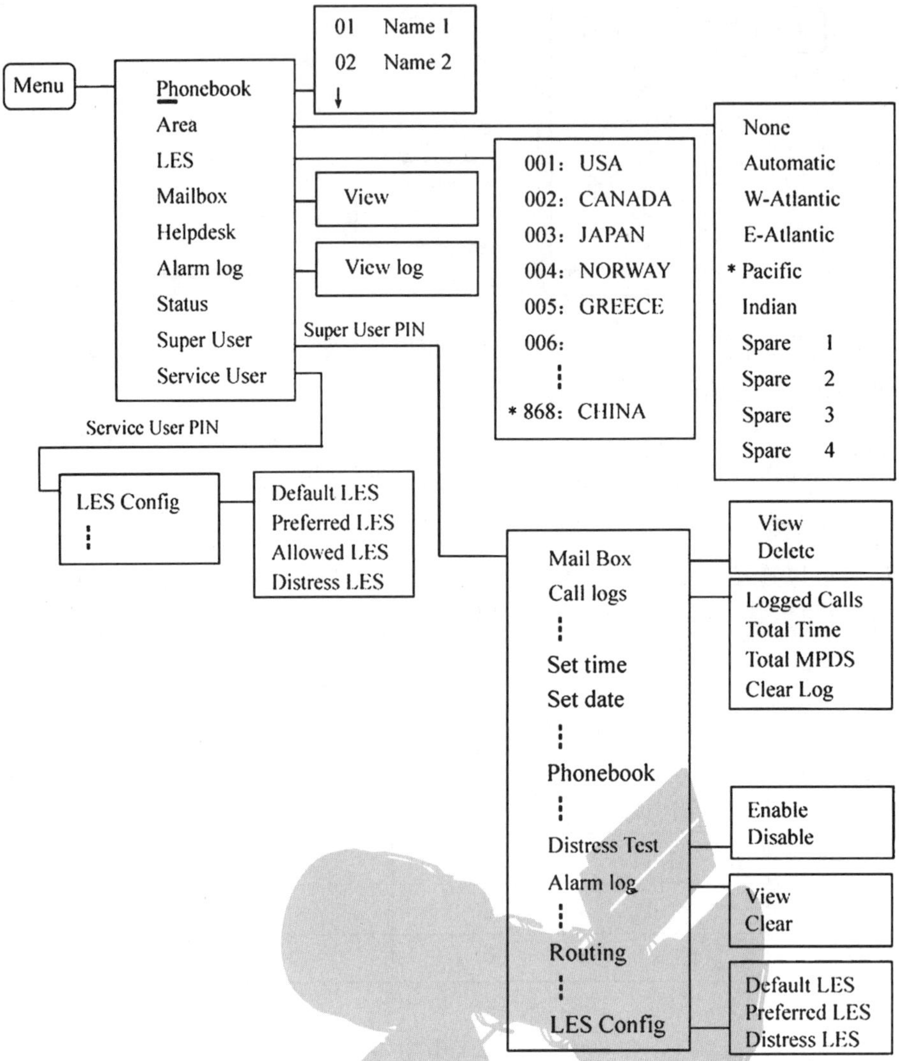

第三节　Nera F77 型 F 船站的操作

Nera F77 型 F 船站是由挪威 Nera 公司(已被丹麦 Thrane & Thrane 公司收购)生产,经国际海事组织认可的 Inmarsat 标准 F 型船站(其外形如图 3-3-1 所示)。Nera F77 型 F 船站可提供的标准服务如下:

(1)话音通信,4.8 kbit 和 64 kbit;

(2)数据业务,56/64 kbit ISDN(可拓展至 128 kbit)、MPDS(移动数据包服务);

(3)传真,9.6/14.4 kbit 三代模拟传真机,64 kbit 四代数字传真机;

(4)遇险报警;

(5)电话簿可保存 99 个电话号码,快捷键拨叫,输入名称可设置禁止的呼叫和禁止的地面站;

(6)显示通话记录；

(7)可设置音量和通话时间；

(8)手柄显示所有操作；

(9)可通过软件升级；

(10)“无线电静默”功能；

(11)手柄免提功能。

此外，Nera Fleet 系列产品还包括 Nera F55 和 Nera F33，但两者均没有遇险报警的功能，在这里不做介绍。

图 3-3-1 Nera F77 船站外形示意图

一、Nera F77 设备介绍

Nera F77 整套设备由甲板上部件和甲板下部件两大部分组成，甲板上部件为一体化天线，可安装在甲板或支架上，包括天线罩、抛物面天线、GPS 接收器、旋转接头、射频收发器及伺服稳定基座，天线重量约为 50 kg 或 65 kg，如图 3-3-2 所示；甲板下部件包括主控制/通信单元、话机手柄、报警盒，通过主控制单元可以连接其他附属设备，包括附加 Nera ISDN 电话、普通 ISDN 电话、模拟电话、三代/四代传真机、计算机、打印机和附加报警单元，如图 3-3-3 所示。

Nera F77 主通信单元(MCU)可以壁挂安装也可以桌面安装，其电源既可以是交流电源，也可以是直流电源。交流电源作为主供电，输入电压为(100~240 V)±10%；直流输入电压为 10~32 V。当主供电单元出现故障时，内部的二选一输入装置会自动切换到直流供电上。电源在接收或空闲模式下的功率大约是 40 W，在发送模式下，电源功率大约为 150 W。MCU 通过同轴电缆给天线提供 48 V 的直流电压，整个重量大约为 6.8 kg。通过主通信单元 ISDN、RS232、RS422、USB 及模拟接口可以连接各外围设备，其中通过 RS232、RS422、USB 接口可以连接计算机，实现对主通信单元的控制，同时也提供 SIM 卡接口，可以使用 SIM 卡入网，便于管理。(RJ45 ISDN 接口×4，RJ45 模拟接口×2，USB 接口×1，RS232 接口×2。)

Nera ISDN 手柄设计为键盘式，用来拨打电话及控制主通信单元和天线。

遇险报警单元主要用来提供激活远程报警发射及遇险呼叫的接入电话。

Nera F77 终端设备中，传真机、模拟电话、打印机、计算机等设备与陆上设备操作无太大差异，且在上一节中 Thrane & Thrane F77 中也有相应介绍，故本节侧重介绍话机手柄等设备。

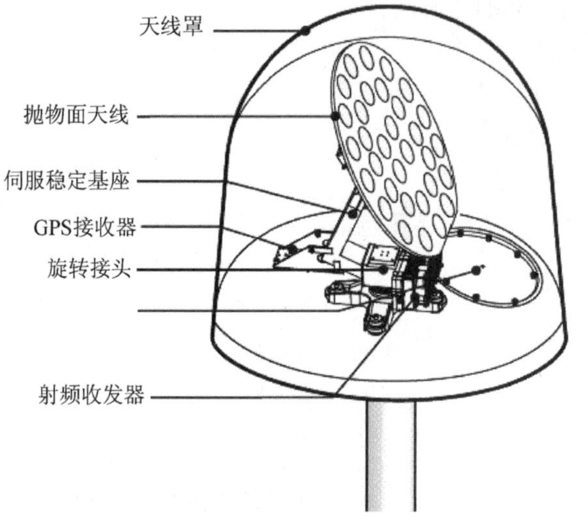

图 3-3-2　Nera F77 船站天线示意图

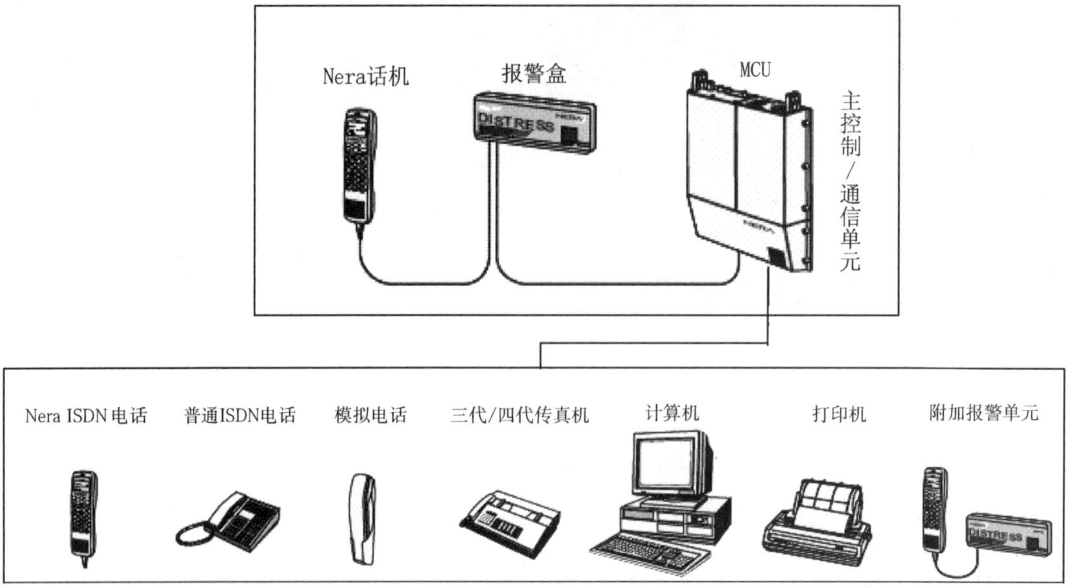

图 3-3-3　Nera F77 船站组成示意图

二、SIM 卡业务介绍

SIM 卡是 Subscriber Identity Module(客户识别模块)的缩写，也称为智能卡、用户身份识别卡，Nera F77 船站可以使用 SIM 卡业务(类似于陆上的手机卡)。SIM 卡有自己的 Inmarsat 船站识别码(Inmarsat Mobile Number，IMN)，用户可以通过此号码拨打电话进行联系，所有的呼叫也会被记录在 SIM 卡的用户账单上。SIM 卡可以受个人识别码(Peasonal Identification Number，PIN)的保护，可以在接续岸站/业务提供商处获取 PIN，当插入 SIM 卡时，设备上会显示输入激活密码，如图 3-3-4 所示。

图 3-3-4　输入 PIN 码示意图

如果输入的 PIN 不对,三次错误输入后,SIM 卡就会被自动锁定,不能正常使用,需使用接续岸站/业务提供商提供的 PUK 码进行解锁,如果没有,请联系接续岸站/业务提供商。

SIM 卡可以储存各种信息,主要有以下几种:

(1)PIN;

(2)电话通信录;

(3)可连接的接续岸站/业务提供商。

注意:Nera F77 船站可以用 SIM 卡进行工作,也可以不使用 SIM 卡进行工作,但有时接续岸站/业务提供商会强制要求用户使用 SIM 卡。

SIM 卡安装在主通信单元的上端,需打开盖板,才可看见 SIM 卡的卡槽,盖板由两个锯齿状的螺丝固定,不需要特殊的工具即可打开,如图 3-3-5 所示。

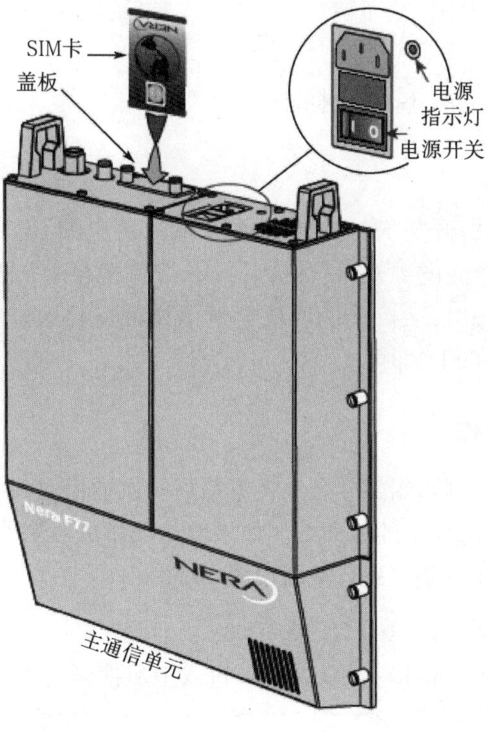

图 3-3-5　SIM 卡安装示意图

三、ISDN 话机手柄操作

（一）话机手柄介绍

Nera F77 的控制手柄如图 3-3-6 所示，分为液晶显示屏、功能键、数字/字母键三个区。显示屏中各符号的含义如下：

——手柄处于“Hookoff”状态，即连通状态；

——当该符号闪烁时，表明接收到一个呼叫；

——扬声器处于激活状态；

ALPHA——在输入字母时显示，如编辑通信录时输入名字；

Telenor——通信接续岸站/业务提供商；

IOR——洋区卫星；

Ready for call——已准备好；

——信号强度显示；

——报警指示。

手柄各功能键的功能见图 3-3-6 中标注。

（二）开机与关机

打开主通信单元的电源开关（在主通信单位上端），将电源开关调至“ON”的状态，此时主机单元、话机手柄和天线单元电源开启，开机后 Nera F77 将自动初始化并搜索卫星，设备初始化完毕，设备处于空闲状态时，话机手柄屏幕会显示洋区、信号强度等信息，如图 3-3-6 所示。关机时，将电源开关调至“OFF”即可。

（三）话机手柄操作

Nera F77 船站电源开启后，船站会自动搜索最后一次通信时的洋区卫星，并自动设定最后一次通信时的地面站为当前默认的地面站。如果船站操作员对当前的洋区卫星和默认地面站不满意，则可用话机手柄通过菜单进行重新设置。

1.洋区卫星的选择

①按[Menu]键→“Sat.Search”→[OK]键→进入卫星搜索。

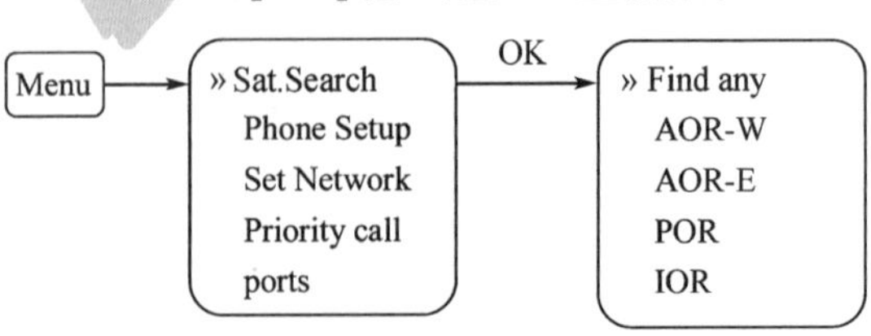

②通过[↑]、[↓]键，选择所希望的卫星，按[OK]键确认。

说明：

当选择“Find any”时，则一个卫星一个卫星地搜索，直至找到卫星，用这种方法搜索卫星

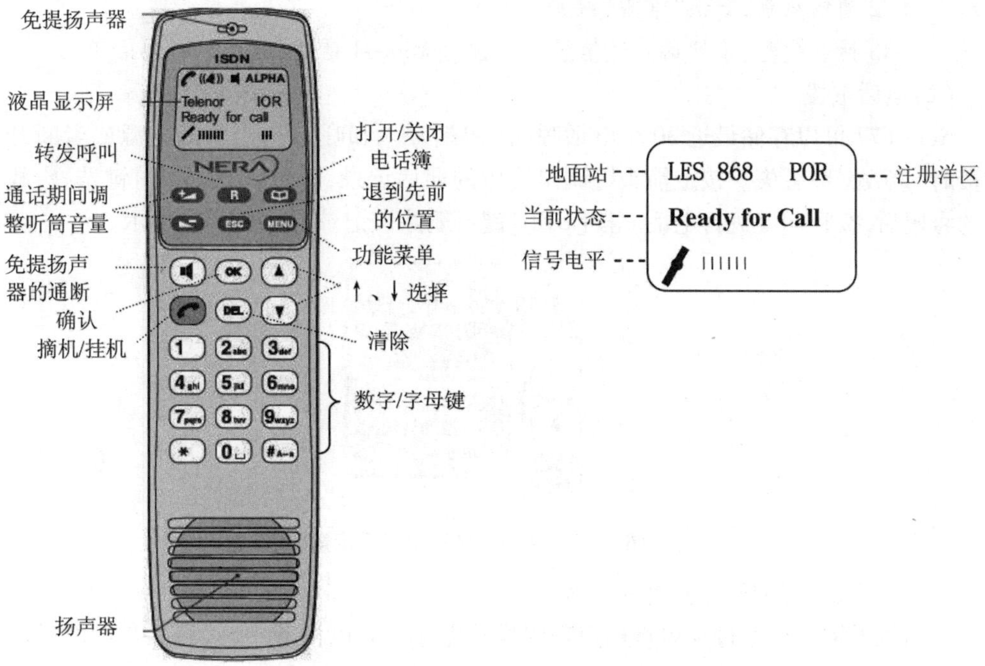

图 3-3-6 Nera F77 手柄显示屏及功能键

较慢;当选择特定洋区卫星设置时(AOR-W/AOR-E/POR/IOR),由于已知天线的仰角,所以搜索卫星较快。

2.地面站的选择

①按[Menu]→"Set Network"→进入"地面站选择"菜单;

②通过[↑]、[↓]键,选择当前洋区下所希望的地面站,按[OK]键确认。

3.常规电话通信

(1)直接拨号呼叫

例 3-3-1:与大连海事大学用户电话号码为 84725165 的陆地用户进行常规电话通信。操作:拿下话机手柄,在终端数字键盘上连续拨:

008641184725165 [#]/[✆]/[🔈]或[✆]/[🔈] 008641184725165

例 3-3-2:与同步于印度洋(IOR)卫星的另一船舶进行电话通信,船上安装有 F77 船站,移动号码为 763672715。

操作:拿下话机手柄,在终端数字键盘上连续拨:

00870763672715 [#]/[✆]/[🔈]

拨号中,按[DEL]键可删除按错的 1 个数字,长按此键 0.5 s 以上,则删除整个输入的电话号码。

呼叫中,屏幕显示"calling";接通后,屏幕显示"connected"。通话结束后,可按[✆]键结束通话,或者将话机手柄放回话机座上。

注意:在直接拨号呼叫中,许多参数利用的是默认参数,包括:

①接续的地面站,默认话机手柄显示屏上显示的地面站;

②通信级别，默认“常规”级别；

③话音类型，手柄话音通信默认设置为 Mini-M 话音，即 4.8 kbits 话音。

(2)电话重拨

Nera F77 可以存储最近 30 个电话呼叫(包括呼入和呼出)，当切断电源或者断开话机的连接时，该数据会丢失。按上箭头键调出最后的通话记录，通过[↑]、[↓]键选择，找到想呼叫的号码后，按呼叫键拨打电话。按[DEL]键可删除该记录，如图 3-3-7 所示。

图 3-3-7　Nera F77 通话记录示意图

(3)从存储的号码簿中选择用户呼叫

在话机手柄上可通过菜单将用户呼叫号码先存储到电话簿中，然后从存储的号码簿中选择用户码呼叫。操作方法为：

按→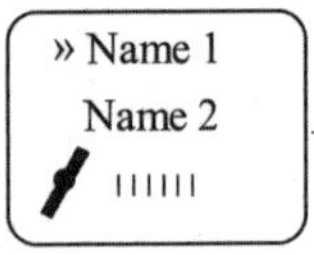

→通过[↑]、[↓]键选择用户→按呼叫

(4)缩位码呼叫

拨打前缀“23”+相应电话簿中缩位号，可进行呼叫。如拨打“2315#”，表示呼叫电话簿中缩位号为 15 的电话号码。

(5)呼叫信号的接收

当 F77 船站接收到一个电话呼叫时，手柄铃声响起，同时手柄显示屏铃声符号闪烁。

①按或应答呼叫，此时，手柄显示屏铃声符号消失。

②用控制手柄的背面进行通话。

③按或将话机手柄放回支架上则结束呼叫。

说明：

a.当手柄在支架上，通过按免提操作时，手柄上的扬声器和麦克风同时接通。

b.当从支架上拿下手柄，则可接听电话，此时扬声器断开。

c.若拒绝应答呼叫，则按 Edit number(修改用户号码)，Edit name(修改用户名字)，Delete(清除用户信息)。

d.若在空闲状态下，手柄屏幕显示铃声符号，表明漏接了电话。

(6)内部呼叫

Nera F77 可以在连接的 ISDN 话机和模拟话机之间进行内部呼叫。呼叫方法为：

[*] [*] MSN [#]

其中，MSN 为多用户终端号码，用于呼叫时终端的识别，如

[＊] [＊] 20 [#]

此时,呼叫话机的 MSN 码将在手柄显示屏上显示。

说明:

当 Nera F77 通过卫星链路进行数据通信时,不影响各话机之间的内部呼叫。

(7)呼入电话的转接

Nera F77 船站,在通话期间可以保持当前正在进行的外部呼叫,而进行另一个内部呼叫。两个呼叫之间进行转换的操作步骤如下:

①按(R)功能键,保持当前正在进行的外部呼叫;

②按[＊] [＊] MSN [#],建立内部呼叫;

③按(R)功能键,将外部呼叫转接至该 MSN 终端。

例 3-3-3:Nera 手柄 1 收到卫星电话,将其转接至手柄 2。

操作:

①按(R) [＊] [＊] 22 [#];

②当手柄 2 接通后,按(R)后,将手柄 1 挂机。

注意:模拟话机接听后,不能转接至 ISDN 话机。

(8)电话簿

Nera F77 话机手柄终端电话簿中共可存储 85 个用户电话信息,每个用户信息最多包含 15 个字符和 19 个数字。用户电话信息的用户名和用户电话号码储存在主通信单元中。进入电话簿的操作如下:

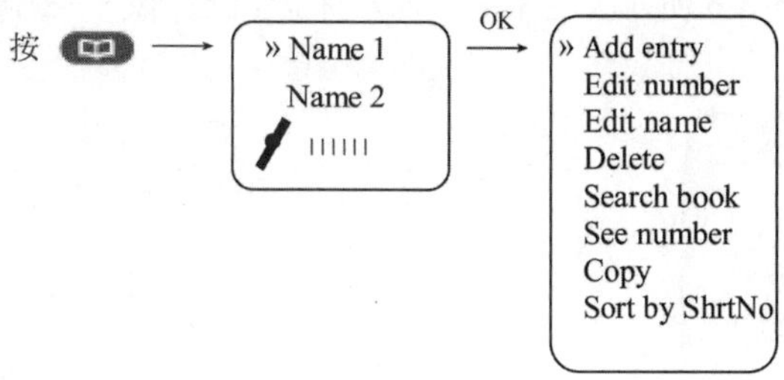

进入电话簿可以实现电话簿信息的插入、修改、删除等操作。

①电话簿信息的插入

a.进入电话簿菜单,用[↑]、[↓]键选择"Addentry",按[OK]键确定;

b.输入用户名,按[OK]键完成名字输入;

c.输入用户号码,按[OK]键储存插入的信息;

d.按电话簿键返回空闲状态。

例如:

电话簿键 [OK] ⟶ "Add entry" [OK]

DMU [OK]

008641184728009 [OK]

电话簿键

②电话簿信息的修改和删除

a.进入电话簿菜单后，用[↑]、[↓]键选择预修改的用户名，按[OK]键确定。

b.用[↑]、[↓]键选择：

Edit number——修改用户号码；

Edit name——修改用户名字；

Delete——清除用户信息。

在修改中，若输入有误，可通过 (DEL) 键清除，重新输入。

(9)报警信息查看

当话机手柄屏幕报警指示闪烁时(如图所示)，说明有报警产生，可通过手柄菜单查看。查看报警信息后，屏幕报警指示闪烁停止；当报警处理完毕，则恢复正常，报警指示消失，否则，报警指示在屏幕上不消失。

当手柄屏幕报警指示闪烁时，主机单元左侧面板上的红色“ALARM”指示灯也同步闪烁。报警信息查看操作如下：

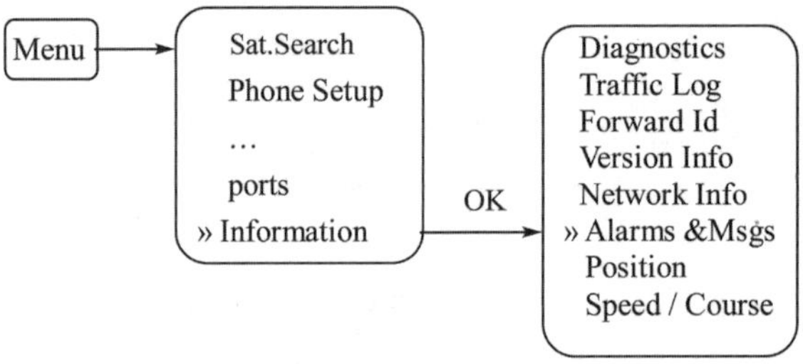

(10)遇险报警

遇险报警单元如图 3-3-8 所示。报警时，打开保护盒盖，按下遇险报警按钮保持 6 s，激活报警。

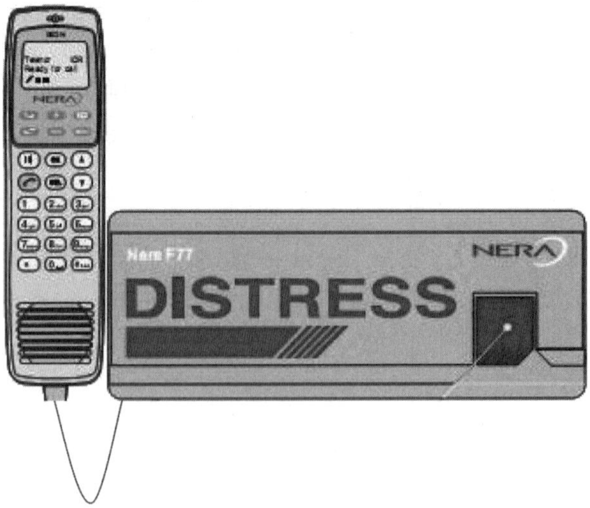

图 3-3-8　遇险报警单元示意图

遇险报警功能测试：

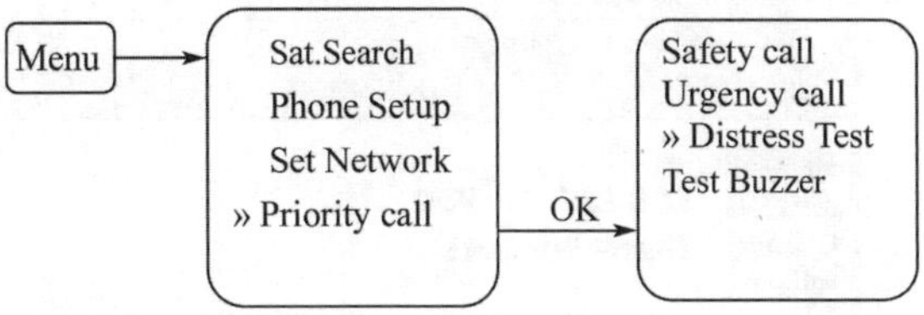

注意：30 s 内按下遇险报警按钮进行测试，否则会出现误报警。再次选择 Test Buzzer，嗡鸣器会发出一阵响声。

四、传真通信

传真发送的操作步骤如下：

①做好洋区卫星和接续地面站设置。

②将传真文档正确放置到传真机上。

将文档信息面向下插入传真机自动进稿器中（文件顶部先放入为好），并调整导纸板位置以适应文档的宽度。

③在传真终端上拨号发送。

例如，向中国北京某用户发送传真，用户传真号码为 12345678，拨号为：

<u>0086101234567</u>8 [#] [Start]

④传真发送后自动断线。

五、PC 机软件操作简介

Nera F77 船站为用户提供一个“Vtlite Marine”软件，通过该软件可以在 PC 机终端上对 F77 船站进行操作和参数配置，包括：

①电话簿；

②通信记录；

③接口配置（ISDN/USB/RS232/RS422）；

④主通信单元（MCU）的配置“Vtlite Marine”软件在厂家提供的 CD 盘中，将 CD 盘插入 PC 机光驱中，完成软件的安装。

1.程序的进入

①开启主通信单元（MCU）的电源。

②打开 PC 机电源，按以下步骤启动“Vtlite Marine”软件：“Start”→“Programs”→“Vtlite Marine”，在船站初始化，执行卫星搜索、与 NCSTDM 同步的过程中，软件窗口有相应的显示。当初始化过程结束，船站处于准备就绪状态，窗口显示如下：

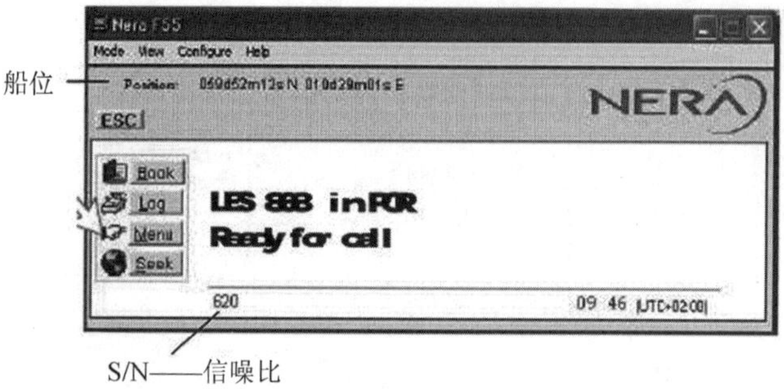

主窗口左侧有 4 个选项:“Book(电话簿)”“Log(通信记录)”“Menu(菜单功能)”“Seek(卫星搜索)”。中间有当前默认地面站和洋区显示。底部有信噪比和时间显示,通常情况下,要求信噪比值至少达到 550。

2.卫星的搜索

Nera F77 初始化结束后,要重新搜索卫星,可通过话机手柄实现,也可以通过 PC 机软件实现。通过 PC 机软件实现的方法为点击“Seek”,打开卫星搜索窗口。

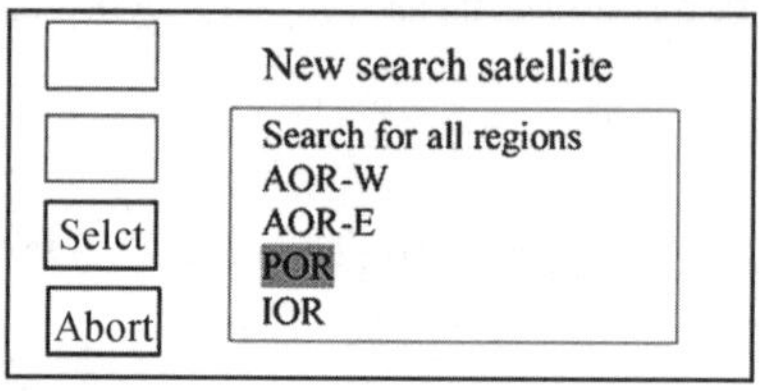

其中,“Selct”执行卫星的选择。在窗口中选择卫星,然后按“Selct”执行搜索;“Abort”执行退出。当通过 PC 机软件完成卫星更换后,话机手柄上显示的注册洋区也同步更换。

3.电话簿

电话簿信息的插入、修改可以通过话机手柄实现,也可以通过 PC 机软件实现。通过 PC 机软件实现的方法为点击“Book”,打开电话簿窗口。

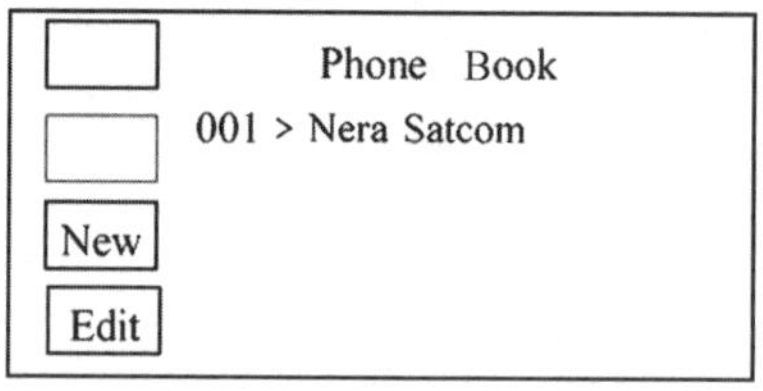

其中,“New”完成插入信息;“Edit”完成修改信息。

4.通信记录

通信记录中记载了各种业务的呼入和呼出记录,共可存储 100 条记录,包括电路交换呼叫(Cct)记录和 MPDS 呼叫记录。其中,电路交换呼叫(Cct)记录包括语音、传真和数据。

通信记录的查阅方法为点击“Log”,打开通信记录窗口。

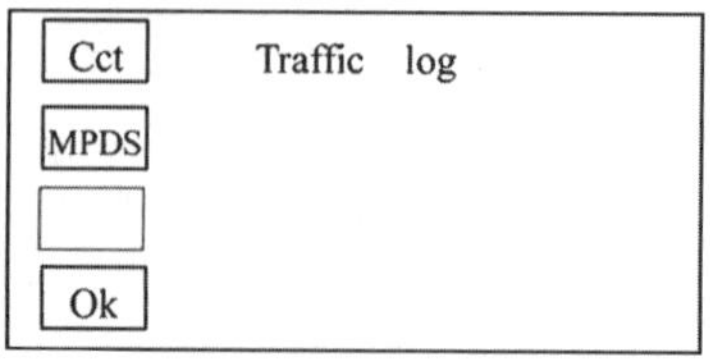

其中，“Cct”用于查看电路交换通信记录，记录信息包括用户号码、地面站、转发的卫星、呼叫开始时间、记录是否被打印、通信时间等；“MPDS”用于查看数据包交换通信记录，记录信息包括网络业务提供商、呼叫开始时间和持续时间等。

此外，对于船站“Owner”级别用户，还可以实现对呼叫记录的设置，这里不做详细介绍。

5.菜单功能

点击“Menu”，打开菜单功能窗口。

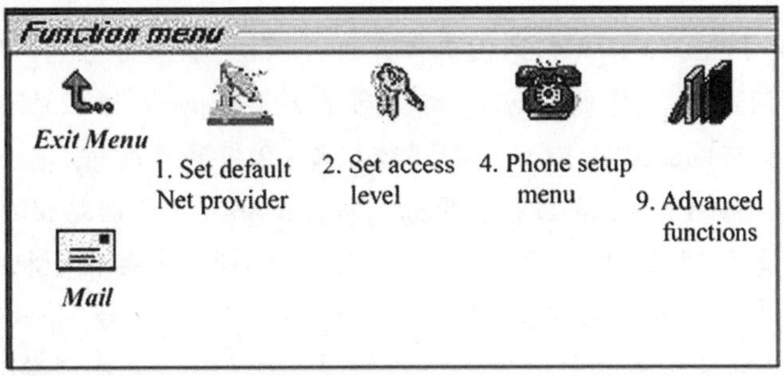

该窗口中可实现默认网络供应商的设置、软件使用级别及密码设置、电话的各种设置及高级功能设置等。限于篇幅这里不做详细介绍，可参照设备相关说明书。

第四节　Inmarsat-F 船站的维护与保养

相比地面通信系统设备，Inmarsat-F 船站保养工作较少，不需要特殊的维护保养工作，只需注意以下几点：

①定期清理天线罩，不能在天线罩上喷油漆。

②定期检查天线底座是否由于船舶振动而脱焊松动。

③进行甲板上设备维修或进入天线罩内检修时，应切断船站电源。有些船站在天线罩内还设有一个电源开关，检修时也应断开，检修完毕及时闭合此开关。

④船站处于工作状态时，距离天线 5 m 内不能有人。人应尽量在船站工作时远离天线，防止辐射伤害。在没有关闭射频发射器的情况下，人靠近天线的时间每天不允许超过 1 h。

⑤根据操作说明，定期对船站各功能进行测试，了解甲板上设备各部件工作情况。

练习题

1.Inmarsat-F77 船站已开机并入网太平洋洋区，船舶位于大连沿海，查看并报告目前 Inmarsat-F77 船站所跟踪的卫星，并重新设置为跟踪印度洋卫星。

2.Inmarsat-F77 船站处于正常开机状态并入网太平洋洋区，船舶位于青岛沿海，请将韩国地面站设置为常规通信缺省地面站，将北京地面站设置为遇险通信缺省地面站。（注：韩国地面站代码为“006”；北京地面站代码为“868”。）

3.Inmarsat-F77 船站已开机并入网太平洋洋区，请在 Inmarsat-F77 终端上查看并报告目前本船的船位。

4.Inmarsat-F77 船站已开机并入网太平洋洋区，已经使用该船站进行过电话、传真通信，同时也进行过电话报警，请查看并报告 Inmarsat-F77 船站的报警记录、在网状态、通信记录等。

5.Inmarsat-F77 船站已正常开机并入网，本船的姊妹船“YUHAI”轮（其 Inmarsat-F77 船站识别码为 761217051）航行在太平洋卫星覆盖范围：①请将其电话号码保存在本船 F 船站的电话簿中，并命名为“YUHAIF”；②选择北京地面站与“YUHAIF”进行常规语音通信；③北京地面站代码为“868”。

6.“新长江”轮的 Inmarsat-F77 船站已正常开机并入网，船舶呼号为“BOAA”，Inmarsat-F77 船站识别码为“761217048”，货舱进水急需拖带救助，船位为 25°23′N，125°25′E，时间为 1300UTC：①请通过北京地面站给 RCC 发射遇险报警；②报警后说明本船的遇险情况。

7.“黄河”轮 Inmarsat-F77 船站已正常开机入网，Inmarsat-F77 船站识别码为“761217048”，呼号为“BOAA”，船位为 25°23′N，125°25′E，时间为 1200UTC；本船由于机舱失火计划弃船，有一人严重烧伤，需要直升机送往医院；弃船后携带便携式 VHF 电台，并收听 VHF CH16：①请通过北京地面站向中国搜救协调中心发射遇险报警；②报警后完成遇险通信，说明本船情况（失火，一人烧伤）及后续行动（弃船，携带 VHF 电台并收听 VHF CH16）。

8.“复兴”（FUXING）轮的 Inmarsat-F77 船站已正常开机入网，呼号为“BOAA”，Inmarsat-F77 船站识别码为“761217048”，请通过北京地面站进行遇险报警测试。

9. “复兴”（FUXING）轮的 Inmarsat-F77 船站已正常开机并入网，船舶呼号为“BOAA”，Inmarsat-F77 船站识别码为“761217048”，假设本船的 Inmarsat-F77 设备在与北京地面站进行测试过程中发送了误报警，请取消该遇险报警，并口述如何防止误报警的发生。

10.Inmarsat-F77 船站已正常开机并入网，请使用 Inmarsat-F77 设备进行以下操作：①启动遇险通信，选择北京地面站进行遇险呼叫；②叫通以后进行取消遇险误报警的相关通信；③日常设备保养、工作中涉及遇险相关内容时须谨慎：一旦产生误报警，一定尽快按照要求发送取消电文，将误报警和取消情况记入“GMDSS Radio Log”。

第四章 MF/HF通信设备操作

第一节　MF/HF 通信设备概述

一、MF/HF 无线电波的传播

MF/HF 无线电通信提供了中远距离的服务。其中的 1.6~4.0 MHz 为海用 MF 波段,该波段的电波以地波传播形式为主,从发射天线发出的电波沿着地球的曲线传播到达接收天线。白天传播距离可达 150 n mile,夜晚稍远;4~30 MHz 为海用 HF 波段,该波段被划分出 4 MHz、6 MHz、8 MHz、12 MHz、16 MHz、18 MHz、22 MHz 和 25 MHz 共 8 个波段,供操作者根据通信距离和通信时刻选择使用。HF 电波以天波传播形式为主,其传播距离可达几百甚至几千海里。无线电波的传播与一系列的因素有关,比如频率、一天中的不同时刻、季节和太阳活动等。

二、MF/HF 通信的业务种类

(一)无线电话

在海上无线电通信中,用于电话传输的发射模式是 J3E(抑制载波单边带)。在国际遇险通信频率 2 182 kHz 上,AM 模式用于供没有安装 GMDSS 设备的船舶进行通信,还可以用于接收广播。在高频波段,用于无线电话遇险通信的频率是 4 125 kHz、6 125 kHz、8 291 kHz、12 290 kHz、16 420 kHz。船岸间的通信采用异频双工或半双工模式,船船间的通信则采用同频单工模式。所有频道均是由 ITU 按照国际标准分配的。

（二）无线电传（NBDP）

无线电传也可称为窄带直接印字电报。窄带的传播可能比无线电话传播的距离更远。无线电传中用于遇险和安全通信的频率是 2 174.5 kHz、4 177.5 kHz、6 268 kHz、8 376.5 kHz、12 520 kHz、16 695 kHz。船岸间的通信采用异频双工或半双工模式，船船间的通信则采用同频单工模式。

（三）数字选择性呼叫（DSC）

数字选择性呼叫系统可以用于连接指定的台和发送通信请求，也可用于呼叫所有船或一个船队，对于遇险报警起重要作用。DSC 只是一种报警手段，后续的通信必须在适当的遇险频率上用无线电话或无线电传进行。DSC 的遇险和安全频率是 2 187.5 kHz、4 207.5 kHz、6 312 kHz、8 414.5 kHz、12 577 kHz、16 804.5 kHz。船岸间的通信使用成对的工作频率，船船间通信则只有 2 177 kHz 可用。

三、MF/HF 设备的组成

MF/HF 收发机的工作频率范围是 1.6~27.5 MHz，其发射类型为 J3E、R3E、H3E 和 F1B/J2B。为实现各种通信功能，MF/HF 组合电台包括 SSB 接收机、SSB 发射机、话筒、DSC 终端、NBDP 终端、DSC 值守机、天线以及电源等。其整机连接示意图如图 4-1-1 所示。

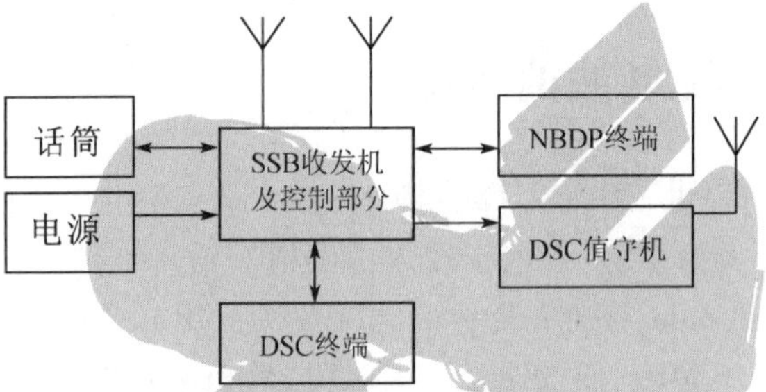

图 4-1-1　MF/HF 组合电台整机连接示意图

第二节　JSS-296/295/896 船用 MF/HF 组合电台的操作

由于 JSS-296/295/896 船用 MF/HF 组合电台无论组成、性能和操作上都比较接近，故在此仅以 JSS-296 船用 MF/HF 组合电台为例进行介绍。

一、设备简介

JSS-296 船用 MF/HF 组合电台由日本 JRC 公司生产。该设备适用于航行在 A2、A3 和 A4 海区的船舶。全套设备包括 JSB-196GM 无线电话单元、NFC-296 天线调谐单元、NCT-196N DSC/NBDP 调制解调器单元、NDZ-127J 数据终端、NDF-268 键盘、NDH-265FDD 软驱单元、NKG-800 型打印机、NAH-692 功率放大器和电源单元。

该设备完全符合 GMDSS 的技术要求,具有良好的通信性能和使用性能。其发射频率范围为 1.6~27.5 MHz,接收频率范围为 0.1~29.999 9 MHz。该设备可使用 90~132 V/180~264 V 变化范围的 50/60 Hz 单项交流电源供电,也可使用 21.6~31.2 V 直流电源供电。使用交流供电时,发射机在 1.6~4 MHz 频段内的发射功率为 200 W,而在 4~27.5 MHz 频段内的发射功率为 250 W。设备可适应的环境温度为-25~55 ℃。另外,为便于操作,设备中内置 200 个用户频道和 1 722 个 ITU 频道,ITU 频道中包括 283 个单边带电话频道、29 个 DSC 频道、891 个 NBDP 频道和 519 个莫尔斯报的频道。

二、开机操作

(一)开启系统主电源

该系统的主电源开关设置在 NAH-692 功率放大器和电源单元。在船使用时,应同时将 AC、DC 控制开关置于“ON”位置。在没有连接直流电源的情况下,蜂鸣器会发出连续的响声。此时可按[MENU]键,再转动位于下方的黑色旋钮。当显示窗口出现“alarm tone”时按[ENT]键,再转动黑色旋钮,出现“alarm tone OFF”时,按[ENT]键即可关闭蜂鸣器。

系统主电源开启后,NDZ-127J 数据终端同时供电。

注意: 实际应用中,为确保 DSC 值守机实现 24 h 连续值守,在船舶航行期间,系统主电源应处于常开状态。

(二)开启 JSB-196GM 无线电话单元

按住 JSB-196GM 无线电话单元前面板左下角的[POWER]键至少 1 s。

(三)开启 NCT-196N DSC/NBDP 调制解调器单元

该单元的控制开关位于其右后方,将开关由“OFF”位置转至“ON”位置,即完成开机工作。

注意: 实际应用中,为确保 DSC 值守机实现 24 h 连续值守,在船舶航行期间,该单元的电源应处于常开状态。

三、JSB-196GM 无线电话单元

控制器面板如图 4-2-1 所示,其上各功能键的作用如下所述。

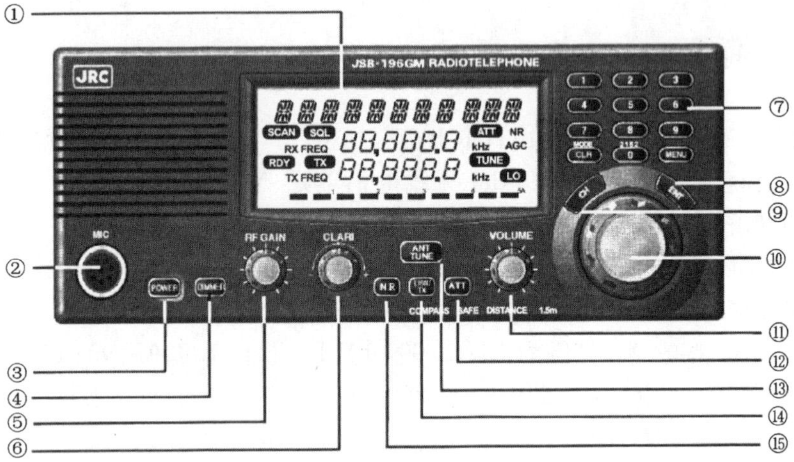

图 4-2-1　控制器面板

①液晶显示器；

②话筒插座；

③电源键；

④亮度调节键；

⑤射频增益调节钮；

⑥接收机频率调节钮；

⑦0~9 数字键、[MENU]键和[CLR]键,用于输入频率或频道,或设置菜单选项；

⑧[ENT]键,用于确认输入的信息；

⑨[CH]键,用于选择频道；

⑩选项旋钮,用于选择频道、接收频率或菜单选项；

⑪音量调节旋钮；

⑫天线衰减器开关；

⑬天线调谐控制键；

⑭发射频率监听键,用于在半双工模式临时监听本台发射频率是否空闲；

⑮噪声熄灭器开关,用于减轻脉动噪声的干扰。

四、单边带电话通信的基本操作步骤

提示：以下操作中,凡输入数据有误,均可按[CLR]键予以清除；操作中连续按此键,可返回主菜单。

(一)选择通信模式

正常开启状态下,单边带收发机处于 DSC 值守功能。

选择通信模式有两种方法：

1.使用[CLR(MODE)]键

直接按控制面板上的[CLR(MODE)]键。每按一次改换一种模式,直到出现"TEL"。其循环顺序为：

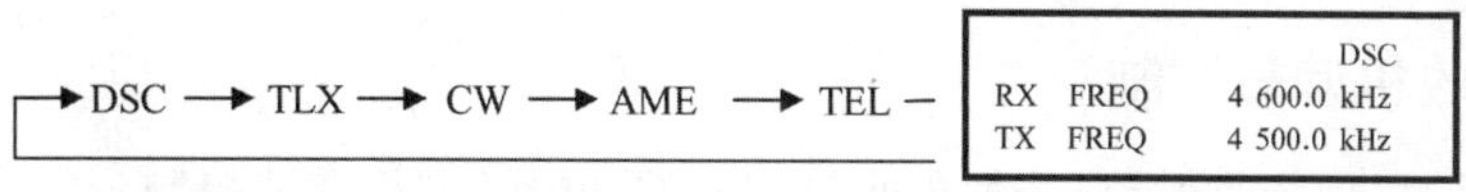

2.使用[MENU]键

按控制面板上的[MENU]键,显示窗口出现“MODE1”。按[ENT]键,再转动选项旋钮,出现“TEL”后按[ENT]键即可。

(二)设置通信频率

设置通信频率有以下三种方法。

1.直接输入

选好通信模式后,直接通过数字键输入接收频率,按[ENT]键,再输入发射频率,按[ENT]键即可。

此后,旋转选项旋钮,则可实现对接收频率的微调。若只想输入接收频率,则先连按两次[CH]键再输入;若只想输入发射频率,则先连按三次[CH]键再输入即可。

2.调取 ITU 频道(AME 通信模式无此功能)

直接按[CH]键,窗口显示“GROUP1”时,逆时针旋转选项旋钮,可依次出现水上移动业务高频波段 25 MHz、22 MHz、18 MHz、16 MHz、12 MHz、8 MHz、6 MHz 和 4 MHz 共 8 个波段名称。根据需要按[ENT]键选择某一波段,再旋转选项旋钮,即可选出某一频道的频率。

注意:此操作顺时针旋转也可以,只是顺时针旋转先出现用户频道,再出现 4~25 MHz 共 8 个波段名称。

3.调取用户频道

本设备可存储 200 个用户频道,每个频道中可同时存入通信模式和频率。每 20 个为一组,共分 10 组。

调取时,按[CH]键后,若顺时针旋转选项旋钮,则首先出现 GROUP1~10,然后是 ITU 频道。选定某组号后,按[ENT]键即为该组的第一个频道。此时顺时针旋转选项旋钮,即可依次选择频道 1~200。

若想直接调取某频道,在显示“USR--41”时,再按一次[CH]键,然后输入频道号,按[ENT]键即可。

注意:调取频道后,通过[MENU]键重新进行模式设定,才能使用选项旋钮进行接收频率的微调。

(三)调谐发射机

(1)若 ATS(自动调谐启动控制)功能已开启,则每次重设发射频率后,设备会自动进行调谐。

(2)若 ATS 功能已关闭,则每次重设发射频率后,在频率数值后出现闪动的“TUNE”时,需按下面板上的[ANTTUNE]键,进行调谐。调谐完成后,“TUNE”消失。

(四)选择发射功率

具体操作见 MENU 菜单功能。

（五）接收机调节控制

建立通信后，根据接收效果，选择接收机相应的功能键进行调节控制。

（六）MENU 菜单中的功能

按[MENU]键，进入菜单操作。旋转选项旋钮可见以下内容：

1.MODE1

选择通信模式。按[ENT]键确认后，旋转选项旋钮，会循环出现“TEL”“DSC”“TLX”“CW”“AME”，选定其中某项，按[ENT]键确认即可。

2.POWER2

调整发射功率。按[ENT]键确认后，旋转选项旋钮，会循环出现“HI”“LOW”字样。选定其中某项，按[ENT]键确认即可。

3.AGC3

自动增益控制。按[ENT]键确认后，旋转选项旋钮，会循环出现“FST”“OFF”“SLW”，选定其中某项，按[ENT]键确认即可。

4.SQUELCH4

调整静噪电平。按[ENT]键确认后，旋转选项旋钮，会出现数字“0~10”，选定其中某个数值，按[ENT]键确认即可。

5.SCAN5

执行分组扫描。按[ENT]键确认后，旋转选项旋钮，会出现“GROUP0~10”，选定其中某个组号，按[ENT]键确认即可执行对该组的频道扫描。若想停止扫描，则按[CLR]键。

6.SCANSPD6

设置扫描速度。按[ENT]键确认后，旋转选项旋钮，选择范围为 3~50 s，选定其中某个数值，按[ENT]键确认即可。

7.USR MEMO7

用户频道存储。按[ENT]键确认后，旋转选项旋钮，选定频道号或直接输入频道号，按[ENT]键。再旋转选项旋钮，会循环出现“TEL”“DSC”“TLX”“CW”“AME”“CLR”，选定其中某项，按[ENT]键（“CLR”为清除指令），再输入接收频率，按[ENT]键；输入发射频率，按[ENT]键；然后在左上角有光标处输入频道名称或识别。可通过键盘输入数字，也可旋转选项旋钮选择字母 A~Z、数字 0~9 和其他符号。每选定一个字母、数字或符号，按[ENT]键确认；最后，连续按[ENT]键，直到频道号闪动，再旋转选项旋钮或直接按数字键输入新的频道号，重复上述操作。而按[CLR]键或[MENU]键，则退出存储操作。

8.GRP MEMO8

存储组名，即将 GROUP1~10 用其他标记来代替，如将“GROUP1”改成“DALIAN”。按[ENT]键确认后，旋转选项旋钮，选定需更改的组号，再按[ENT]键确认后，通过键盘输入数字或通过选项旋钮选择字母 A~Z、数字 1~9 或其他符号，最后连续按[ENT]键，直到组号自动改变到下一个为止。可重复上述操作设置其他组名，也可按两次[CLR]键或[MENU]键退出操作。

9.METER9

选择显示窗口最下一行显示的内容。按[ENT]键确认，通过选项旋钮可选择“ANT（天线电流)”或“PWR(发射功率)”,再按[ENT]键确认即可。

10.ATS10

自动调谐启动控制。按[ENT]键确认,通过选项旋钮选择“ON”或“OFF”,再按[ENT]键确认即可。若选择“ON”,则每当发射频率改变后,天线调谐单元会自动执行调谐。若选择“OFF”,则每当发射频率改变后,需按面板上的[ANTTUNE]键进行调谐。

11.ATS WAIT11

设置自动调谐启动的延时。按[ENT]键确认,通过选项旋钮选择“1”、“2”或“3”,再按[ENT]键确认即可。

12.BEEP12

调整按键提示音。按[ENT]键确认,通过选项旋钮选择“ON”或“OFF”,再按[ENT]键确认即可。选择“ON”,则操作按键时会发声;选择“OFF”,则操作按键时无声。

13.SPEAKER13

控制扬声器开或关。按[ENT]键确认,通过选项旋钮选择“ON”或“OFF”,再按[ENT]键确认即可。

14.CHECK14

设备自检,按[ENT]键即可。若想中断自检,则按[CLR]键。

15.VERSION15

查看版本号。

(七)2182(0)键

自动将收发机设置到无线电话报警状态。按一下此键即可完成。按任意数字键则退出。

五、DSC 终端的操作

(一)面板上的功能键简介

NCT-196N DSC 终端面板如图 4-2-2 所示。

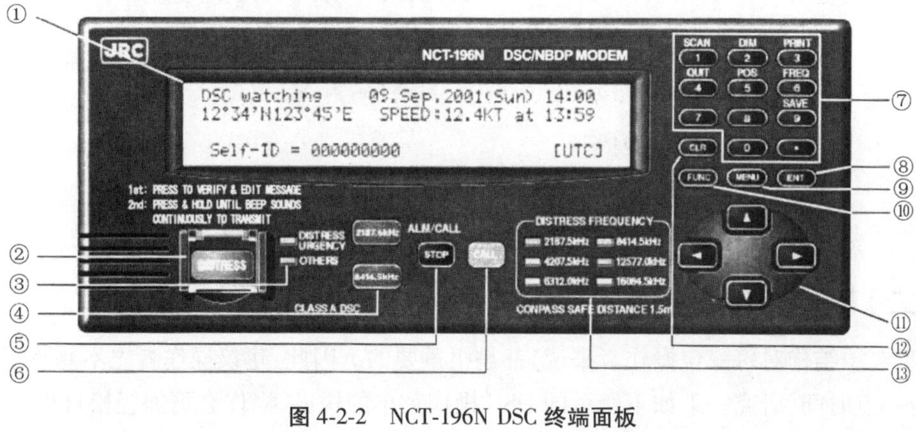

图 4-2-2 NCT-196N DSC 终端面板

①液晶显示器。

②遇险报警功能键。

③收发指示灯：收、发遇险或紧急信息时，红灯亮；收、发其他信息时，绿灯亮。

④[2 187.5 kHz]和[8 414.5 kHz]：用于自动设置 SSB 收发机的遇险工作频率和模式，以实现遇险报警。

⑤[STOP]：用于中断正在进行的发射或接收信息后进行消警（关闭指示灯和蜂鸣器），还可与[FUNC]键组合使用，以查看软件的版本号和导航设备的型号。

⑥[CALL]：用于启动发射 DSC 呼叫。

⑦数字键：用于输入数字信息。数字键与[FUNC]键配合使用，可完成以下功能：

· [FUNC]→[1]：控制 SSB 收发机执行频率扫描，再按[FUNC]→[1]扫描停止；

· [FUNC]→[2]：调节显示器亮度；

· [FUNC]→[3]：在待机值守状态，可调出打印菜单；在操作状态，可打印当前操作内容；

· [FUNC]→[4]：执行退出功能，退出当前操作；

· [FUNC]→[5]：在编辑 DSC 呼叫电文时，用来选择“POSITION”；

· [FUNC]→[6]：在编辑 DSC 呼叫电文时，用来选择“WORK FREQUENCY”；

· [FUNC]→[9]：用于存储输入的数据并返回上一级菜单。

⑧[ENT]：确认键。

⑨[MENU]：菜单选择键。按一下，则显示“MENU #1”菜单；连按两下，则显示“MENU #2”菜单。

⑩[FUNC]：复合键。

⑪[▲][▶][▼][◀]：项目选择键。

⑫[CLR]：输入船位或频率时，用于删除当前输入的数据或返回原始参数。

⑬值守接收频道显示。

开机后，若 SSB 收发机处于非 DSC 工作模式，则 DSC 终端显示如下：

```
DSC    watching         09. Jul.  2007 (Mon)   07:52
- - - - - - - - - - - - - - - - - - - - - - - - - - -
MODE: TLX   (Press  ENT  to  set  DSC  mode.)
- - - - - - - - - - - - - - - - - - - - - - - - - - -
```

按[ENT]键后，SSB 收发机设置为“DSC 工作模式”，则 DSC 终端显示如下：

```
DSC    watching          09. Jul.  2007 (Mon)   07:52
38°45'N121°24'E      SPEED: 15.00KT at 07:52

Self-ID=123456789                            [UTC]
```

此时，操作者可根据需要进行相关操作了。

（二）DSC 菜单结构

熟悉菜单结构对每一位操作者来说，都是很重要的。因此，建议操作者先不要急于动手操作，花费一点时间，研究一下如下所示的 DSC 操作菜单的构成，操作会更加轻松自如。

- DSC watching
  - MENU #1—EDIT & CALL
    - 1. Individual call
    - 2. Acknowledgement
    - 3. Distress call
    - 4. Distress relay call
    - 5. Auto/semi-auto call
    - 6. All ships call
    - 7. Group call
    - 8. Area call
    - 9. Position request
    - 10. Polling call
    - 11. Test call
  - MENU #2—READOUT & SETUP
    - 1. Received distress message readout
    - 2. Received others message readout
    - 3. Setup
      - 1. Date & time edit
      - 2. Position edit
      - 3. Calling frequency registration
      - 4. Address registration
      - 5. Distress setup
      - 6. Others alarm setup
      - 7. Automatic acknowledgement setup
      - 8. Scanning setup
      - 9. Watchkeeping receiver setup
    - 4. Self test
      - 1. Modem loop test
      - 2. Printer test
      - 3. Display test
      - 4. Frequency remote test
      - 5. Watchkeeping receiver test
  - RECEIVED MESSAGE
  - PRINT MENU
    - 1. ALL RECEIVED DISTRESS MESSAGES
    - 2. ALL RECEIVED OTHERS MESSAGES
    - 3. ALL EDIT/CALL MESSAGES
    - 4. ALL SETUP INFORMATION

(三)初始设置

在待机状态,连续按两次[MENU]键,调出"MENU #2"菜单。此时显示内容为:

```
MENU  #2—READOUT &SETUP              Select  No.
► 1. Received distress message readout
  2. Received other message readout
  3. Setup
-------------------------------------
  4. Self test
```

输入数字 3 后按[ENT]键确认，或者通过选择键[▼]或[▲]选择“SETUP”后，按[ENT]键确认。此时显示内容为：

```
SETUP                                   Select  No.
► 1. Date & Time edit
  2. Position edit
  3. Calling frequency registration

  4. Address registration
  5. Distress setup
  6. Other alarm setup
  7. Automatic acknowledgement setup
  8. Scanning setup
  9. Watchkeeping receiver setup
```

在此状态下，可依次进行下列操作：

1.编辑日期和时间

输入数字 1 后按[ENT]键确认，或者通过选择键[▼]或[▲]选择“DATE & TIME EDIT”后，按[ENT]键确认。此时显示内容为：

```
DATE & TIME   EDIT
► Date (dd. mm. yy)  :   09. 07. 07
  Time    (hh:mm)    :   14:25
  Time difference    :   + 08:00

  Display time       :   UTC
```

依次输入日期、时间、时差(+或-)和时间显示方式(UTC 或 LT)。每输入一项参数后，按[ENT]键确认。时差的“+”或“-”以及时间显示方式为 UTC 或 LT，通过[▶]或[◀]键进行选择。所有参数重新输入后，按[FUNC]→[9]键存入并退出。若不想进行修改，可按[STOP]键退出。

2.编辑船位参数

输入数字 2 后按[ENT]键确认，或者通过选择键[▼]或[▲]选择“Position edit”后，按[ENT]键确认。通过左、右箭头选择经纬度标志，再输入位置参数，按[ENT]键确认。最后按[FUNC]→[9]键存储并退出。若不想进行修改，则按[STOP]键退出。

3.登记呼叫频率

输入数字 3 后按[ENT]键确认，或者通过选择键[▼]或[▲]选择“CALLING FREQUENCY REGISTRATION”后，按[ENT]键确认。此时显示内容为：

```
CALLING  FREQUENCY  REGISTRATION  (TX/RX)
► [1]   4213.5/4324.0     kHz       (HKG      )
  [2]   6322.5/6513.0     kHz       (         )
  [3]   NONE/NONE         kHz       (         )
```

最多可登记 6 对频率。依次输入频率参数，每输入一个频率后，按[ENT]键确认。每对频率后面的括号中可输入台名。输入台名时，通过[▶]或[◀]键进行选择，可依次出现大写英文字母 A~Z,小写英文字母 a~z,各种常用字符和数字 0~9。频率登记结束后,按[FUNC]→[9]键存储,按[ENT]键执行调谐并退出。若按[STOP]键,则暂不调谐并退出。若不想进行修改,则直接按[STOP]键退出。

4.登记呼叫地址(即输入被呼台识别码 MMSI)

输入数字 4 后按[ENT]键确认,或通过选择键[▼]或[▲]选择"ADDRESS REGISTRATION"后按[ENT]键确认。此时显示内容为:

```
ADDRESS    REGISTRATION
► [1]   004773500            (HKG     )
  [2]   004123100            (XSQ     )
  [3]                        (        )
```

最多可登记 6 个被呼台识别码。其操作可参照登记呼叫频率。

5.遇险报警初始设置

输入数字 5 后按[ENT]键确认或通过选择键[▼]或[▲]选择"DISTRESS SETUP"后,按[ENT]键确认。此时显示内容为:

```
DISTRESS    SETUP
► Dist-telecomm          :          J3E
  Dist-TX /RX     freq.  :  8414.5   kHz
```

```
F3E/G3E DUP TEL
F3E/G3E SIMP TEL
J3E
F1B/J2B FEC TTY
F1B/J2B ARQ TTY
```

此设置用于直接报警。通过选择键[►]或[◄]选择通信模式和频率。通信模式共有 5 条指令,在窗口图右侧给出。选择后,按[ENT]键确认。遇险频率项共有 6 个,分别为 2 187.5 kHz、4 207.5 kHz、6 312.0 kHz、8 414.5 kHz、12 577.0 kHz 和 16 804.5 kHz。选择后,按[ENT]键确认。最后按[FUNC]→[9]键存储并退出。若不做修改,则按[STOP]键退出。

6.其他报警设置

输入数字 6 后按[ENT]键确认或通过选择键[▼]或[▲]选择"Other alarm setup"后,按[ENT]键确认。通过选择键[►]或[◄]选择"ON"或"OFF",最后按[FUNC]→[9]键存储并退出。若不做修改,则按[STOP]键退出。

7.自动应答功能的设置

输入数字 7 后按[ENT]键确认或通过选择键[▼]或[▲]选择"Automatic acknowledgement setup"后,按[ENT]键确认。通过选择键[►]或[◄]选择"ON"或"OFF",最后按[FUNC]→[9]键存储并退出。若不做修改,则按[STOP]键退出。此功能只适用于选择性呼叫格式。

8.扫描功能的设置

输入数字 8 后按[ENT]键确认,或通过选择键[▼]或[▲]选择"SCANNING SETUP"后,按[ENT]键确认。此时显示内容为:

```
SCANNING    SETUP    (TX/RX)
► [1]   4213.5   /  4324.0       kHz
  [2]   6322.5   /  6513.0       kHz
  [3]   NONE     /  NONE         kHz
```

此项设置即输入需通过 SSB 收发机执行扫描的频率，与[FUNC]→[1]指令配合使用。最多可输入 6 对频率。具体操作步骤参照登记呼叫频率。

9.遇险值守机设置

输入数字 9 后按[ENT]键确认，或通过选择键[▼]或[▲]选择“WATCHKEEPING RECEIVER SETUP”后，按[ENT]键确认。此时显示内容为：

```
  WATCHKEEPING   RECEIVER   SETUP
► CH1.   2187.5 kHz :  ON (const)
  CH2.   4207.5 kHz :  ON
  CH3.   6312.0 kHz :  ON
```

选择想要值守的遇险频率，共 6 个频率。通过选择键[►]或[◄]选择“ON”或“OFF”，按[ENT]键确认。最后按[FUNC]→[9]键存储并退出。若不做修改，则按[STOP]键退出。其中 2 MHz 和 8 MHz 为强制值守频率，不允许弃守。

（四）DSC 遇险通信

1.遇险报警

本设备有三种操作方法：

（1）掀开保护盖，直接按[DISTRESS]键超过 3.5 s，即可实现报警。报警频率和后续通信指令为“MENU#2 菜单”中“3.Setup”中的“5.Distress setup”项预设的内容。遇险报警发射时，窗口显示的内容如下：

```
  DISTRESS   CALL                      Transmissible
► Address              :  000000000
  Nature               :  UNDESIGNATED  DIST
  Dist-position        :  38°45′N121°24′E
  Dist-UTC             :  02: 08
  Dist-telecomm        :  J3E  TEL
  End of sequence      :  EOS
  Call  TX/RX  freq.   :  12577.0 / 12577.0 kHz
```

若要中断报警，返回待机状态，则按[STOP]键即可。

遇险报警发射启动后，窗口显示以下内容：

```
DISTRESS   CALL                        Transmitting
 TX frequency     :  12577.0 kHz
 TX date & time   :   05. Sep. 2007 ( Thu )      02:35
                                                  1/5
```

一次遇险报警发射结束，窗口将在几秒钟内显示以下内容：

```
DISTRESS   CALL                  Send    Completed
 TX frequency     :  12577.0 kHz
 TX date & time   :   05. Sep. 2007 ( Thu )      02:35
                                                  5/5
```

几秒钟之后，窗口的显示内容如下：

```
DISTRESS CALL                          12577.0 kHz
NEXT DISTRESS CALL        :          AFTER 3. 0 min
```

（2）先按［2 187.5 kHz］或［8 414.5 kHz］红色键，自动设置 SSB 收发机的工作频率和模式。然后掀开保护盖，按［DISTRESS］键超过 3.5 s，即可实现报警。

窗口显示的内容及相关操作基本与前一种操作相同。不同之处只在于报警频率的改变。

（3）编辑电文并报警，在待机状态下，按［MENU］键进入“MENU #1—EDIT & CALL”菜单，窗口显示内容如下：

```
MENU  #1—EDIT & CALL        Select  No.
► 1.  Individual call
  2.  Acknowledgement
  3.  Distress call
  4.  Distress relay call
  5.  Auto/semi-auto call
  6.  All ships call
  7.  Group call
  8.  Area call
  9.  Position request
 10.  Polling call
 11.  Test call
```

输入数字 3 后按［ENT］键确认，或通过选择键［▼］或［▲］选择“3.Distress call”条目后，按［ENT］键确认。此时显示内容为：

```
  DISTRESS  CALL                    Transmissible
► Address               :   000000000
  Nature                :   UNDESIGNATED   DIST
  Dist-position         :   38°45′N121°24′E
  Dist-UTC              :   02:08
  Dist-telecomm         :   J3E   TEL
  End of sequence       :   EOS
  Call  TX/RX  freq.    :   12577.0 / 12577.0 kHz
```

此时可进行遇险报警电文的编辑。通过［▼］或［▲］键来选择选项，通过［►］或［◄］键和数字键对每一项的内容进行修改。每修改一项内容后，按［ENT］键确认。电文编辑结束后，掀开保护盖，按［DISTRESS］键超过 3.5 s，即可实现报警。

若想放弃编辑的报文，按［FUNC］→［4］或［STOP］键；若想不发射但保存电文，按［FUNC］→［9］键即可。若想中断正在进行的报警发射，则按［STOP］键。

2.遇险转发

在待机状态下，按［MENU］键进入“MENU #1—EDIT & CALL”菜单，输入数字 4 后按［ENT］键确认或通过选择键［▼］或［▲］选择“4.Distress relay call”后，按［ENT］键确认。此时显示内容为：

```
DISTRESS  RELAY  CALL                Select  No.
► 1. ALL  SHIP'S  DIST  rly  EDIT
  2. INDIVIDUAL  DIST  rly  EDIT
```

在此可以进行两种呼叫格式的遇险转发电文的编辑和发射。

操作中,若想放弃编辑的报文,按[FUNC]→[4]或[STOP]键;若想不发射但保存电文,按[FUNC]→[9]键即可。

(1)对所有船遇险转发

在上述状态,直接按[ENT]键确认即可。此时显示内容为:

```
ALL  SHIP'S  DIST—RELAY
► Dist-address            :  000000000
  Nature                  :  UNDESIGNATED  DIST
  Dist-position           :  38°45′N121°24′E
  Dist-UTC                :  02:08
  Dist-telecomm           :  J3E  TEL
  Call  TX/RX  freq.      :  12577.0 / 12577.0 kHz
```

进行电文的编辑时,通过[▼]或[▲]键来选择选项,通过[►]或[◄]键和数字键对每一项的内容进行修改。每修改一项内容后,按[ENT]键确认。除"Dist-address"后无须输入 MMSI 外,其余各项的内容应与所收到的遇险报警电文相同。电文编辑结束后,按[CALL]键发射。

(2)选择性遇险转发

输入数字 2 后按[ENT]键确认,或通过选择键[▼]或[▲]选择"2.INDIVIDUAL DIST rly EDIT"后,按[ENT]键确认。

此电文的编辑与发射和"对所有船遇险转发"基本相同。区别只在"Address"后,应输入转发对象的 MMSI;而在"Dist-address"后,应输入遇险船台的 MMSI。

3.遇险确认

在待机状态下,按[MENU]键进入"MENU #1—EDIT & CALL"菜单,输入数字 2 后按[ENT]键确认,或通过[▼]或[▲]键选择"2.ACKNOWLEDGEMENT"后,按[ENT]键确认。此时显示内容为:

```
ACKNOWLEDGEMENT                  Select  No.
► 1. INDIVIDUAL  ack. Rcv:  11. Jul   03:31
  2. INDIVIDUAL  ack. EDIT
  3. DISTRESS    ack. EDIT
```

输入数字 3 后按[ENT]键确认或通过选择键[▼]或[▲],选择"3.DISTRESS ack.EDIT"后,按[ENT]键确认。此时显示内容为:

```
DISTRESS  ACK  CALL
► Dist-address          :  000000000
  Nature                :  UNDESIGNATED DIST
  Dist-position         :  38°45′N121°24′E
  Dist-UTC              :  02: 08
  Dist-telecomm         :  J3E TEL
  Call TX/RX freq.      :  2187.5 / 2187.5 kHz
```

此电文的编辑与发射和“对所有船遇险转发”基本相同。区别只在“Dist-address”后，对所有船应输入遇险船台的 MMSI。另外，该电文无法存储。其他各项的内容应与所收到的遇险报警电文相同。

（五）选择性呼叫（Individual call）

1.编辑并发射选择性呼叫电文

在待机状态下，按[MENU]键进入“MENU # 1—EDIT & CALL”菜单。直接选择“1.INDIVIDUAL CALL”，按[ENT]键确认。此时显示内容为：

```
  INDIVIDUAL  CALL                      Transmissible
► Address               : 004123100
  Category              : ROUTINE
  Telecommand—1         : J3E TEL
-----------------------------------------------------
  Telecommand—2         : NO INFORMATION
  Work  TX/RX  freq.    :          /          kHz
  Call  TX/RX  freq.    : 4500.0 /4600.0 kHz
```

此时可进行选择性呼叫电文的编辑。通过[▼]或[▲]键选择选项，通过[▶]或[◀]键和数字键对每一项的内容进行修改。每修改一项内容后，按[ENT]键确认。电文编辑结束后，按[CALL]键发射。

编辑过程中，若想将“SHIP’S POSITION”改为“WORK TX/RX FREQ”，按[FUNC]→[6]键即可；反之，若想将“WORK TX/RX FREQ”改为“SHIP’S POSITION”，按[FUNC]→[5]键即可。

编辑过程中，“WORK TX/RX FREQ”的内容，只能通过数字键临时输入。而“Call TX/RX FREQ”的内容，既可通过数字键临时输入，也可通过[▶]或[◀]键选择在初始设置功能中预先登记的呼叫频率。

若想放弃编辑的报文，可按[FUNC]→[4]或[STOP]键；若想保存但不发射电文，按[FUNC]→[9]键即可。

2.编辑并发射对选择性呼叫的应答电文

当收到结束序列“EOS”为“ACKRQ”的选择性呼叫电文时，应按规定应答。在待机状态下，按[MENU]键进入“MENU #1—EDIT & CALL”菜单，输入数字 2 后按[ENT]键确认，或通过[▼]或[▲]键选择“2.ACKNOWLEDGEMENT”后，按[ENT]键确认。此时显示内容为：

```
  ACKNOWLEDGEMENT                 Select  No.
► 1. INDIVIDUAL   ack. Rcv:   11. Jul   03:31
  2. INDIVIDUAL   ack. EDIT
  3. DISTRESS     ack. EDIT
```

直接选择“1.INDIVIDUAL ack.Rcv:11.Jul 03:31”，按[ENT]键确认，可对接收到的呼叫电文进行编辑。输入数字 2 后按[ENT]键确认或通过[▼]或[▲]键，选择“2.INDIVIDUAL ack. EDIT”后，按[ENT]键确认，可重新编辑一份应答电文。

上述两项下所编辑的应答电文均无法进行存储。其编辑和发射的操作，请参照“编辑并发射选择性呼叫电文”的介绍。

（六）其他格式的呼叫

1.编辑并发射对所有船呼叫的电文（All ships call）

对所有船呼叫的电文中，"Category"项只有"DISTRESS""URGENCY""SAFETY"三种选择。当选择"DISTRESS"时，"Telecommand—1"项中多出"DISTRESS RELAY"，可进行遇险转发的操作。其他具体操作请参照"编辑并发射选择性呼叫电文"的介绍。

2.编辑并发射群呼电文（Group call）

群呼电文与选择性呼叫电文基本相同，唯一不同之处就在群呼码和选呼码的差别。输入群呼码时要注意，本设备中已经固化了首位的数字"0"，因此，操作时应直接从国家码开始输入。

3.区域性呼叫（Area call）

区域性呼叫电文与选择性呼叫电文只有呼叫地址一项有所不同。其地址的表示为："Area:N00E000DLAT00DLOG00"。编辑时，首先通过[►]或[◄]键选择参考点的经纬度标志（NE、NW、SE 和 SW），再依次输入纬度、经度、纬度差和经度差等参数，最后按[ENT]键确认，即可完成地址的输入。

其他具体操作请参照"编辑并发射选择性呼叫电文"的介绍。

4.测试呼叫（Test call）

在待机状态下，按[MENU]键进入"MENU # 1—EDIT & CALL"菜单，输入数字 11 后按[ENT]键确认，或通过[▼]或[▲]键选择"11.TEST CALL"后，按[ENT]键确认。此时显示内容为：

```
  TEST CALL                               Transmissible
► Address                     :  000000000
  Call TX/RX freq.            :  NONE  /  NONE kHz
```

接下来只需输入岸台码和呼叫频率，按[CALL]键发射即可。

（七）DSC 呼叫的接收

DSC 终端处于待机状态时，若收到遇险与紧急等级的呼叫，则其前面板上的[DISTRESS/URGENCY]红色指示灯闪亮，同时蜂鸣器也发出响声。显示窗口直接出现"RECEIVED MESSAGE"字样和接收日期、时间、呼叫电文格式等信息。此时，按[STOP]键即可消警。之后，通过[▼]或[▲]键选择可查看的电文内容。若收到其他等级的呼叫，则其前面板上的[OTHERS]绿色指示灯闪亮，而蜂鸣器是否同时发出响声取决于设备的初始设置状态。显示窗口也直接出现"RECEIVED MESSAGE"字样和接收日期、时间、呼叫电文格式等信息。此时，按[STOP]键即可消警。之后，通过[▼]或[▲]键选择可查看电文内容。

若 DSC 终端处于某种操作状态时收到呼叫信息，指示灯和蜂鸣器的反应如前所述，但不直接出现"RECEIVED MESSAGE"字样和接收日期、时间、呼叫电文格式等信息，而是仍显示原来状态的信息，则按[STOP]键消警的同时，原来的操作状态退出，之后才显示接收信息。

如打印机已经开启，则收到呼叫信息时将同步打印。

(八)查看已存储的接收电文

在待机状态,连续按两次[MENU]键,调出“MENU#2”菜单。此时显示内容为:

```
PRINT   MENU                              Select   No.
► 1. ALL   RECEIVED   DISTRESS   MESSAGE
  2. ALL   RECEIVED   OTHERS   MESSAGE
  3. ALL   EDIT/CALL   MESSAGE
- - - - - - - - - - - - - - - - - - - - -
  4. ALL   SETUP   INFORMATION
```

直接按[ENT]键确认,即可查看遇险/紧急电文。

查看时,先通过[►]或[◄]键选择电文编号,再通过[▼]或[▲]键选择可查看的电文内容。结束后,按[FUNC]→[4]键退出,或按[MENU]键退出,还可按[STOP]键退出。

输入数字 2 后按[ENT]键确认,或通过[▼]或[▲]键选择“2.Received other message readout”后,按[ENT]键确认,可查看其他电文。方法同上。

(九)打印功能

利用 DSC 的打印功能,可以打印各类电文和初始设置信息。操作时要注意,如打印机未接通电源,则在显示窗口的右上角会显示出一个字母“P”。

在待机状态下,按[FUNC]→[3]键,即可进入打印菜单。此时显示内容为:

```
MENU  #2—READOUT &SETUP                   Select   No.
► 1. Received distress message readout
  2. Received other message readout
  3. Setup
- - - - - - - - - - - - - - - - - - - - -
  4. Self test
```

输入相应的数字后按[ENT]键或通过[▼]或[▲]键选择后,按[ENT]键确认,可依次打印出所有接收遇险/紧急电文与其他电文,所有编辑/发出的电文以及所有的初始设置信息。

(十)DSC 终端自检测

在待机状态,连续按两次[MENU]键,调出 MENU#2 菜单。输入数字 4 后按[ENT]键确认,或通过[▼]或[▲]键选择“4.Self test”后,按[ENT]键确认。此时,显示内容为:

```
SELF   TEST                               Select   No.
► 1. Modem loop test
  2. Printer test
  3. Display test
- - - - - - - - - - - - - - - - - - - - -
  4. Frequency remote test
  5. Watchkeeping receiver test
```

自检测功能的执行很简单。输入相应的数字后按[ENT]键或通过[▼]或[▲]键选择后,按[ENT]键确认,即可依次进行调制解调器环路检测、打印机检测、显示器检测、频率遥控检测和值守接收机检测。若要中止检测,可按[STOP]键。

六、NBDP 终端的操作

窄带直接印字电报(NBDP)通信是组合电台的重要通信手段之一,其文字通信的特点有着单边带电话无法替代的优势。掌握 NBDP 通信的基本操作程序和设备的重要管理功能是十分必要的。

受条件所限,关于本设备 NBDP 终端的使用功能在此无法全面详述。下面仅就其基本设置功能和 ARQ 及 FEC 通信程序予以介绍。

开机后,NBDP 终端显示屏上会出现以下内容:

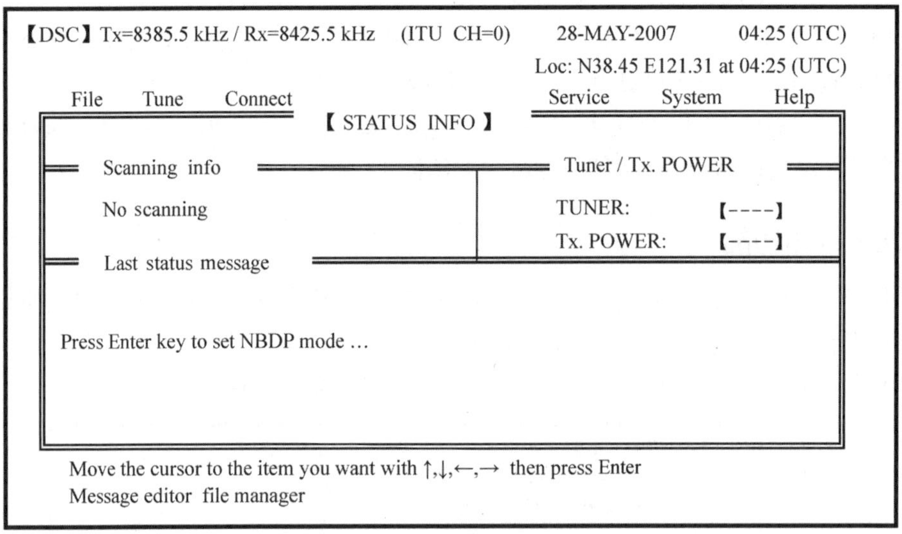

按[ENTER]键后,SSB 收发机的工作种类自动设置为[TLX]。NBDP 终端显示以下内容:

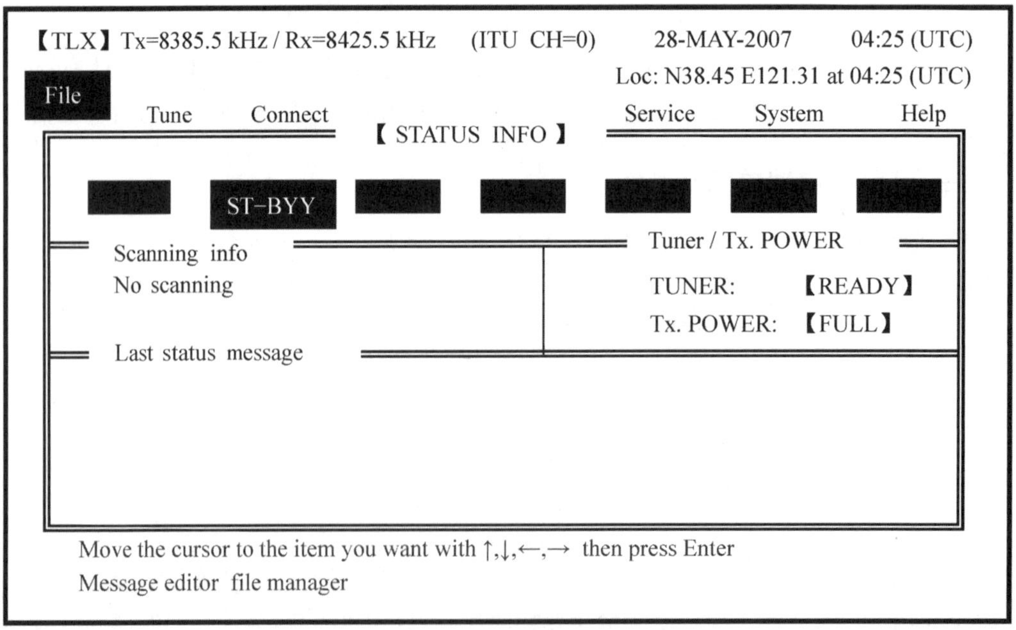

此时,整套设备已经设置于 NBDP 操作状态,使用者可根据需要进行相关操作。

（一）系统设置

在 NBDP 终端设备投入使用前，进行系统设置是必需的。下面介绍系统设置的操作及相关参数的含义。

1.操作

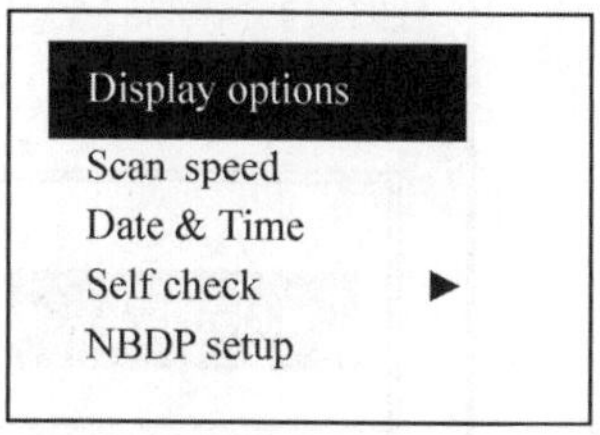

使用[←]或[→]键选择“System”，按[ENTER]键确认，或按黑体提示直接按字母键[Y]，此时出现下拉菜单如右图所示：

使用[↑]或[↓]键选择后，按[ENTER]键确认。

2.参数含义

（1）Display options

其用于调整显示终端的颜色、亮度和对比度等。具体操作不做介绍。

（2）Scan speed

其用于设置 NBDP 终端的扫描速度。进入后，窗口显示“Scan Speed for TLX mode：[3.0]”及[OK]和[Cancel]两条指令，输入新的扫描参数后，选[OK]指令，按[ENTER]键确认即可。

（3）Date & Time

其用于设置 NBDP 终端的时间参数。进入后，按窗口显示内容逐步输入日、月、年、小时、分钟等参数后，选[OK]指令，按[ENTER]键确认即可。

（4）Self check

其用于执行打印机自检。进入后即出现“Printer”字样，再按[ENTER]键，即控制打印机执行自检功能。

（5）NBDP setup

其用于设置 NBDP 终端的初始参数，在此不做介绍。

（二）文件管理功能

使用[←]或[→]键选择“File”后，按[ENTER]键，或直接按字母键[F]，会出现相应的下拉菜单。

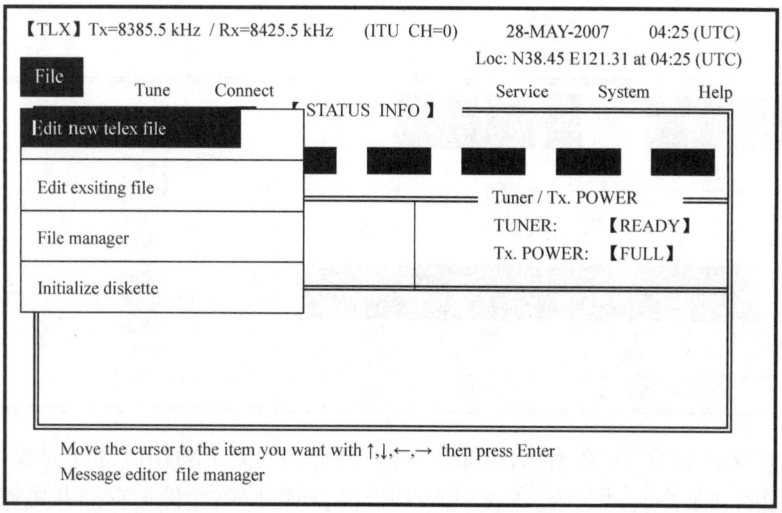

1.编辑新报文

使用[↑]或[↓]键选择“Edit new telex file”后按[ENTER]键，或直接按字母键[N]进入新报文的编辑菜单。

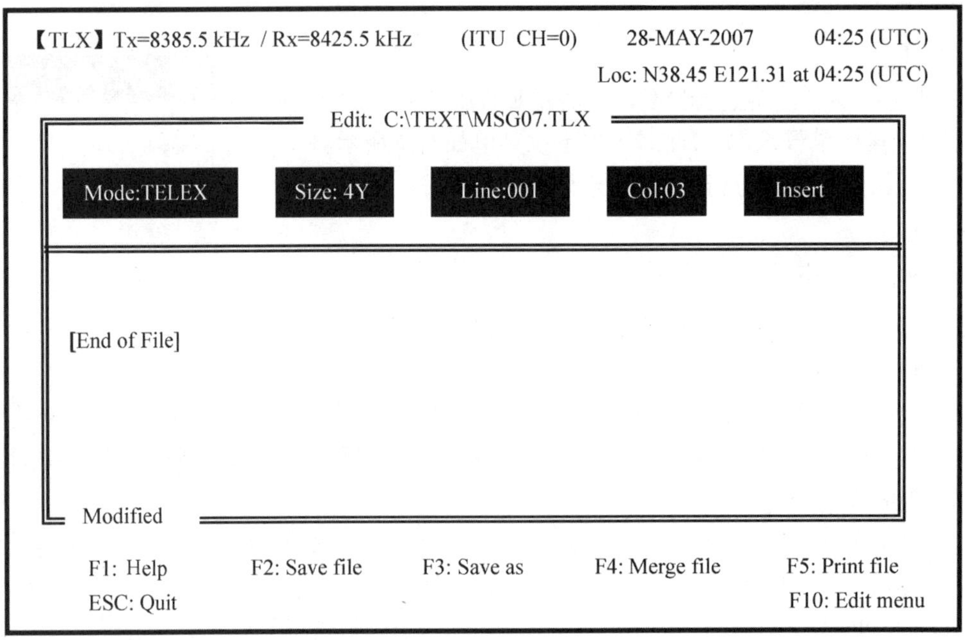

此时，通过键盘输入 NBDP 报文。报文编辑完成后：

(1)按[F2]键，弹出以下对话框：

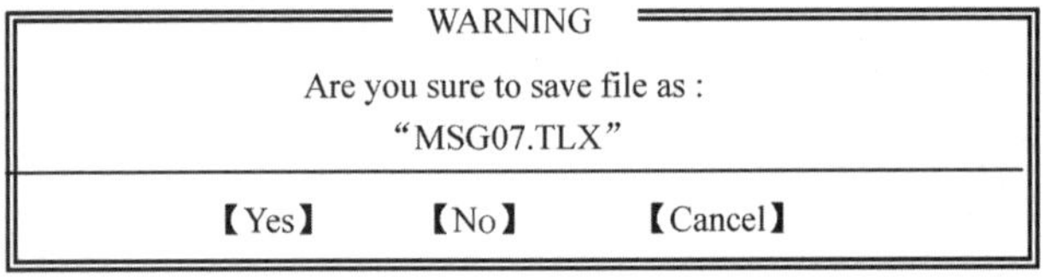

选择[Yes]即存储该报文在 C:\TEXT\目录下；选择[No]，则不存储该报文；选择[Cancel]，则放弃此次操作。

(2)按[F3]键，弹出以下对话框：

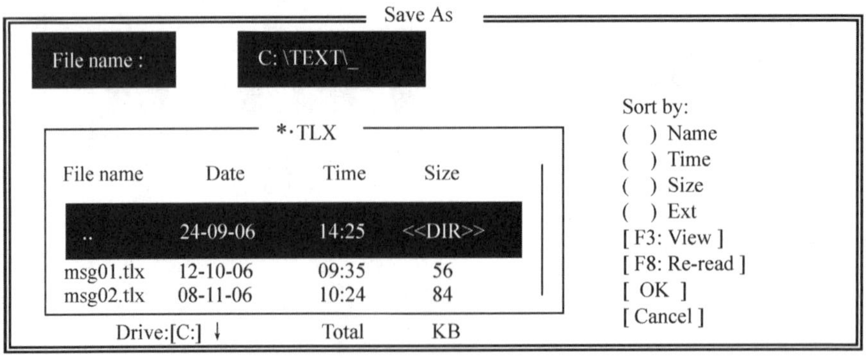

此操作为“文件另存”。在 C:\TEXT\后输入文件名，按[ENTER]键即完成存储。或通过[↓]键将光标调到某个文件名上，再按[ENTER]键，即可以该文件名存储并覆盖此文件内容。

(3)按[F5]键,可实现对所选报文的打印。

(4)按[ESC]键,退出编辑操作。

其他指令如[F4]和[F10]键不是特别实用,故在此不予介绍。

2.编辑已存报文

使用[↑]或[↓]键选择“Edit existing file”后按[ENTER]键,或直接按字母键[E]进入已存报文的编辑。此时,显示内容如下:

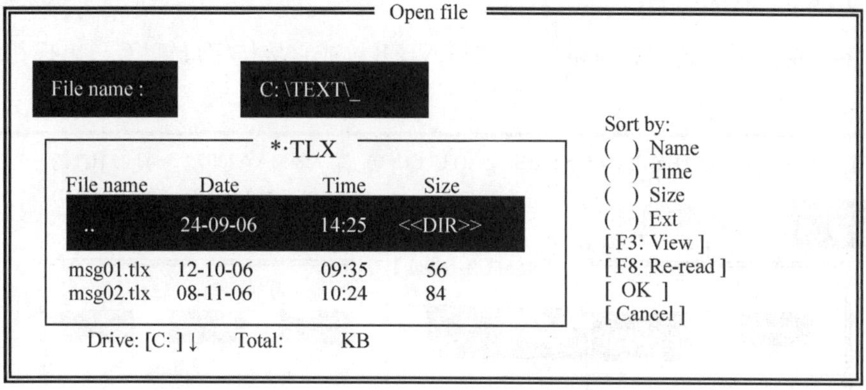

使用[↓]键选择要编辑的文件,按[ENTER]键进入,即可进行已存报文的编辑。其后的操作参考“编辑新报文”的内容。

3.文件管理器

使用[↑]或[↓]键选择“File manager”条目,按[ENTER]键,或直接按字母键[F],进入文件的管理器。此时,显示内容如下:

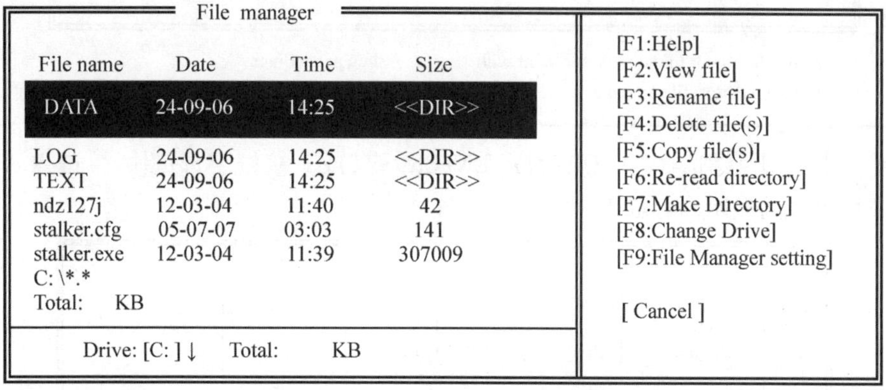

该设备除设有内置的 C 盘外,还配有外接的软盘驱动器(A:\)。其 C 盘下设有三个子目录,分别是 C:\DATA\、C:\LOG\和 C:\TEXT\,而其中与操作相关的只有 C:\LOG\和 C:\TEXT\两个子目录。C:\LOG\子目录下为存储的通信记录,C:\TEXT\子目录下为存储的自编报文。

4.格式化 A 盘

使用[↑]或[↓]键选择“Initialize”条目,按[ENTER]键,或直接按字母键[I],进入 A 盘格式化操作。此时,显示内容如下:

WARNING

Initializing destroys all data on the diskette.
Are you sure to initialize the diskette?

【Yes】　【NO】　【Cancel】

插入磁盘,选择[Yes],按[ENTER]键即可对A盘进行格式化。

(三)ARQ 通信程序

使用[←]或[→]键选择“Connect”后按[ENTER],或直接按字母键[C],出现相应的下拉菜单。

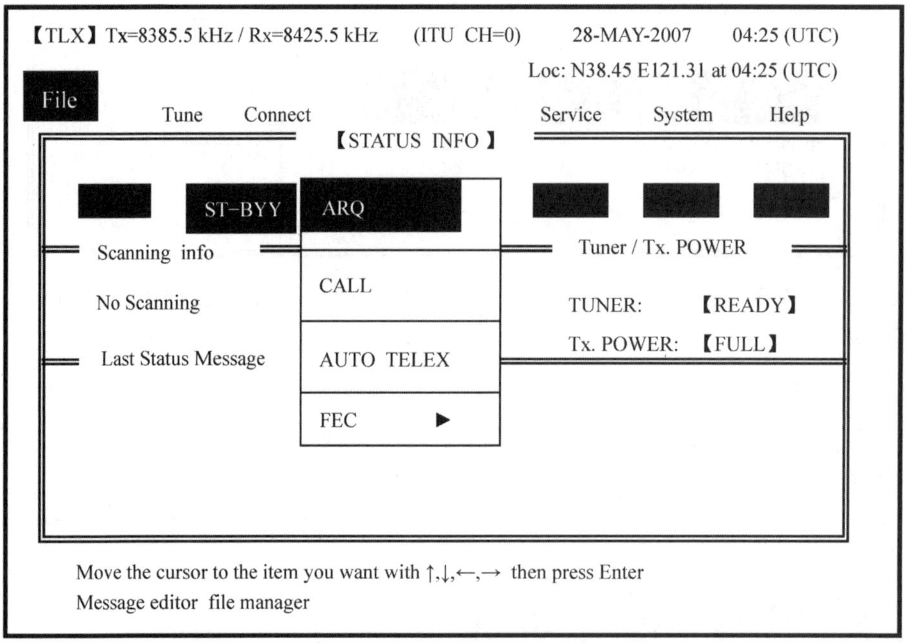

使用[↑]或[↓]键选择“ARQ”后按[ENTER]键,或直接按字母键[A],进入ARQ操作界面。此时,出现的显示内容如下:

No.	Station Name	Stat. ID	Location	F. Sign	
1	Guangzhou	2017	N22.09E113.29		[Selective]
2	Shanghai	2010	N31.07E121.33		
3					
4					[Manual]
5					
⋮					[Cancel]
10					

该设备的ARQ通信有两种操作方法:一种是人工手动操作,逐步进行;另一种是先将有关岸台的通信资料进行存储,通信时直接选择岸台名。

1.人工手动操作

使用[↑]、[↓]、[←]、[→]键选择“Manual”选项后,按[ENTER]键,或直接按字母键

[M]进入操作界面。输入岸台识别码后，按[ENTER]键确认，下一步选“Set”，再按[ENTER]键确认。出现以下显示内容：

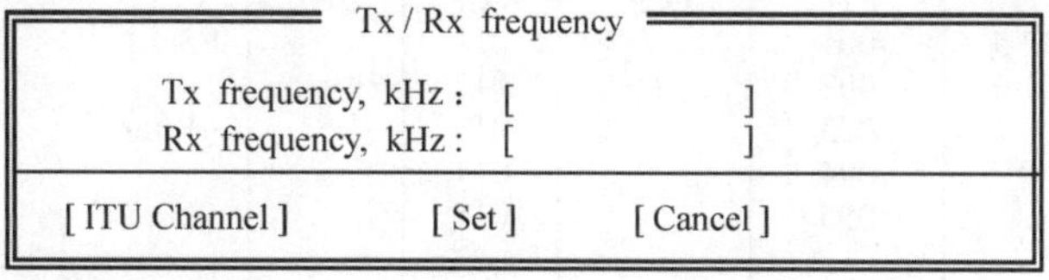

操作到此步骤，有两种选择：

(1)可直接输入收、发频率，选“Set”，按[ENTER]键确认；

(2)也可选择“ITU Channel”，按“ENTER”键确认后输入相关频道号，再选[Set]，按[ENTER]键确认。此后，返回上述窗口内容。须再选“Set”，按[ENTER]键确认。

完成上述任意一种操作，显示窗口会出现“Is the frequency free now? Yes or No”内容。如果此时所选频道处于空闲状态，则可选择[Yes]，按[ENTER]键确认。ARQ 通信开始，设备进入定相程序。显示窗口显示以下内容：

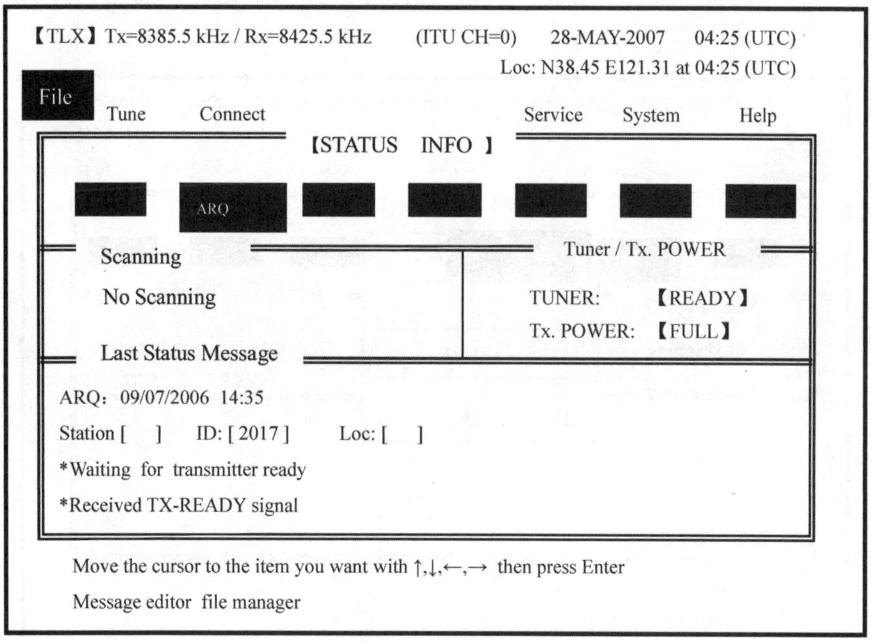

一旦叫通，出现“GA+”指令后，即可按 ARQ 通信的业务程序进行通信操作。

2.直接选台呼叫

此项操作要求操作者必须事先存储好诸如台名、识别码和工作频率等信息。

进入 ARQ 操作界面后，直接选择列表中的台名，按[ENTER]键确认。此时，显示窗口会显示以下频率表：

Frequencies list for group No. 1

St.: [Hongkong]　ID : [1480]　　Loc: [N22.13E114.31]

Tx.F.	Rx.F.	CH .	Tx.F.	Rx.F.	CH .	
4235.0	4312.5	001		011		[Set]
6132.4	6341.0	002		012		
		003		013		[Print]
		004		014		
		005		015		[Cancel]
		⋮		⋮		
		010		020		

选择列表中相关的频率，直接按[ENTER]键或选择“Set”后再按[ENTER]，窗口显示出“Is the frequency free now? Yes or No”内容。此时，选择[Yes]，按[ENTER]键即可开始通信程序。

（四）FEC 通信程序

使用[←]或[→]键，选择“Connect”后按[ENTER]键，或直接按字母键[C]，会出现相应的下拉菜单。

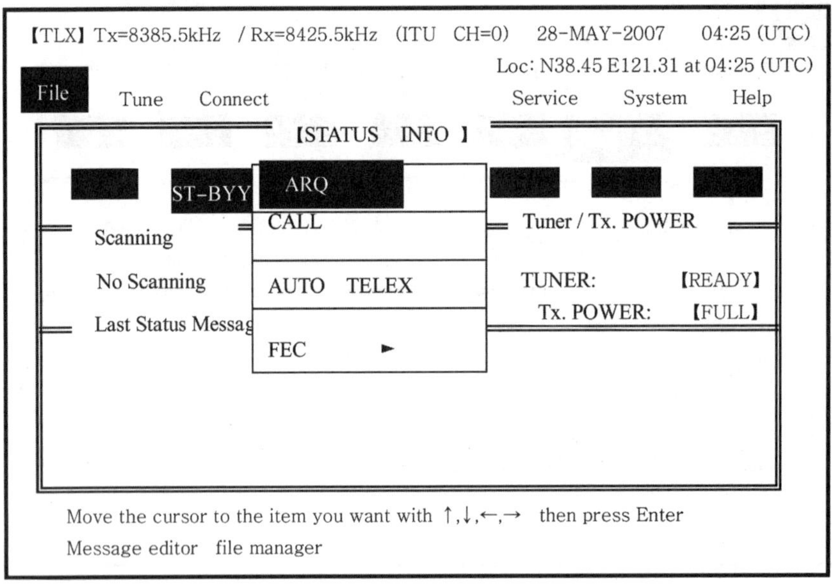

使用[↑]或[↓]键选择“FEC”后按[ENTER]键，或直接按字母键[F]，出现[CFEC]和[SFEC]两项，选择其中一项后即可进入相关操作界面。

1.CFEC 通信

按上述操作，选“CFEC”，按[ENTER]键确认后，窗口显示的内容如下：

Tx / Rx frequency

Tx frequency, kHz :　[　　　　　]
Rx frequency, kHz :　[　　　　　]

[ITU Channel]　　[Set]　　[Cancel]

操作到此步骤，有两种选择：

(1)可直接输入收、发频率,选“Set”,按[ENTER]键确认;

(2)也可选择“ITU Channel”条目,按[ENTER]键确认后输入相关频道号,再选[Set],按[ENTER]键确认。如果要返回上一级窗口,可选“Set”按[ENTER]键确认。

完成上述任意一种操作,显示窗口会出现“Is the frequency free now? Yes or No”字样。如果此时所选频道处于空闲状态,则可选择[Yes]条目,按[ENTER]键确认。ARQ 通信开始,设备进入定相程序。窗口显示内容如下:

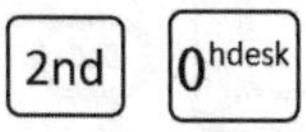

一旦叫通,出现“Message start”信息后,即可按 FEC 通信的业务程序,进行通信操作。

2.SFEC 通信

选“SFEC”,按[ENTER]键确认后,窗口显示的内容如下:

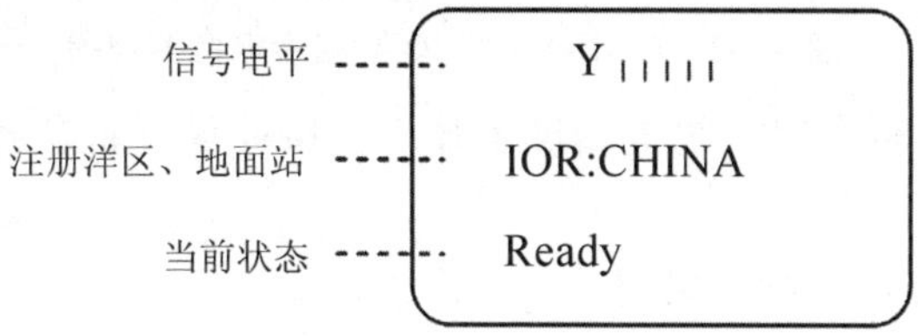

选择或输入被呼台的识别后,根据显示内容参照 CFEC 通信的操作,即可进行 SFEC 通信,在此不做详细介绍。

第三节 FURUNO FS-2570 组合电台的操作

一、控制器面板各功能键作用

FURUNO FS-2570 组合电台控制器如图 4-3-1 所示。

①[POWER]开关:控制电源开/关。

②[DISTRESS]按钮:按住此开关 3 s 以上,发射遇险报警。

③[CALL]键:发射呼叫信号。

④[ENTER]键钮:

a.在无线电话模式下,转动选择“TX/RX”频道、灵敏度、音量等,按下该键确定所选项目。

b.在 DSC 模式下,转动选择菜单项,按下该键确定所选项。

⑤[CANCEL]键:

a.取消错误数据。

b.回到上一个菜单。

c.消除声音报警。

d.取消发射、打印指令。

e.删除错误信息。

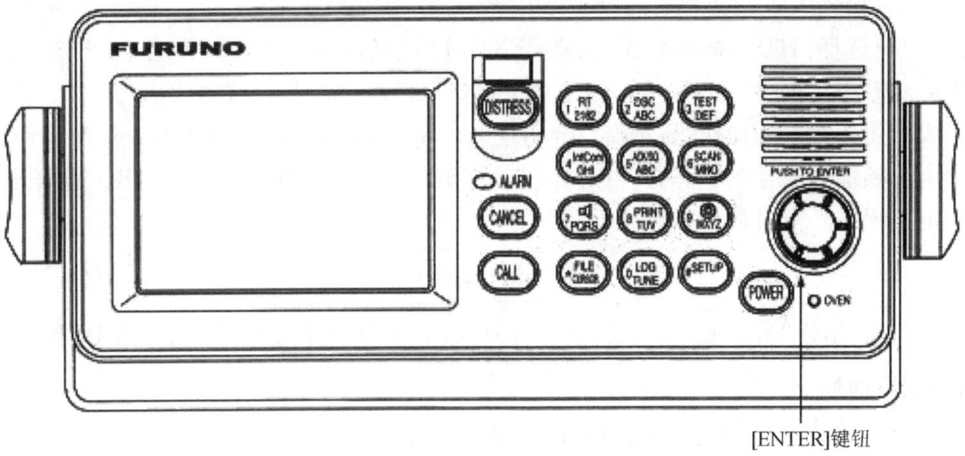

图 4-3-1　FURUNO FS-2570 组合电台控制器

⑥[1/RT/2182]键:转换到无线电话屏幕显示。按此键 2 s 以上,自动进入“2 182 kHz/J3E”状态。

⑦[2/DSC]键:构成 DSC 信息发射。

⑧[3/TEST]键:执行日常试验。

⑨[4/Int Com]键:打开/关闭内部通信系统的连接。

⑩[5/ACK/SQ]键:

a.在 DSC 模式下,交替转换自动或手动收妥承认方式。

b.在无线电话模式下,调整静噪抑制。

⑪[6/SCAN]键:

a.进入“DSC Standby”状态。

b.在“DSC Standby”状态下,启动或停止 DSC 常规频率扫描。

⑫[7/🔈]键:控制扬声器开/关。(此开关不能关闭遇险和紧急报警声音。)

⑬[8/PRINT]键:打印通信记录文件、当前屏(“DSC Standby”屏和无线电话屏显示除外)及试验结果。

⑭[9/◎]键:调整面板亮度和液晶屏对比度。

⑮[FILE/CURSOR]键:

a.从“DSC Standby”显示屏打开发送文件的列表,发送已储存的信息。

b.移动光标。

⑯[0/LOG/TUNE]键:

a.在无线电话操作中调谐天线。

b.在 DSC 操作中显示信息记录。

⑰[#/SETUP]键:打开设置菜单。

⑱ALARM 指示灯:

a.在遇险和紧急呼叫时闪烁红光。

b.在商业、安全和常规呼叫时闪烁绿光。

⑲OVEN 指示灯:绿灯亮时表明主控制板已打开。

（一）开、关电源

按控制面板右侧下方的[POWER]键，打开系统电源。再次按此开关，则关闭电源。
注意：主电源打开 5 min 后，再打开本系统电源。

（二）面板亮度、液晶屏对比度调整

（1）按[9/◎]键，进入“Dimmer/Contrast”调整状态。
（2）转动[ENTER]键钮，选择“DIMMER”或“CONTRAST”，然后按[ENTER]键钮确定。
（3）转动[ENTER]键钮，将亮度或对比度调整到预期效果，然后按[ENTER]键钮。
（4）转动[ENTER]键钮，显示“EXIT”时，按[ENTER]键钮退出。

（三）显示状态

（1）“DSC Standby”显示屏
按[6/SCAN]键，进入“DSC Standby”显示屏状态。
（2）无线电话显示屏
按[1/RT/2182]键，进入无线电话模式，以便进行无线电话操作。

（四）扬声器

（1）按[7/🔈]键，扬声器将被打开或关闭。显示屏会显示“SOUND：ON”或“SOUND：OFF”。
（2）调整扬声器音量：
①按[1/RT/2182]键，进入“Radio telephone”模式。
②转动[ENTER]键钮，显示音量状态，按[ENTER]键钮。
③转动[ENTER]键钮，调整音量到预期状态后，按[ENTER]键钮。

（五）常规 DSC 频率扫描

当使用 DSC 方式通信时，可进行频率扫描。但此前必须先输入频率。扫描操作步骤如下：
（1）按[6/SCAN]键，显示“DSC Standby”状态。
（2）按[6/SCAN]键，启动/停止扫描。

（六）自动收妥承认“开/关”设置

在“DSC Standby”显示状态下，按[5/ACK/SQ]键，显示屏将显示“ACK：AUTO”或“ACK：MANUAL”。

（七）人工输入船位和时间

如果设备没有连接电子定位系统或电子定位系统工作不正常，可人工输入船位和时间。程序如下：
（1）在“DSC Standby”显示状态下，按[#/SETUP]键，显示“Setup Menu”。
（2）转动[ENTER]键钮，选择“POSITION”，然后按[ENTER]键钮。

(3)按[ENTER]键钮,打开“INPUT”菜单。

(4)按动[ENTER]键钮,选择“MANUAL”,然后按[ENTER]键钮。

(5)按[ENTER]键钮,打开纬度输入窗口,用数字键输入纬度。如有必要,用坐标开关键[1]键输入北纬,用[2]键输入南纬,按[ENTER]键钮确定选择。

(6)按[ENTER]键钮打开经度输入窗口,用数字键键入经度。如有必要,用坐标开关键[1]键输入东经,用[2]键输入西经,按[ENTER]键钮确定选择。

(7)按[ENTER]键钮打开时间输入窗口。

(8)用数字键输入“UTC”时间,然后按[ENTER]键钮,显示设置菜单。

(9)按[CANCEL]键,返回“DSC Standby”窗口。

二、单边带无线电话通信

对于单边带无线电话(SSB)通信,如果要在 2 182 kHz 进行通信,则按住[1/RT/2182]键并保持至少 2 s。

(一)发射

选中频率和通信方式后,按通话手柄上的[PTT]键,显示屏上将显示输出功率。

1.选择通信方式

(1)在“Radio telephone”显示屏状态下,转动[ENTER]键钮,将光标移到“Mode”项,然后按下[ENTER]键钮。转动键钮在“SSB”“TLX”“AM”等项中选出“SSB”,按[ENTER]键钮。

(2)根据所选通信方式,“AGC”将被自动选出,也可用下述方法改变:

①转动[ENTER]键钮,选择“AGC”,然后按[ENTER]键钮。

②转动[ENTER]键钮,选择“OFF”、“SLOW”或“FAST”,然后按[ENTER]键钮。

2.选择频道

(1)转动[ENTER]键钮至“CH”项,按[ENTER]键钮。

(2)直接用数字键输入频道,或用[ENTER]键钮输入频道:

①用[FILE/CURSOR]键将光标移到准备设置的“Band”或“Band Channel”位置。

②转动[ENTER]键钮至准备设置的波段(或频道)处。

设置范围:

ITU 波段:2/4/6/8/12/16/18/22/25;

用户波段:001~029(数字前的 0 必须输入);

ITU 频道:××01~××236;

用户频道:×××01~×××99。

③按[ENTER]键钮,显示出已输入的发射(TX)和接收(RX)频道的频率。

3.选择频率

转动[ENTER]键钮,将光标移到“TX”或“RX”项,然后按[ENTER]键钮。

用下述方法输入频率:

(1)用数字键输入频率,包括小数位“0”,然后按[ENTER]键钮。

(2)用[ENTER]键钮输入频率(仅用于 RX):

①用[FILE/CURSOR]键将光标移到准备改变的数字位置;

②转动[ENTER]键钮调出代表频率的数字;

③按[ENTER]键钮确认。

注意:输入的收、发频率数字相同时,先输入“TX”(发射)频率。

4.调谐

自动调谐:按手柄上的[PTT]开关或控制单元的[LOG/TUNE]键。当按下[LOG/TUNE]键时,显示“TUNING”;当按[PTT]开关时,显示屏顶端将显示“TX”。

对一个新选用的频率,调谐过程将在 2~5 s 完成,对曾经调谐过的频率,将少于 0.5 s。在实现了正常调谐后,显示屏将显示“TUNE:OK”;如调谐失败,将显示“TUNE:NG”。

5.查看收、发输出功率

在发射信号期间,显示屏右下角显示出天线输出电流状态。

6.减小发射功率

通信中,常常需要根据实际情况,降低发射功率,操作过程如下:

(1)转动[ENTER]键钮,将光标移到显示屏右上角“LOW”、“MID”或“HIGH”项上,然后按[ENTER]键钮。

(2)转动[ENTER]键钮,在“LOW”“MID”“HIGH”项中选择其中的一项,然后按[ENTER]键钮。当发射信号时,在显示屏右下角将显示“RF(PA 输出)”、“IA(天线电流)”、“IC(集电极电流)”或“VC(集电极电压)”。

(3)转动[ENTER]键钮,在显示屏右下角显示状态条中选中“RF”、“IA”、“IC”或“VC”其中的一项,然后按[ENTER]键钮。

(4)转动[ENTER]键钮,将光标移到预定位置,然后按[ENTER]键钮。

(二)接收

1.射频增益(灵敏度)调整

(1)转动[ENTER]键钮,选中显示屏底部的“SEN”状态显示条,然后按[ENTER]键钮;

(2)转动[ENTER]键钮,将幅度调整到适当数值,然后按[ENTER]键钮。

2.S 表(S-meter)

“S-meter”用来监测接收信号的强度,当“AGC”关闭时无效。

3.静噪控制和静噪频率

(1)静噪开/关

如果在声音输出中没有接收到信号,则按[5/ACK/SQ]键打开或关闭静噪抑制功能。如果在“STANDBY”状态下噪声信号较强时可启动“静噪抑制”功能,则显示屏显示“SQ”状态。

(2)静噪频率

①在无线电话显示屏状态下,按[#/SETUP]键;

②转动[ENTER]键钮,选到“SQ FREQ”项;

③按[ENTER]键钮;

④用数字键输入频率(范围 500~2 000 Hz,缺省值 800 Hz),然后按[ENTER]键钮;

⑤按[CANCEL]键,返回无线电话显示屏。

三、DSC 终端的操作

按照格式符(Format Specifier),DSC 呼叫可以分为遇险报警(Distress)、全呼(All Ships)、群呼(Group)、海呼(Geographical Area)、选呼(Selective/Individual)和自动电话呼叫(Auto Phone Call)。按照呼叫优先等级,DSC 呼叫也可以分为遇险呼叫(Distress)、紧急呼叫(Urgency)、安全呼叫(Safety)和常规呼叫(Routine)。按照电文类型,DSC 呼叫又可以分为日常呼叫、船位呼叫、船舶查询呼叫等。DSC 遇险呼叫又包括遇险报警、遇险转发、遇险确认等。此外,DSC 还提供测试呼叫,一般使用安全(Safety)优先等级。

FS-2570 组合电台提供的 DSC 呼叫种类如下:

(1)All Ships:向所有船舶呼叫。

(2)Distress:遇险呼叫。

(3)Distress Relay All:转发遇险呼叫。

(4)Distress Relay Select:选择向某一电台转发遇险呼叫。

(5)Geographical Area:指定向某一海区所有船舶呼叫。

(6)Group:群呼。

(7)Individual:向指定某一电台发送的呼叫。

(8)Position:①发送船位报告;②要求其他台发送其所在位置。

(9)Test:为检测本台功能,向岸台发送试验信号。

(一)遇险呼叫的编辑与发射

1.直接发射

(1)在紧急情况下,打开“DISTRESS”报警盒盖按住[DISTRESS]键 3 s 以上,按键闪烁红光并且蜂鸣器迅速发出声响。显示屏将显示出遇险报警内容:船舶遇险的性质、位置、发射遇险报警的频率。

遇险呼叫只有在紧急情况下才能使用,并且应在船长或值班驾驶员的监督下。

当显示屏显示下列状态时,可松开遇险报警键,显示如图 4-3-2 所示。

(2)显示变化过程:从开始发送遇险报警到报警结束,大约需 40 s,计时在显示屏底部显示,在此过程中,输出功率将被自动设置到最大值。

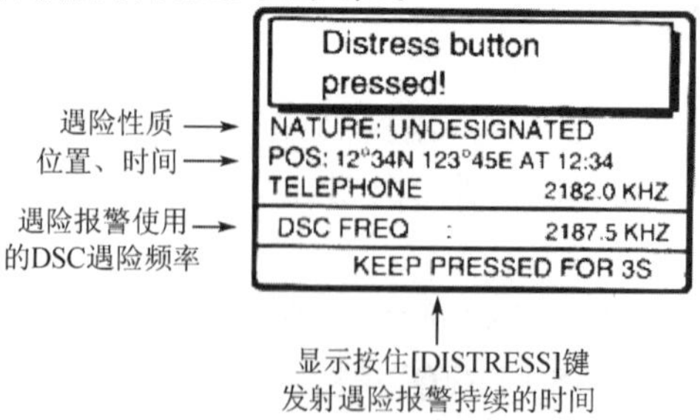

图 4-3-2　可松开遇险报警键的状态

(3)遇险报警信号发送完成后,声音报警停止。此时应等待海岸电台的遇险收妥承认信号,通常需要 1~2.75 min([DISTRESS]键闪亮状态一直保持到收到岸台的收妥确认)。在此期间,接收机不会接收除遇险报警收妥确认以外的任何信号。如果没有收到遇险报警收妥确认,设备将在 3.5~4.5 min 自动进行重复发送。发射的报警将被自动记录到"TXLOG"。

直接发送遇险报警时,如果本船的 GPS(或通过其他办法)能够提供准确的船位和时间数据,则本报警应该是成功可行的,否则应进行船位和时间数据的编辑。

2.遇险呼叫编辑发送

当没有连接导航设备时,需要采取手动编辑方式在遇险电文中输入船舶遇险性质、遇险时的船位和发送遇险时间。

操作方法如下:

(1)打开"DISTRESS"报警盒盖,按住[DISTRESS]键,直到显示如下:

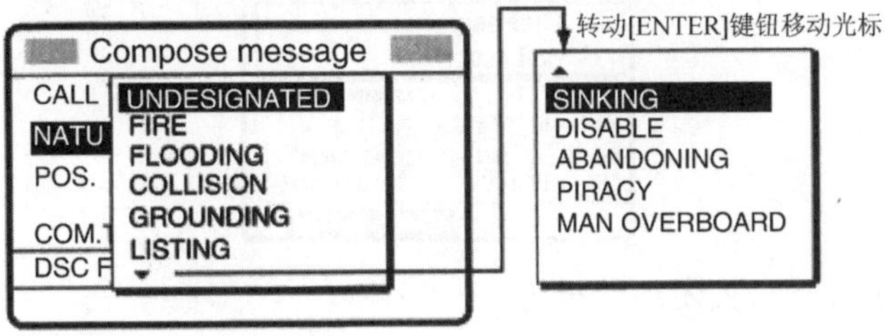

(2)转动[ENTER]键钮,在遇险性质项中选出其中相关的一项,按[ENTER]键钮。

(3)按[ENTER]键钮,打开"POS"菜单,用于自动或手动输入位置信息。

(4)按[ENTER]键钮,打开"INPUT TYPE"菜单。

(5)转动[ENTER]键钮,选择菜单项,然后按[ENTER]键钮,如果不能确定本船位置,则选"NO INFO",然后按[ENTER]键钮[操作直接跳到第(10)步]。

(6)按[ENTER]钮键,打开纬度输入窗口,用数字键输入(4 位数的)纬度数值。如有必要,用相关的开关键[1]输入"N",用[2]键输入"S",按[ENTER]键钮确认。

(7)按[ENTER]键钮,打开经度输入窗口,用数字键输入(5 位数的)经度数值。如有必要,用相关的开关键[1]输入"E",用[2]键输入"W",按[ENTER]键钮确认。

(8)按[ENTER]键钮,打开时间输入窗口。

(9)用数字键入 UTC 时间,然后按[ENTER]键钮确认。

注意:如果不能确定时间,则输入 88:88 作为"NO INFO"。

(10)显示屏再次显示"COMPOSE MESSAGE",按[ENTER]键钮,打开通信种类("COM. TYPE")菜单。

(11)转动[ENTER]键钮,将光标移到"TELEPHONE"或"NBDP-FEC"项,然后按[ENTER]键钮。(无线电话为常用方式,但 NBDP 也可以使用。)

(12)按[ENTER]键钮,打开"DSC FREQ"菜单。

(13)转动[ENTER]键钮,选出一个 DSC 频率(通常为 2 187.5 kHz),然后按[ENTER]键。在没有收到遇险报警收妥确认的情况下,将自动在 2 MHz、8 MHz、16 MHz、4 MHz、12 MHz 和 6 MHz 遇险和安全频率上按次序自动重复发送。

(14)显示屏变化如下(图中数值为举例):

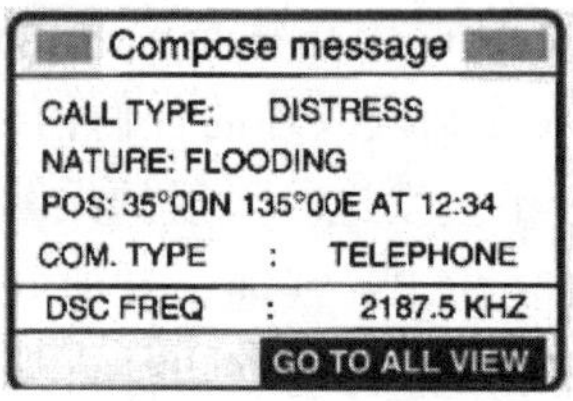

(15)按住[DISTRESS]键 3 s 以上,发送遇险报警。

(二)遇险呼叫的转发

(1)本例选择用高频向某一海岸电台转发遇险报警呼叫。当收到遇险报警呼叫时,发出声音报警,显示状态变化如下:

(2)按[CANCEL]键钮,关闭声音报警。

(3)转动[ENTER]键钮,选到"ANSWER"项,然后按[ENTER]键钮。

(4)按[ENTER]键钮,打开"CALL TYPE"菜单。

(5)选择"RELAY COAST",然后按[ENTER]键钮。

(6)按[ENTER]键钮并键入海岸电台的"ID",然后按[ENTER]键钮。

(7)按[ENTER]键钮,打开"DSC FREQ"菜单。

(8)选出适当频率(应首选 8 414.5 kHz),然后按[ENTER]键钮。

(9)按[CALL]键。

注意:如果在计时器变化到"0"之前,岸台发出收妥确认呼叫,则按[CANCEL]键取消遇险转发呼叫。

(10)发射呼叫之后,显示屏显示"Wait for distress relay acknowledge.",当接收到岸台的收妥承认之后,可转入其他无线电通信方式。

(三)遇险呼叫的确认

当接收到来自船台的遇险报警时,显示屏会显示"Distress call received.",并同时发出声响报警,按[CANCEL]键关闭声响报警,等待来自岸台的遇险收妥确认。如果在一段时间内没有任何岸台给予救援确认,而本船又有条件对遇险船实施救助,则在船长的指令下,可以向遇险船发送确认信息。

本例选择在中频波段(MF)上接收遇险报警。

船舶收到遇险呼叫,显示屏显示"Distress call received."并发出声响报警。

(1)按[CANCEL]键钮,关闭报警声响。

(2)按[ENTER]键钮,打开"CALL TYPE"菜单。

(3)转动[ENTER]键钮,选到"ACKNOWLEDGE"菜单项,然后按[ENTER]键钮。

(4)按[CALL]键钮,显示“Category distress transmit sure?”继续按[CALL]键钮,直到显示“Distress acknowledge call in progress.”,再向遇险船发射遇险收妥确认呼叫。

(四)接收到遇险呼叫被确认时后续通信的选择

1.无线电话通信

当收到遇险报警确认呼叫时,按[CANCEL]键关闭报警状态。

遵照下述指导与海岸电台的无线电话通信。作为指定的无线电话收妥确认、工作频率和发射种类将自动设置。

“MAYDAY”三次。

“This is...(船名和呼号)”三次。

遇险性质和需要救助的方式。

其他说明(船舶种类、颜色、船上人数等)。

2.NBDP(无线电传)通信

(1)显示屏显示“STATION ENTRY COMPLETED FROM DSC,Press any key to escape.”信息。按 NBDP 终端上的任意键将此信息删除。

(2)按 NBDP 终端上的功能键[F3],显示操作菜单。

(3)找到“Call Station Set Up”菜单,按[ENTER]键钮。

(4)选出“DSC”后,按[ENTER]键钮建立线路连接。

(5)当“Connect”呈反白显示时,键入并发送信息。信息内容包括:

①船名和呼号。

②遇险性质和所需的救助。

③关于本船的其他情况。

按功能键[F10](BREAK),断开线路连接。

(五)选择性呼叫的编辑与发射

(1)按[2/DSC]键钮,再按[ENTER]键钮,打开“CALL TYPE”菜单。

(2)转动[ENTER]键钮,选到“INDIVIDUAL”菜单项,按[ENTER]键钮。

(3)按[ENTER]键钮,打开“STATION ID”菜单。

(4)用数字键键入岸台的“ID”,然后按[ENTER]键钮。

(5)按[ENTER]键钮,打开“PRIORITY”菜单。

(6)转动[ENTER]键钮选择适当的优先等级,然后按[ENTER]键钮。

(7)按[ENTER]键钮,打开“COM.TYPE”菜单。

(8)转动[ENTER]键钮,选择通信种类,然后按[ENTER]键钮。

(9)按[ENTER]键钮,打开“COM.FREQ”菜单。

(10)转动[ENTER]键钮,选出通信频率,然后按[ENTER]键钮。

(11)按[CALL]键钮,发送呼叫(保持约 7 s)。

(六)选择性呼叫的确认

当接收到一个选择性呼叫时,设备会启动自动“收妥确认(AUTOACK)”功能并显示“ABLE”。

(1)按[CANCEL]键关闭报警。

(2)按[CANCEL]键,然后可通过指定频率的无线电话或 NBDP 终端进行通信。

四、NBDP 终端的操作

(一)打开 NBDP 系统

打开各终端的电源开关,做好操作准备。终端单元由显示屏、软盘驱动器、调制解调器组成。终端控制近乎 100%是通过键盘完成的。控制键盘如图 4-3-3 所示。

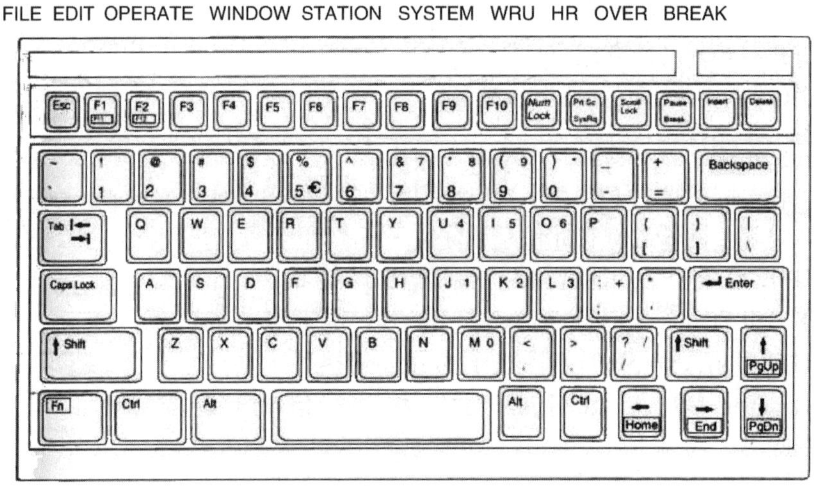

图 4-3-3　NBDP 系统终端控制键盘

(二)功能键、菜单介绍

功能键[F1]:文件菜单。

功能键[F2]:编辑菜单。

功能键[F3]:操作菜单。

功能键[F4]:窗口菜单。

功能键[F5]:电台菜单。

功能键[F6]:系统菜单。

功能键[F7]:WRU(Who are you?)。

在“ARQ”模式下,请求对方电台提供应答码。

功能键[F8]:HR(Here is.)。

在“ARQ”模式下,发送自己船台的应答码。

功能键[F9]:OVER。

在“ARQ”模式下,转变信息流的方向。

(三)NBDP 通信前的准备

在进行 NBDP 通信之前,必须做好充分准备。如果要进行自动电传通信,则要编辑下列信息:

你船的识别码(ID)和应答码;
台名;
定时器编程;
扫描频率组;
用户频道。

1.注册应答码

(1)按功能键[F5],然后按[5]键。

(2)输入你船的应答码(包括空格最多 20 个字符),然后按下[Enter]键,出现提示符“OK/Cancel”,确认所输入的数据。如果输入正确,则再次按下[Enter]键。

应答码举例:123456789 FURU X。

注意:在输入应答码时须特别注意,一旦输入错误,将无法改正。

2.注册船舶识别码(ID)

按下功能键[F5],然后按[6]、[7]、[8]或[9]键,分别输入群呼码和选择性呼叫码。

确定输入无误,再按[Enter]键。

3.注册电台表

设备提供一个最多可存储 50 个电台,每台一个频率对(RX 和 TX)的存储器,如果一个台有多个频率对,则可在台名后加后缀,例如 FURUNO 随以-1、-2、-3 等。

(1)按下功能键[F5],然后按[1]键,将显示出“Station Entry”状态屏。

(2)在显示屏右侧,显示“Create”和“Change”,在“Create”有下划线的情况下,按下[ENTER]键,如果没有下划线,则按[→]、[↑]键。

(3)现在光标已选到“Station:”,输入不超过 18 个字符的电台名。

(4)按[↓]键,将光标移到“ID Code”,输入电台移动业务识别码。

(5)按[↓]键,将光标移到“Mode”,用[←]或[→]键在“ARQ”和“FEC”之间选择通信方式。

(6)按[↓]键,将光标移到“CH/Table”项,选择扫描表或适当的频道。

(7)按[↓]键,将光标移到“Num/Table”。

(8)如果在“CH/Table”项,则输入“ITU”频道号或“User”频道号。如要选择扫描表,则用[↓]或[↑]键找到“频率组”后按[Enter]键。

(9)按[Esc]键,退出电台输入程序。

4.编辑/删除电台

(1)按功能键[F5],然后按[1]键。

(2)按[↓]键,移动光标在电台表中找出某台。

(3)按[→]键,随后按[↓]键,选到要编辑的台,按[Enter]键。

(4)根据需要选下列之一:

①“Edit Station”,用[↑]、[↓]和[Backspace]键修改;

②“Delete Station”,用[Backspace]键删除电台名字。

(5)按两次[Enter]键。

(6)按[Esc]键退出。

5.定时器编程

(1)按功能键[F5],然后按数字键[2],进入“Timer Operation Entry”界面。

(2)如果“Create”无下划线,则按[→]、[↑]键,然后按[Enter]键,使“Create”有下划线。

(3)在“Operation”项,可用任何字符输入适当的操作名字。

(4)按[↓]键,将光标移到“Station”,按[→]键显示出此台的电台表,按[Enter]键。

(5)按[↓]键,将光标移到“Start Time”,以 24 小时制计时方式,输入开始时间,例如输入 08:35AM,用数字键输入[0]、[8]、[3]、[5]、[0]、[0]。

(6)按[↓]键,将光标移到“Stop Time”,以 24 小时制方式输入。

(7)按[↓]键,将光标移到“Receive/Send”,选出接收或发射种类,如果选择“Send”,则进行下一步。

(8)将软盘插入驱动器,用[↓]键从软盘中选出要发送的电文,按[→]键显示出“TX”窗口,选出文件,然后按[Enter]键。

(9)按[Enter]键。

(10)按[Enter]键,在定时操作表中将显示出本操作名字。

(11)如要输入另一个定时程序,则按两次[Enter]键,将重复上述编程步骤。

6.编辑/删除定时程序

(1)按功能键[F5],然后按数字键[2]。

(2)从定时操作表中选一个定时名字。

(3)用[→]键选择欲变动的名字,然后按[Enter]键。用[↑]或[↓]键选择“Edit Program”项,再用[Backspace]键修改,或选择“Delete program”,再用[Backspace]键删除。

(4)按两次[Enter]键。

(5)按[Esc]键退出。

7.用户频道

用户频道表可供存储 100 个用户频道,编号为 00~99,并可用于扫描。

(1)按功能键[F5],然后按数字键[4],进入“User Channel Entry”界面。

(2)如果“Create”没有下划线,则按[→]、[↑]和[Enter]键加上下划线。

(3)在“Channel”项输入频道号。可注册 100 个频道,当输入频道超出 100 个时,会显示提示信息“Channel memory is full. Press any key toes cape.(频道已满,按任意键退出。)”,此时可删除不需要的频道,输入新的内容。

(4)按[↓]键选出“Tx Freq.”,输入发射频率。

(5)按[↓]键选出“Rx Freq.”,输入接收频率。

(6)按[Enter]键,显示确认提示“OK/Cancel”。

(7)按[Enter]键,频道表上显示已输入的频道号。

(8)按[Esc]键,退出频道编辑。

8.编辑/删除用户频道

(1)按功能键[F5],然后按数字键[4]。

(2)按[↑]或[↓]键,从频道表里选出频道。

(3)按[→]和[↓]键,选出欲编辑或删除的频道。

(4)Edit channel:用[↑]、[↓]和[Backspace]键修改。

(5)Delete channel:用[Backspace]键删除频道。

(6)按两次[Enter]键。

(7)按[Esc]键退出。

9.注册扫描频道组

系统可供存储10个扫描频道组,每个频道组20个频道。频道扫描可用于"ARQ"和"FEC"呼叫方式。

(1)按功能键[F5],然后按数字键[3],显示出扫描编辑屏。

如果"Create"没有下划线,则按[→]、[↑]和[Enter]键加上下划线。

在"Group Name"项输入适当的频道组名字。

(2)按[↓]键把光标移到"CHD well Time",输入在同一个频道组中每个频率间扫描间隔时间(s)。

(3)按[↓]键把光标移到"Mode"项,然后选择通信模式"AUTO"、"ARQ"或"FEC"。

(4)按[↓]键把光标移到"Auto Search"项,设置自动搜寻"ON"或"OFF"。

(5)Auto Search ON:在信号弱的地方使用。

(6)Auto Search OFF:在信号强的地方使用。

(7)按[↓]键把光标移到扫描设置窗口第1行,输入频道号("ITU"或"User")。

(8)按[↓]键把光标移到第2行,输入频道号。

(9)输入另一个频道号,然后按[Enter]键,显示确认提示。

(10)再按一次[Enter]键存储数据。扫描表窗口显示"组"的名字。

(11)如要继续输入,则按两次[Enter]键,然后重复上述(3)~(10)步骤。

(12)按[Esc]键退出。

10.编辑/删除扫描频道组

(1)按功能键[F5],然后按数字键[3],从扫描频道表中选出扫描频道组名字。

(2)按[→]键把光标移到要编辑或删除的项目上,然后按[Enter]键。

(3)按[↓]键把光标移到要编辑或删除的频道上。

(4)进行下述操作之一:"Editing Channels",用[Backspace]键删除频道号,然后输入新的频道号;"Adding Channels",在空白行输入频道号;"Deleting Channels",用[Backspace]键删除频道组名;Disabling Channels temporarily,按[←]键给"Pass"加下划线。

(5)按两次[Enter]键。

(6)按[Esc]键退出。

(四)NBDP 文件编辑

1.新建文件

按功能键[F1],显示出文件菜单,如图4-3-4所示。

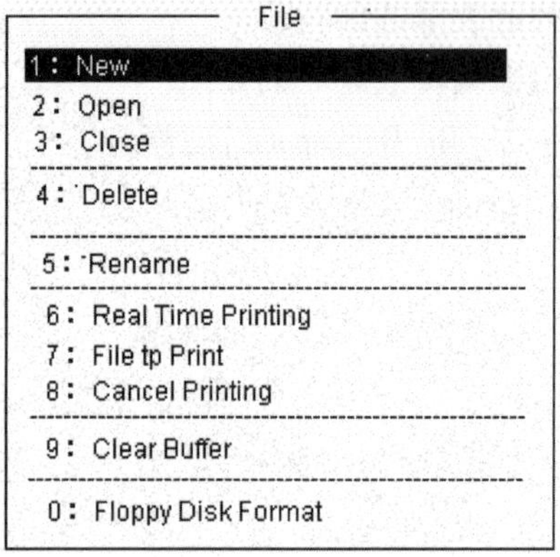

图 4-3-4　文件菜单

按数字键[1]选“New”项，标题条显示“UNTITLED 1 or UNTITLED 2”。在光标处输入电文。

注意：电文中不能用下档键字母或“#”“&”“＊”“$”“%”符号，也不能在发射信息中输入“$$$”，当通信线路检出这一字符串时，会自动断开连接。

2.存储文件

(1)按功能键[F1]，显示出“File”菜单。

(2)按数字键[3]，显示屏显示如下：

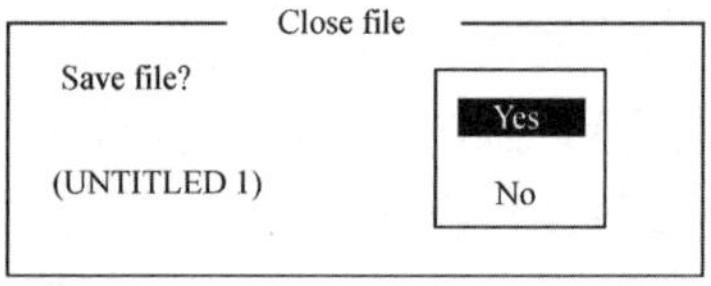

(3)选择“Yes”，按[Enter]键，输入最多 8 个字符的文件名(文件名中有些符号不能用)。

(4)按[Enter]键。

(五) NBDP 发射与接收图

1.人工呼叫

(1)按功能键[F3]，显示“Operate”菜单。

(2)按数字键[9]，选择“Set Frequency”。

(3)输入“TX”和“RX”频率对。

(4)按[Enter]键。

(5)再按功能键[F3]，然后按数字键[8]选出“Manual Calling”。

(6)用[←]或[→]键选出适当通信方式。

(7)按[↓]键并输入选择性呼叫号码。

(8)按[Enter]键，连接通信线路，如果线路处于空闲状态，则显示如下图所示内容。

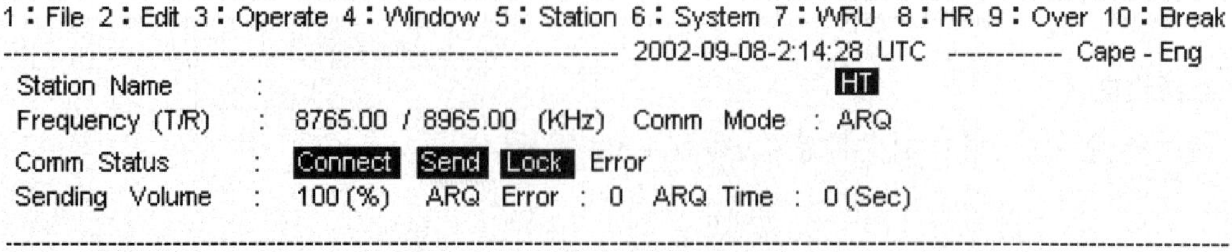

如果是 ARQ 方式，则操作步骤如下：

(1)按功能键[F7](WRU)，显示屏显示通信对方台的应答码。

(2)按功能键[F8](HR)，发出本船应答码。

(3)按[Enter]键，键入待发电报。

(4)按功能键[F10](BREAK)，断开线路连接。

2.ARQ 方式操作

(1)按功能键[F3]，显示操作菜单。

(2)按数字键[1]，选择待呼叫的岸台。

(3)在事先注册好的电台表中选中一个岸台，按[Enter]键，显示"Calling Station"。

(4)当检测出"已收妥"信息时，显示反白状态的"Connect"。

(5)按功能键[F7](WRU)，询问对方电台的应答码。

(6)按功能键[F8](HR)，发射本台应答码。

(7)按功能键[F3]，然后按数字键[3]，显示出"Send Screen"，选出待发送的电文，按[Enter]键。

(8)再按[Enter]键，显示屏显示"Send"，文件即被发出。

也可以直接通过键盘键入报文。具体方法是：建立连接，双方交换应答码，直接通过键盘键入电文。

3.FEC 方式操作

(1)按功能键[F3]。

(2)按数字键[1]，显示"Call Station"菜单。

(3)选出一个事先作为"FEC"方式注册的电台，按[Enter]键，显示屏显示反白的"Connect"。

(4)直接通过键盘键入电文或事先编辑并存储的电文。

(5)按功能键[F3]，然后按数字键[3]选择电文，选到待发的电文后，按[Enter]键。

(6)电文发送完毕后，按功能键[F10]拆线。

4.选择接收方式

(1)按功能键[F3]，然后按数字键[6]。

(2)选择接收方式："AUTO"，自动接收 ARQ 或 FEC 电文；"ARQ"，国际无线电传 ARQ 方式；"FEC"，国际电传 FEC 方式；"DIRC"，接收自动电传打字机电文。

(3)按[Enter]键，显示屏显示出接收方式。当"System Menu"中的"TX/RX Msg Save"被设置在"On"状态时，所有接收和发射的电文都被存储在软盘上。

02 01 13 0 0. X X X

02 ↑ 年　01 ↑ 月　13 ↑ 日　XXX ↑ 从000开始的编号

第四节 SAILOR HC4500 船用 MF/HF 组合电台的操作

一、SAILOR HC4500 船用 MF/HF 组合电台简介

SAILOR HC4500 船用 MF/HF 组合电台由丹麦 S.P.RADIDO A/S 公司生产。整套设备包括 SSB 收发机、内置的 DSC 终端、NBDP 终端、话筒、打印机、天线和自动天线调谐单元,如图 4-4-1 所示。该设备工作频率范围为 1.6~30.0 MHz。该设备完全符合 GMDSS 的技术要求,具有良好的通信性能和使用性能,适用于航行在 A2、A3 和 A4 海区的船舶。

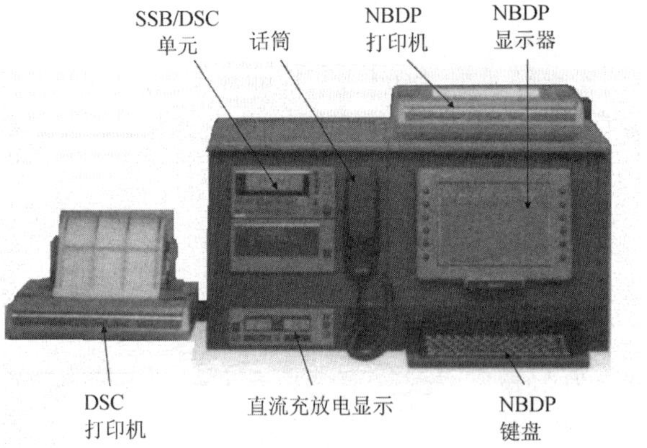

图 4-4-1 SAILOR HC4500 船用 MF/HF 组合电台

(一)控制面板

本套设备的 DSC 终端并非独立配置,而是内置于如图 4-4-2 所示的 MF/HF 组合电台控制面板。操作时,需通过面板上的功能键进行模式切换。

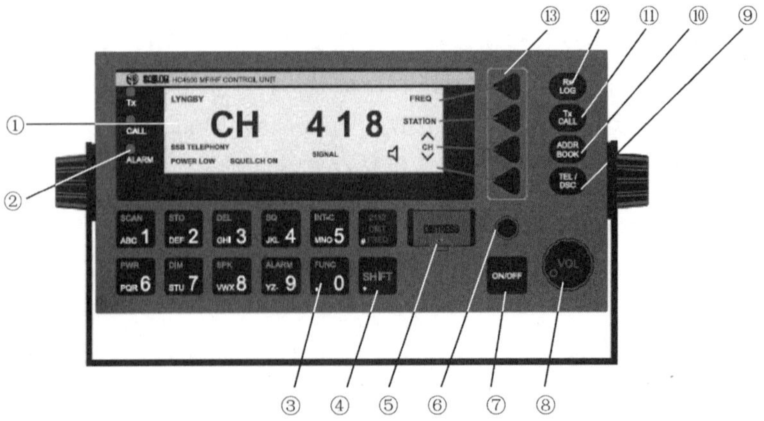

图 4-4-2 SAILOR HC4500 船用 MF/HF 组合电台控制面板

（二）控制面板各部分及功能键的作用

①液晶显示器。

②指示灯，其中：

TX——发射指示灯，灯亮表示正在发射信号。

CALL——接收指示灯，灯亮表示正在接收 DSC 呼叫。

ALARM——接收报警指示灯，灯亮表示正在接收 DSC 遇险报警。

③键盘。

④SHIFT 键，按住此键可进行上档键操作。

⑤带保护盖的遇险报警按钮。

⑥接收机频率微调旋钮。

⑦电源开关。

⑧音量调节旋钮。

⑨SSB 电话和 DSC 模式转换。

⑩DSC 模式使用的地址簿。

⑪按此键，可进入 DSC 呼叫序列的编辑。

⑫DSC 模式使用的接收记录。

⑬操作软键。

（三）键盘中各键的使用

[2182 DIST FREQ]键：选择电话遇险通信频率。

各下档键：直接按各键，可输入字母或数字。

各上档键：需先按[Shift]键，再按所需上档键。各上档键的作用：

[PWR]——选择发射功率等级（HIGH、MED、LOW 三个等级循环）。

[DIM]——液晶显示器背景亮度调节。

[SPK]——外接扬声器开关按键。

[ALARM]——电话报警紧急按键。

[FUNC]——初始参数设置（ID、船位、时间、亮度、音量、工作频率）。

[INT-C]——船舶内部通信控制。

[SQ]——开启或关闭静噪功能。

[STO]——进行电话值守频道的存储。

[SCAN]——执行电话频道的扫描。

[DEL]——进行电话值守频道的删除。

（四）开关机操作

1.开机

先开启系统的主电源开关，蜂鸣器会发出连续的响声。此时按[MENU]键，可关闭蜂鸣器。再按控制单元面板上的[ON/OFF]键，各数据终端同时供电。

2.关机

关机与开机顺序相反,先关闭 MF/HF 控制单元的电源,再关闭系统的主电源。

二、单边带无线电话的相关操作

(一)单边带无线电话通信

(1)按 MF/HF 控制单元面板上的[TEL/DSC]键,选择 SSB 电话通信模式。此时,液晶显示器显示如下:

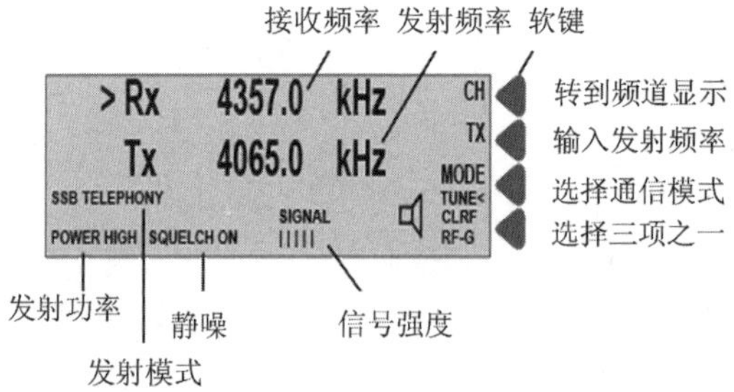

当前显示的全部信息为上次使用时所设置的参数。

(2)按"MODE"对应的软键选择"SSB TELEPHONY"。

(3)设置工作频率(两种方法):

方法 1:在当前状态直接通过数字键输入接收频率的数值,按"ENTER"对应的软键确认;再按"TX"对应的软键,输入发射频率的数值,按"ENTER"对应的软键确认。

方法 2:按"CH"对应的软键,进入频道显示窗口。再通过数字键输入频道号,按"ENTER"对应的软键确认完成。频道显示窗口如下:

注意:本设备在重置发射频率后,发射机自动执行调谐。

(4)根据通信距离,选择适当的发射功率。

(5)拿起话筒,按下[PTT]按键,开始呼叫。通信过程中,根据接收情况适当调整接收机的音量、清晰度等。

(二)设备管理功能

1.液晶显示器亮度调节

[SHIFT]→[FUNC]→选择"USER"→选择"DISPLAY",有 0~7 共 8 个亮度等级可供选择。

2.话筒耳机音量或报警音量设置

[SHIFT]→[FUNC]→选择"USER"→选择"SOUND"→选择"EAR PIECE LEVEL"或

"ALARM LEVEL",有 16 个电平等级可供选择。

3.存储电话频道

[SHIFT]→[FUNC]→选择"TELEPHONY"→选择"CH"→选择"ADD"→输入 RX 和 TX 频率值→选择"ACCEPT"确认→输入 3 位数字的频道号完成存储。

4.存储与岸台或船台通信所需信息

[SHIFT]→[FUNC]→选择"STATION"→选择"ADD"→选择"SHORE"或"SHIP"→输入岸台或船台的识别码和台名→选择"DSC FREQ"或"STNCH"→输入所需的 DSC 工作频率或 SSB 工作频道,供通信时调用。

上述操作都是通过[SHIFT]、[FUNC]这两个功能键实现的。类似的操作功能很多,这里不再一一列举。为便于操作,下面给出了[FUNC]键操作菜单的简要结构以供参考。

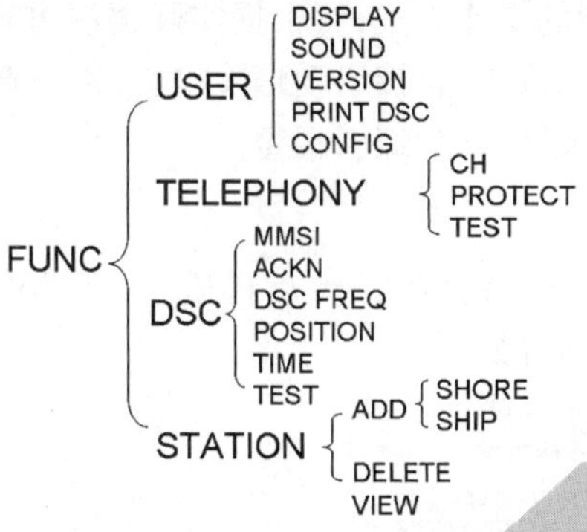

三、DSC 终端的操作

(一)DSC 终端有关管理功能的操作

1.查看和修改船位

目前的 DSC 设备基本上都与 GPS 相连,可自动进行船位更新。但一旦设备发生故障,则必须要人工进行船位更新。因为船位参数很重要,关系到遇险报警和区域性呼叫能否顺利有效地进行。

[SHIFT]→[FUNC]→选择"DSC"→选择"MORE"→选择"POSITION",即可查看当前船位。若需修改,则选择"CHANGE"→输入船位参数→选择"ACCEPT"即可;若不想进行修改,则选择"CANCEL"退出。

2.修改日期和时间

[SHIFT]→[FUNC]→选择"DSC"→选择"MORE"→选择"TIME"→选择"CHANGE"→输入时间和日期→选择"ACCEPT"。若不想进行修改,则选择"CANCEL"退出。

3.自动应答功能的设置(仅适用于选择性呼叫)

[SHIFT]→[FUNC]→选择"DSC"→选择"ACKN"→通过"∧"或"∨"选择"ON"(自动应答)或"OFF"(不应答)。

4.查看本台的 MMSI 码

[SHIFT]→[FUNC]→选择“DSC”→选择“MMSI”。

5.DSC 打印机的设置

[SHIFT]→[FUNC]→选择“USER”→选择“PRINT DSC”→通过“∧”或“∨”选择“ON”或“OFF”→选择“ACCEPT”。

6.存储 DSC 工作频率

[SHIFT]→[FUNC]→选择“DSC”→选择“DSC FREQ”→选择“ADD”→输入 RX 和 TX 的频率值→选择“ACCEPT”。

（二）DSC 遇险报警

DSC 遇险报警有两种不同的操作方式，可根据实际情况进行选用：一种是在情势危急、时间紧迫时，操作员不做任何信息输入，直接启动遇险报警，称为直接报警；另一种是在情况允许时，人工输入相关信息再进行报警，称为编辑报警。

1.直接报警

掀起保护盖，按下[DISTRESS]键持续 3 s 后再松手，则 DSC 遇险信息在预设的遇险频率上被发射出去。操作时，显示内容如下：

2.编辑报警

（1）选择遇险性质

按 SSB 控制单元面板上的[TX CALL]键→选择呼叫格式“DISTRESS”→通过“MORE”翻页选择“遇险性质”，显示过程如下：

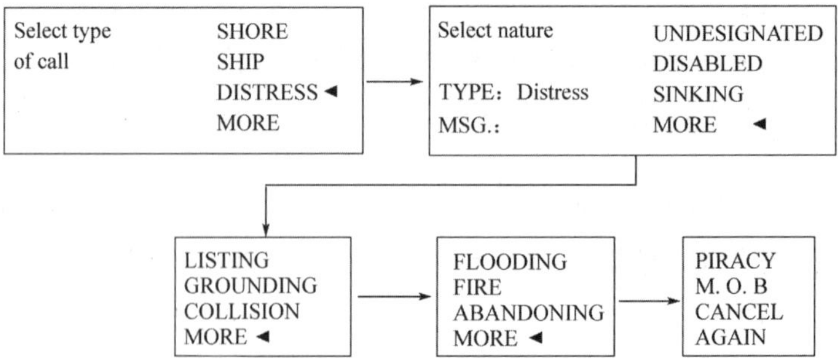

（2）输入或确认遇险船位

“遇险性质”确定后，窗口显示以下内容：

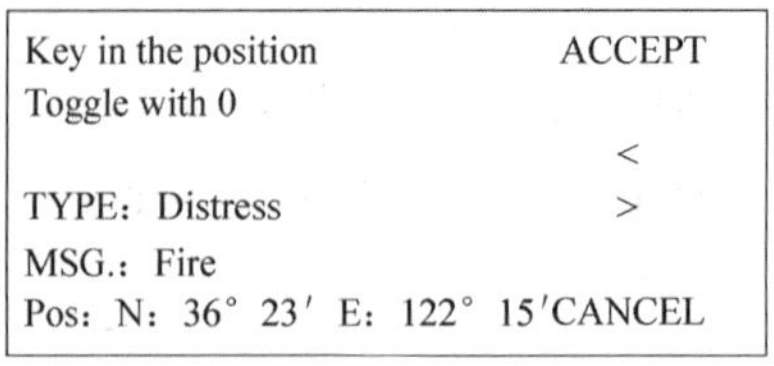

其中的船位参数来自设备内部的船位存储器。正常情况下，船位由 GPS 数据自动更新，可直接选择"ACCEPT"确认；否则，输入当前的船位参数，再选择"ACCEPT"确认。

(3)输入或确认遇险时间

与船位一样，正常情况下，时间参数也由 GPS 自动更新，可直接选择"ACCEPT"确认；否则，输入当前船位对应的时间，再选择"ACCEPT"确认，窗口显示以下信息：

```
Key in the time of position        ACCEPT
                                      <
TYPE: Distress
MSG.: Fire
Pos: N: 36° 23′ E: 122° 15′
Time: 02:00 UTC                    CANCEL
```

(4)选择后续通信方式

输入或确认时间参数后，窗口显示以下信息：

```
Select type of            SSB TEL
telecommand 1             AM TEL

TYPE: Distress            FEC
COMM:                     CANCEL
```

此时，需选择后续通信方式。一般首选电话通信，故在此选择"SSB TEL"即可。

(5)选择遇险报警频率

利用"∧"或"∨"翻页键选择所需的遇险报警频率，最后选择"ACCEPT"确认，窗口显示如下：

```
Press the DISTRESS button
For 3 seconds to transmit
TYPE: Distress
NAT: Fire
Pos: N: 36°23 'E: 122°15' Time: 02:00UTC
COMM: SSB telephony              CANCEL
```

(6)发射遇险报警

按窗口中的提示掀起保护盖，按下[DISTRESS]键持续 3 s 后再松手，DSC 遇险信息在所选的遇险频率上被发射出去。

无论进行直接报警还是编辑报警，DSC 遇险报警发出后，遇险频率值守机正常执行扫描。当收到遇险确认信息后，设备会发出声光报警，同时，窗口显示以下信息：

```
DISTRESS
ACKNOWLEDGEMENT
Received                    VIEW
FROM: 004123100             ABORT
```

收到遇险确认后，DSC 终端的报警程序终止，此时，船台应立即按报警电文的约定，与给予确认的电台建立后续遇险通信。

（三）收到 DSC 遇险报警后的处理

DSC 值守机接收到 DSC 遇险报警信息时，在进行声光报警的同时，显示窗口会出现相关的接收信息。此时，操作员应选择“VIEW”来查看接收信息。接收信息分两页显示，查看时可选择“MORE”进行翻页。伴随上述操作，显示窗口内容的变化过程如下图所示。

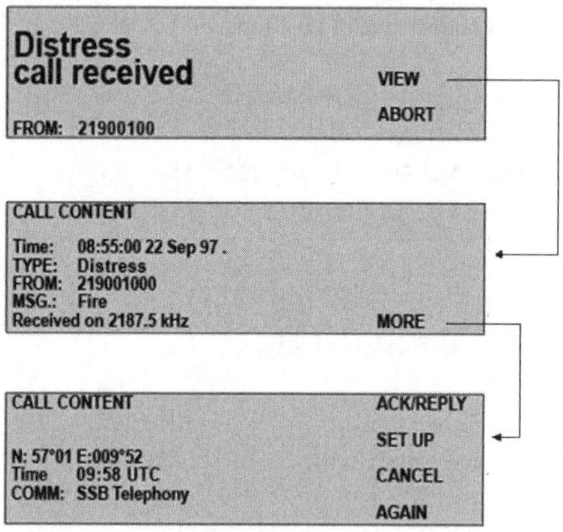

查看后，操作员应立即通知船长，由船长决定下一步行动，即是否进行遇险确认、遇险转发或采取其他行动措施。

1.遇险确认

该设备进行遇险确认时，可采取直接确认和编辑确认两种方法。但无论采用哪种方法，DSC 遇险确认的呼叫格式都只能是“All station”（等同于“All ships”）。

（1）直接确认

直接确认是在查看收到的遇险报警电文时，直接选择菜单指令来进行的。具体操作如下：

查看到电文的第二页时，选择“ACK/REPLY”，然后选择“a ACK.”，再选择“SEND”，最后选择“YES”并按住对应软键至少 3 s 便可发射遇险确认。操作过程中，显示窗口的相应变化如下所示：

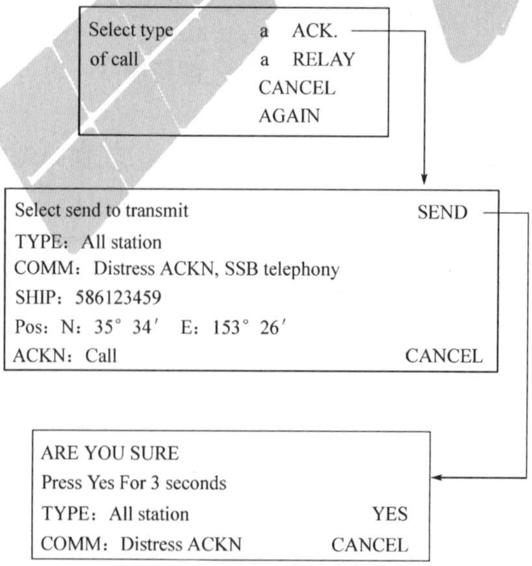

(2)编辑确认

编辑确认就是操作员在进行遇险确认前,即刻编辑遇险确认电文。操作步骤如下:

①按 MF/HF 控制单元面板上的[TX CALL]键进入 DSC 操作菜单,从中选择"EXTENDED"进入呼叫格式选择菜单,该菜单内容共有 3 页:

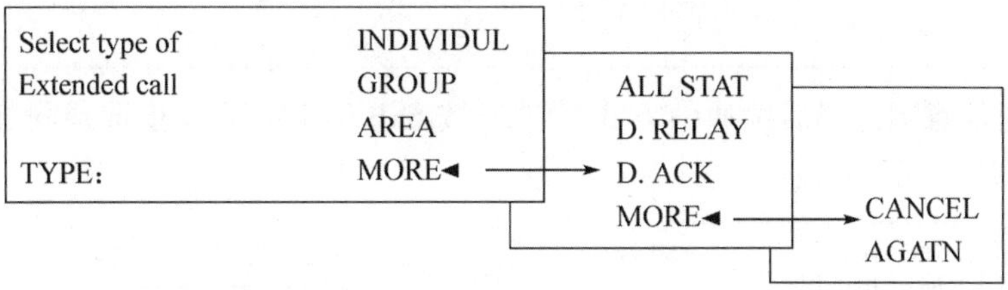

②在如上菜单中选择"ALL STAT"呼叫格式,进入电文编辑菜单;再选择通信指令(COMM)为"D.ACK."。

③复述收到的遇险报警电文,即依次输入遇险船 MMSI 码、遇险性质、船位、时间、遇险船要求的后续通信方式。

④选择发射遇险确认电文所用的 DSC 频率。最后,选择"ACCEPT"完成电文的编辑。

⑤选择"SEND"指令,最后按住"YES"对应的软键至少 3 s,遇险确认电文即顺利发射。上述操作过程中所显示的内容如下:

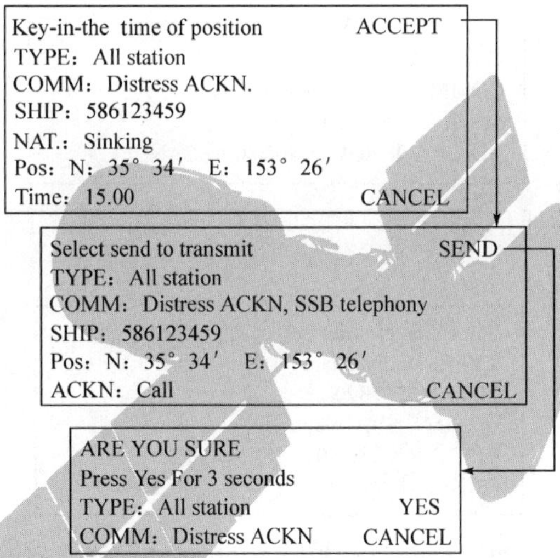

2.遇险转发

遇险转发有直接转发和编辑转发两种方法。操作上遇险转发与遇险确认相似,只需将"Distress ACKN"换成"Distress relay"就可以了,其余均相同。因此,遇险转发操作可参考前面的遇险确认操作进行,此处不再赘述。

(四)常规选择性呼叫(INDIVIDUAL)

具体操作如下:

(1)在收发机上设置 DSC 呼叫频率。

(2)按[TX CALL]键→选择"EXTENDED"→选择"INDIVIDUAL"→输入被呼台 9 位 ID →选择"ROUTINE",此时操作窗口显示如下:

```
Select type telecommand 2      NO  INFO
TYPE   : Individual            MEDICAL
TO     : 412567890
Cat.   : Routine               AIRCRAFT
COMM:  SSB telephony
MSG    :                       CANCEL
```

→

```
Select type additional message
TYPE   : Individual            OMIT
TO     : 412567890
Cat.   : Routine               POSITION
COMM:  SSB telephony           WORK FREQ
MSG    : NO INFO
AD     :                       CANCEL
```

(3)根据通信意图选择后续通信方式，例如“按 SSB TEL”，下一步选择附加信息“NO INFO”。操作时窗口显示如下：

```
Select type of             SSB TEL
telecommand 1
                           NO INFO
TYPE: individual
TO: 412567890              AM TEL
CAT: routine
COMM:                      MORE
```

```
ARQ
DATA
FAX
MORE
```

```
END CALL
POLLING
FEC
MORE
```

```
DISTR ACKN
SHIP POS
CANCEL
AGAIN
```

(4)若选择后续通信频率“WORK FREQ”，则窗口菜单显示如下：

```
Select type additional message     ACCEPT
TYPE    : individual
TO      : 412567890
Cat.    : Routine
COMM    : SSB telephony
MSG:      NO INFO
AD: RX 2890.0 TX 2680.0            CANCEL
```

(5)输入或选择后续通信频率，选择“ACCEPT”确认，进入下一页菜单，窗口菜单显示如下：

```
Select send to transmit            SEND
TYPE: Individual
TO: 412567890
COMM: SSB telephony
AD. : RX 2890.0   TX 2680.0
ACKN: Request                      CANCEL
```

(6)选择“SEND”发射 DSC 呼叫，收到被呼台的应答后，建立后续通信。

收到对方的应答后，选择“VIEW”查看信息，再选择“MORE”翻页，最后选择“CONNECT”设备自动转至后续通信状态。操作时，显示窗口的变化如下：

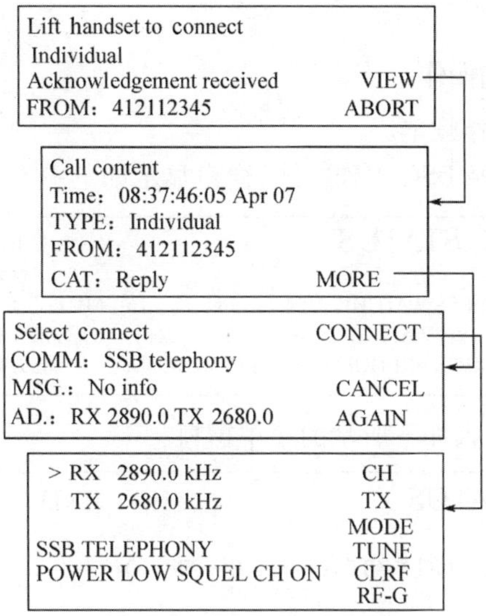

其他各种呼叫的操作窗口、指令菜单、操作方法与前述向某一船台发射常规呼叫大体相同，这里不再赘述。

（五）收到常规呼叫的处理

收到 DSC 呼叫后，选择"VIEW"查看信息，查看时选择"MORE"翻页，再选择"CONNECT"进入应答菜单，最后选择"SEND"发射应答电文，发射结束。设备自动转至呼叫方所要求的后续通信的状态上，接下来可进行后续通信。上述操作过程相应的显示内容如下：

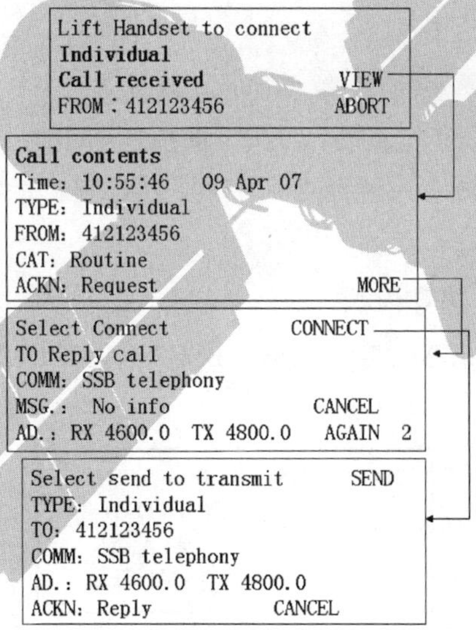

（六）DSC 的值守设置

1.遇险与安全频道值守

遇险与安全频道值守是强制的，无须操作员设置，设备出厂前已固化存储在内存。常规频道值守需操作员根据需要设置，最多可设置值守 6 个频道，并且可以通过选择"WATCH"或"NO WATCH"指令来控制常规值守机值守或不值守，选择"VIEW FREQ"指令可查看当前设置值守的 DSC 频率。

2.常规 DSC 呼叫值守的操作

(1)存储所需的 DSC 工作频率。

(2)按[TEL/DSC]键选择 DSC 工作方式,窗口显示如下:

```
DSC STATUS                                    CHANGE
                                               WATCH
DISTRESS WATCH: 2  4  6  8  12  16  MHZ
CALLING WATCH: 2  6  8  4  2  ..           VIEW FREQ
DISTRESS FREQUENCY: 2187.5KHZ              DIST. FREQ
```

(3)选择“CHANGE”,进入如下所示的菜单窗口:

```
STATUS                                  EXIT
                  ∨                           >
CALLING WATCH: 02   06   08   04   ..   ..    ∧
                                              ∨
RX FREQ:        02177.0KHZ
```

通过“∧”或“∨”翻页从 DSC 频率存储器选取频道,从而设定箭头下对应频道要值守的频率。选择“>”设定下一个频道,重复上述操作,直至完成。

(4)设置完毕选择“EXIT”返回。

注意:在显示 DSC 值守状态时,电话工作方式自动关闭。在显示电话工作方式时,DSC 的呼叫和常规值守功能自动关闭。

(七)DSC 检测

1.对岸台的呼叫检测

操作步骤:按[TX CALL]键进入操作菜单,选择“SHORE”→输入岸台 ID→选择“TEST CALL”→选择 DSC 遇险呼叫频率→选择“SEND”发射呼叫。待收到岸台发回的检测确认,即证明检测成功。

2.设备自检、报警检测、值守检测

具体操作:按[SHIFT]+[FUNC]键→选择“DSC”→“MORE”→“TEST”,检测菜单窗口显示如下:

```
DSC TESTING    SELF TEST
               WR1 TEST
                 ALARM
                 CANCEL
```

分别选择“SELF TEST”“WR1 TEST”“ALARM”,可逐步完成 DSC 设备内部环路检测、值守机检测和设备状态报警功能检测。

四、NBDP 终端的操作

(一) NBDP 终端简介

窄带直接印字电报(NBDP)的通信方式,是组合电台的重要通信手段之一,是利用无线电波发送/接收无线电传报的一种通信手段,其文字通信的方式有着单边带电话无法替代的优势。因此,作为 GMDSS 设备的操作人员,掌握 NBDP 通信的基本操作程序和设备的管理是十分必要的。NBDP 终端是由显示器、键盘和打印机组成的,连接到无线电收发信机的控制终端。它有两种通信方式,即 ARQ 和 FEC,下面就其功能的基本设置和 ARQ 及 FEC 的通信方式(程序)予以介绍。

开机后,设备在自检的同时伴随着蜂鸣器的鸣叫声,在电源控制终端面板上按 MUTE/TEST 键,消除蜂鸣器的音响声,按任意键使设备自检继续运行,自检结束后,NBDP 终端显示屏上会出现以下内容:

RADIOTLX	YUKUN	WEDNESDAY 04/4/12 15:23:10
RESTORE RADIOTLX		
F10 RETURN TO DOS F1 RESTORE RADIOTLX F2 BYPASS RESTORE		
SELECT A FUNCTION BY PRESSING ONE OF THE ABOVE KEYS		

按[F2]键使设备进入 NBDP 操作系统,NBDP 终端显示屏上会出现以下内容(按[F10]键使设备进入 DOS 操作系统,按[F1]键可使设备存储 NBDP 操作系统):

RADIOTLX	YUKUN	WEDNESDAY 04/4/12 15:23:10 ①
TELEX (ARQ) TERMINAL ②		
F10 RETURN TO DOS ③		F1 TELEX TERMINAL FUNCTIONS
F2 DISTRESS F3 TX F4 SCAN F5 MESSAGE F6 SUBSCRIBER F7 VIEW F8 MENUS		
THE RADIO IS NOT READY ④		

说明:

①NBDP 的通信方式、本船船名、星期/日期/时间。

②所选择的当前工作(通信)方式。

③中间区域为工作区。

④设备当前的工作状态。

F1~F10:操作指令。

此时,设备没有在 NBDP 操作状态,要使设备进入 NBDP 操作系统,可根据需要进行相关设置，即在 SSB/DSC 操作终端的控制器面板上，按 MODE[◀]键设置电传的工作模式，可通过显示器窗口左下方的 TELEX 标识来确定，NBDP 终端显示窗口中的"THE RADIO IS NOT READY"便被"THE MODE IS'STAND-BY'STATE"取代。这时，设备已经设置于 NBDP 操作状态，使用者可根据需要进行相关操作。

（二）设备操作

1.文件管理命令：F5（MESSAGE）

选择 F5(MESSAGE)指令，NBDP 终端显示屏上会显示如下内容：

RADIOTLX	YUKUN	WEDNESDAY 04/4/12 15:23:10
MESSAGE HANDLING		
F10 RETURN TO TELEX（ARQ）TERMINAL F1 EDIT MESSAGE MESSAGE		
NEW MESSAGE F1 ×××× F2 ×××× F2 COPY F3 DELETE F4 RENAME F5 PRINT F7 IMPORT F8 EXPORT		
THE MODE IS "STAND-BY" STATE		

在菜单中：

(1)F2(COPY)：复制文件

选中要复制的文件，按 F2(COPY)，在方框栏中输入复制后新的电文名，选 F1(FINISH THE TITLE)完成操作。

(2)F3(DELETE)：删除文件

选中要删除的文件，按 F3(DELETE)，选 F1(DELETE MESSAGE)完成操作。

(3)F4(RENAME)：对文件进行重新命名

选中要更名的文件，按 F4(RENAME)，在方框栏中将原名取消，输入新名，按回车键或 F1(FINISH THE TITLE)完成操作。

(4)F5(PRINT)：打印电文

选中要打印的文件，按 F5(PRINT)，打字机自动打印出该电文。

(5)F7(IMPORT)：选择所用磁盘进入 DOS 操作系统的文本文件区域而转入无线电传的电文系统，在 DOS 目录上可以浏览所需电文内容。

(6)F8(EXPORT)：一个现有电文可复制到另一磁盘上，允许到指定磁盘的目录和 DOS 文件名下选择电文。

2.编辑存储新电文

通过键盘上的[↑]、[↓]和回车键选择"NEW MESSAGE"，然后输入文件名按回车键(例如电文名为"A")，NBDP 终端显示屏上显示如下：

RADIOTLX	YUKUN	WEDNESDAY 04/4/12 15:23:10
NEW MESSAGE--- “A”		
F10 RETURN TO TELEX（ARQ）TERMINAL（SAVE OR QUIT） F1 EDITOR FUNCTIONS THIS IS TEXT... F2 SEARCH F3 MARK F4 UNMARK F5 MOVE F6 COPY F7 DEL F8 PRINT F9 TABS		
THE MODE IS “STAND-BY” STATE		

随后可在工作区中输入电文内容。其中指令行中各指令的作用为：

F3(MARK)——显示当前被选中的行的标志；

F4(UNMARK)——取消当前被选中的行的标志；

F5(MOVE)——移动被选中的行；

F6(COPY)——复制被选中的行；

F7(DEL)——删除被选中的行；

F8(PRINT)——打印被选中的行。

电文编辑完成后选 F10 指令，NBDP 终端显示屏显示内容如下：

LEAVING TEXT EDITOR
F10 RETURN TO NEW MESSAGE--- “A”
F1 SAVE AND FINISH TEXT F2 QUIT WITHOUT SAVING THE NEW TEXT
SELECT A FUNCTION BY PRESSING ONE OF THE ABOVE KEYS

选 F1(SAVE AND FINISH TEXT)，存储电文并退出编辑状态；或选 F2(QUIT WITHOUT SAVING THE NEW TEXT)，放弃存储电文并退出编辑状态。

3.编辑修改已存电文

通过键盘上的[↑]、[↓]和回车键选择文件目录中已存电文，可查看或编辑修改该电文，方法同上。

4.ARQ 通信程序

(1)编辑存储电文；

(2)在 DSC/SSB 设备终端设置 TELEX 工作方式；

(3)选择 F8(MENUS)→F1(MODE)→F1[TELEX(ARQ)TERMINAL]，进入 ARQ 通信方式的操作界面。NBDP 终端显示屏上会出现以下内容：

RADIOTLX	YUKUN	WEDNESDAY 04/4/12 15:23:10
TELEX（ARQ） TERMINAL		
F10 RETURN TO DOS		F1 TELEX TERMINAL FUNCTIONS
F2 DISTRESS F3 TX F4 SCAN F5 MESSAGE F6 SUBSCRIBER F7 VIEW F8 MENUS		
THE MODE IS "STAND-BY" STATE		

(4)选择 F3(TX),NBDP 终端显示屏上会出现以下内容:

RADIOTLX	YUKUN	WEDNESDAY 04/4/12 15:23:10
MANUAL TELEX TRANSMISSION		
F10 RETURN TO TELEX（ARQ）TERMINAL		F1 MODIFY FIELD
CALL CODE: 2010 （DIGITS ONLY） CHANNEL TYPE: ITU COAST STATION CHANNEL CHANNEL: 828（DIGITS ONLY） OWN RX FREQUENCY: 8430.500kHz OWN TX FREQUENCY: 8390.500kHz PRESS F11 OR SHIFT—F1 AT ANY TIME TO GAT HELP		
F2 TRANSMIT F4 AUTO TX F5 TX TABLE F7 VIEW		
SCAN STATE		

例如,选择与上海岸台通信,依次输入岸台呼叫码 2010(或 004122100);频道类型(CHANNEL TYPE)在显示屏右上角显示 F1(MODIFY FIELD),按[F1]键设置通信频率和信息类型,有四种类型可供选择(其操作与设置岸台参数中频道类型 FREQUENCIES TYPE 一项完全相同,这里不再叙述)。

(5)选择 F2(TRANSMIT),NBDP 终端进入 ARQ 通信状态,设备进入定相程序。窗口显示如下:

RADIOTLX	YUKUN	WEDNESDAY 04/4/12 15:23:10
TELEX（ARQ）TERMINAL		
F10 RETURN TO DOS		F1 TELEX TERMINAL FUNCTIONS
F2 BELL F3 DATE F4 TIME F5 MESSAGE F6 WRU F7 DE F8 OVER F9 BREAK		
MODE IS CALLING		

一旦通信线路建立,工作区出现"GA+"指令后,即可参照《海岸电台表》,按岸台所要求的 ARQ 通信业务程序进行通信操作。

5.FEC 通信程序

(1)编辑存储电文;

(2)在 DSC/SSB 设备终端设置 TELEX 工作方式;

(3)F8(MENUS)→F1(MODE)→F2(FEC TERMINAL)进入 FEC 通信方式的操作界面。NBDP 终端显示屏上会出现以下内容:

RADIOTLX	YUKUN	WEDNESDAY 04/4/12 15:23:10
FEC TRANSMISSION		
F10 RETURN TO FEC TERMINAL F1 MODIFY FIELD CALL CODE: 2010 (DIGITS ONLY) CHANNEL TYPE: ITU COAST STATION CHANNEL CHANNEL: 828 (DIGITS ONLY) OWN RX FREQUENCY: 8430.500 kHz OWN TX FREQUENCY: 8390.500 kHz PRESS F11 OR SHIFT—F1 AT ANY TIME TO GAT HELP		
F2 TRANSMIT F4 AUTO TX F5 TX TABLE F7 VIEW		
SCAN STATE		

(4)选择 F3(TX),NBDP 终端显示屏上会出现以下内容:

RADIOTLX	YUKUN	WEDNESDAY 04/4/12 15:23:10
FEC TERMINAL		
F10 RETURN TO DOS F1 FEC TERMINAL FUNCTIONS F2 DISTRESS F3 TX F4 SCAN F5 MESSAGE F6 SUBSCRIBER F7 VIEW F8 MENUS		
THE MODE IS "STAND-BY" STATE		

①SEFC 通信方式:选择向某台或一组台播发信息,操作方法和步骤与 ARQ 相同。

②CFEC 通信方式:选择向所有台播发信息,操作方法和步骤基本上与 ARQ 相同,区别是不需要输入识别码。

(5)选择 F2(TRANSMIT),NBDP 终端进入 FEC 通信状态,设备进入定相程序,窗口显示如下:

RADIOTLX	YUKUN	WEDNESDAY 04/4/12 15:23:10
FEC TERMINAL		
F10 RETURN TO DOS		F1 FEC TERMINAL FUNCTIONS
F2 BELL F3 DATE F4 TIME F5 MESSAGE F7 DE F9 BREAK		
TEXT TRANSMITTING ALLOWED		

一旦建立通信线路,工作区出现“GA+”指令后,即可按 FEC 通信的业务程序,进行通信操作。

6.遇险与安全通信程序

NBDP 无遇险报警能力,只是后续遇险通信的手段。在键盘上按“ALT+D”可退出遇险通信方式。

操作:

(1)在 NBDP 终端主菜单上直接选 F2(DISTRESS)或选 F8(MENUS)→F1(MODE)→F3(DISTRESS)进入遇险通信方式的操作界面。NBDP 终端显示屏上会出现以下内容:

RADIOTLX	YUKUN	WEDNESDAY 04/4/12 15:23:10
FEC TERMINAL		
F2 TX FEC F3 TX ARQ F4 SCAN/FRQ F5 MESSAGE F7 VIEW		
THE MODE IS “STAND-BY” STATE		

(2)按 F4(SCAN/FRQ)从内存已设的扫描频率列表中选取所需遇险频率。

(3)按 F2(TX FEC),选 CFEC 通信方式,按回车键后 NBDP 终端工作在遇险通信状态,其余操作步骤与 FEC 或 ARQ 相同,不再叙述。遇险电文可预先编写或在通信中通过键盘直接输入。

第五节 MF/HF 通信设备的维护与保养

MF/HF 通信设备作为地面通信系统重要的船用设备,其正常的通信性能必须得到保障。尤其是实施 PSC 检查后,要求更为严格。因此,做好设备的日常维护保养至关重要。

一、MF/HF SSB 收发信机的日常维护

（一）适时进行设备内部的清洁除尘工作

很多设备在外壳上留有通风散热孔，这也是灰尘进入的通道。电路板上积尘太多，在空气潮湿的条件下，极易发生放电、短路等情况，从而导致设备出现故障。因此，定时地使用“皮老虎”等工具进行清洁除尘，是基本的维护措施之一。

（二）注意防潮

海上多雨多雾，空气潮湿。设备经常使用时，由于很多元器件在工作过程中会产生热量，起到了一定的除湿干燥作用，但如果长时间闲置，就可能因空气潮湿导致个别元器件管脚氧化锈蚀，造成短路或接触不良。因此，在遇到特殊情况而长时间无通信需要时，也应注意经常开机通电。

（三）注意防雷电

雷电集中影响 20 MHz 以下波段，这也正是 MF/HF 设备所处的工作波段范围。曾有船舶因雷击导致 MF/HF 设备的自动天调单元损毁和接收机前端电路烧坏。所以，当遭遇恶劣的雷雨天气时，如无特别需要，应暂时关闭 MF/HF 设备的电源。

（四）适时检测设备的供电情况

轮换使用主电源和备用电源为设备供电，检查在开机后 1 min 内是否能进行正常的收、发信工作。

（五）绝对禁止让设备带病工作

如发现设备存在异常现象，则应绝对禁止让设备带病工作，以免扩大故障范围，造成更大的损失。

（六）在操作设备时，按键不要过于用力

现在很多设备都将功能键设计为触摸按键，使用不当可能会导致个别常用的功能键过早损坏。

（七）设备停用期间，适时检查其通信性能

检查发信机分别连接主天线和备用天线时，能否在转换不同的发射频率后，迅速调整至最佳调谐状态，并与适当距离的海岸电台进行通话测试。操作时，一般中频使用 2 182 kHz 频率呼叫 150 n mile 以内的岸台，高频选择合适的频率呼叫 200 n mile 以外的岸台。

二、DSC 终端的日常维护

对 DSC 终端的日常维护应注重以下方面:

(一)对于独立的 DSC 终端,应经常检查 DSC 终端与其他设备的连接情况

船舶航行中的不规则摇摆、振动,经常会造成设备的连线松动、脱落或虚连等,导致设备无法正常使用。

(二)经常察看船位自动更新功能

DSC 设备的遇险报警信息中,船位参数是自动从船位存储器中提取的。若由于某种原因,船位不能实现自动更新,应频繁进行人工更新。另外,此船位参数还用于接收区域性呼叫。无论什么型号的设备,其船位存储器基本都在初始设置内容中。目前新型号的设备均在显示器上直接显示出船位参数,使查看工作变得非常方便,并且在船位连续 4 h 不更新时会自动报警提示。但一些早期设备不具有上述功能,需操作员通过操作进行查看。

(三)通过 DSC 内部自检功能进行性能检测

DSC 设备的内部自检一般包括值守机检测、DSC MODEM 检测、报警检测和显示检测等项目。按通信业务要求,持证驾驶员在船舶航行期间,应每天进行一次 DSC 自检测。

(四)按规定进行测试呼叫

通过测试呼叫(Test Call)业务,确认终端设备的接收、发送以及与 SSB 收发机的连接是否正常。

此操作需要启动发射机呼叫适当的岸台,且必须要收到岸台的应答。按通信业务的规定,发射测试要求每周进行一次。这也是 PSC 检查中涉及的一项重要内容。

测试呼叫电文中优先等级应选择"Safety"(安全),通信指令选择"Test"(测试)。现在很多设备上都有专用的"Test Call"操作菜单,操作起来非常简便,只需输入岸台的 MMSI 并选择适当的发射频率即可启动发射。由于该电文属于"安全"等级,故应在 DSC 的遇险与安全频率上发送,但应确保不会干扰正在进行的通信。另外,因中频波段只有 2 187.5 kHz 一个遇险与安全频率,所以应尽量避免使用该频率进行测试。开放测试业务的岸台一般均自动响应,所以,发出测试呼叫后 1 min 左右就会收到岸台的确认信息。但在实际应用中,受各种因素影响,有时成功率不高,需反复呼叫多次。

(五)根据船岸距离,及时调整遇险报警频率

DSC 终端都具有直接快速报警和临时编辑报警功能,为保证直接快速报警的成功,很多设备可由操作员根据船岸距离预先设置用于直接快速报警使用的遇险频率。如不及时调整,则可能导致船舶遇险时直接快速报警不成功。

三、NBDP 终端的日常维护

目前,在实际应用中,NBDP 的使用率并不高。但它毕竟还是组合电台的终端设备,保证其可靠的通信性能也是一项管理要求。PSC 检查偶尔也涉及 NBDP 终端。NBDP 终端的日常维护包括以下内容:

(1)经常检查 NBDP 终端与其他设备的连接情况。

(2)适时进行自检测。

(3)定期采用 ARQ 工作方式与开放测试业务的岸台通过"TEST+"指令进行电传测试,以判断设备是否处于正常的工作状态。

(4)某些 NBDP 设备靠专用软盘驱动。要注意保护好软盘,不要在其他计算机设备上使用,以防感染病毒,存放时还要远离辐射源和热源。一旦软盘受损,设备恐将无法启动。

四、组合电台天线的维护和保养

船舶航行在复杂的海上环境之中,船舶天线的性能受许多复杂环境因素的影响。为保证各种天线的正常工作,满足各种通信设备工作的技术要求,正确维护和保养船舶天线是非常必要的。

(1)应尽快熟悉掌握本船组合电台天线的配置情况与安装位置,定期进行外部巡视,发现问题及时解决。

(2)海上风大,T 形和倒 L 形天线多采用多股铜绞线,容易锈损,存在因风折断的可能。另外,天线要绝缘架设。所以日常应注意检查天线的各受力部位、绝缘性能和锈蚀情况,及时进行紧固、清洁和防锈处理。

(3)尽管桅式直立天线相对牢固,但也要注意检查其底部绝缘性能、稳固性和天线与设备电缆馈线的连接是否可靠。部分直立天线的接头是螺纹的,容易被锈蚀而造成接触不良。这种接触不良的天线具有"招雷"的作用,船舶在雷区航行时容易受到雷电的袭击,所以对这部分的检查保养尤为重要。

(4)有些设备的发信机自动天调单元也安装在室外,日常应注意检查天线与自动天调单元或其他设备间电缆馈线的连接情况。避免因馈线节点锈蚀而遭雷击,致使自动天调单元损毁。

总之,天线的维护和保养是一项经常性的工作,应引起船舶通信人员的重视。

练习题

1.船用 MF/HF 通信设备已经开机,请解释 MF/HF 通信设备控制单元面板各按键与旋钮的功能(工作模式转换、音量、频率输入、遇险报警与通信等相关按键/旋钮)。

2.船用 MF/HF 通信设备已经开机,假设初始设置工作方式为 Telex,请将 MF/HF 通信设备的工作方式设置为 SSB,将 TX/RX 频率设置为 4 125.0 kHz。

3.请说明船用 MF/HF 通信设备的无线电话国际遇险与安全频率有哪些,并解释这些频率的使用条件。

4.船用 MF/HF 通信设备已经开机,假设发射机初始功率为低功率,请调整 MF/HF 通信设备发射机功率为"高",然后设置"静噪"到合适水平。

5.船用 MF/HF 通信设备已经开机,请将收发频率 4 125 kHz/4 225 kHz 存储在储器中并以 CH401 命名,然后将当前的工作信道设置为 CH401。

6.船用 MF/HF 通信设备已经开机,已知上海海岸电台工作频率,本船航行于长江口附近,欲在 CH818 上与上海海岸电台进行 SSB 电话通信,叫通以后请求上海海岸电台转接代理公司,电话为 021-60939139。请按要求设置设备并模拟通信。

7.船用 MF/HF 通信设备已经开机:①本船处于长江口附近,由于业务关系,每天定时在固定频率上与"海河"轮进行 SSB 通信,请按要求设置设备进行模拟通信;②约定的本船工作频率"TX:4 600 kHz,RX:4 800 kHz"。

8.船用 MF/HF 通信设备已经开机且备妥《无线电信号表》第Ⅰ卷,请按要求对 MF/HF 设备进行操作:①本船处于长江口附近,目前时间为 1355UTC,口述如何查询上海海岸电台播发通话表的频率与时间;②假设已知上海海岸电台播发通话表的频率是 6 326 kHz,播发通话表的时间是 1400UTC,请设置接收机准备接收通话表。

9.船用 MF/HF 通信设备已经开机,请说明 MF/HF 通信设备日常维护与管理应该注意的问题。

10.船用 MF/HF 通信设备已经开机,GPS 未开机,如遇 MF/HF 通信设备船位无法自动更新,请告知可能的故障原因并解释如何排除。

11.船用 MF/HF 通信设备已经开机,请查看 MF/HF DSC 终端的识别码、船位、时间和日期。

12.船用 MF/HF 通信设备已经开机,请进行 DSC 自测试,报告测试结果。

13.船用 MF/HF 通信设备已经开机,且常规呼叫记录不为空,请查看并报告 MF/HF DSC 的常规呼叫记录。

14.船用 MF/HF 通信设备已经开机,DSC 频率存储器中常规频率为空,请在 2 MHz 波段设置常规呼叫值守频率"TX/RX=2 189.5 kHz/2 177.0 kHz"。

15.本船航行于长江口附近,请口述如何利用《无线电信号表》第Ⅰ卷查找上海海岸电台的 MMSI 及其值守的 DSC 频率。

16.本船"海河"轮(MMSI:412119750)在 2 187.5 kHz 上收到"海天"轮(MMSI:412119730)发射的 DSC 遇险报警。报警表明该船于 1420UTC 在 30°35′N,120°45′E 发生倾斜,情况危急。①口述并演示如何发送 MF/HF DSC 遇险报警;②请首先对收到的遇险报警进行无线电话收安确认;③假设 3 分钟之后报警仍然持续,请再次使用 DSC 完成确认;④请向上海海岸电台(004122100)在 8 414.5 kHz 上转发该遇险报警。

17.“海河”轮(MMSI:412119750)在航行中发现一个漂浮的集装箱位于 31°08′N,120°39′E 附近:①请使用 DSC 在 2 187.5kHz 频率上向附近所有船只发射安全呼叫;②口述其他收到呼叫的船只会如何操作。

18.已知上海海岸电台的 MMSI 为 004122100,请利用船载 MF/HF 通信设备在 8 MHz 的 DSC 遇险与安全频率上与上海海岸电台做一个 DSC 测试呼叫。

19.“海河”轮(MMSI:412119750,呼号:BOAA)在长江口附近作业;船位为 30°35′N,120°45′E,航向 125°,航速为 12 kn;由于疏忽,在 2 187.5 kHz 上发送了 DSC 遇险报警。请口述如何取消刚才的误报警,并说明日常维护中如何防止误报警。

20.船用 MF/HF 通信设备已经开机:

①请在 NBDP 终端编辑并存储下列报文(存储名称为 TEST)

TO: 30350 COSCO SHANGHAI

FM: M/V HAIHE/BPQN/412123450

DD: 0430UTC 2013-03-11

M/V HAIHE /BPQN 1200L/132-00E/23-00N

SPEED/15KTS

COURSE/260

B’RGDS MASTER

NNNN

②请调出上面的电文,将航向改为“270”,存为文件名“ABC”。

21.船用 MF/HF 通信设备已经开机,请解释 NBDP 终端主要菜单的内容(包括模式转换、地址编辑、电文编辑、频率输入、身份信息的交换等操作所涉及的内容)。

22.请举例说明船用 MF/HF NBDP 国际遇险与安全频率的作用。

23.假设船用 MF/HF 通信设备开机,请口述 NBDP 终端设备的日常维护、应对 PSC 检查、电台日志的记录的注意事项。

24.船用 MF/HF 通信设备已经开机,终端内保存有文件名为“AA”的安全电文,请在 2 174.5 kHz 频率上采用 CFEC 模式广播已保存的安全电文 AA。

25.船用 MF/HF 通信设备已经开机,NBDP 终端中已保存报文“AAB”,请利用 NBDP 终端,在频率“8 395 kHz/ 8 435 kHz (TX/RX)”上呼叫广州海岸电台(004123100),叫通后采用直接电传方式将已保存的报文“AAB”发给电传号码为“30355”的中国陆地用户(30355 COSCO CN)。

26.船用 MF/HF 通信设备已经开机:①假设本船 NAVTEX 设备发生故障,无法正常工作,请设置 NBDP 设备在 518 kHz 频率上接收 MSI 信息;②口述如何选择 NBDP 终端在 HF 波段接收 MSI 信息。

第五章 VHF通信设备操作

第一节 VHF 通信设备概述

在水上移动无线电通信业务中,VHF 通信是一个重要的组成部分。船用 VHF 通信设备工作在 156~174 MHz 的频率范围,主要用于近距离通信,是 GMDSS 中 A1 海区的主要通信设备。使用该设备既是现场通信的主要手段,也是驾驶台与驾驶台之间通信的唯一手段。VHF 通信主要用于港口业务、水上移动业务的公众通信、船舶动态业务和船舶间通信。

水上 VHF 通信中船舶间的通信使用同频单工方式。船用设备的单工操作是由话筒上的 PTT 开关控制的。按下按压开关时,发射机发射,接收机自动关闭;松开按压开关时,发射机关闭,接收机开始接收。在水上 VHF 通信中船台与岸台间并通过岸台转接到公众通信网用户的通信,船舶电台仍是按下按压开关时发射机发射,松开按压开关时发射机关闭,但接收机一直处于接收状态。

船载的 VHF 通信设备主要包括 VHF 组合电台(包括 FM 电话和 DSC 设备)和便携式双向甚高频无线电话。船台 VHF 通信设备的额定载波输出功率应为 6~25 W,并应能减小到小于或等于 1 W,便携式双向 VHF 无线电话的发射功率为 1~2 W。

船载 VHF 通信设备(包括 VHF 无线电话、DSC 终端、CH70 值守接收机)要求,能在 CH70 进行 DSC 值守、收发 DSC 遇险报警信号;能在 CH06、CH13、CH16 上进行通信;并能在驾驶台直接启动 CH70 上的 DSC 遇险报警。

船用便携式双向 VHF 无线电话设备应具有 CH16 和至少一个其他频道。要求所有客船和 500 总吨及以上的货船每船至少应配备 3 部,未满 500 总吨的货船可配备 2 部。

为了使参加 GMDSS 操作员培训的学员能够熟练掌握 VHF 通信设备和便携式双向 VHF 无线电话的操作,本章精选了几款有代表性的设备,分别是 SAILOR 公司的 RT4822 设备,FURUNO 公司的 FM8500 设备,以及 GMDSS 模拟器中常模拟的 SKANTI 1000 DSC 和 SAILOR 公司的 SP3520 便携式双向 VHF 无线电话设备。这几款设备不仅市场占有率高,而且操作具有代表性。

第二节　SAILOR RT4822 型 VHF 通信设备的操作

RT4822 是丹麦 SAILOR 公司生产的 4000 系列产品中的 VHF 无线电设备，适用于商船、渔船以及其他各类大小船舶，具有 VHF 电话和 DSC 功能，满足 GMDSS 的要求。

一、功能键的作用及液晶显示器内容

SAILOR RT4822 型 VHF 通信设备功能键及液晶显示器如图 5-2-1 所示。

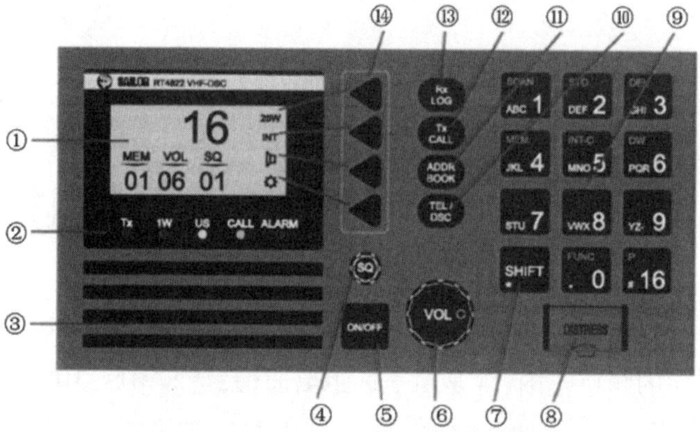

图 5-2-1　SAILOR RT4822 型 VHF 通信设备功能键及液晶显示器

①显示屏。

②指示灯。

指示灯闪亮的条件：

Tx：发射信息；

1W：输出 1 W（低功率）的发射模式；

US：频道模式转换为美国频道；

CALL：接收到 DSC 呼叫；

ALARM：接收到遇险呼叫。

③扬声器。

④噪声控制旋钮。

⑤电源开关。

⑥音量控制旋钮。

⑦功能转换按键，按下此键后，黄色的功能键起作用。

⑧遇险报警按钮，防止误发报警，掀起盖子，按住此键保持 3 s，遇险报告就可以发送出去。

⑨数字键盘。

⑩TEL/DSC 功能转换按键。

在 TEL 模式下，显示并选择无线电话参数；

在 DSC 模式下，显示并选择 DSC 参数。

⑪在 DSC 模式下打开地址簿。

⑫发射呼叫按钮，按此键建立一个 DSC 呼叫。

⑬在 DSC 模式下打开接收到的呼叫接收记录。

⑭显示键。每个键的功能都分别在显示器右边显示出来。

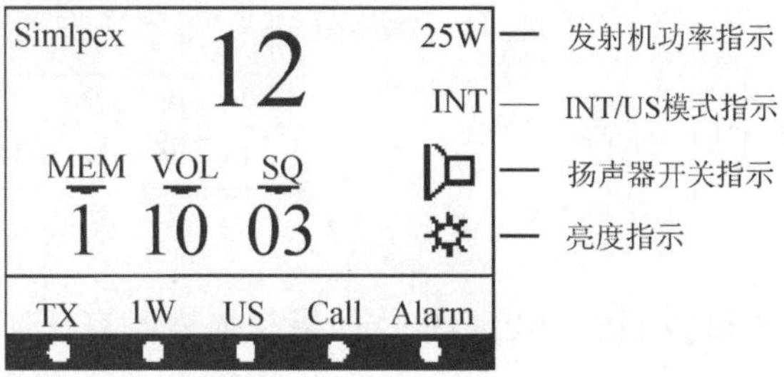

二、电话模式的操作

1.设置频道模式

本机有两种设置频道模式，可根据本船所在的海区来选择国际频道（INT）/美国频道（US）模式或者国际频道（INT）/欧洲频道（BI）。国际频道模式在除了美国水域外的世界海域使用，美国频道模式在美国水域内使用，欧洲频道模式在欧洲河流水域使用。

（1）设置 INT/US 频道模式

如果 VHF 有 INT 和 US 两种模式选择，则可以通过按[INT]键在两种频道模式下进行选择。当选用 US 模式时，黄色的 US 显示灯发光；如果不是，则在 INT 模式下运行。

（2）设置 INT/BI 频道模式

如果 VHF 有 INT/BI 两种模式选择，则可以通过按[INT]键在两种频道模式下选择。当选用 BI 模式时，黄色的 BI 显示灯发光；如果不是，则在 INT 模式下运行。

2.话音频道存储（记忆）设置

SAILOR RT4822 VHF 系统有 8 个单独的存储表（0~7）来存储扫描频道，每个存储表都可包含系统中所有的频道，为了区分列表，每一个列表都有一个数字代码（0~7），每个数字可附加一个不超过 7 个字母的名称。

操作步骤如下：

①同时按[SHIFT]键和[4]键。

显示器显示信息“SEL”和“MEM”符号。显示器左下角部分将会显示扫描表的数字代码和名字。

②按数字键[0]。

显示器将会显示新的扫描表 0。

③存储频道。

例如输入 08。

④同时按[SHIFT]键和[4]键存入 08 频道，依此类推。

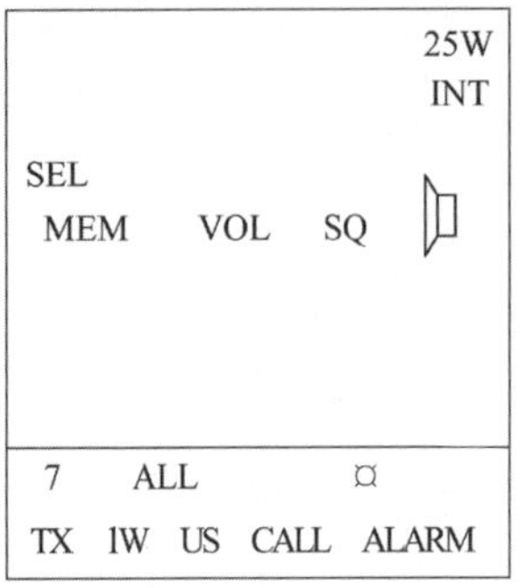

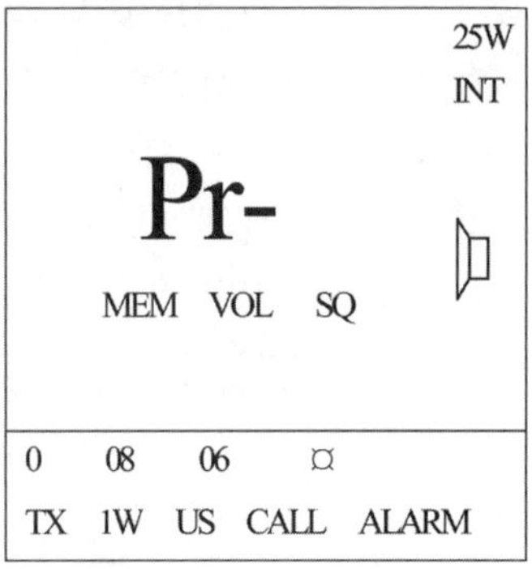

3.频道扫描

①同时按[SHIFT]键和[1]键,开始扫描。如果扫描表没有任何频道,则显示器会显示“NO MEM EMPTY”。

②查看已存储的频道。

③同时按住[SHIFT]键和[1]键不动,将按存储的顺序自动显示所存储的频道号。

4.停止扫描

扫描在进行中可以通过以下步骤来终止:

①同时按[SHIFT]键和[1]键。

②按[CH16]键。

系统使用快捷键[CH16]来重新设置普通的 VHF 操作。

注意: VHF 在扫描过程中,被扫描的频道如果一直没有任何信号,显示屏将显示“Pr-”,保持扫描状态;如被扫描的频道有信号,显示屏将显示频道号,同时扬声器(或听筒)听到对方的讲话声音。如需要,此时拿起手机即可通话。

5.添加一个频道到扫描表中

①选择频道号(在显示器上显示),然后同时按[SHIFT]键和[2]键。例如添加频道 CH06 到扫描表 1 中。

②按[DW6]键,CH06 被选择。

③同时按[SHIFT]键和[2]键。

6.在扫描表中删除一个频道

①选择频道号(在显示器上显示),然后同时按[SHIFT]键和[3]键。例如把 CH06 频道从扫描表 0 中删除。

②按[DW6]键,CH06 被选择。

③同时按[SHIFT]键和[3]键,CH06 被删除,显示器将会显示扫描表中的下一个频道。如果扫描表中没有频道可删除,显示器将会显示信息“MEM EMPTY(内存已空)”。

7.VHF 双值守的设置

启动 06 频道和 16 频道的双值守:

同时按[SHIFT]键和[6]键。

当双值守在运行时,将会在显示器上显示“DW”,优先的频道将会在显示器的右下角显示。

备注：扫描表 6 为船与船之间进行通信的频道。

扫描表 7 为系统中的所有频道。

注意：不要随便改变在扫描表 6 和 7 预先设置的频道。这些扫描表用于船舶之间的 DSC 通信，改变频道可能会删除扫描表中已经设置好的用于船舶之间通信的频道。

三、DSC 模式的操作

1.遇险呼叫的编辑与发射

（1）直接发射

在紧急情况下，只要按下[DISTRESS]键就可以发出遇险呼叫。呼叫内容包括遇险船的 ID、遇险所在位置和遇险时间。

遇险呼叫只有在紧急情况下才能使用，并且应在船长或当班驾驶员的监督下。

操作方法：

①打开电源（按[ON/OFF]键）。

②打开 DISTRESS 开关的报警发射保护罩。

③按下[DISTRESS]键发射遇险报警。

当按下[DISTRESS]键时，直至显示“RELEASE”后再松手（连续按 5 s，这期间 Tx 和 ALARM 指示灯闪烁）。

```
Press the DISTRESS button

For 5 seconds to transmit
TYPE：Distress
MSG：Undesignated
Pos：S：04°18′W：062°12′
Time：12：00 UTC        CANCEL
```

```
Waiting for
Distress
Acknowledgment

Retransmit distress
Call every 4 minutes    CANCEL
```

提示：遇险呼叫优先于其他所有的操作。

DSC 遇险信息发射后，每间隔 3.5~4.5 min 重复发射，直到被收到为止。

当本机连接导航设备时，发射的船位和时间将自动进入遇险信息中；如果没有连接导航设备，则发射的船位和时间信息是一个虚假的数据。当连接了打印机时，发射遇险信息的同时会将遇险信息自动打印出来。

（2）编辑发射

当没有连接导航设备时，需要采取手动方式在遇险电文中输入船位和时间。

```
Select type       ALL SHIPS
of call
                  DISTRESS
                  EXTENDED
                  MORE
```

操作方法：

①按[Tx CALL]键。

屏幕显示：

```
Select nature        COLLISION
                     SINKING
PIRACY
TYPE: Distress
NAT.:                MORE
```

②按 MORE[◀]键。

注意：为表述上的简单方便，将与“MORE”对应的[◀]键简写为“MORE[◀]键”，下文中出现的“×××[◀]键”皆表示与“×××”对应的[◀]键。

③按 DISTRESS[◀]键，显示选择遇险性质。

本机共有以下 11 种遇险性质：

COLLISION；

SINKING；

PIRACY；

UNDESIGNATED；

GROUNDING；

MOB；

ABANDONING；

FLOODING；

FIRE；

CAPSIZING；

DISABLED。

④通过按 MORE[◀]键来选择遇险性质。

本例选择遇险性质为“DISABLED”（船舶失控）。

```
Select nature        CAPSIZING
of distress
                     DISABLED
                     CANCEL
TYPE: Distress
NAT.:                AGAIN
```

⑤按 DISABLED[◀]键。

如果本船 GPS 船位、时间数据已自动输入，以下操作步骤可省略，直接按 ACCEPT[◀]键即可到达步骤⑪；否则：

```
Key in the position          ACCEPT
Toggle with '0'
<
>
TYPE: Distress
NAT. : Disabled
N: 00°00′ E: 000°00′         CANCEL
```

⑥按任一数字键输入船位。

本例选择南纬。

```
Key in the position        ACCEPT
Toggle with '0'
<
>
TYPE: Distress
NAT.  : Disabled
S: 00°00′ E: 000°00′    CANCEL
```

⑦按>[◀]键,光标提示输入数据。按数字键输入:0→4→1→8。

```
Key in the position      ACCEPT
Toggle with '0'
<
TYPE: Distress
NAT.  : Disabled
S: 04 °18′ E:            CANCEL
```

⑧按任一数字键选择西经。

```
Key in the position       ACCEPT
Toggle with '0'
<
TYPE: Distress             >
NAT.  : Disabled
S: 04 °18′ W:             CANCEL
```

⑨按>[◀]键,光标提示输入数据。按数字键输入:0→6→2→1→2。

```
Key in the position     ACCEPT
Toggle with '0'
<
TYPE: Distress
NAT.  : Disabled
S: 12°34′ W: 062°12′ CANCEL
```

⑩按 ACCEPT[◀]键,提示输入时间。按数字键输入:0→8→2→4。
⑪按 ACCEPT[◀]键确认。

```
Key in the position     ACCEPT
Toggle with '0'
<
TYPE  : Distress
NAT.  : Disabled
POS   : S: 04°18′  W: 062°12′
Time: 08: 24 UTC     CANCEL
```

⑫打开遇险报警塑料盖,按[DISTRESS]键 5 s 发射遇险报警信息。

```
Press the distress button
For 5 seconds to transmits
TYPE: Distress Simplex
NAT: Disabled
POS: S: 04°18′ W: 062°12′
Time: 08: 24UTC     CANCEL
```

报警信息发射完毕以后,显示等待遇险确认,如果收不到任何岸台或船台的确认信息,每间隔 4 min 将自动重复发送(理论上要求每间隔 3.5~4.5 min 重复发送)。

```
Waiting for
Distress
Acknowledgment
Retransmit distress
Call every 4 minutes      CANCEL
```

2.遇险呼叫的转发

遇险呼叫的转发有直接转发和编辑转发两种方法,现分别介绍。

收到遇险呼叫后经过一段时间(约 5 min)的守听和观察,如果没有任何岸台或船台对遇险船采取救援措施而本船能将遇险船的信息进行转发,则在船长确认后可进行转发。

(1)直接转发

①按 VIEW[◄]键。

Distress	
Call received	
FROM：586123456	VIEW

屏幕显示：

Call contents	
First page	
Time：08：24：18 Apr 07	
TYPE：Distress	
FROM：519621212	
NAT：Undesignated	MORE

②按 MORE[◄]键。

Call contents	RELAY
Second page	REPLY
Position Unknown	CANCEL
COMM：Simplex	
	AGAIN

③按 RELAY[◄]键。

屏幕显示：

Setup distress	ALL SHIPS
Relay call	
By selecting	INDIVIDUAL
Address entry	
	CANCEL

遇险转发根据本船所在位置可选择向附近的岸台或向所有船转发,本例选择向所有船转发。

④按 ALL SHIPS[◄]键。

Select SEND	SEND
to transmit	MORE
TYPE：ALL SHIPS	
COMM：Distress relay simplex	
SHIP：519621212	
POS：S：04°18′ W：062°12′	
ACKN：CALL	CANCEL

⑤按 SEND[◄]键,转发遇险信息。

如果选择按 MORE[◄]键。

屏幕显示：

Select SEND	SEND
to transmit	MORE
Call contents second page	
Distress relay	
CAT：Distress	
NAT：Undesignated	
Time：08：24 UTC	CANCEL

按[SEND]键转发遇险信息。

(2)编辑转发

如果本船收到的遇险船发出的遇险信息是通过其他方式收到的,则进行转发时需要按以下方法进行编辑:

①[Tx LOG]键→MORE[◀]键→EXTENDED[◀]键→MORE[◀]键。

屏幕显示:

```
Select type of        ALL SHIPS
Extended call
DISTRESS RELAY
CANCEL
TYPE                      AGAIN
```

本例选择向某一岸台转发。

②按 INDIVIDUAL[◀]键。

```
Select type of        ALL SHIPS
Relay address        INDIVIDUAL

TYPE:                    CANCEL
```

③输入某一岸台 ID,按数字键输入:0→0→5→2→6→2→3→4→5。

```
MMSI number of         UNKNOWN
Ship in distress         KNOWN
TYPE: Individual
TO: 005262345
COMM: Distress relay    CANCEL
```

④ACCEPT[◀]键→KNOWN[◀]键。

⑤输入遇险船 ID,按数字键输入:5→1→9→6→2→1→2→1→2。

```
Key in MMSI of          ACCEPT
Ship in distress
                           <
TYPE: Individual
TO: 005262345
COMM: Distress relay
SHIP: 519621212         CANCEL
```

⑥按 ACCEPT[◀]键。

屏幕显示:

```
Select nature        COLLISION
                       SINKING
TYPE: Individual
TO: 005262345
COMM: Distress relay    PIRACY
SHIP: 519621212         CANCEL
NAT:                      MORE
```

⑦通过按 MORE[◀]键选择遇险性质。

本例选择着火。

```
Select nature       ABANDONING
                      FLOODING
TYPE: Individual
TO: 005262345
COMM: Distress relay      FIRE
SHIP: 519621212
NAT:                      MORE
```

⑧按 FIRE[◀]键。

⑨输入:04°18′S,62°12′W。

⑩按 ACCEPT[◀]键,显示:

```
Key in the position        ACCEPT
                                <
To: 005862345
COMM: Distress relay            >
SHIP: 519621212
NAT: Fire
S: 04°18′ W: 062°12′ CANCEL
```

⑪输入遇险船的遇险时间:0→8→2→4。

```
Key in the position        ACCEPT
Time of position                <
COMM: Distress relay
SHIP: 36312345
NAT: fire
S: 04°18′  W: 062°12′
Time: 08: 24   UTC    CANCEL
```

⑫按 ACCEPT[◀]键, 显示:

```
Select type of          SIMPLEX
Communication
                           INFO
SHIP: 36312345
NAT: fire
S: 04°18′ W: 062°12′
Time: 08: 24   UTC
COMM:                      MORE
```

⑬按 SIMPLEX[◀]键,显示:

```
Select send                  SEND
to transmit
TO: 005262345
COMM: Distress relay Simplex
SHIP: 519621212
Pos:   S: 04°18′ W: 062°12′
ACKN: Request             CANCEL
```

⑭按 SEND[◀]键,转发遇险信息。

3.选择性呼叫的编辑与发射

操作方法:

①按[Tx CALL]键,显示:

```
Select type               SHORE
of call
SHIP
LAST
CALL
MORE
```

②MORE[◀]键→EXTENDED[◀]键→INDIVIDUAL[◀]键,显示:

```
Key  the                 ACCEPT
MMSI number
<
DIRECTORY
TYPE: Individual
TO: 000000000            CANCEL
```

③按<[◀]键,光标提示输入被呼叫方 ID。

④按数字键输入:4→1→5→5→3→1→7→4→2。

```
Key the                  ACCEPT
MMSI number
<
DIRECTORY
TYPE: Individual
TO : 415531742           CANCEL
```

⑤按 ACCECT[◀]键,显示通信优先等级。

选择常规通信:

```
Select type              ROUTINE
of category

URGENCY
TYPE: Individual         DISTRESS
TO: 415531742
CAT:                     MORE
```

⑥按 ROUTINE[◀]键。

选择单工通信:

```
Select type              NO INFO
additional msg
                         POSITION
TO     : 415531742
CAT    : Routine         NEUTRAL
TYPE   : Individual
COMM   : Simplex
TEL2   :                 CANCEL
```

⑦按 SIMPLEX[◀]键。

```
Select type              SIMPLEX
Telecommand1
                         NO INFO

TYPE   : Individual
TO     : 415531742       POLLING
CAT    : Routine
COMM   :                 MORE
```

⑧按 NO INFO[◀]键,在 TEL2 选择"No info"。

选择工作频道:

```
Select type              NO INFO
Additional msg
                         POSITION
TO     : 415531742
CAT    : Routine         CHANNEL
COMM   : Simplex
TEL2   : No info
AD.    :                 CANCEL
```

⑨按 CHANNEL[◀]键,光标闪烁提示输入工作频道,按数字键 6→8 键。

```
Key in the               ACCEPT
Working channel

TO     : 415531742
CAT    : Routine
COMM   : Simplex
TEL2   : No info
AD.    : Working CH68 CANCEL
```

⑩按 ACCEPT[◀]键。

```
Select with or                  WITH
Without answer
                             WITHOUT
CAT     : Routine
COMM :    Simplex
TEL2    : No info
AD.     : Working CH68
ACKN  :                       CANCEL
```

⑪按 WITH[◀]键。

⑫如不发射，则按 CANCEL[◀]键取消；如发射，则按 SEND[◀]键。

```
Select send                     SEND
To transmit

TYPE   : individual
TO     :    415531742
COMM :    Simplex
AD.     : Working CH68
ACKN  : Request               CANCEL
```

发射结束等待对方确认，如果 5 min 内没有收到确认信息，本机将再一次自动发射呼叫。

```
Waiting for
Acknowledgement
CANCEL
```

收到对方返回的确认信号时，“CALL”指示灯将连续闪烁并伴随“嘀嘀”报警声，屏幕显示：

```
Lift HANDSET to Connect
Individual
Acknowledgement
received
FROM: 415573106           VIEW
```

按 VIEW[◀]键。

消除报警的同时改变显示内容：

```
Call contents
First page
Time: 08: 26: 16:    18 Apr 07
TYPE: Individual
FROM: 415573106
CAT: Routine
ACKN: Reply                  MORE
```

按 MORE[◀]键。

屏幕显示：

```
Call contents             CONNECT
Second page
COMM: Simplex
TEL2: No info
TO:    415531742
AD.:   Working CH68
          AGAIN
```

按 CONNECT[◀]键后，瞬间显示“Connecting”，即设备自动改至 CH68 频道，拿起电话即可通话。

```
                                  25W
         68     INT

   MEM      VOL   SQ
     2     13    07       ¤
```

4.选择性呼叫的确认

当本机收到岸台或其他船台发来的选择性呼叫时显示：

```
Lift HANDSET to connect
Individual
Call received
FROM：415573106          VIEW
```

“CALL”指示灯闪烁，并伴随“嘀嘀”报警声。

①此时按 VIEW[◀]键。

②按 MORE[◀]键。

显示：

```
Call contents
First page
Time：08：37：46：  09 Apr 07
TYPE：Individual
FROM：415573106
CAT：Routine
ACKN：Request            MORE
```

③按 CONNECT[◀]键。

显示：

```
Select   CONNECT       CONNECT
To reply call
COMM：Simplex           CHANGE
TEL2：  No info
AD：  Working 69        CANCEL
                         AGAIN
```

④按 SEND[◀]键发射。

确认信息发出后设备自动转入工作频道，此时拿起电话即可通话。

```
Select SEND                SEND
to transmit
TYPE：Individual
TO：415573106
COMM：Simplex
AD：Working 69
ACKN：Reply              CANCEL
```

⑤如果不同意对方要求，则可按 CHANGE[◀]键。

```
Select   CONNECT       CONNECT
To reply call
COMM：Simplex           CHANGE
TEL2：  No info
AD：  Working 69        CANCEL
                         AGAIN
```

⑥再按 UNABLE[◀]键。

```
Select info            CHANNEL
to change
UNABLE
        CANCEL
```

显示：

```
Select type of       NO REASON
Reason              CONGESTION
COMM：Unable to com       BUSY
TEL2：                    MORE
```

如果需要向对方台解释不同意的原因，可以通过按 MORE[◀]键来选择，本机有：NO REASON、CONGESTION、BUSY、QUEUE、BARRED、NO OPER TEMPORARILY、DISABLED、NO CH、NO MIDE，可根据实际情况选择。

本例选择 BUSY。

⑦按 BUSY[◀]键。

⑧按 SEND[◀]键发送确认信息。

```
Select SEND                    SEND
to transmit
TYPE: Individual
TO: 415573106
COMM: Unable to com
AD: No info
ACKN: Reply                  CANCEL
```

5.对某一组（群）船队呼叫的编辑与发射

操作步骤如下：

①[Tx CALL]键→MORE[◀]键→EXTENDED[◀]键→GROUP[◀]键。

屏幕显示：

```
Select type of         INDIVIDUAL
extended call
                            GROUP
                            G.AREA
TYPE:                        MORE
```

②按<[◀]键。

光标闪烁提示输入数据。

③按数字键输入：4→1→2→0→0→4→1→8。

```
Key in group               ACCEPT
MMSI number
<
TYPE:                      CANCEL
TO: 041200418               AGAIN
```

④按 ACCEPT[◀]键。

⑤按 MORE[◀]键。

选择船舶业务。

```
Select type               ROUTINE
of category
                          URGENCY
TYPE: Group call         DISTRESS
TO   : 041200418
CAT  :                       MORE
```

⑥按 BUSINESS[◀]键。

```
Select type                SAFETY
of category
                         BUSINESS
TYPE: Group call           CANCEL
TO   : 041200418
CAT  :                      AGAIN
```

⑦将 COMM 选项设置为“Simplex”。

```
Select type              NO INFO
Telecommand2
                         MEDICAL
TYPE  : Group call
TO    : 041200418
CAT   : Business         NEUTRAL
COMM  : Simplex
TEL2  :                  CANCEL
```

⑧按 CHANNEL[◀]键。

光标闪烁提示输入数据。

⑨按数字键输入:6→8。

```
Key in the                 ACCEPT
Working channel
TO    : 041200418
CAT   : Business
COMM  : Simplex
TEL2  : No info
AD.   : Working CH: 68 CANCEL
```

⑩按 ACCEPT[◀]键。

```
Select with or             WITH
Without answer
                           WITHOUT
CAT   : Business
COMM  : Simplex
TEL2  : No info
AD.   : Working CH: 68
ACKN  :                    CANCEL
```

⑪按 WITHOUT[◀]键。

```
Select with or             SEND
To transmit
TYPE  : Group call
TO    : 041200418
COMM  : No info
AD.   : Working CH: 68
ACKN  : Call               CANCEL
```

⑫按 SEND[◀]键。

发射结束后,将改至工作频道。

如果需要船舶确认应选择以下步骤:

⑬按 WITH[◀]键。

显示:

```
Select with or             SEND
To transmit
TYPE  : Group call
TO    : 041200418
COMM  : No info
AD.   : Working CH: 68
ACKN  : Request            CANCEL
```

⑭按 SEND[◀]键。

显示:

```
Waiting for
Acknowledgement

CANCEL
```

6.对所有船舶呼叫的编辑与发射

操作方法：

①按[Tx CALL]键。

显示：

```
Select type          SHORE
of call
SHIP
LAST CALL
MORE
```

②MORE 键→Allships[◀]键，光标闪烁提示输入工作频道。

③按数字键输入：0→6。

```
Key in the           ACCEPT
Working channel

TYPE  : All ships
CAT   : Safety
COMM  : Simplex
AD.   : Working CH06 CANCEL
```

④按 ACCEPT[◀]键。

```
Select send            SEND
To transmit

TYPE  : All ships
CAT   : Safety
AD.   : Working CH06
ACKN  : Call         CANCEL
```

⑤按 SEND[◀]键。

```
Are you sure
Press Yes for 5 seconds
              YES
TYPE : All ships
CAT  : Safety        CANCEL
```

注意：如果优先等级选择安全，则按[SEND]键即可发射，信息发送结束设备将自动改至工作频道。

7.建立与陆地公众通信电话网的通信

由于船舶使用甚高频无线电话，而陆地用户使用的是有线电话，要使双方进行通话必须经过海岸电台专用设备进行转换才能实现。

选择此项业务必须满足以下条件：

①所选择的海岸电台必须在本船设备的覆盖范围；

②所选择的海岸电台必须开放此项业务。

操作步骤如下：

①按[Tx CALL]键。

```
Select type           SHORE
                       SHIP
               LAST    CALL
```

②按 SHORE[◀]键。

③输入岸台 ID：0→0→5→8→7→6→5→0→1。

④按 ACCEPT[◀]键。

显示:

```
Key in the coast        ACCEPT
MMSI Number
                          <
                        DIRECTORY
TYPE: Individual
TO: 005876501            CANCEL
```

⑤输入陆地用户电话:5→1→0→7→2→2→0→0→0→0→4→1→8。

```
Key in the               ACCEPT
Phone   Number
                           <
TYPE: Phone call
TO: 005876501
TEL:5107220000418        CANCEL
```

⑥按 ACCEPT[◀]键。

显示:

```
Select send                 SEND
to transmit
TYPE: Phone call
TO: 005876501
TEL:5107220000418
ACKN: Request             CANCEL
```

⑦按 SEND[◀]键。

⑧等待确认。

屏幕显示:

```
Waiting for

Acknowledgement
                           CANCEL
```

收到确认信息后并按该台的建议改至工作频道实现通话。

8.功能菜单的使用

本机有可供设置的功能菜单,本章介绍怎样使用这些功能菜单。

(1)SAILOR RT4822 VHF DSC 设备自检

①打开设备电源。

②按[SHIFT]+[FUNC]键,进入功能菜单。

显示:

```
Select function or          USER
Group of settings
                         TELEPHONE
                               DSC
                              MORE
```

③按 DSC[◀]键后,再按 MORE[◀]键。

显示:

```
Select type of          TEST
DSC settings
                        AUTO ACKN
                        CANCEL
                        AGAIN
```

④按 TEST[◀]键。

显示：

```
Select type of          INTERNAL
 test call
EXTERNAL
The call will be
received as usual          AGAIN
```

⑤按 INTERNAL[◀]键。

显示：

```
INDIVIDUAL
CALL RECEIVED
FROM：XXXXXXXXX
```

(2)查看本机自识别码

①按[SHIFT]+[FUNC]键,进入功能菜单。

②按[DSC]键。

显示：

```
Select type of              MMSI
                    DSC settings
POSITION


                            TIME

                            MORE
```

③按[MMSI]键。

显示：

```
MMSI number

MMSI：XXXXXXXX
Grp. 1：000000000
Grp. 2：000000000

                        CANCEL
```

(3)改变显示器的对比度

①按[SHIFT]+[FUNC]键,进入功能菜单。

②按[USER]键。

显示：

```
Select type of           DISPLAY
general user               SOUND
functions                VERSION
                            MORE
```

③按[DISPLAY]键。

显示：

```
Select type of          CONTRAST
display settings
                       BACKLIGHT
                            MODE
                           AGAIN
```

④按[CONTRSAT]键。

显示：

```
Use ∧ to change value     ACCEPT
    ∨
                               ∧
Contrast：6                    ∨

                          CANCEL
```

改变对比度的值(∧——变暗,∨——变亮);

CANCEL:跳出菜单回到原来的对比度。

ACCEPT:接受调整后的对比度值。

9.地址簿 ADDR BOOK

①按 ADDR BOOK[◀]键,打开地址簿菜单。

②按 ADDR BOOK[◀]键,接收呼叫,进入发射菜单。

③按 MORE[◀]键,进入下一屏。

```
Select ADD to               ADD
mark a new call
                         DELETE
                         CANCEL
                          AGAIN
```

④按 ADD[◀]键,在地址簿中存储一个新的呼叫。

⑤按 DELETE[◀]键,删除一个呼叫。

⑥按 CANCEL[◀]键,返回。

10.接收日志 RX LOG

①按 RX LOG[◀]键。

②按 CALLS[◀]键,查看一般呼叫。

③按 ALARM CALLS[◀]键,查看报警呼叫。

```
Select type of          CALLS
message to view
                  ALARM CALLS
                       CANCEL
```

ALARM CALLS 的主要内容:遇险呼叫、遇险确认、遇险转发和紧急类的呼叫。

```
Call contents
First page
TIME : 11: 35: 56 21 Apr 07   ∧
TYPE : Individual           MSG
FROM: 412501503               ∨
CAT  : Routine
ACKN: Request              MORE
```

④按 CONNECT[◀]键,应答呼叫和设置频道。

⑤按 CHANGE[◀]键,改变应答。

⑥按 AGAIN[◀]键,再次观看第一页。

```
Select CONNECT         CONNECT
To reply call
COMM: Simplex           CHANGE
TEL2   : No info
AD     : Working CH68   CANCEL
                         AGAIN
```

第三节 FURUNO FM-8500 型 VHF 通信设备的操作

FM-8500 是日本 FURUNO 公司生产的 VHF 无线电通信设备，由主收发单元和两根天线构成，收发单元包括 VHF 发射部分、接收部分和 70 频道 DSC 值守机，性能和操作全部由前面板控制，如图 5-3-1 所示。该设备有两根天线，一根天线用于 VHF 发射和接收，另一根天线用于 DSC 值守。

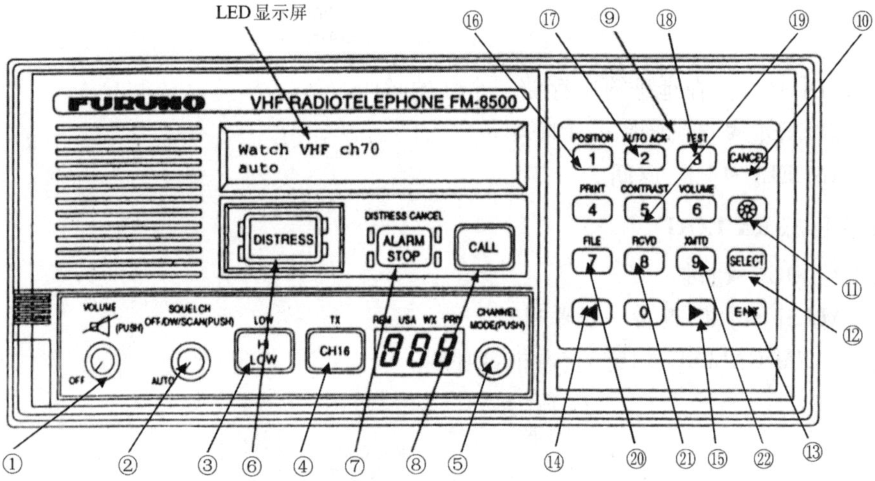

图 5-3-1 FURUNO FM-8500 型 VHF 通信设备

一、功能键的作用

①VOLUME：电源开关，音量控制及扬声器通断选择。

a.开机：顺时针转动该键钮，听到“咔嚓”声，接通本机电源；

b.关机：逆时针转动该键钮，听到“咔嚓”声，关闭本机电源；

c.音量控制：转动该键钮，调节扬声器音量；

d.扬声器通断：反复按此键钮，选择内部扬声器。

②SQUELCH：静噪、双值守、扫描控制。

转动该键钮，调整静噪电平。

反复按此键钮，选择双值守或扫描功能。

a.当 DW 亮时，选择双值守功能；

b.当 SCAN 亮时，选择扫描功能。

③HI/LOW：发射功率选择键，反复按此键，选择发射功率。

a.当 LOW 亮时，选择低功率(1 W)；

b.当 LOW 灭时，选择高功率(25 W)。

④CH16：按此键选择 CH16 频道。

⑤CHANNEL:频道、频道类型选择。

a.频道类型选择:按住此键,再反复按[CH16]键可选择频道类型。

USA 亮,表示选择美国频道;

WX 亮,表示选择气象频道;

PRIV 亮,表示选择私人频道;

以上三种频道类型指示灯均不亮,则表示选择国际频道(ITU)。

b.频道号码选择:转动该旋钮,选择所需频道号。

⑥DISTRESS:遇险报警操作按钮选择键,按住此键 4 s 以上,发射遇险报警。

⑦ALARM/STOP:报警中断按键。

a.当收到遇险或紧急信息时,该按键周围红灯闪烁并发出声响报警,按此键红灯灭,声响报警停止。

b.当收到常规呼叫信息时,该按键周围绿灯闪烁并发出声响报警,按此键绿灯灭,声响报警停止(如不按此键,则 5 s 后报警自动停止)。

⑧CALL:呼叫发射键。

⑨0~9:数字键,用于输入各种数据。

⑩CANCEL:删除键,用于清除输入错误。

⑪显示亮度设置键。

⑫SELECT:选择键。

⑬ENT:输入确认键。

⑭◀:左移键。

⑮▶:右移键。

⑯POSITION:查阅本船船位键。

⑰AUTO ACK:自动确认选择键。

反复按此键,显示器显示:

a.AUTO:本船收到对方发来的选择性呼叫时自动确认;

b.MANUAL:本船收到对方发来的选择性呼叫时人工确认。

⑱TEST:设备自检测试键。

⑲CONTRAST:显示器亮度调节。

⑳FILE:文件存储器,按此键可编辑各种信息并存储。

㉑RCVD:接收信息存储器,按此键可调取所收到的电文。

㉒XMTD:发射信息存储器,按此键可调取已发射的电文。

二、电话模式的操作

1.CH16 频道选择

按下[CH16]键在 16 频道通话。该频道是国际海上遇险和安全通信频道,除了遇险呼叫以外,在 16 频道上发射时,发射时间要控制在 1 min 内。

2.双值守功能选择

按一次[SQUELCH]键钮,选择当前频道和 16 频道同时值守。

双值守允许在 16 频道和其他任何频道上进行值守,16 频道和其他频道以 0.15 s 和 1 s 的间隔轮流值守。

3.扫描操作

再按一次[SQUELCH]键钮,接收机将按选定的频道按从小到大的顺序扫描,并按下列方法扫描 16 频道:

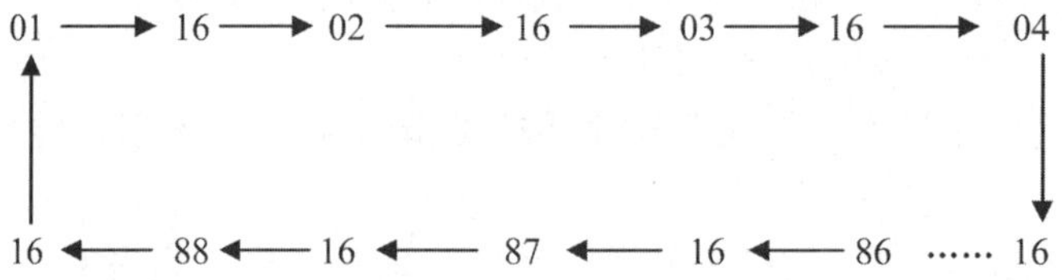

按[SQUELCH]键钮或[SCAN]键开始扫描,当接收机收到信号时,扫描将在此频道上停止,并开始在此频道和 16 频道上双值守。

三、DSC 模式的操作

1.船位和时间数据的输入

FM 8500 型设备在打开电源后,如果 GPS 信号与本机连接,船位数据将自动显示,不再需要人工输入;如果没有连接,则需要人工输入,否则,本设备将会断续发出“嘀嘀”报警声来提示输入船位和时间数据。

具体操作步骤如表 5-3-1 所示:

表 5-3-1　输入船位和时间数据的操作步骤

步骤	操作	显示内容	说明
1	打开电源	Watch VHF auto	旋转[VOLUME]键钮即可
2	按[SELECT]键	Setup menu<M.position>1 2 3 4 6 7 9 ALM	“1”连续闪烁,选择此项人工输入船位和时间
3	按[ENT]键	Position<--°--′---°--′> NORTH=--°--′S E W UTC	当前显示选择北纬,如选择南纬,则再按一下[▶]键即可
4	按[1]→[1]→[1]→[6]键	Position<--°--′---°--′> NORTH =11°16 S E W UTC	输入数据,本船选择 11°16′N
5	按[▶]键	Position < 11°16′N ---°--′> N SOUTH=---°--′E W UTC	确认已输入的纬度,纬度光标继续闪烁,显示目前选择在南纬,再按[▶]键一次进入经度选择
6	按[▶]键	Position<11°16′N ---°--′> N S EAST=---°--′W UTC	此屏显示东经,提示输入数据,如西经同样需再按一下[▶]键
7	按 1→6→2→1→2 键	Position <11°16′N ---°--′E> N S EAST=162°12 W UTC	输入数据,本船选择 162°12′E
8	按[▶]键	Position<11°16′N 162°12′E> N S E WEST=---°--′UTC	按[▶]键一次确认,经度光标继续闪烁,再按[▶]键一次确认
9	按[▶]键	Position<11°16′N 162°12′E> N S E W UTC=--:--	确认经度后,此时光标右移至“UTC”闪烁,提示输入时间数据

续表

步骤	操作	显示内容	说明
10	按 0→4→1→8 键	Position<11°16′N 162°12′E> N SE W UTC=04:18	输入时间数据
11	按[ENT]键	Watch VHF auto	确认已输入的时间,返回当前显示状态

2.初始化设置

初始化设置具体操作步骤如表 5-3-2 所示。

表 5-3-2　初始化设置操作步骤

步骤	操作	显示内容	说明
1	开机	Watch VHF auto	旋转[VOLUME]键钮即可
2	按[SELECT]键	Setup menu<M.Position>1 2 3 4 6 7 9 ALM	"1"闪烁,表示船位设置
	按[▶]键	Setup menu<Auto ackn>1 2 3 4 6 7 9 ALM	"2"闪烁,表示自动确认设置
3	按[ENT]键	Comply status<Able>UNABLE ABLE	"ABLE"闪烁,可按左、右选择其中一种,再按[ENT]键即可回到 VHF 自动值守模式;如选择 UNABLE,则原因解释如下:NOR(没有申明理由)、BSY(频道忙)、DSA(设备不能使用)、CH(频道不能使用)、MOD(不能使用这种模式)
4	按[▶]键	Setup menu<Print out>1 2 3 4 6 7 9 ALM	"4"闪烁,表示打印输出设置
5	按[ENT]键	Print out< Manu> AUTO MANU EEPROM	
6	按[▶]键	Setup menu < sound > 1 2 3 4 6 7 9 ALM	"6"闪烁,表示按键响声设置
7	按[ENT]键	Keyboard click<ON>ON OFF	"ON"闪烁
8	按[◀]、[▶]键	Keyboard click<ON>ON OFF	通过[◀]、[▶]键即可选择声响打开或关闭
9	按[▶]键	Setup menu<File>1 2 3 4 6 7 9 ALM	按[▶]键至"7"闪烁,表示进入 DSC 文件编辑状态
10	按[▶]键	Setup menu < System > 1 2 3 4 6 7 9 ALM	"9"闪烁,表示进入系统设置状态
11	按[▶]键	Set up menu < System > 1 2 3 4 6 7 9 ALM	"Alarm"闪烁,表示进入报警设置状态

3.遇险呼叫的发射

遇险呼叫分为直接发射与编辑发射两种。

(1)直接发射

在紧急情况下,只要按下[DISTRESS]键就可发出遇险呼叫。呼叫内容包括遇险船的 ID、遇险所在位置和遇险时间。

遇险呼叫只有紧急情况下才能使用,并且应在船长或当班驾驶员的监督下。

操作方法:

打开 DISTRESS 开关的盖子。

按下[DISTRESS]键 4 s。

当按下[DISTRESS]键时,[DISTRESS]键周围会出现红灯闪烁并发出声响报警,发射遇险信息。

提示:遇险呼叫优先于其他操作。

DSC 遇险信息首先连续发射 5 次,然后每隔 3.5~4.5 min 重复发射,直到被收到为止。

当本机连接导航设备时,发射的船位和时间将自动进入遇险信息中;如果没有连接导航设备,则发射的船位和时间信息是一个虚假的数据。

当连接了打印机时,遇险信息发射的同时将被自动打印出来。

(2)编辑发射

当没有连接导航设备时,需要采取手动方式在遇险电文中输入船位和时间。

操作步骤如表 5-3-3 所示:

表 5-3-3 编辑发射遇险呼叫的操作步骤

步骤	操作	显示内容	说明
1	开机	Watch VHF auto	
2	按[ENT]键	* VHF Call Message * Format? INDIVIDUAL	"Format?"不断闪烁,提示选择格式符
3	按[SELECT]键	Calltype < Individual > IND TEL ALL R/A R/S DIS GRP GEO POS POL MED MEU	DSC 电文共有 12 项,当前显示 Individual
4	按[◀]、[▶]键	Calltype<Distress Call>IND TEL ALL R/A R/S DIS...	选择格式符(按[◀]、[▶]键选择)本例选择 DISTRESS
5	按[ENT]键	* VHF Call Message * Format: DISTRESS	确认所选择项
6	按[ENT]键	Nature of distress? UNDESIGNATED DISTRESS	提示选择遇险性质
7	按[SELECT]键	N of d<Undesignated>UND FIR FLO COL GRO LIS SIN ADR ABA PIR MAN	遇险性质共有 11 种选择:Undesignated 性质不明;Fire explosion 着火,爆炸;Flooding 进水;Collision 碰撞;Grounding 搁浅;Listing,Capsizing 倾斜,倾覆;Sinking 下沉;Disabled&adrift 失控,漂流;Abandoning 弃船;Piracy/Armed Robbery Attack 海盗/武装抢劫;Man overboard 人员落水

续表

步骤	操作	显示内容	说明
8	按[◀]、[▶]键	N of d<FIR>UNA FIR FLO COL GRO LIS	选择遇险性质(按[▶]键选择)本例选择 FIR
9	按[ENT]键	Position? --°--′---°--′UTC? --:--manual	提示人工输入遇险船位和遇险时间
10	按[SELECT]键	Position< --° --′ ---° --′ > NORTH=--°--′S E W UTC	选择纬度
11	按[▶]键	Position< --° --′ ---° --′ >N SOUTH=--°--′E W UTC	本例选择南纬
12	按[0]→[4]→[1]→[8]键	Position< --° --′ ---° --′ >N SOUTH=11°16′E W UTC	输入数据
13	按[▶]键	Position<11°16′S---°--′>N S EAST=---°--′W UTC	确认经度,当前显示选择东经
14	按[▶]键	Position<11°16′S---°--′>N S E WEST=---°--′W UTC	本例选择西经
15	按[1]→[6]→[2]→[1]→[2]键	Position<11°16′S---°--′>N S E WEST=162°12′W UTC	输入数据
16	按[▶]键	Position<11°16′S 162°12′W>N S E W UTC=--:--	提示选择输入时间
17	按[0]→[4]→[1]→[8]键	Position<11°16′S 162°12′W>N S E W UTC=04:18	输入当前遇险时间
18	按[ENT]键	Telecom1:SIMPLEX TP	选择单工电话通信
19	按[ENT]键	* Ready for calling * DISTRESS CALL CH70	
20	按[DISTRESS]键		按此键 4 s 发射遇险信息

4.遇险呼叫的转发

遇险转发要根据现场情况由船长或有关驾驶员临时决定,当本船收到遇险船发出的遇险信息 3.5~4.5 min 内没有任何岸台或船台转发时,才可进行(通常由岸台进行)。

转发分为直接转发和编辑转发两种。

(1)直接转发(具体步骤如表 5-3-4 所示)

表 5-3-4 直接转发的操作步骤

步骤	操作	显示内容	说明
		Received DISTRESS CALLID: 123456789 CH70	显示器显示本船在 CH70 上收到一条识别码为 123456789 的船舶发出的遇险信息
1	按[ENT]键	UNDESIGNATED DISTRESS Pos: 11°16′S 162°12′W 04:18	遇险性质不明,遇险位置在 11°16′S,162°12′W,遇险时间为 04:18
2	按[ENT]→[ENT]键	Acknowledge Call (RELAY) Ack RELAY END NEXT DEL	连续按两次[ENT]键,“RELAY”光标闪烁,提示选择转发对象

续表

步骤	操作	显示内容	说明
3	按[ENT]键	Distress relay call Format? ALL SHIPS	提示选择转发对象
4	按[SELECT]键	Relay type (Relay all) ALL IND	如果选择向所有船发送,直接按[ENT]键(5~8 项可略),再按[CALL]键即可发出
5	按[▶]键	Distress relay call Format? INDIVIDUAL	"Format?"光标闪烁,本例选择向某一岸台转发
6	按[ENT]→[SELECT]键	Coast AD? (00--------) Input digits=004180722	输入岸台识别码 004180722
7	按[ENT]键	Read for calling DIST RELAY SEL CH70	
8	按[CALL]键	Wait for relay ack Dist:004180722 4.8 min	发射完毕,等待岸台应答

(2)遇险呼叫的编辑转发

编辑转发可选择向所有船转发和对邻近的某一岸台转发,下面分别介绍操作方法。

①向所有船转发

操作步骤如表 5-3-5 所示:

表 5-3-5 向所有船转发的操作步骤

步骤	操作	显示内容	说明
1	开机	Watch VHF auto	
2	按[ENT]键	VHF Call Message Format?	
3	按[SELECT]键	Calltype< >IND TEL ALL R/A R/S DIS→	选择格式符
4	按[◀]、[▶]键	Calltype<Relay all>IND TEL ALL R/A R/S DIS→	选择向所有船转发,将光标闪烁显示至 R/A
5	按[ENT]键	* VHF Call Message * Format:DIST RELAY ALL	选择向所有船转发
6	按[ENT]键	Distress:Ship ID? NO INFORMATION	"Ship ID?"光标闪烁,提示输入遇险船识别码
7	按[SELECT]→[6]→[2]→[1]→[2]→[1]→[2]→[4]→[1]→[8]键	Address<No inform>Input digits=621212418	按[SELECT]键,再输入遇险船识别码
8	按[ENT]键	Nature of distress? UNDESIGNATED DISTRESS	光标闪烁之处表示下一步选择遇险性质
9	按[SELECT]键	N of d<Undesignated>UND FIR FLO COL GRO LIS SIN ADR ABA PIR MAN EPB	当前光标显示为遇险性质不明,共有 12 种选择
10	按[◀]、[▶]键	N of d<Listing>UND FIR FLO COL GRO LIS…	本例选择 Listing
11	按[ENT]键	以下操作内容及步骤同上例(遇险呼叫的编辑发射)第 9~20 步	输入船位及时间等内容

②选择向邻近的海岸电台转发

操作步骤如表 5-3-6 所示：

表 5-3-6　向邻近海岸电台转发的操作步骤

步骤	操作	显示内容	说明
1	Watch VHF auto		
2	按[ENT]键	* VHF Call Message * Format? INDIVIDUAL	“Format?”光标闪烁，表示此项需要选择输入
3	按[SELECT]键	Calltype<INDIVIDUAL>IND TEL ALL R/A R/S DIS→	按[◀]、[▶]键，选择向岸台转发，将光标闪烁指示至 R/S
4	按[ENT]键	* VHF Call Message * Format: DIST RELAY SEL	选择性遇险转发
5	按[ENT]键	Coaststation address? --------	提示输入岸台地址码
6	按[SELECT]键	Coast AD<---------->Input digits =00-------	
7	[2]→[0]→[0]→[0]→[4]→[1]→[8]键	Coast AD<---------->Input digits =002000418	
8	按[ENT]键	Distress ship ID? NO INFORMATION	提示输入遇险船 ID，按[SELECT]键，输入遇险船 ID
9	按[6]→[2]→[1]→[2]→[1]→[2]→[4]→[1]→[8]键	Address<No inform> Input digits=621212418	输入遇险船 ID 数据，输入有误可按[CANCEL]键清除，重新输入
10	按[ENT]键	以下操作内容及步骤同上例(遇险呼叫的编辑发射)第 9~20 步	输入船位及时间等

5.遇险呼叫的确认

确认遇险呼叫的操作步骤如表 5-3-7 所示：

表 5-3-7　确认遇险呼叫的操作步骤

步骤	操作	显示内容	说明
		Received DISTRESS CALL ID:621212418 CH70	显示器显示：本船在 CH70 上收到一条识别码为 621212418 的船舶发出的遇险信息
1	按[ENT]键	UNDESIGNATED DISTRESS Pos:11°16′S 162°12′W 04:18	遇险性质不明，遇险位置在 11°16′S，162°12′W，遇险时间为 04:18
2	按[ENT]键	Simplex TP CH16 EOS:EOS ECC OK	选择格式符
3	按[ENT]键	Acknowledge call (ACK) ACK RELAY END NEXT DEL	光标“ACK”闪烁，按[ENT]键选择遇险确认
4	按[ENT]键	Acknowledge for calling DIST Ack Call CH70	
5	按[CALL]键	Distress relay call Format? ALL SHIPS	发送确认信息

6.选择性呼叫的编辑与发射

选择性呼叫的编辑与发射操作步骤如表 5-3-8 所示：

表 5-3-8 选择性呼叫的编辑与发射操作步骤

步骤	操作	显示内容	说明
1	开机	Watch VHF auto	
2	按[ENT]键	＊ VHF Call Message ＊ Format? INDIVIDUAL	"Format?"光标闪烁，表示此项应选择输入
3	按[SELECT]键	Calltype<INDIVIDUAL>IND TEL ALL R/A R/S DIS→	选择格式符
4	按[ENT]键	＊ VHF Call Message ＊ Format：INDIVIDUAL	选择 INDIVIDUAL
5	按[ENT]键	Address? No information Category：Routine	提示输入被呼叫台识别码
6	按[SELECT]键	Address<No inform>Input digits = ---------	
7	按[4]→[1]→[8]→[6]→[2]→[1]→[1]→[1]→[6]键	Address<No inform>Input digits=418621116	如数据输入有误，可按[CANCEL]键清除，重新输入
8	按[ENT]键	Address：418621116 Category? Routine	提示输入优先等级
9	按[SELECT]键	Category< Routine>DIS URG SAF ROU	按[◄]、[►]键选择常规通信
10	按[ENT]键	Telecom1? Simplex TP Telecom2：No information	
11	按[SELECT]键	Telecom1<Simplex TP>SMP DUP DAT FAX NO	共有 5 种选择，按[◄]、[►]键选择，本例选择单工电话
12	按[ENT]键	Channel? NONE	提示输入将要通话的工作频道
13	按[SELECT]键	Working channel<NONE>Input digits =	
14	按[6]→[8]键	Working channel<NONE>Input digits=68	选择工作频道 CH68
15	按[ENT]键	＊Ready calling＊INDIVIDUAL CALL CH70	
16	按[CALL]键	Wait for ack BQ Next CH70 4.9 min	发射结束后显示等待对方确认 5 min。如果 5 min 内未收到确认，则进行第 2 次发射，确认时间为 15 min

7.选择性呼叫的确认

选择性呼叫的确认分为自动确认和人工确认两种。

(1)自动确认

自动确认操作简单，打开主机电源后查看液晶显示屏值守状态，如果不在自动确认模式，则需要按数字键[2]，使之成为自动确认模式。在此模式下，当本机收到对方发来的选择性呼叫时，将自动发回确认信息并且自动改至对方建议的工作频道，此时只要拿起电话即可通话。

(2)人工确认

人工确认操作步骤如表 5-3-9 所示:

表 5-3-9 人工确认的操作步骤

步骤	操作	显示内容	说明
1	开机	Watch VHF manual	显示 VHF 值守状态。如果是自动确认模式(auto),则需要按数字键[2]使之成为 manual 模式
		Received ACK RQ ID:418621116 Routine	收到选择呼叫后本设备显示内容
2	按[ALARM STOP]键	Received ACK RQ ID:418621116 Routine	收到一份来自 418621116 船台的呼叫,消除报警
3	按[ENT]键	Simplex TP No information Channel:0069	对方要求在 CH69 频道进行单工电话通信
4	按[ENT]键	EOS:ACK RQ ECC:OK	本例选择 Pos.requst
5	按[ENT]键	Acknowledge call(ACK) ACK END NEXT DEL	"ACK"闪烁
6	按[ENT]键	Acknowledge call Telecom1? Simplex TP	"Telecom1?"闪烁,如同意对方的要求,则可直接按[ENT]键
7	按[ENT]键	Channel? 0069	
8	按[ENT]键	Ready for calling ACK BQ CALL CH70	
9	按[CALL]键	CALL Progress ACK BQ CALL CH70	发射收妥确认信息
		Watch VHF manual	设备将自动改至 CH69,取下手机开始通话

8.向所有船呼叫的编辑与发射

向所有船呼叫的编辑与发射操作步骤如表 5-3-10 所示:

表 5-3-10 向所有船呼叫的编辑与发射操作步骤

步骤	操作	显示内容	说明
1	Watch VHF CH70		
2	按[ENT]键	* VHF Call Message * Format? INDIVIDUAL	"Format?"光标闪烁,表示此项应选择输入
3	按[SELECT]键	Calltype < Allships > IND TEL ALL R/A R/S DIS→	选择格式符,按[◀]、[▶]键选择向所有船
4	按[ENT]键	* VHF Call Message * Format? ALL SHIPS	本例选择向所有船
5	按[ENT]键	Category? Routine Telecom1:Simplex TP	提示选择优先等级
6	按[SELECT]键	Category<Safety>DIS URG SAF ROU	按[◀]、[▶]键,选择安全通信
7	按[ENT]键	Category Safety Telecom1? Simplex TP	提示选择第一指令
8	按[SELECT]键	Telecom1<Simplex TP>SMP DUP DAT FAX NO	按[◀]、[▶]键选择单工电话
9	按[ENT]键	Telecom2:No information Channel? NONE	提示选择工作频道

续表

步骤	操作	显示内容	说明
10	按[0]→[6]键	Working channel<NONE>Input digits =06	按[SELECT]键,输入将要通话的工作频道 CH06
11	按[ENT]键	* Ready calling * ALL SHIPS CALL CH70	
12	按[CALL]键	Watch VHF auto	发射结束后自动转入 06 频道,拿起手机开始通话

9.建立与陆地公众电话用户的通信

通过 DSC 方式连接到一个陆地公众电话用户,采用此项业务的移动电台必须选择邻近并且开放此项业务的海岸电台作为中转台,而且必须在本设备的覆盖范围内。

操作步骤如表 5-3-11 所示:

表 5-3-11 建立与陆地公众电话用户的通信操作步骤

步骤	操作	显示内容	说明
1	开机	Watch VHF CH70	
2	按[ENT]键	* VHF Call Message * Format? INDIVIDUAL	"Format?"光标闪烁,表示此项应选择输入
3	按[SELECT]键	Calltype < Dialphone > IND TEL ALL R/A R/S DIS→	选择格式符,按[▶]键,本例选择 Dialphone
4	按[ENT]键	* VHF Call Message * Format? PSTN CALL	提示输入被呼台识别码
5	按[ENT]	Cast AD? ---------Tel No. ----------------	用户电话号码最多可输 16 位数字
6	按[4]→[1]→[6]→[0]→[4]→[1]→[8]键	Cast AD<--------->Inputs= 004160418	按[SELECT]键,输入岸台 ID
7	按[ENT]键	Cast AD<004160418>Tel No?	
8	按[SELECT]键	Telephone number DIGITS=-----------------	数据输入有误,可按[CANCEL]键清除,重新输入
9	按[8]→[7]→[8]→[6]→[2]→[0]→[1]→[9]→[6]→[2]→[1]→[1]→[1]→[6]键	Telephone number DIGITS= 87862019621116	输入陆地用户电话号码
10	按[ENT]键	ready for calling * PSTN CALL 004160418	
11	按[CALL]键		

10.对某一组（群）船队呼叫的编辑与发射

对某一组(群)船队呼叫的编辑与发射操作步骤如表 5-3-12 所示：

表 5-3-12 对某一组(群)船队呼叫的编辑与发射操作步骤

步骤	操作	显示内容	说明
		Watch VHF CH70	
1	按[ENT]键	* VHF Call Message * Format? INDIVIDUAL	“Format?”光标闪烁，表示此项应选择输入
2	按[SELECT]键	Calltype<Groupcall>IND TEL ALL R/A R/S DIS→	选择格式符，按[◀]、[▶]键选择，本例选择 Groupcall
3	按[ENT]键	* VHF Call Message * Format:GROUP CALL	确认输入
4	按[ENT]键	Group AD? No information Category:Routine	
5	按[SELECT]键	Group AD<No inform>Input digits =0--------	
6	按[4]→[1]→[2]→[0]→[1]→[4]→[1]→[8]键	Group AD<-------->Inputs =041201418	输入船队群呼码
7	按[ENT]键	Group AD:041201418 Category? Routine	提示输入优先等级
8	按[SELECT]键	Category<Routine>DIS URG SAF ROU	
9	按[◀]、[▶]键	Category<Safety>DIS URG SAF ROU	本例选择安全
10	按[ENT]键	Telecom1? Simplex TP Telecom2:No information	
11	按[SELECT]键	Telecom< Simplex TP>SMP DUP DAT FAX NO	选择单工电话
12	按[ENT]键	Channel? NONE	
13	按[SELECT]键	Working channel<NONE>Input digits =	选择工作频道
14	发射结束后自动回到 VHF 自动值守模式	Working channel<NONE>Input digits =13	
15	按[ENT]键	* Ready for calling * GROUP CALL CH70	
16	按[CALL]键	显示内容瞬间消失	
17	Watch VHF auto	发射结束后自动回到 VHF 自动值守模式	
18	改至 13 频道	Watch VHF auto	此时摘下手机开始通话

四、FM8500 VHF DSC 的自检

(1)设备自检测试

①开机后显示器显示：

Watch VHF CH70 auto

②按面板[TEST]键，对机器进行自检测试，正常时显示：

VHF DSC SELF TEST COMPLETED DAILY TEST VHF DSC：GOOD NO TX CHECK

同时伴有报警声，按[ALARM STOP]键或[CANCEL]键取消报警声。

③如显示“VHF DSC:NG(NO GOOD)”，则按[ENT]键查看屏幕，显示故障具体部位，以便报修。

一般显示：

a.TRANSMIT POWER:NG

b.TX PCB(PLL LOCK):NG

c.CONTROL PCB:NG

d.CH70 RX PCB:NG

④按[CONCEL]键，将回到正常状态。

(2)查看本机自识别码

①在开机后按[SELECT]键。

②移动光标至“9”，按[ENT]键。

③移动光标至“ID”再按[ENT]键，显示本船识别码。

第四节　SKANTI VHF1000 DSC 的操作

一、概述

SKANTI VHF1000 DSC 是船载 VHF 通信设备，带数字选择性呼叫功能，属于 A 类 DSC 设备，满足 IMO 对 VHF 与 DSC 的要求。该设备将 VHF 与 DSC 整合到一个单元之中，配有带背景灯的按键面板与易读的液晶显示器以及人工控制单元，友好的操作软件使 VHF 和 DSC 的

操作更加方便。

为了使安装更简便,SKANTI VHF1000 DSC 将控制单元集成在 VHF/DSC 收发机单元中,该收发单元输出功率为 25 W,通信距离为 40~50 n mile。此外,SKANTI VHF1000 DSC 还有一个 SPARC 总线接口,采用该接口可以在驾驶台上用分机话柄遥控主机设备的收发单元。无线电收发机单元与话柄控制单元的连接距离由设备的电压决定,当工作电压为 12 V 直流电时,它们之间的连接距离为 50 m;当工作电压为 24 V 时,它们之间的连接距离为 100 m。

二、功能键的作用及液晶显示器内容

SKANTI VHF1000 DSC 的按键面板如图 5-4-1 所示。

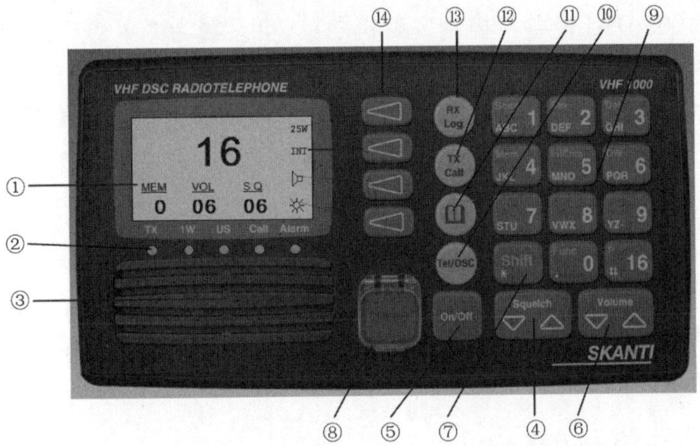

图 5-4-1 SKANTI VHF1000 DSC 按键面板

①显示屏。

②指示灯。

指示灯亮的条件:

TX:发送信息;

1W:输出功率为 1 W 的发射模式;

US:美国频道模式被激活;

Call:接收到 DSC 呼叫;

ALARM:接收到遇险呼叫。

③扬声器。

④静噪控制键。如果接收不到任何电台信号,则自动调节为静音。

⑤电源开/关键。

⑥音量调节键。

⑦功能转换键。按下此键后,黄色的功能键起作用。

⑧遇险报警按钮。为了防止误发报警,掀起盖子,按住此键保持 3 s,遇险报警才可以发送出去。

⑨数字键盘。

⑩Tel/DSC 功能切换键。

在 Tel 模式下，显示并选择无线电话参数；

在 DSC 模式下，显示并选择 DSC 参数。

⑪DSC 模式下打开地址簿。

⑫发射呼叫键。按下此键建立一个 DSC 呼叫。

⑬在 DSC 模式下打开接收日志。

⑭显示键。每个键的功能分别在显示器右侧与该键同一行的位置描述出来。

三、电话模式的操作

1.高/低发射功率转换

SKANTI VHF1000 DSC 设备可控制发射机功率，可设置为 1 W 或 25 W。低功率 1 W 由显示器上的指示灯指示，一些频道只能在 1 W 下工作，如国际频道中的 CH15、CH17、CH75、CH76，通过按“1 W”对应右侧软键在 1 W 与 25 W 之间切换发射机功率，如图 5-4-2 所示。

2.设置双值守

VHF 有双值守功能，可同时值守于一个优先级别高的频道（CH16）和一个被选定的频道。

（1）启动双值守

CH06 和 CH16（优先），选择 CH06 并按[Shift]+[6（DW）]键，当设备处于双值守状态时，显示器显示“DW”，并且优先频道 CH16 将显示于显示屏的右下角，如图 5-4-3 所示。

（2）停止双值守

停止双值守可采用 3 种方法：

①按下[Shift]+[6（DW）]键；

②双值守状态下，摘下话柄，按下[PTT]键，系统将停止双值守并选择当前双值守频道 CH06 进行发射；

③按[CH16]键，系统将结束双值守并切换到 CH16。

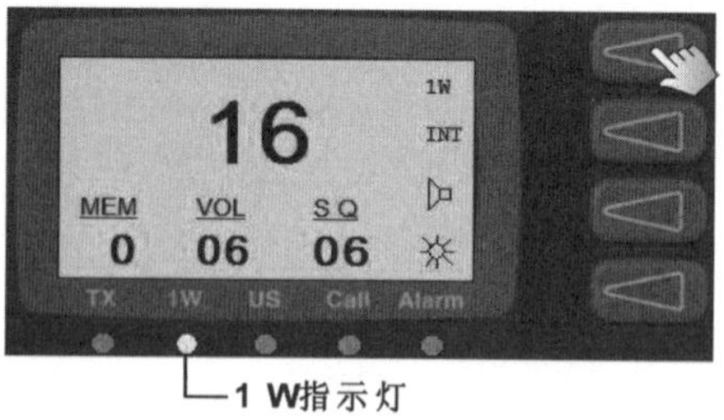

图 5-4-2　高/低发射功率转换

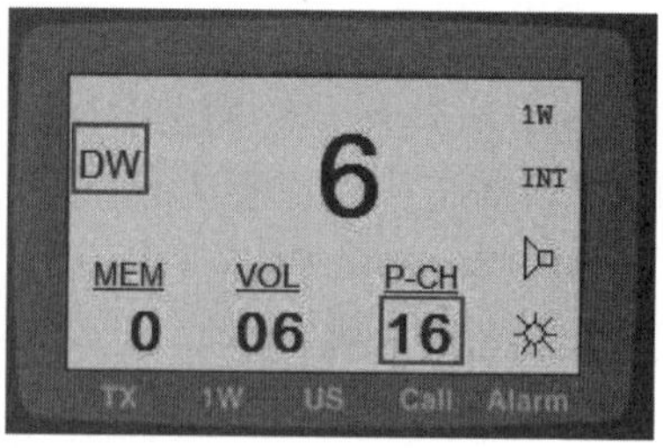

图 5-4-3　双值守显示

3.频道的存储和扫描

（1）频道的存储

①选择扫描表

SKANTI VHF1000 DSC 系统有 8 个独立的内存扫描表，这些内存扫描表用来存储频道，以便进行扫描，每个内存表可以包含系统内全部的可用频道。每个表有一个编号（0~7），并且编号后可附加一个最多 7 个字母的名称，以此区分扫描表。所选扫描表的编号显示在显示屏的左下角(MEM 下),如图 5-4-4 所示。

注意:不要修改扫描表 6 和 7 内已编好的频道,修改这些频道可能将本船从正在某些频道上进行的船间通信中排除出去。扫描表 6 为船与船之间进行通信的频道,扫描表 7 为系统中所有的频道。

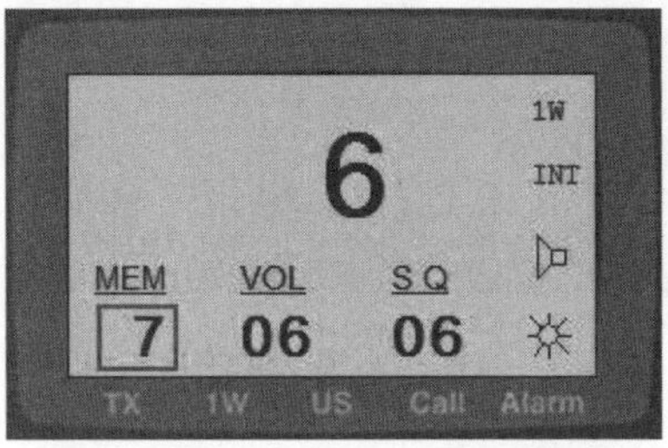

图 5-4-4 当前扫描表编号

②在扫描表中添加一个频道

以将 CH06 添加到当前扫描表(1 号)为例:按[6(DW)]键,设置当前工作频道为 CH06,如图 5-4-5 所示。然后按[Shift]+[2(Sto)]键,在 2 s 内显示屏将显示"STORES CH"(频道存储),表明 CH06 已经添加到当前的扫描表中,如图 5-4-6 所示。

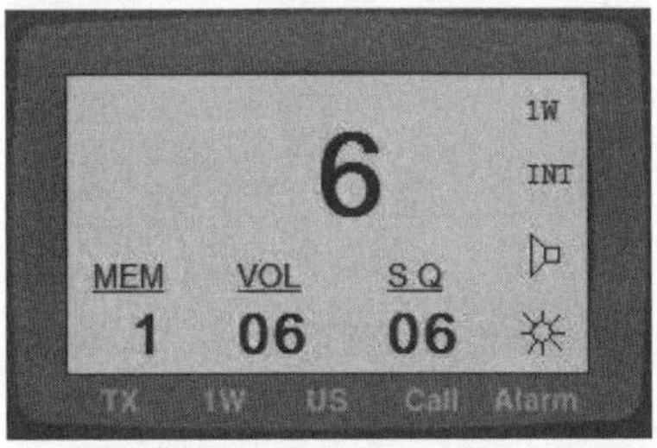

图 5-4-5 设置当前工作频道为 CH06

图 5-4-6 添加 CH06 到当前扫描表

③在扫描表中删除一个频道

以将 CH06 从当前扫描表(1 号)中删除为例:按[6(DW)]键设置当前工作频道为 CH06,如图 5-4-5 所示。按[Shift]+[3(Del)]键,1 s 内显示屏将显示"DELETE CH"(频道已删除),如图 5-4-7 所示,然后将显示扫描表中下一个频道,如果扫描表中没有其他频道,并且试图继续删除频道,则显示屏上将显示"MEM EMPTY"(内存已空),如图 5-4-8 所示。

图 5-4-7 从当前扫描表中删除 CH06 频道

图 5-4-8 当前扫描表为空

④查阅指定扫描表中所包含的频道

目前有两种方法查阅指定扫描表中所包含的频道:一种为按[Shift]+[1(Scan)]键持续

1 s,另一种为按[Shift]+[4(Mem)]键持续 1 s。显示屏上将分别显示该扫描表中包含的频道,如图 5-4-9 所示。

图 5-4-9　查阅当前扫描表包含频道

(2)频道扫描

①设置当前扫描表

按[Shift]+[4(Mem)]键,显示屏显示“SEL”信息和“MEM”符号,显示屏的底部显示扫描表的编号和名称,如图 5-4-10 所示。按[0(Func)]键,显示屏将显示当前扫描表的编号,并恢复到设置以前的工作频道,如图 5-4-11 所示,当前扫描表的编号为 0。

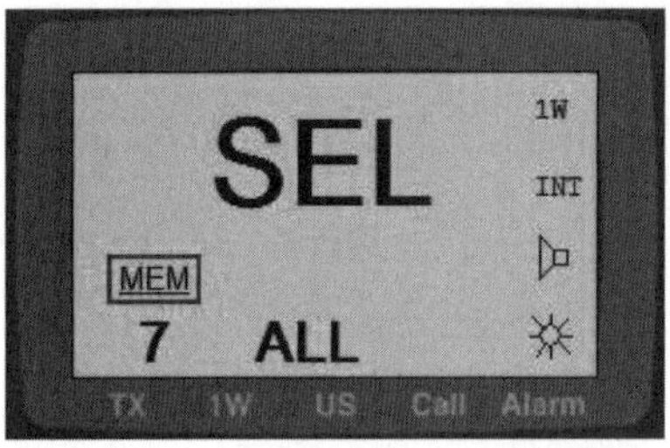

图 5-4-10　设置当前扫描表一

图 5-4-11　设置当前扫描表二

②扫描当前选择的扫描表

a.启动扫描

按[Shift]+[1(Scan)]键,扫描当前选择的扫描表。图中当前的扫描表编号为 7,如图 5-4-12 所示。该显示屏的底部从左到右依次显示为:扫描表编号(7)、扫描表名称(ALL)、扫描表中优先级别高的频道(CH16)。

图 5-4-12　扫描当前 7 号扫描表

如果当前扫描表中没有频道,扫描将不会被启动,并且显示屏将显示如图 5-4-13 所示的信息。如果在任何频道都未检测到信号,系统将返回扫描开始前所选频道;如果在某个频道上检测到信号,系统将返回所检测到信号的频道。扫描过程中,假设在 CH06 上检测到信号,显示屏将显示已选的频道号和音量级别,如图 5-4-14 所示。

注意:CH16 为优先频道,扫描当前扫描表时 CH16 被扫描,且不能被排除在扫描表之外。

b.停止扫描

扫描状态下,按[Shift]+[1(Scan)]键,系统将停止扫描并返回扫描开始前在普通频道上的 VHF 操作状态。

图 5-4-13 当前扫描表无频道

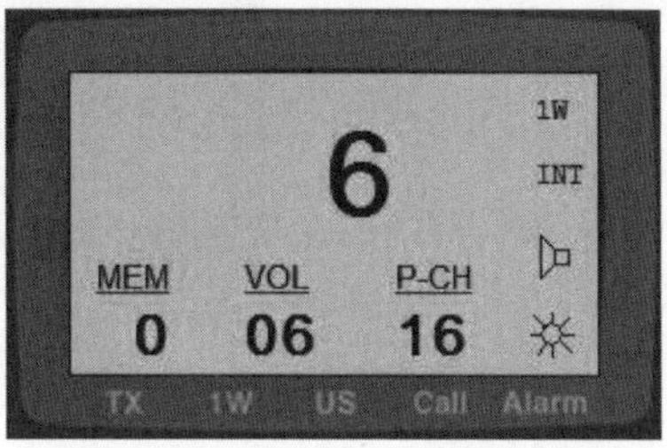

图 5-4-14 CH06 检测到信号

4.调整显示屏面板亮度和对比度

(1)调整显示屏亮度

SKANTI VHF1000 DSC 设备有显示屏背景灯、按键背景灯和指示灯(TX、1W、US、Call 和 Alarm)。这些灯的亮度可设置为 0~3 共四个级别。可以通过右侧对应的软键来改变亮度,当按下亮度调节键时,将每秒改变一个亮度级别。

(2)调整控制面板对比度

按下[Shift]+[Func]键进入功能菜单,如图 5-4-15 所示;选择"USER"(用户功能),进入如图 5-4-16 所示的用户功能菜单。

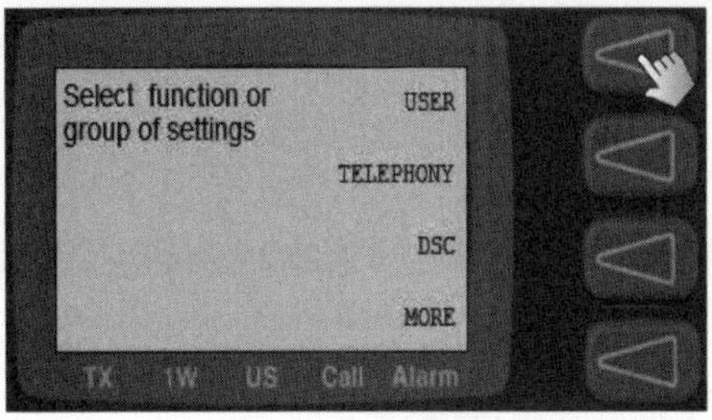

图 5-4-15 功能菜单

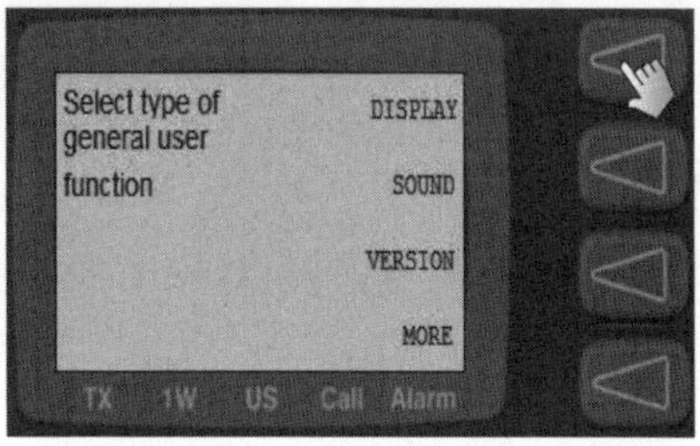

图 5-4-16 用户功能菜单

选择"DISPLAY"(显示设置),进入如图 5-4-17 所示的显示功能菜单。

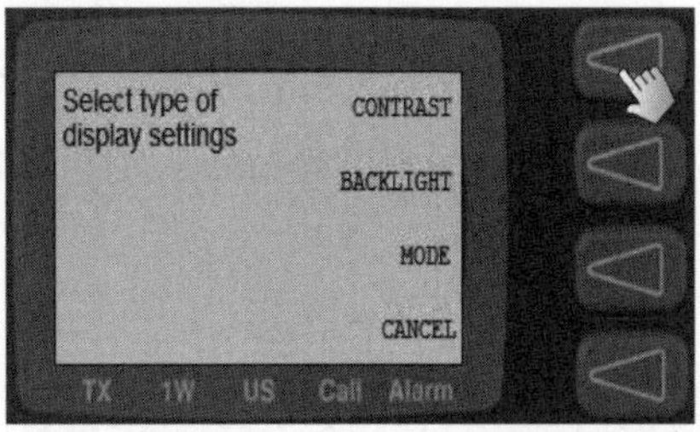

图 5-4-17 显示功能菜单

选择“CONTRAST”(对比度),进入如图 5-4-18 所示的对比度功能菜单,按“∧”与“∨”对应的软键,调整显示屏对比度到适当的值,选择“ACCEPT”确认所选值,选择“CANCEL”放弃当前所选值,返回上一层菜单。

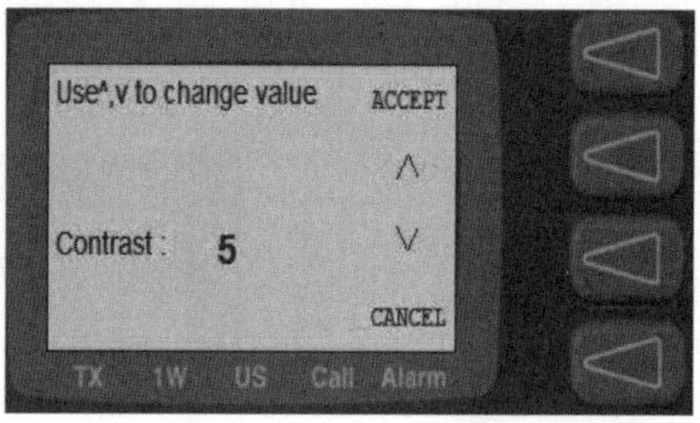

图 5-4-18　对比度功能菜单

5.开启或关闭扬声器

当按下话柄[PTT]键时,如果扬声器工作,它将自动静音。当释放[PTT]键时,扬声器重新被激活。显示屏上扬声器标志 表明扬声器的状态。按对应软键可设置扬声器的静音和非静音状态,如图 5-4-19 所示。

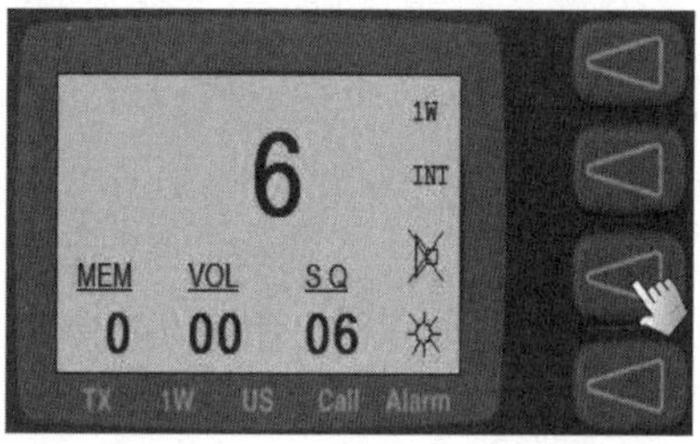

图 5-4-19　开启或关闭扬声器

6.调节静噪

按[Squelch]键调节静噪,调节时逐渐降低静噪水平直至空闲频道出现杂音,按 逐渐提高静噪程度直至刚好听不到杂音的最佳状态。

四、DSC 模式的操作

1.查看 MMSI 号码

按下[Shift]+[Func]键进入功能菜单,如图 5-4-15 所示;选择“DSC”,进入 DSC 功能菜单,如图 5-4-20 所示;选择“MMSI”,进入 MMSI 查看菜单,如图 5-4-21 所示;查看完毕后,选择“CANCEL”返回。

2.存储或者调看船位

按下[Shift]+[Func]键进入功能菜单,如图 5-4-15 所示;选择“DSC”,进入 DSC 功能菜单,如图 5-4-20 所示;选择“POSITION”,进入如图 5-4-22 所示的船位菜单;选择“UPDATE”,从外部 GPS 设备更新船位;选择“CHANGE”,进入船位手动修改菜单,如图 5-4-23 所示;按数字键修改船位；修改完毕，选择“UPDATE”即可更新至选择的船位。

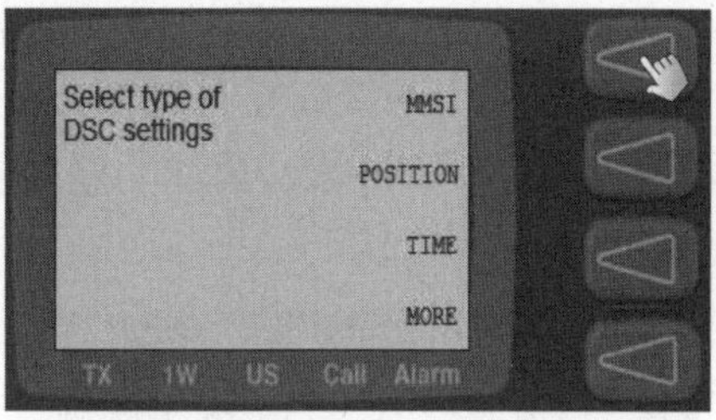

图 5-4-20　DSC 功能菜单

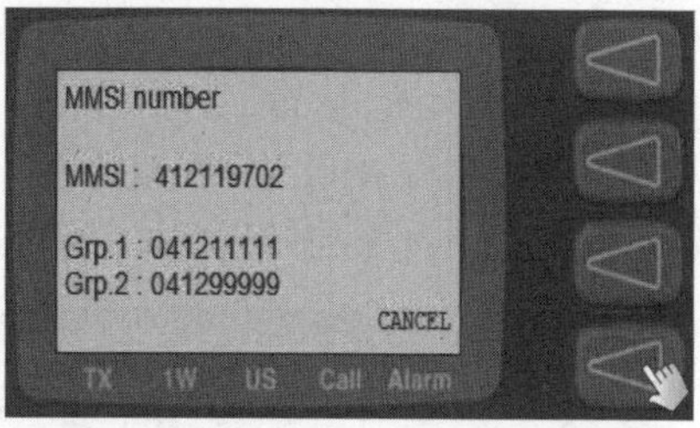

图 5-4-21　MMSI 查看菜单

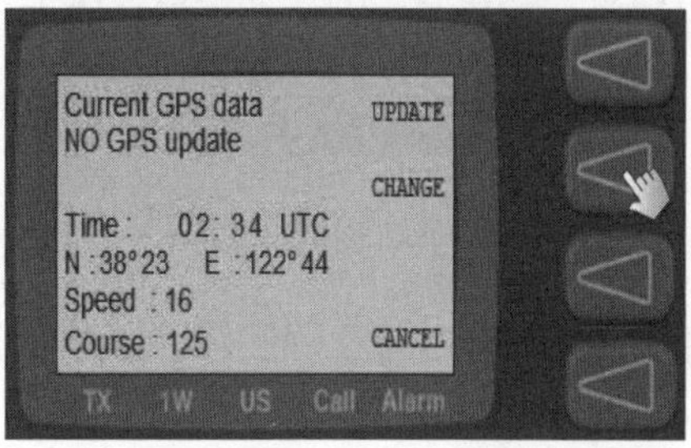

图 5-4-22　船位菜单

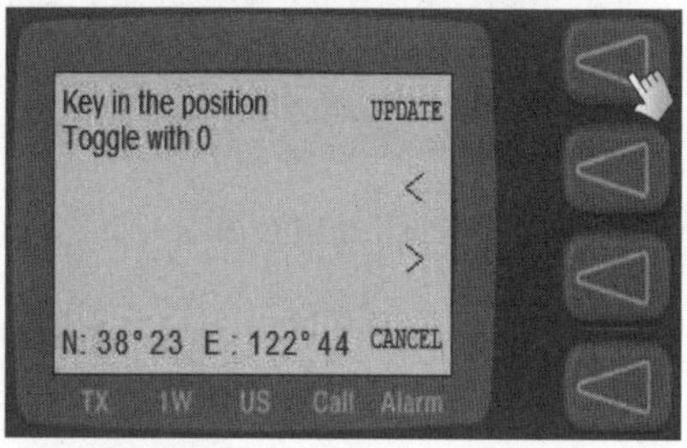

图 5-4-23　船位手动修改菜单

3.查看和删除收发记录

（1）查看收发记录

按下［Rx Log］键，进入如图 5-4-24 所示的接收记录菜单：选择“CALLS”，进入如图 5-4-25 所示的查看接收一般呼叫菜单；选择“ALARM CALLS”，进入查看接收报警呼叫菜单，如图 5-4-26 所示。同时，选择“MORE”，可以进入如图 5-4-27 所示的菜单下一页。

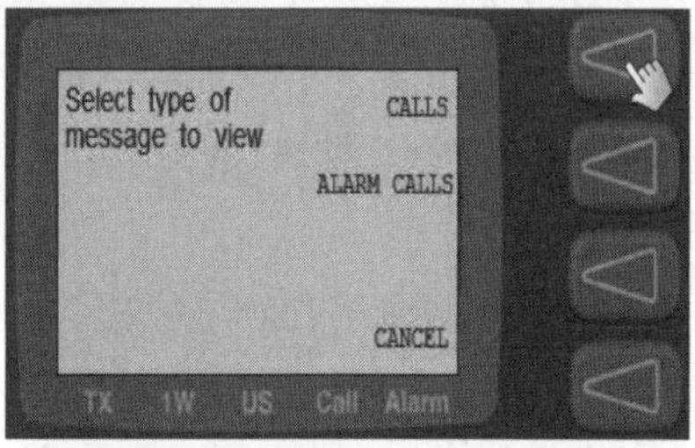

图 5-4-24　接收记录菜单

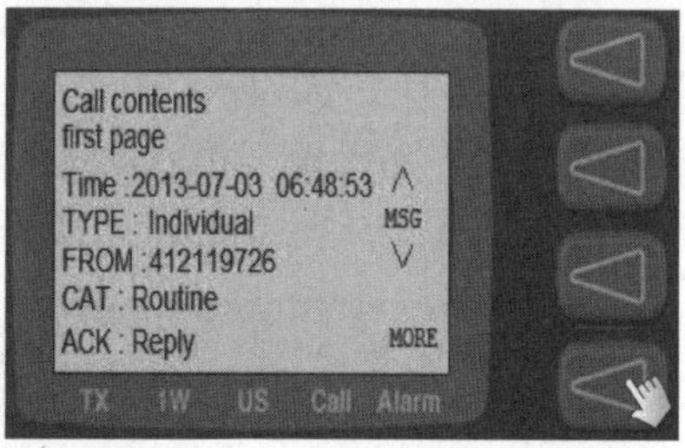

图 5-4-25　查看接收一般呼叫菜单

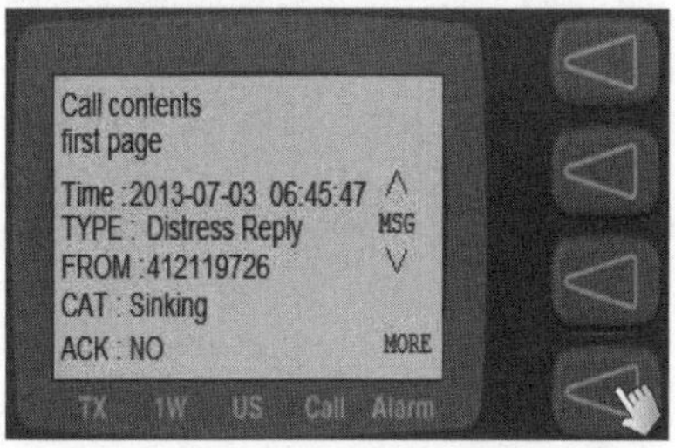

图 5-4-26　查看接收报警呼叫菜单

图 5-4-27　菜单下一页显示

(2)删除收发记录

按下[Shift]+[Func]键进入功能菜单,如图 5-4-15 所示;选择"MORE",进入功能菜单下一页,如图 5-4-28 所示;选择"DELRXLOG",进入如图 5-4-29 所示的接收记录删除菜单;选择"DELCALL"删除常规接收记录,选择"DELALARMCALL"删除遇险接收记录,1 s 以后显示删除确认菜单,如图 5-4-30 所示。

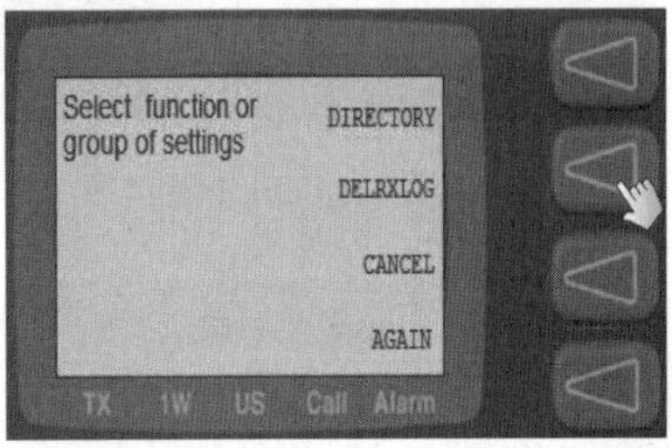

图 5-4-28　功能菜单下一页

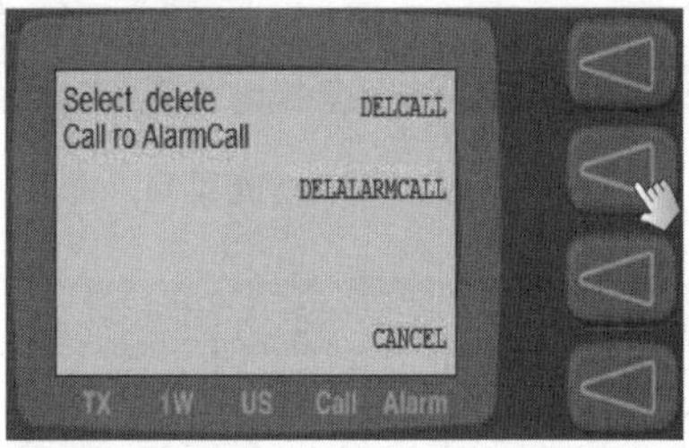

图 5-4-29　接收记录删除菜单

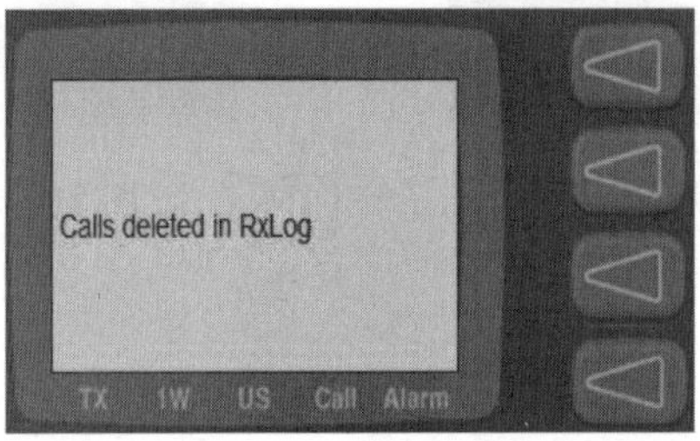

图 5-4-30　接收记录删除确认菜单

4.设置自动收妥与设备的自测试

按下[Shift]+[Func]键进入功能菜单,如图 5-4-15 所示;选择"DSC",进入 DSC 功能菜单,如图 5-4-20 所示,选择"MORE",进入 DSC 功能菜单下一页,如图 5-4-31 所示;选择"AUTO ACKN.",进入自动收妥设置菜单,如图 5-4-32 所示;通过[∧]与[>]软键,设置"Auto ackn. on request"为"ON"。

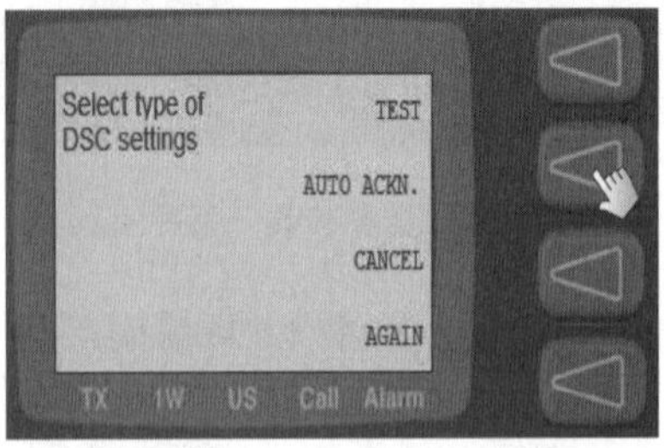

图 5-4-31　DSC 功能菜单下一页

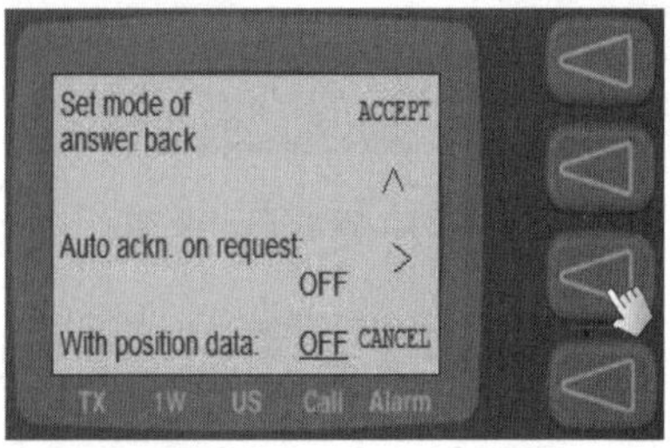

图 5-4-32　自动收妥设置菜单

5.设备的自测试

按下[Shift]+[Func]键进入功能菜单,如图 5-4-15 所示;选择"DSC",进入如图 5-4-20 所示的 DSC 功能菜单;选择"MORE",进入 DSC 功能菜单下一页,如图 5-4-31 所示;选择"TEST",进入 TEST 功能菜单,如图 5-4-33 所示;选择"INTERNAL",进行设备的自测试。

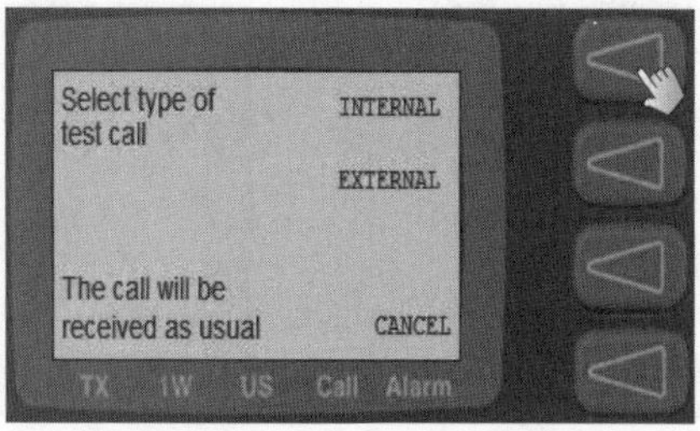

图 5-4-33　TEST 功能菜单

6.VHF DSC 各类呼叫电文的编辑与接收

(1)所有台的紧急、安全呼叫

按[Tx Call]键进入 DSC 发射菜单,如图 5-4-34 所示;选择“MORE”,进入菜单下一页,如图 5-4-35 所示;选择“EXTENDED”,进入扩展呼叫菜单,如图 5-4-36 所示;选择“MORE”,进入如图 5-4-37 所示的扩展呼叫菜单下一页;选择“ALL SHIPS”呼叫,进入如图 5-4-38 所示的扩展呼叫优先级选择菜单;选择优先等级,紧急呼叫选择“URGENCY”,安全选择“SAFETY”,假设选择“URGENCY”,而后选择单工“SIMPLEX”电话,如图 5-4-39 所示;输入后续进行紧急通信的 VHF 电话工作频道,本例输入的工作频道为 CH12,选择“ACCEPT”,如图 5-4-40 所示;而后进入如图 5-4-41 所示的发射信息汇总菜单;选择“SEND”,进入如图 5-4-42 所示的发送确认菜单,按住“YES”对应软键 5 s 发送呼叫。

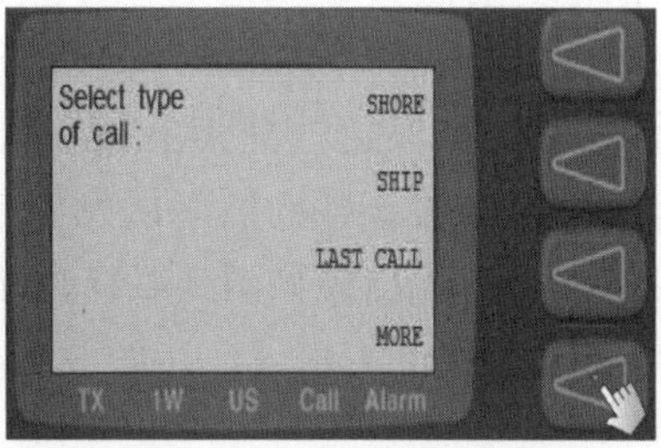

图 5-4-34　DSC 发射菜单

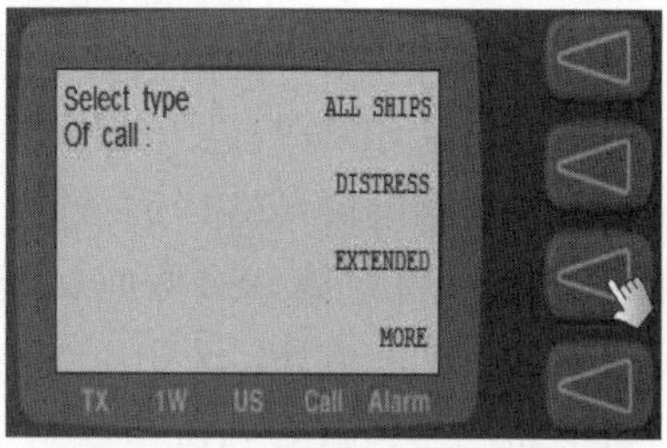

图 5-4-35　DSC 发射菜单下一页

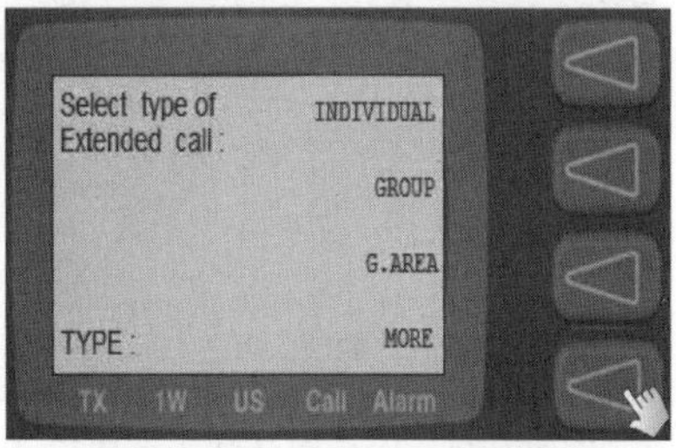

图 5-4-36　扩展呼叫菜单

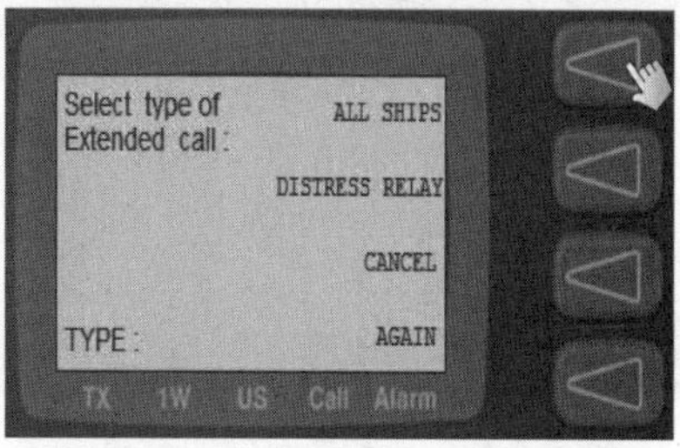

图 5-4-37　扩展呼叫菜单下一页

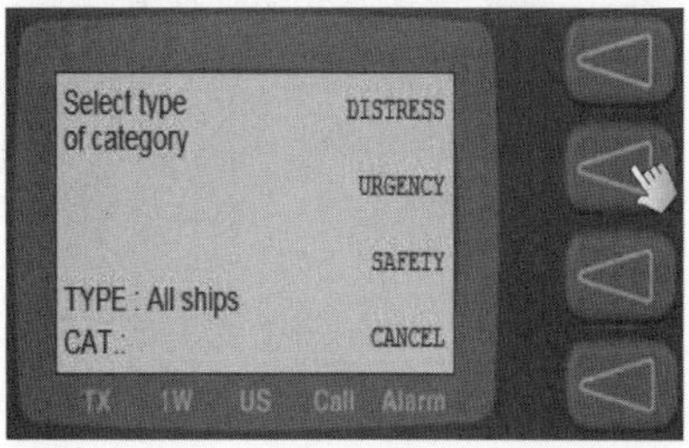

图 5-4-38　扩展呼叫优先级选择菜单

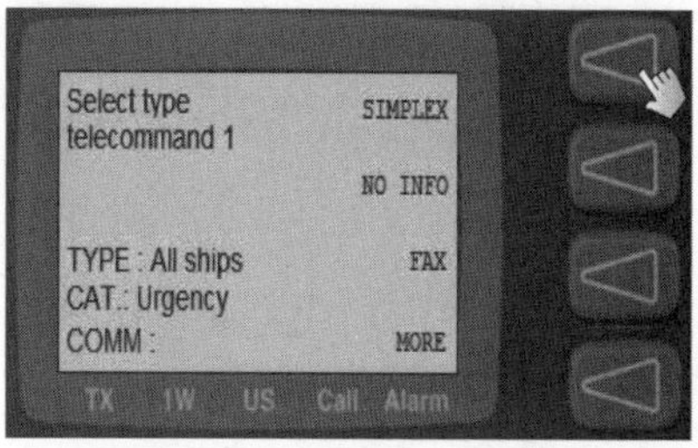

图 5-4-39　选择优先等级

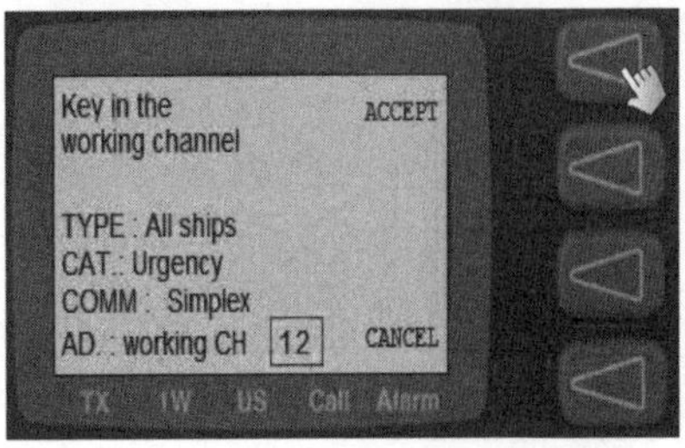

图 5-4-40 后续通信频道选择菜单

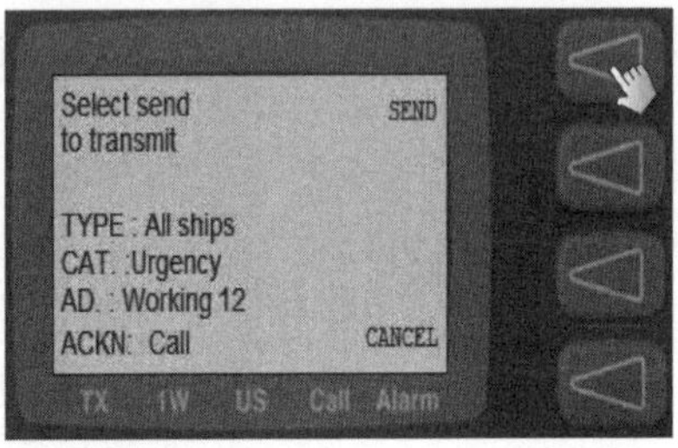

图 5-4-41 发射信息汇总菜单

图 5-4-42 发送确认菜单

(2)船台间常规呼叫

按[Tx Call]键,进入 DSC 发射菜单,如图 5-4-34 所示;选择“SHIP”,进入 DSC 船台呼叫菜单,如图 5-4-43 所示;按数字键输入被呼船台的 9 位 MMSI 号码后,“ACCEPT”提示出现,如图 5-4-44 所示;选择“ACCEPT”,进入如图 5-4-45 所示的后续通信频道选择菜单;假设后续通信频道为 CH12,按数字键输入“12”后,选择“ACCEPT”,进入如图 5-4-46 所示的发射信息汇总菜单;选择“SEND”,发射该 DSC 呼叫。DSC 呼叫发出后,屏幕先出现如图 5-4-47 所示的“Call in progress”(呼叫正在进行中),然后屏幕出现如图 5-4-48 所示的“Waiting for Acknowledgement”(等待收妥确认)。

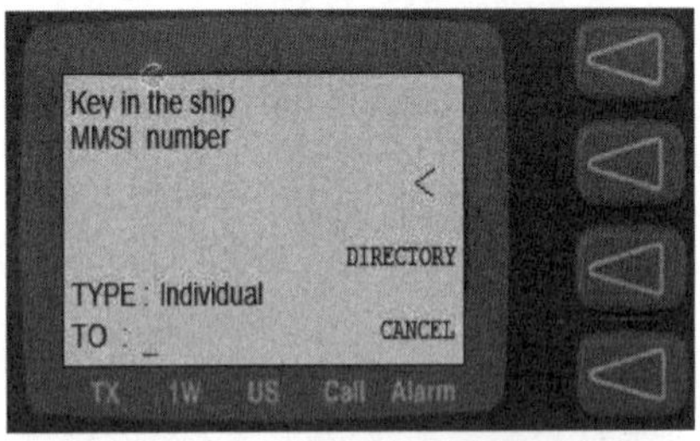

图 5-4-43 DSC 船台呼叫菜单一

图 5-4-44 DSC 船台呼叫菜单二

图 5-4-45 后续通信频道选择菜单

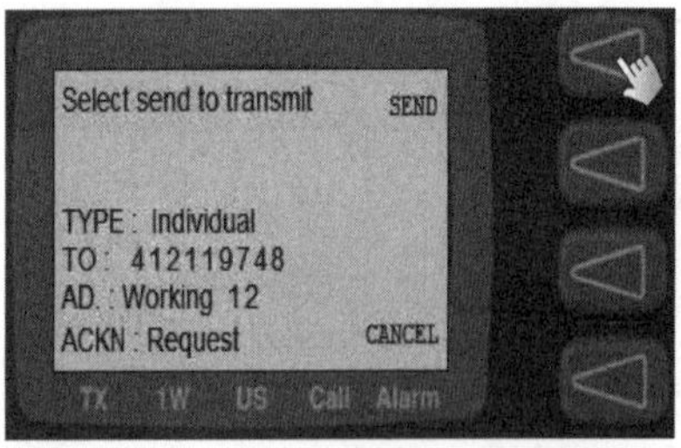

图 5-4-46 发射信息汇总菜单

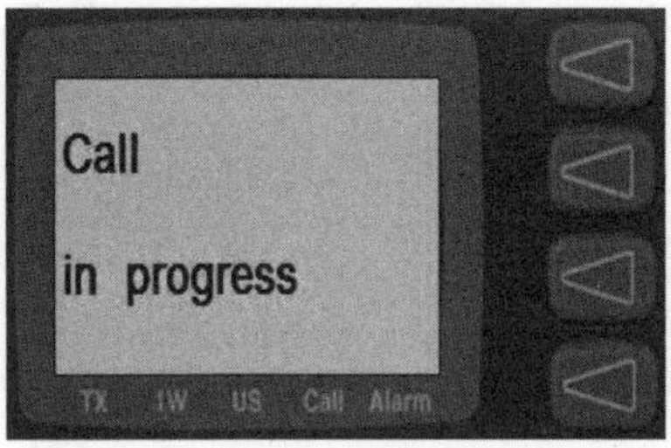

图 5-4-47　呼叫正在进行中

图 5-4-48　等待收妥确认

（3）DSC 呼叫的接收

当 DSC 值守机收到 DSC 呼叫时，蜂鸣器会发出报警，同时控制器终端显示屏显示收到 DSC 呼叫，如图 5-4-49 所示，该图中，选择“VIEW”查看全文，如图 5-4-50 所示。如果同意对方约定的通信频道，则选择“CONNECT”发送收妥，并转到约定的频道进行后续的 VHF 电话通信。

图 5-4-49　船舶间 DSC 呼叫的接收

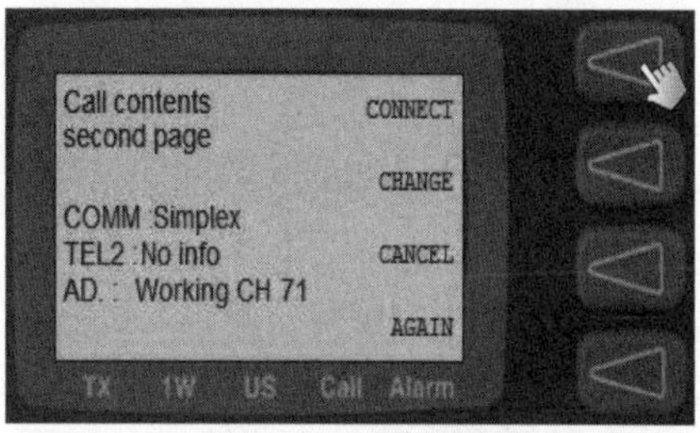

图 5-4-50　船舶间 DSC 呼叫的确认

（4）船台与岸台之间的常规呼叫

按［Tx Call］键，进入 DSC 发送菜单，如图 5-4-34 所示；选择“SHORE”，进入如图 5-4-51 所示的岸台 DSC 呼叫菜单，输入被呼岸台的 9 位 MMSI 号码后，右上角“ACCEPT”提示出现，如图 5-4-52 所示，其中岸台的 MMSI 码的前 2 位“00”默认已经输入。选择“ACCEPT”，进入如图 5-4-53 所示的陆地电话用户号码输入菜单；按数字键输入需要岸台转接的陆地用户电话号码，选择“ACCEPT”，进入如图 5-4-54 所示的 DSC 呼叫岸台菜单；选择“SEND”，发送该 DSC 呼叫。DSC 呼叫发出后，屏幕先出现“Call in progress”（呼叫正在进行中），然后屏幕出现“Waiting for Acknowledgement”（等待收妥确认）。

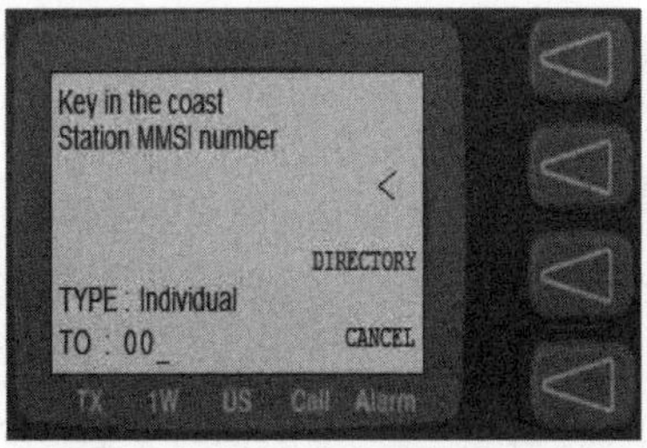

图 5-4-51　DSC 岸台呼叫菜单一

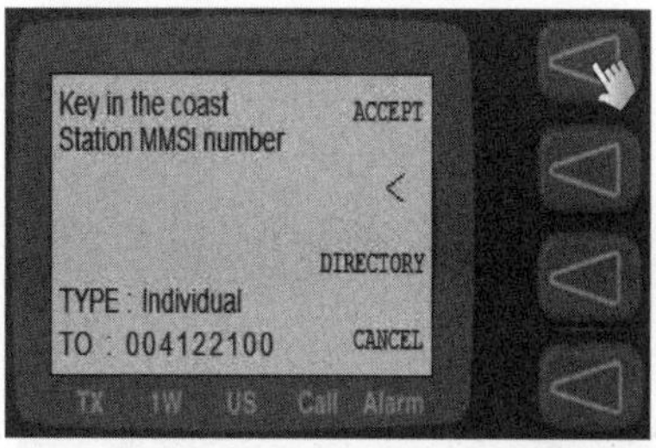

图 5-4-52　DSC 岸台呼叫菜单二

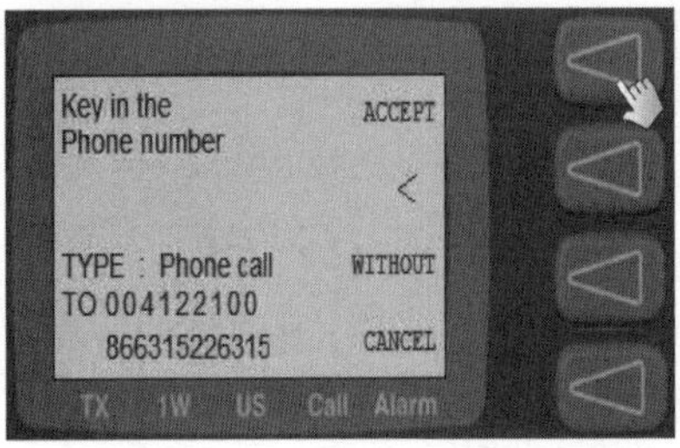

图 5-4-53　陆地电话用户号码输入菜单

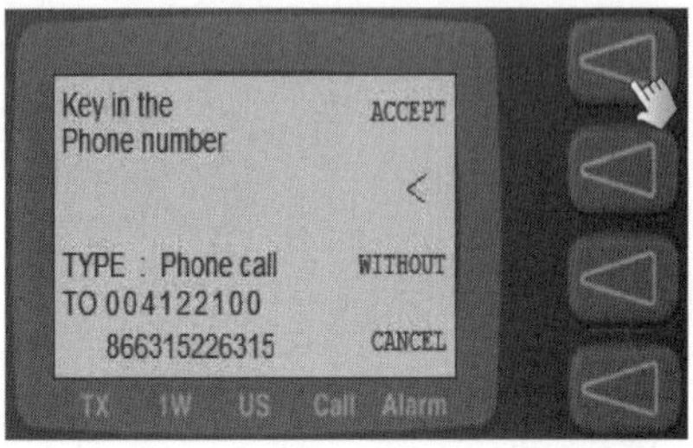

图 5-4-54　DSC 呼叫岸台菜单

7.VHF 遇险报警与遇险通信

(1)快速 DSC 遇险报警

如果设备处于关闭状态,按[On/Off]键开机,掀起[Distress]键保护盖,按[Distress]键直到屏幕显示"RELEASE",触发报警的过程将要持续 5 s,此时 TX 指示灯与 Alarm 指示灯不停地闪烁,如图 5-4-55 与图 5-4-56 所示。5 s 以后出现如图 5-4-57 所示的遇险呼叫正在进行界面,随后转入如图 5-4-58 所示的 DSC 确认等待界面。遇险呼叫每隔 3.4~4.5 min 自动重发。

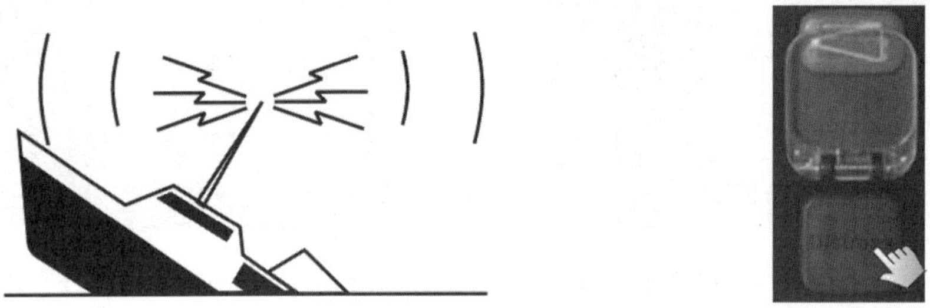

图 5-4-55　按下遇险报警按钮

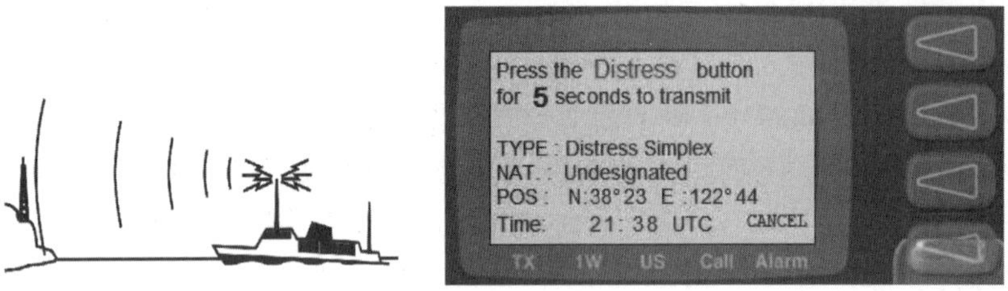

图 5-4-56　按下遇险报警按钮后显示屏显示的报警信息

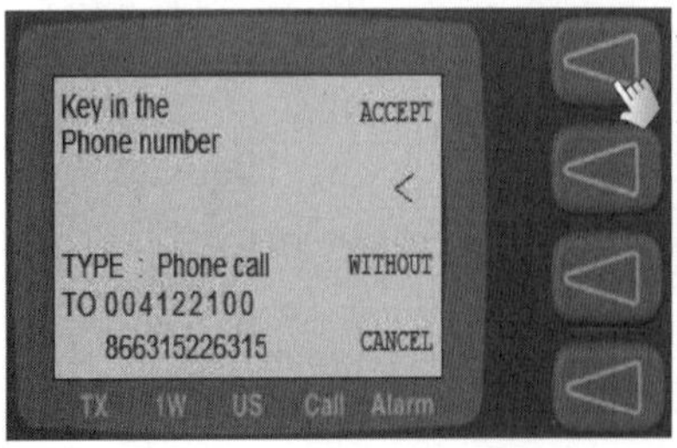

图 5-4-57　遇险呼叫正在进行界面

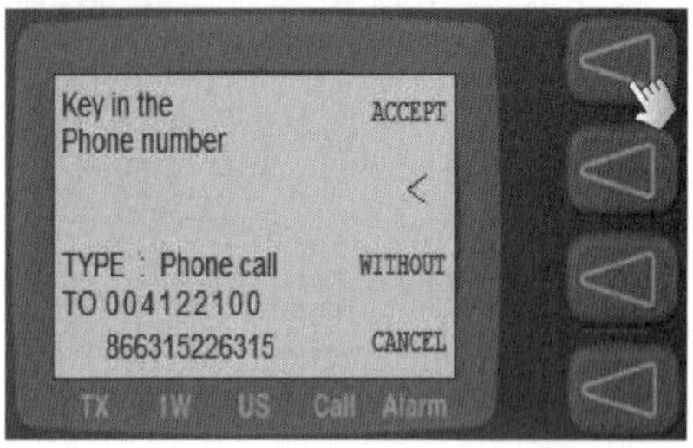

图 5-4-58　DSC 确认等待界面

(2)详细 DSC 菜单遇险报警

按[Tx Call]键,进入 DSC 发送菜单,如图 5-4-34 所示;选择“Distress”,进入如图 5-4-59 所示的 DSC 遇险报警菜单;选择遇险性质,如“SINKING”(沉没),进入如图 5-4-60 所示的船位设置菜单,默认船位从外接的 GPS 设备获取,也可手动修改;按“ACCEPT”确认遇险船位,进入如图 5-4-61 所示的遇险船位对应时间设置菜单;按“ACCEPT”确认,进入如图 5-4-62 所示的遇险报警发送菜单;掀起[Distress]键保护盖,按[Distress]键直到屏幕显示“RELEASE”,后续过程同快速 DSC 遇险报警。

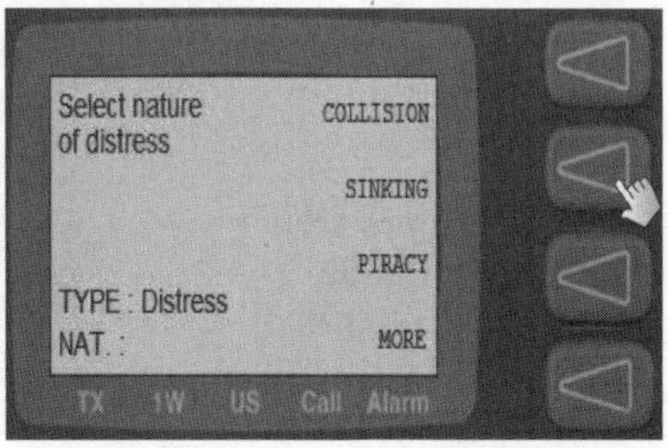

图 5-4-59 DSC 遇险报警菜单

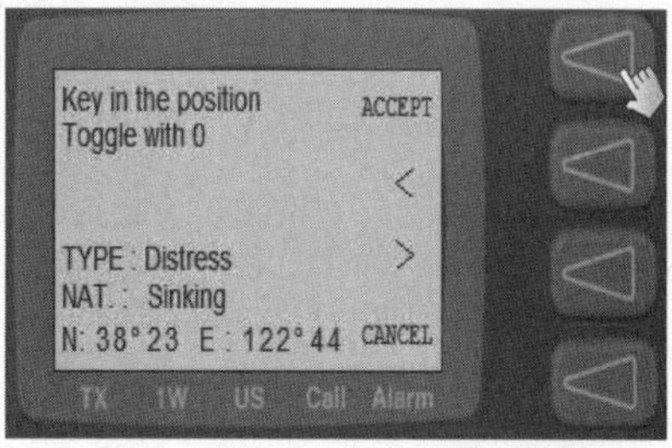

图 5-4-60 船位设置菜单

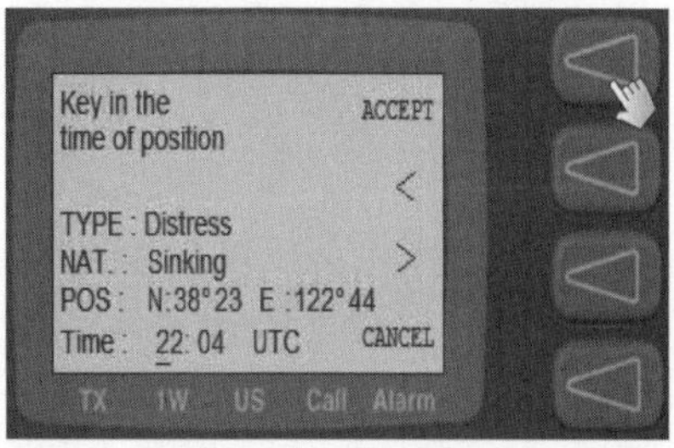

图 5-4-61 遇险船位对应时间设置菜单

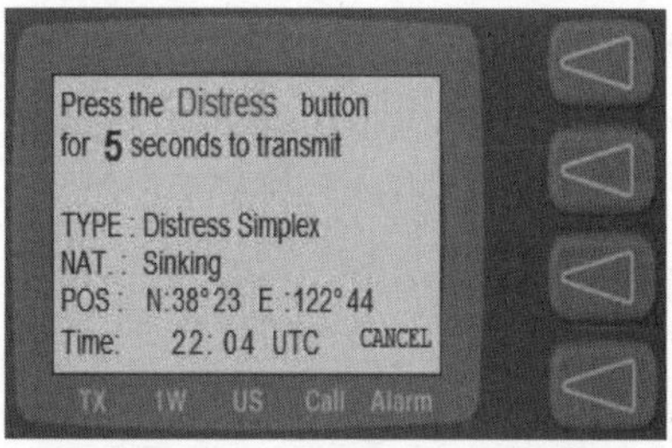

图 5-4-62 遇险报警发送菜单

(3)DSC 遇险确认的接收

当船台收到岸台发送的 DSC 遇险确认以后,蜂鸣器会发出警报,同时控制器终端显示屏显示收到如图 5-4-63 所示的 DSC 确认呼叫内容;选择“VIEW”查看全文,如图 5-4-64 所示;按“MORE”查看下一页,如图 5-4-65 所示;按“CONNECT”连接,转入 CH16 进入后续的遇险通信,呼叫的程序如下:

MAYDAY,MAYDAY,MAYDAY.

This is…(语言出现障碍时可以使用 DE,意思为“这是”或“来自”,读作“Delta Echo”)

<遇险船舶的船名、呼号或 MMSI 等识别,3 次>。

MAYDAY.

<船位,遇险性质以及期望得到的救助类型>。

<其他有助于救助的信息>。

Master.(表示该电文已经经过船长授权。)

Over.

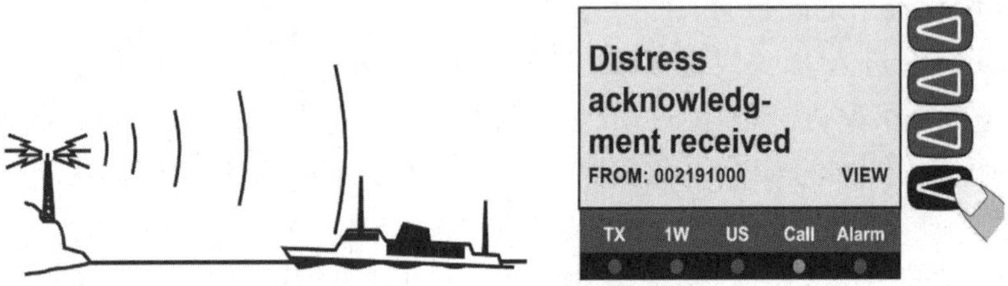

图 5-4-63　DSC 确认呼叫接收

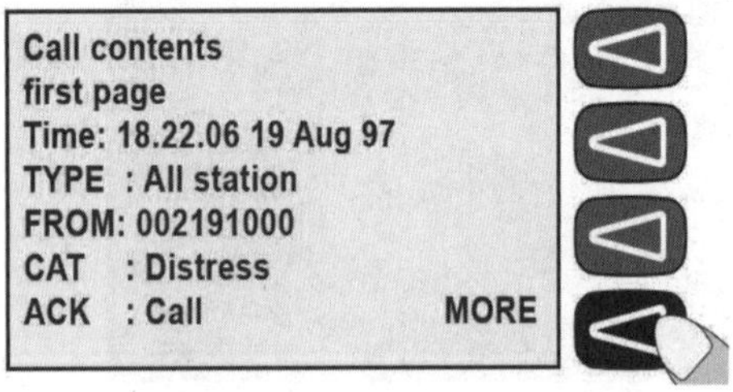

图 5-4-64　确认信息查看菜单

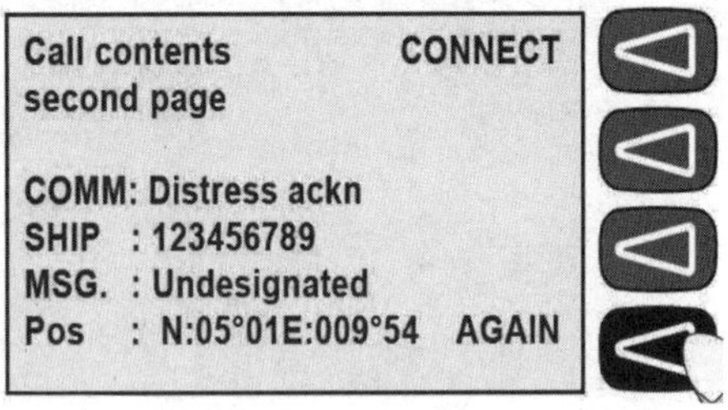

图 5-4-65　确认信息查看下一页菜单

(4)遇险通信

按[16]键,转入 CH16,拿起话筒,按下[PTT]键说:

"MAYDAY,MAYDAY,MAYDAY.

This is<船名(3 次)>.

MAYDAY.

This is<船名+呼号>.

<船位>.

<遇险性质>.

<需要援助类型>.

<船员数量>.

<其他信息>.

Over."

松开[PTT]键。

等待回答。

8.VHF 常规电话通信

(1)VHF 常规电话呼叫

进入电话模式,如处于 DSC 模式,则按[Tel/Dsc]键切换到电话模式,选择 CH16 或其他的某一个约定的频道,摘机,说话时按下话柄上的[PTT]键,呼叫的格式如下:

<被呼台的名称(3 次)>.

This is<呼叫台的名称(3 次)>.

Over.

如:Poseidon,Poseidon,Poseidon.This is Neptune,Neptune,Neptune.Over.

松开[PTT]键开始守听,当有应答时,双方约定一个工作频道,然后转到工作频道进行通信。

(2) VHF 常规电话呼叫的应答

当被呼船收到一个电话呼叫时，扬声器里面会听到被呼船的电台名称。

①被呼台摘机，按下[PTT]键。

②语音回复："<呼叫台的名称>This is <被呼台的名称>."。

③回复："Channel <建议频道号>, Over."

如：Poseidon.This is Neptune.Channel 6. Over.

④松开[PTT]键，以便呼叫台接收被呼台推荐的频道号。

⑤被呼台与呼叫台转到约定的频道进行通信。

第五节　SP3520 型便携式双向VHF无线电话的操作

SP3520 是 Thrane & Thrane 公司推出的海用 3000 系列的便携式双向 VHF 无线电话，如图 5-5-1 所示，完全符合 GMDSS 要求和防水 IP67 标准。SP3520 是船舶紧急情况下可以使用的应急设备之一。该设备收发性能可靠，机械设计先进，继承了之前便携式双向 VHF 无线电话的优点，因此该设备的应用十分广泛。

图 5-5-1　SP3520 型便携式双向 VHF 无线电话

为了适应嘈杂的环境，SP3520 配有耳机和拳头话筒。为了延长使用寿命，SP3520 采用了独特的电池配置，适合日常使用和紧急情况，紧急情况下使用应急电池，日常通信时使用辅助的可充电电池。该无线电话的交互性能好，外壳设计增大了手抓力；按键触感灵敏，即使戴着手套，也可很方便地操作；液晶显示器具有红色可调背光，夜间仍然可见。

为了更好地使用该便携式双向 VHF 无线电话，请牢记以下几点：

①远离金属环境。

②当发送时，垂直握住设备距下边缘 10 cm 处的位置，并按住[PTT]键。

③接收时，可用皮带垂直悬挂该设备。

④为了节省电池电量，当没有信号时，调整静噪关闭扬声器。

⑤若在救生艇上使用，则保持天线尽可能高。

SP3520 可在以下单工频道上工作：CH16、CH06、CH08、CH09、CH10、CH11、CH12、CH13、CH14、CH15、CH17、CH67、CH68、CH69、CH71、CH72、CH73、CH74、CH75、CH76、CH77、CH87、CH88，其中在 CH75 和 CH76 频道上的发射功率为 1 W。

一、操作按键功能

SP3520 型便携式双向 VHF 无线电话按键如图 5-5-2 所示。

①开/关/音量；

②灯/锁；

③收发控制键([PTT]键)；

④向上键；

⑤向下键；

⑥高/低功率切换；

⑦静噪控制；

⑧扫描；

⑨优先频道(16)/呼叫频道切换；

⑩扬声器/麦克风。

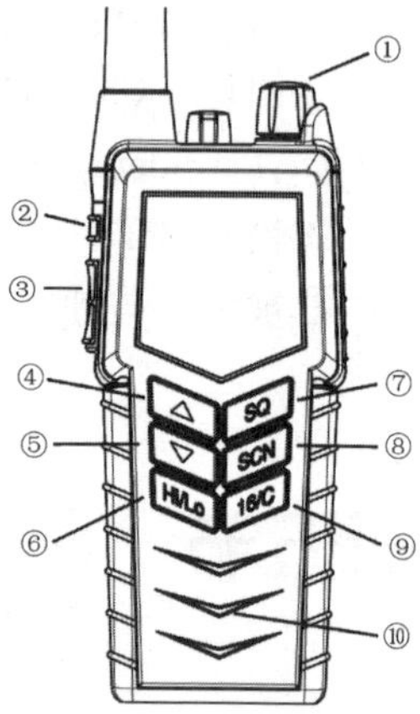

图 5-5-2　SP3520 型便携式双向 VHF 无线电话按键

表 5-5-1 给出了某些键按不同时间所对应的功能。

表 5-5-1　某些键按不同时间所对应的功能

按键	短按(1 声)	长按(2 声)	超长按(3 声)
	显示列表中下一个可用的项目(向上或向下)默认值:频道选择	浏览可用的项目,或选择标记的频道 A(▲)或 B(▼)	浏览可用的项目,如果一个 A 频道或 B 频道被标记
	激活静噪控制(用向上/向下箭头调节)	监控功能。完全打开静噪	
	按 1:激活/终止双/三值守 按 2:激活内存扫描	从内存扫描添加/删除频道	
	切换发射机的输出高低功率		
	选择 16 频道	选择设定的呼叫通道	设定呼叫频道

二、显示

SP3520 型便携式双向 VHF 无线电话液晶显示屏(如图 5-5-3 所示)上的信息介绍如下。

①当前工作频道；

②当前工作模式；

③发射机发射功率,“Lo”表示低功率发射,不显示信息则表示高功率发射；

④双值守；

⑤标记当前工作频道为扫描频道；

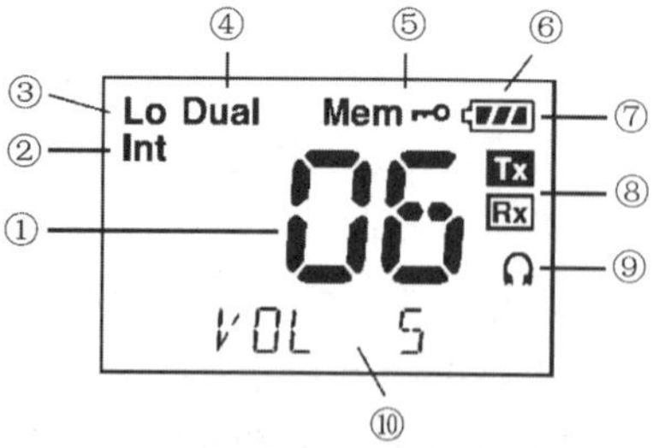

图 5-5-3　SP3520 型便携式双向 VHF 无线电话液晶显示屏

⑥键盘锁定标识；

⑦电池电量指示；

⑧发送(Tx)/接收(Rx)；

⑨连接了耳机；

⑩综合业务信息显示区,如音量大小、静噪电平大小等。

三、基本操作

1.打开和关闭无线电话（如图 5-5-4 所示）

顺时针转动电话顶部的旋钮,打开无线电话。

显示屏亮并显示上一次使用的频道和电池电量。

逆时针转动旋钮,直到发出“咔嗒”声,关闭无线电话。

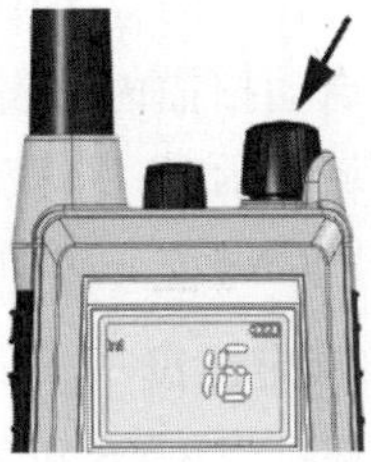

图 5-5-4 打开和关闭无线电话

2.选择工作频道（如图 5-5-5 所示）

①按[16/C]键,选择 16 频道(遇险与安全通信频道)。

②长按[16/C]键,选择呼叫频道。按[▲]/[▼]键选择可用的频道,若想快速选择,可长按[▲]/[▼]键。

③长按[▲]/[▼]键也可用来选择首选频道。

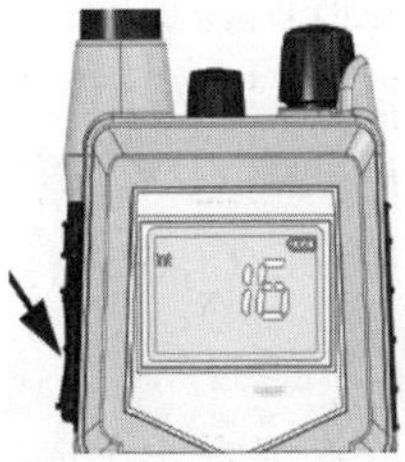

图 5-5-5 选择工作频道

3.发起呼叫

若要在选定的工作频道上发起呼叫,则按住该设备的[PTT]键。

液晶显示屏右侧显示“Tx”,表示 SP3520 型便携式双向 VHF 无线电话正处在发射状态。

4.静噪控制

激活静噪控制,按[SQ]键。按[▲]/[▼]键可设置静噪电路的门限电平,当调整静噪电路的门限电平时,显示屏显示数值,例如“SQ 5”,数值越大,说明门限电平值越大。

5.双值守控制

在启动双值守前,首先选择附加值守频道,按[SCN]键。显示屏顶部显示“Dual”,右下角显示“16”。该设备在设定的频道和 16 频道之间轮流扫描值守。

再次按[SCN]键,终止双值守。

6.改变发射功率

按[Hi/Lo]键可切换发射机功率,当显示屏显示“Lo”标识时,发射功率为低功率(1 W);按[Hi/Lo]键后,发射机功率改为高功率发射(25 W),显示屏上“Lo”标识消失。

7.音量调整

若要增大音量,则顺时针旋转该设备顶部的开关转动旋钮;若要降低音量,则逆时针旋转开关转动旋钮。当调整音量大小时,液晶显示屏下部的综合信息区显示音量大小,如“VOL5”。

8.显示屏背光调整

若要打开液晶屏背光，按下如图 5-5-6 所示设备侧面的［Light/Lock］键。背光灯打开后 3 s 内按［▲］/［▼］键增加或降低显示屏背光强度，同时液晶显示屏下部的综合信息区显示背光灯亮度大小，如“DIM MED”。

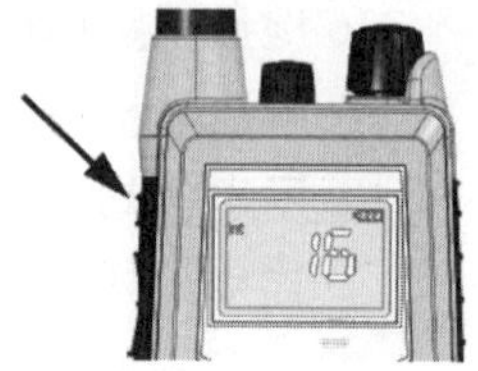

图 5-5-6　显示屏背光调整

9.扫描频道

若要实现多频道值守，可以使用扫描内存表的方法，即把想要值守的频道号存入内存表中，再扫描内存表，就能值守扫描该内存表中的频道。

要启动扫描内存表，可在 2 s 内连续按 2 次［SCN］键。在值守扫描的过程中，显示屏上的频道区域显示“SC”，该设备将在 16 频道和每个标记的频道之间轮流扫描值守。

按［SCN］键一次即可终止扫描内存表。

10.锁定键盘

若要锁定键盘，可按住［Light/Lock］键。当键盘被锁定时，显示屏显示键盘标志。再次按住［Light/Lock］键，解除键盘锁定。

11.设定呼叫通道

设定呼叫频道的操作如下：

①按住［16/C］键，直到当前的呼叫频道号码闪烁。

②用［▲］/［▼］键选择频道。

③按［16/C］键进行确认。

12.设定内存表

若要在内存表中增加频道，可选择相应的频道，然后按住［SCN］键，直到在屏幕顶部显示“MEM”，则表示该频道已经被存储在内存表中。

若要在内存表中删除某个频道，可选择该频道，然后按住［SCN］键，直到“MEM”符号在显示屏上消失。

13.配置模式

当打开无线电话时，持续按住［Light/Lock］按钮，可进入 SP3520 型便携式双向 VHF 无线电话的配置模式。液晶显示屏的底部综合业务信息显示区能够显示配置模式下的菜单项/设置。

退出配置模式的方法有多种：一是关机；二是按任意键（除［▲］、［▼］、［Light/Lock］键之外）退出；三是按［PTT］键退出；四是使无线电话处于非活动状态 10 s，自动退出配置模式。

若要更改设置，则按［▲］/［▼］键。按［Light/Lock］键确认当前设置，并进入下一个菜单项。

注意：配置模式下不能进行无线电话操作。

14.配置设定

在配置模式中可以设定优选频道、按键音的音量及电池报警。表 5-5-2 给出了配置模式中的若干设置。

表 5-5-2　配置模式中的若干设置

设定内容	参数	说明
蜂鸣声	最大	按键声/蜂鸣声、长按(设置/设定保存)和电池报警最大音量
	最小	按键声/蜂鸣声、长按(设置/设定保存)和电池报警最小音量
	关	所有蜂鸣声关闭
首选 A	关	删除当前工作频道的标识 A
	开	用“A”标记当前工作频道。若已有频道被标记为 A,则该设置无效;长按[▼]键,则当前的工作频道可被标记为 A
首选 B	关	删除当前工作频道的标识 B
	开	用“B”标记当前工作频道。若已有频道被标记为 B,则该设置无效;长按[▲]键,则当前的工作频道可被标记为 B
版本	x.xx.xx	软件版本信息,只读

四、设备电源

1.电源

SP3520 型便携式双向 VHF 无线电话的电源为电池,包括主电池组和辅电池组。主电池组为不能充电的锂电池,黄色,只有在紧急情况下才开始供电,能够提供 8 h 工作电量(10% 发射,10% 接收,80% 待机)。务必在主电池使用截止日期前更换电池。为延长电池寿命,应避免高温和阳光直射。

辅电池组为可充电电池,黑色,日常使用时供电。如图 5-5-7 所示,当液晶显示屏上显示的电池符号为空并且闪烁时,应尽快充电。

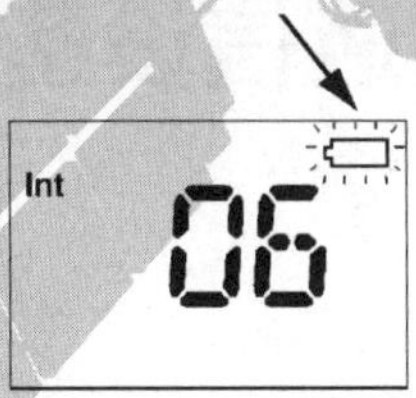

图 5-5-7　电池需充电时的液晶显示屏

2.充电器

SP3520 型便携式双向 VHF 无线电话的电池充电器不防水,有 CH3507 和 CH3508 两种型号。CH3507 充电器有前、后两个隔间,前面的隔间有充电功能;后面的隔间仅用于存储备用电池,无充电功能。CH3508 充电器前、后两个隔间均具有充电功能。安装充电器时,应确保放在干燥且远离阳光直射的地方。

充电器能够使用 12~24 V 的直流电或交流电对电池组充电。千万不要给黄色的主电池组充电。给辅电池组充电时,把带有电池的无线电话放在充电器中,或单独把电池放在充电器中。

充电器支架上的灯光指示器显示状态如下：
①绿灯：充电器接通电源。
②慢速红灯闪烁：充电过程中。
③快速红灯闪烁（每秒两次）：充电错误，例如电池故障或者温度超出范围。
④稳定红灯：充电已完成。涓流充电模式。
零电量电池的充电时间：VHF 无线电话关机状态约 4 h，开机状态约 5 h。
当无线电话开机充电时，SP3520 显示器上的电池电量表明是否充电。

五、故障信息

当设备出现故障时，液晶显示屏上出现故障信息，表 5-5-3 中给出了相关故障信息。

表 5-5-3　相关故障信息

显示文本	问题	类型	采取的行为
Err EMPTY BAT	电池电压低于一个临界水平，进一步的操作会损坏电池	严重，无线电话不工作	电池充电
Err HW ERR	硬件故障	严重，无线电话不工作	必要的服务
ILLEGAL	失败操作环境 这种操作将出现在下列情形中： ①多功能值守在 16 频道上或在不准许的频道上； ②在禁止的频道上选择高功率发射； ③在堵塞的频道上发射	失败的操作	考虑到在不同环境中的操作

第六节　VHF 通信设备的维护与保养

一、维护保养内容

VHF 通信设备的维护保养主要包括：
①接收机静噪控制效果的检查。
②分别使用主电源和备用电源操作机器，能在开机后 1 min 内进行正常的收、发信工作。
③如实填入“GMDSS Log Book”。

检查设备有时会涉及测试，除非十分必要，一般不提倡发射测试。当船舶电台必须发射信号测试或者校准设备，而该发射可能对邻近海岸电台的正常工作产生干扰时，发射信号之前必须得到海岸电台的同意，并且发送测试信号的时间不允许超过 10 s。在发送测试信号时，测试信号中必须包含诸如测试台的呼号、识别码等信息，而且上述信息的发射必须缓慢且清晰。测试信号发送的影响必须控制到最低限度。

二、维护保养要求

VHF DSC 设备的维护保养工作包括内部自检和信息查看确认，无须启动发射机，要求每日至少应进行一次。VHF DSC 内部自检一般包括值守接收机检测、DSC MODE 检测和报警检测。对于 VHF DSC 设备的维护，只要求每日进行一次自检，不允许进行发射测试。

应确保：

①各部分处于正常状态；

②DSC 终端与通信设备有效连接；

③专用遇险按钮能够被清楚辨别，防止误操作装置能够有效工作；

④VHF70 频道上的 DSC 值班接收机工作状况良好；

⑤自识别码（MMSI）保存于设备之中；

⑥船位信息和定位时间数据有效、准确；

⑦中/高频 DSC 遇险频率值守机工作良好；

⑧通过测试呼叫（Test Call）业务，确认设备的接收、发送工作正常。

上述①~④项的保障，通常通过 DSC 内部自检实现（多数 DSC 终端具有内部自检功能）。上述⑤~⑦项的保障，通常通过操作菜单进行信息查看或设置实现，具体可参考设备操作说明书。

练习题

1.船用 VHF 通信设备开机，默认信道 CH16，请解释 VHF/DSC 面板各按键功能。

2.船用 VHF 通信设备开机，默认信道为 CH13，请将发射机的功率在高、低功率间切换一次。

3.船用 VHF 通信设备开机，默认信道 CH16，请设置 CH13 与 CH16 的双值守。

4.船用 VHF 通信设备开机，默认信道 CH16，请将上海海岸电台的 VHF 电话信道 CH20、CH21、CH26、CH27 存储到扫描表，并进行扫描接收。（如果使用的 VHF 通信设备支持多信道扫描接收）

5.船用 VHF 通信设备开机，请调整 VHF 通信设备控制面板亮度和对比度。

6.船用 VHF 通信设备开机，扬声器默认关闭，请开启 VHF 通信设备的扬声器然后关闭。

7.船用 VHF 通信设备开机，请调节 VHF 通信设备的“静噪”到合适水平。

8.口述如何利用《无线电信号表》查找上海海岸电台的 VHF 无线电话工作信道。

9.船用 VHF 通信设备开机，查看并报告本船的 VHF DSC 识别码。

10.船用 VHF 通信设备开机，船位设置为 31°08′N，120°39′E：①查看并报告本台的 VHF DSC 识别码与船位；②将船位手动设置为 32°05′N，122°34′E。

11.VHF 通信设备开机，存储器内的 DSC 常规发送记录不为空：①查看并报告本船 VHF DSC 常规发送记录；②删除第 1 条发送记录。

12.船用 VHF 通信设备开机，DSC 收妥方式默认为手动，请将 VHF 通信设备的 DSC 收妥确认方式设置为自动。

13.船用 VHF 通信设备开机，请进行 VHF DSC 设备的自测试并报告结果。

14."海河"轮(MMSI:412119750)的船用 VHF 通信设备处于正常工作状态，打开 VHF 通信设备，并通过 VHF DSC 呼叫附近航行的"银河"轮（MMSI:412119740)，要求应答，并约定在 CH72 上通话。

15."海河"轮(MMSI:412119750)在长江口(32°05′N,122°34′E)，因为机舱起火急需救助。①如果时间紧急，口述如何采用 VHF DSC 发送快速遇险报警；②假设情况不是特别紧急，还有充裕的时间操作设备，请采用 VHF DSC 发送菜单进行遇险报警，并标明遇险性质，最后模拟后续遇险通信。

16.本船"海河"轮(MMSI:412119750)已进入长江口锚地，船载的 VHF 通信设备关机，"银河"轮在附近航行：①请利用 VHF DSC 终端呼叫"银河"轮(MMSI:412119740)，要求对方应答，并约定在 CH13 上通话；②假设上海海岸电台 CH26 空闲，请选择 CH26，呼叫上海海岸电台，询问本船泊位安排情况。

17.口述船用 VHF DSC 通信设备日常管理与维护的注意事项。

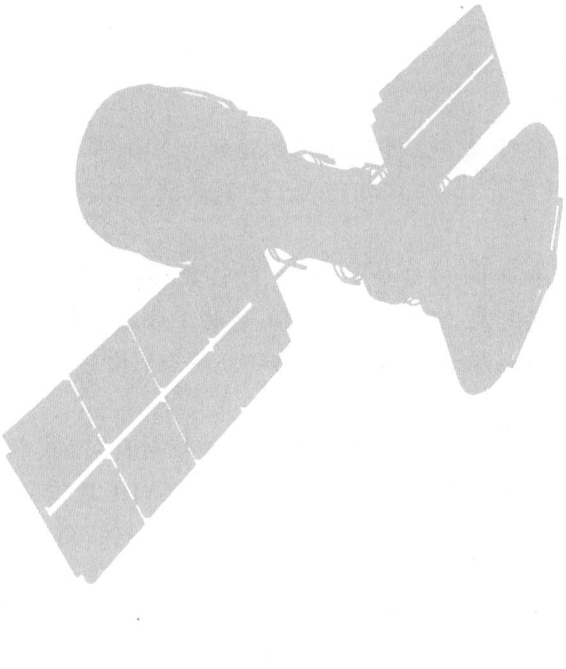

第六章 海上安全信息接收设备操作

海上安全信息(MSI)的播发与接收是 GMDSS 的功能之一,目的是预防或减少海上事故的发生,对保障船舶航行安全至关重要。在 GMDSS 中,主要涉及七种海上安全信息:航行警告、气象警告、冰况报告、搜救信息、气象预报、引航业务和电航信息系统的更正信息。播发海上安全信息的主要手段有国际奈伏泰斯(NAVTEX)系统、增强群呼(EGC)系统和高频窄带直接印字电报(HF NBDP)系统,辅助播发手段包括无线电传真图,通过甚高频、中频和高频无线电话播发的无线电气象和航行警告。

NAVTEX 系统主要负责向 A1、A2 海区播发海上安全信息。EGC 系统通过 Inmarsat-C 向覆盖区内的船舶播发海上安全信息,但该系统主要负责较远海域海上安全信息的播发,某些没有 NAVTEX 业务的近岸海域(如澳大利亚沿海海域)也可以通过 EGC 系统实现海上安全信息的播发和接收。HF NBDP 系统负责向 A4 海区播发海上安全信息。此外,甚高频、中频和高频无线电话向 A1、A2、A3、A4 海区播发海上安全信息起到了完善和补充作用。接收海上安全信息的船载设备包括 NAVTEX 接收机、EGC 接收机、HF NDBP 设备、气象传真机、VHF 船用电话、SSB 电话等。

EGC 接收机在第二章中介绍,HF NDBP 设备、VHF 船用电话、SSB 电话等在第四章和第五章中介绍,本章不单独介绍。本章主要介绍 NAVTEX 接收机和气象传真机。

第一节 NAVTEX 概述

奈伏泰斯(NAVTEX)系统是利用窄带直接印字电报(NBDP)技术进行定时广播和自动接收海上安全信息的系统,也称为航行电传系统。国际 NAVTEX 系统使用英语在 518 kHz 以 CFEC 方式播发,船载 NAVTEX 接收机自动接收海上安全信息。目前,远洋船舶上安装使用的主要是工作在 518 kHz 上的单频道接收机,也有船舶配备三频道接收机设备。NAVTEX 技术编码 B1、B2、B3、B4 在海上安全信息的播发和接收中起着非常关键的作用,下面对其做出说明。

1.B1 代表发射台

系统规定每个航行警告区域内最多可设 24 个发射台,用英文字母 A~Z 表示。例如在第十一航行警告区,A 代表印度尼西亚的 JAYAPURA 台,B 代表印度尼西亚的 AMBON 台,C 代表新加坡台。我国沿岸已设立的 NAVTEX 发射台有三亚、广州、香港、福州、台湾、上海、大连、天津,分别以字母 M、N、L、O、P、Q、R、S 表示。

2.B2 代表电报种类

电报种类也是用字母 A~Z 表示:

A——航行警告(不能拒收);

B——气象警告(不能拒收);

C——冰况报告;

D——搜救信息(不能拒收);

E——气象预报;

F——引航信息;

G——DECCA 信息;

H——LORAN-C 信息;

I——OMEGA 信息;

J——卫星导航信息;

K——其他电子导航系统信息;

L——航行警告(作为对 A 种类的补充,不能拒收);

M~U——暂未规定;

V~Y——特殊种类的电报,由国际电联(ITU)指定;

Z——无待发信息。

3.B3、B4 代表信息的编号

该编号由 01~99 组成。重复发送的信息,发射台不重新编号。00 号表示所发的信息为重要信息,接收机将重复接收。

NAVTEX 电报格式:

ZCZCIA01　第 1 行:开始符号和信息识别码

000000UTCXSQ01　第 2~4 行:电文

××NAVTEXAREA…

……

NNNN　第 5 行:结束符号

End of message　CER = ＊. ＊%　第 6 行:结束标志

第二节　NCR-300A 型 NAVTEX 接收机的操作

NCR-300A 型 NAVTEX 接收机是由日本 JRC 公司生产的,严格按照国际电联关于

NAVTEX 业务设计原理制造的基本型设备。它具有三种操作模式和一个设置状态，即正常模式（Normal Mode）、记录模式（Logging Mode）、海岸电台模式（Coast Station Mode）和初始状态（Initialized）。用户可根据业务需要进行设置。

一、控制面板各功能键的作用

NCR-300A 型 NAVTEX 接收机的控制面板如图 6-2-1 所示。

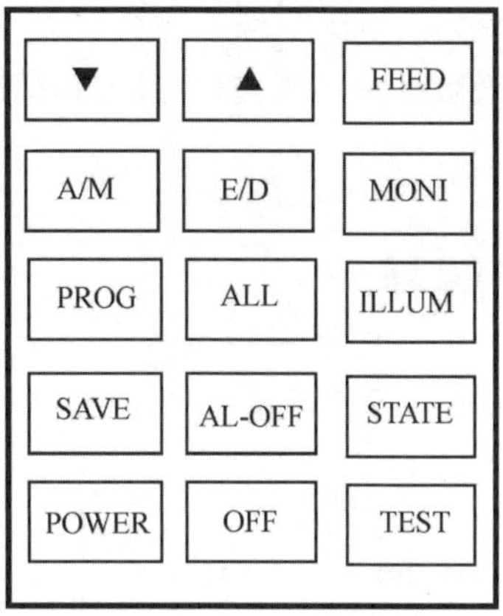

图 6-2-1　NCR-300A 控制面板

[POWER]：按此键，打开接收机电源。此键还作为设置初始状态和岸台模式的复合键。

[OFF]：按住此键，再按[POWER]键，关闭本机电源。

[TEST]：按一下此键，接收机执行自检程序。

[SAVE]：此键用于设置报文存储功能（NCR300 无此功能）。此键还作为设置海岸电台模式的复合键。

[AL-OFF]：单独按此键，用于终止接收机收到报警信息后的显示与声音报警；按住[PROG]键，再按[AL-OFF]键，则事先关闭接收机对收到 A、B、L 类信息的报警功能。此键还作为取消海岸电台模式设置的复合键。

[STATE]：按此键，打印机打印出接收机的设置状态和内存状态。

[PROG]：按住此键，再按[A/M]键，用于在选择发射台和信息种类两种状态之间的转换；按住[PROG]键，再按[E/D]键，用于确定被选择的发射台或信息种类是接收状态还是拒收状态；按住[PROG]键，再按[ALL]键，将使被选择到不接收的发射台和信息种类恢复到接收状态；按住[PROG]键，再按[AL-OFF]键，将关闭接收机对接收到的 A、B、L 类信息的报警功能。

[ALL]：按住此键，显示屏上将显示接收机最后收到的电报的信息识别码；按住[ALL]键再按[▼]或[▲]键，显示屏将依次显示所有已经接收到的并存储的识别码；按住[ALL]键，再按[E/D]键，将把显示屏上正显示的信息识别码删除；按住[PROG]键，再按[ALL]键，将取消对发射台和信息种类的设置。

[ILLUM]：用来设置接收机显示屏和控制键背景的亮度，共分亮、中、暗（关闭）三个步进。

[A/M]：按住[PROG]键，再按[A/M]键，显示屏将显示“AREA”或“MESSAGE”，以供设置时确定是发射台还是信息种类。此键还作为设置海岸电台模式的复合键。

[E/D]：在按住[PROG]键的情况下再按此键，将要选择的发射台或信息种类设置在“EN-

ABLED”(接收)或“DISABLED”(拒收)状态;按住[ALL]键,再按[E/D]键,将显示屏上正显示的已存储的信息识别码删除。此键还作为取消海岸电台模式设置的复合键。

[MONI]:用于判断接收机天线状态的开关键。按下此键,扬声器会发出噪声,根据声音强弱来判断天线状态。重复按此键将关闭扬声器。

[▼]:连续按此键,将按照字母 A~Z 的顺序显示将要选择的发射台或信息种类。此键还作为接收机初始状态设置的复合键。

[▲]:连续按此键,将按照字母 Z~A 的顺序显示将要选择的发射台或信息种类。此键还作为接收机初始状态设置的复合键。

[FEED]:按此键一次,打印纸被从打印头槽口处向外送出一行;按住此键,打印纸将被连续送出。

二、显示屏显示内容解释

NCR-300A 显示屏显示内容如图 6-2-2 所示。

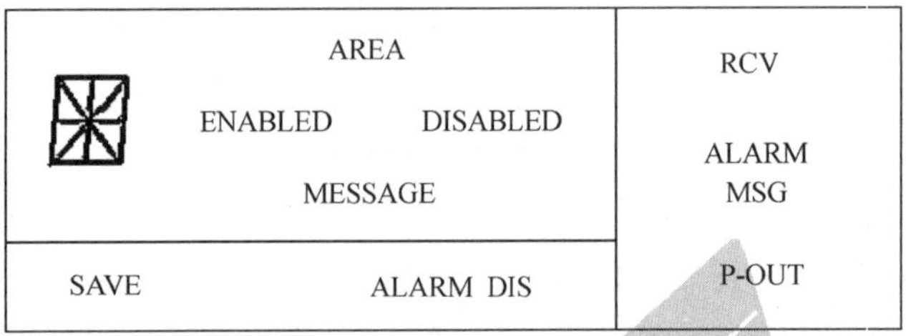

图 6-2-2　NCR-300A 显示屏显示内容

——液晶显示格式。根据操作内容或工作状态,能够显示出字母 A~Z、数字 0~9 和“LG”字符。

AREA——在这种显示状态下,表明所选择的内容为发射台。其不会和 MESSAGE 状态同时显示(执行自检程序除外)。

MESSAGE——在这种显示状态下,表明所选择的内容为信息种类。其不会和 AREA 状态同时显示(执行自检程序除外)。

ENABLED——代表发射台或信息种类的字母被设置在接收状态;如果是在“LG”状态下,表明工作模式被设置在记录(LOGGING)模式。

DISABLED——代表发射台或电报种类的字母被设置在拒收状态;如果是在“LG”状态下,表明工作模式被设置在正常(NORMAL)模式。

SAVE——报文存储模式显示状态,NCR-300 无此项功能。

ALARM DIS——此种显示表明当接收机接收到 A、B、L 类信息时的报警功能被关闭。

RCV——接收机正在接收不是报警的信息。

ALARM 和 MSG——在 RCV 状态下,同时显示闪动的“ALARM MSG”,表明接收机正在接收报警的信息(A、B、D、L 类及 00 号信息),当信息接收完毕,开始打印时,扬声器发出报警声响。

ALARM 和 P-OUT——显示“ALARM”和“P-OUT”的同时,扬声器发出声响报警,表明打印纸用尽。

三、操作方法

1.按［POWER］键，打开电源

设备会保持在关机前的状态，打印机在以下四种情况下分别打印出不同的内容：

（1）关机前是正常模式（NORMAL MODE），将打印出：

Navtex Receiver is Ready

（2）关机前是记录模式（LOGGING MODE），将打印出：

Logging Mode

Navtex Receiver is Ready

（3）关机前为海岸电台模式（COAST MODE），将打印出：

Coast Station Mode

Navtex Receiver is Ready

（4）当设置为初始状态（INITIALIZED）时，将打印出：

Initialized

Navtex Receiver is Ready

2.接收机的模式设置

（1）初始状态

在电源关闭状态下，按住［▼］和［▲］键，再按［POWER］键，打印机打印出：

Initialized

Navtex Receiver is Ready

此时，接收机 RAM 存储器中存储的人为设置的以及接收机在工作中存储的信息全部被清除，接收机将恢复到出厂状态。

（2）海岸电台模式

①设置海岸电台模式

在电源关闭状态下（或按［OFF］键和［POWER］键关闭电源），按住［A/M］键和［SAVE］键，再按下［POWER］键，打印机将打印出：

Coast Station Mode

Navtex Receiver is Ready

在这种模式下，接收机将重复接收所有发射台发射的信息，除初始状态外，所有设置均无效。换言之，设置成海岸电台模式，就是关闭了安装在接收机中的微处理器，因此和微处理器有关的选择功能、存储记忆功能以及质量评估功能等也会被全部关闭。这一模式用于 NAVTEX 发射台对自己发出的信息的监听。一旦设置到这种模式，即使关闭电源，该状态也能由存储器维持 24 h。

②解除海岸电台模式

在电源关闭状态下（在开机状态下，按住［OFF］键和［POWER］键关闭电源），按住［E/D］键和［AL-OFF］键，再按［POWER］键，接收机内的微处理器重新被启动，恢复到设置岸台模式之前的状态。

a.如果设置海岸电台模式之前是正常模式，则打印机打印出：

Navtex Receiver is Ready

b.如果设置海岸电台模式之前是记录模式，则打印机打印出：

Logging Mode

Navtex Receiver is Ready

(3)正常模式(NORMAL MODE)

在显示屏显示“LG”的状态下，按住[PROG]键，再按[E/D]键，使显示屏显示“DISABLED”进入正常模式。在这种模式下，接收机将接收并打印用户所选择的发射台和信息种类。

(4)记录模式(LOGGING MODE)

在显示屏显示“LG”的状态下，按住[PROG]键，再按[E/D]键，使显示屏显示“ENABLED”进入记录模式。在这种模式下，接收机除接收用户选择的发射台和电报种类信息外，还会打印出被拒收的发射台和信息种类的报头信息，并打印出被拒收的是发射台还是信息种类。

3.设置发射台

(1)按住[PROG]键，再按[A/M]键，使显示屏显示“AREA”。

(2)按[▼]键或[▲]键，使显示屏显示代表某发射台的字母。

(3)按住[PROG]键，再按[E/D]键，把要接收的发射台设置为“ENABLED”状态，不要接收的发射台设置为“DISABLED”状态。

4.设置信息种类

(1)按住[PROG]键，再按[A/M]键，使显示屏显示“MESSAGE”。

(2)按[▼]键或[▲]键，使显示屏显示代表待选的信息种类字母。

(3)按住[PROG]键，再按[E/D]键，使代表要接收的信息种类的字母设置为“ENABLED”状态，不要接收的信息种类的字母设置为“DISABLED”状态。在信息种类设置中，代表航行警告、气象警告、搜救信息和航行警告补充种类的代码“A”“B”“D”“L”不能拒收，不需要用户设置。

例：如果船舶将从大连开往广州，在这段航程中，船舶需要接收大连、上海、福州、台湾和广州台的信息，这些 NAVTEX 发射台的代码分别是“R”“Q”“O”“P”“N”。假设船舶需要接收这些台的信息种类是航行警告、气象警告、搜救信息、气象预报等，这些信息种类代码分别是“A”“B”“D”“E”等，操作步骤如下：

①按[POWER]键，打开电源。如果电源原本是开着的，则可省去此操作。

②如有必要，可按住[PROG]键，再按[ALL]键，取消此前可能有的对发射台和信息种类的设置。

③按住[PROG]键，再按[A/M]键，使显示屏显示“AREA”。如果显示屏已经显示“AREA”，则可省去此步操作。

④按[▼]键，使显示屏显示字母“A”。

⑤按住[PROG]键，再按[E/D]键，使显示屏显示“DISABLED”。

⑥按[▼]键，使显示屏显示字母“B”。

⑦按住[PROG]键，再按[E/D]键，使显示屏显示“DISABLED”。

⑧重复上述操作使字母“N”“O”“P”“Q”“R”显示在“ENABLED”，其余字母全部显示在“DISABLED”，直到选择到字母“Z”。

⑨按住[PROG]键，再按[A/M]键，使显示屏显示“MESSAGE”。

⑩从字母“A”开始，用[▼]键选出代表信息种类的代码。

⑪按住[PROG]键，再按[E/D]键，把需要接收的信息种类设在“ENABLED”状态，不需接收的信息种类设在“DISABLED”状态，一直设置到字母“Z”。（其中，“A”“B”“D”“L”种类不需设置。）

5.自检测操作

(1)按[TEST]键，内设的测试信号发生器将测试信号送入接收机输入端，构成一个内检测回路，自动按“单项检测”和“综合检测”两大步骤执行自检程序，检测完毕，打印机打印出如图 6-2-3 显示的结果：

```
------------ Press "AL OFF" ------------
------------- Self Test End -------------

--------- ZCZC AB00   PAGE 1 ---------
THE QUICK BROWN FOX JUMPS OVER THE LAZY
DOG 123456789.,?()= /♎+
NNNN
---- End of Message  CER= 0.0% -----
----------- Overall Test Start ------------
ABCDEFGHIJKLMNOPQRSTUVWXYZ1234567890-?:✢
abcdefghijklmnopqrstuvwxyz♎().,=+*%
----------- Printer Test Start ------------
--------- Main processor : Good ----------
-------- 518KHz Receiver : Good ---------
------------ Self Test Start -------------
```

图 6-2-3 NCR-300A 自检结果

(2)打印完毕，接收机内设扬声器发出报警声音。如果报警功能被关闭，则无声响报警。按[AL-OFF]键，关闭报警器。

自检后，如发现设备出现故障，应针对故障部分进行适当检修。但测试时应注意，一旦有较强的干扰信号进入接收机，则会造成不理想的自检效果，因此，自检测应在无强大干扰的情况下进行。

6.解除已设置的拒收状态

按住[PROG]键，再按[ALL]键，被设置到拒收(DISABLED)的发射台(AREA)和信息种类(MESSAGE)，即恢复到接收(ENABLED)状态。

7.监听声音的控制

(1)按[MONI]键，监听扬声器被打开，发出噪声，根据声音大小来判断天线状态。

(2)再次按[MONI]键，监听扬声器被关闭。

8.照明控制（假设原本是关闭状态）

(1)第一次按[ILLUM]键，显示屏和键盘照明被打开，显示在高亮度状态。

(2)第二次按[ILLUM]键，显示中等亮度状态。

(3)第三次按[ILLUM]键，照明被关闭。

9. “A”“B”“L”种类信息报警功能的控制（假设原来是打开状态）

（1）第一次按住［PROG］键，再按［AL-OFF］键，显示屏显示“ALARM DIS”，接收机对“A”“B”“L”种类的报警功能被关闭。

（2）第二次按住［PROG］键，再按［AL-OFF］键，“ALARM DIS”消失，恢复报警功能。

10.各种报警状态

（1）关闭已发生的报警：按［AL-OFF］键，已发生的报警即被关闭。（打印纸用尽时，必须装上打印纸后此键才有效。）

（2）关闭电源：按住［OFF］键，再按［POWER］键，接收机主电源即关闭。

（3）当接收到“A”“B”“D”“L”种类信息时，显示屏显示闪动的“ALARM MSG”，直到信息接收完毕，开始发出声响报警（按 AL-OFF 可关闭此种报警）。

（4）当打印纸用尽时，显示屏显示闪动的“ALARM P-OUT”，同时发出声响报警。

（5）消除某个已存储的报头识别码：当接收机收到的报文的误码率小于或等于 4%时，本电报的报头识别码即被存入 RAM 存储器，并能保持 72 h。在 72 h 内接收机收到相同识别码的信息时就不会再打印。如果要重复打印这份信息，必须删除存储在存储器里的识别码，方法如下：

按住［ALL］键，显示屏显示以下内容：

B1（闪现 500 ms）—消失（无显示 100 ms）；

B2（闪现 500 ms）—消失（无显示 100 ms）；

B3（闪现 500 ms）—消失（无显示 100 ms）；

B4（闪现 500 ms）—消失（无显示 1 500 ms）。

当显示要消除的识别码时，在按住［ALL］键的前提下，再按［E/D］键，正显示的识别码被删除，显示屏会显示出另一个识别码。

四、接收报文时的工作状态

（1）当接收到不是报警的信息报文时，液晶屏上显示“RCV”，同时在识别码显示区显示闪动的信息识别码（B1、B2、B3、B4）。

（2）当接收到的是“A”“B”“D”“L”种类报警信息时，显示屏显示“RCV”和闪动的“ALARM MSG”，同时在识别码显示区显示闪动的信息识别码。

（3）报文接收完毕，显示屏上的“RCV”消失，打印机开始打印。在接收到“A”“B”“D”“L”种类信息发出声音报警的情况下，按［AL-OFF］键消除报警。如果设置在“ALARM DIS”状态，除“D”种类外，“A”“B”“L”种类不会报警。

（4）当正在接收信息时打印纸用尽，将停止数据处理，收到的信息将被存储。

（5）当正在打印时打印纸用尽，重新装进打印纸 30 s 后，打印机将继续打印存储器中的信息。

（6）打印纸用尽期间，接收机不进行数据处理。

（7）当接收到的信息超过 80 行（每行最多 40 个字符）时，将自动分页打印。

（8）收到下列信息，打印机不打印：

①被拒收发射台的信息。显示屏显示闪动的“AREA DISABLED”。

②被拒收信息种类的信息。显示屏显示闪动的“MESSAGE DISABLED”。

③接收到的信息的字符误码率大于33%。显示屏显示闪动的“MESSAGE”。

④自动检错没能检出电文的报头,显示屏上将无“RCV”显示。

(9)如果电文的结束符“NNNN”没有被收到,则报头识别码将不会被存储器存储。在下述情况下,接收机将重复接收并打印:

①在电文结尾“DX”位置是两位连续的字母时,将在报文的末尾打印出:

```
----- Ended By 2 Alpha CER=3.5% -----
```

但是CER的值会因为实际情况有不同。

②在电文结尾是相位检测信号时,将打印出:

```
---- Ended By Phasing SIG CER=2.7% ----
```

但是CER的值会因为实际情况有不同。

③在电文结束,接收完毕之前没收到相位信号时,将在报文的末尾打印出:

```
----- Incomplete Message CER=3.7% -----
```

但是CER的值会因为实际情况有不同。NAVTEX系统使用二重时间分集方法控制差错,即每一字符在“DX”位置和“RX”位置各发送一次,其中“DX”位置是第一次发射,“RX”位置是第二次发射。

第三节 NX-500型NAVTEX接收机的操作

NX-500型NAVTEX接收机是日本FURUNO公司的产品,该机采用菜单操作方式。

一、各功能键的作用

NX-500型NAVTEX接收机电源开关隐藏在打印机盒盖里面,全部操作功能由控制面板上的8个按键完成。控制面板如图6-3-1所示。

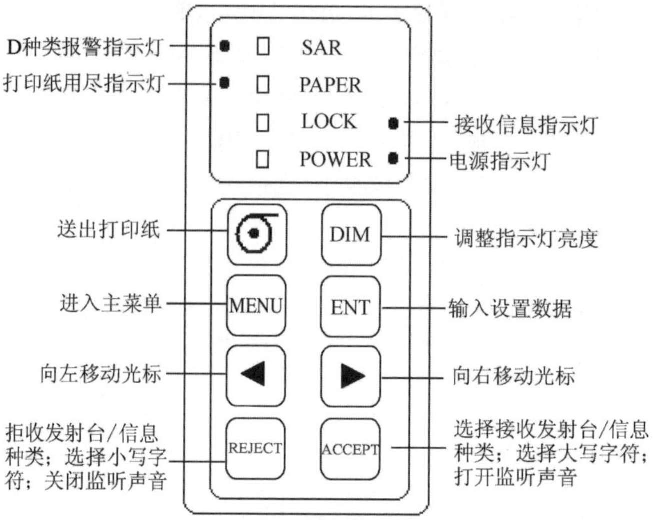

图 6-3-1　NX-500 型 NAVTEX 接收机控制面板

二、基本操作方法

1.接通电源

打开打印纸盒盖，把里面的电源开关拨向“ON”，打印机打印出“Nav.Print ready”，此时接收机已处于准备接收状态。开关位置如图 6-3-2 所示。

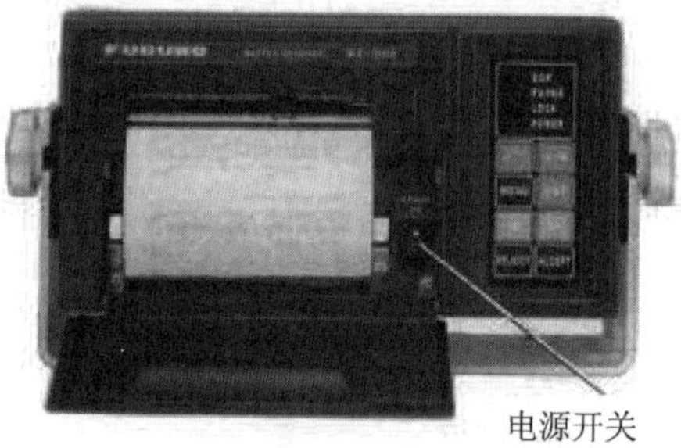

图 6-3-2　NX-500 型 NAVTEX 接收机外观图

2.调整照明亮度

按[DIM]键，每按一次，接收机照明部分将按“亮→暗→关闭”顺序变化。

3.送出打印纸

按一次[FEED]键，打印纸向外送出一行；持续按 FEED，打印纸将被连续送出。

4.信号监听

按[ACCEPT]键，接收机扬声器将被打开，发出噪声，约 1 min 后自动关闭，也可以按[REJECT]键将扬声器关闭。

5.关闭报警声音

当接收机接收到“D”种类信息时会发出声响报警，按任意键可关闭此报警。

三、设置接收机

1.按［MENU］键调出主菜单

打印机打印出主菜单信息，如图 6-3-3 所示。

```
*  ------------------------------------------------------------ 打印头
A B C D E F G
-------------------- Main menu --------------------
A: Set station
B: Set message
C: Set function
D: Print received ID
E: Print status
F: Print NMEA data
G: End
-------------------- FURUNO --------------------
```

图 6-3-3　NX-500 型 NAVTEX 接收机主菜单

主菜单共有 7 项，用字母 A、B、C、D、E、F、G 表示，每一个字母对应一个主菜单项，当进入主菜单时，打印头总是处在 A 项上边，按［◄］或［►］键，把光标移动到相应的字母项上，再按［ENT］键或［ACCEPT］键确定要对此项进行设置。

各菜单项内容：

A——设置发射台。

B——设置电报种类。

C——设置功能。

D——打印已接收的信息识别码。

E——打印设置状态。

F——打印海洋电子数据。

G——结束。

每个菜单项的内容，可用［ACCEPT］和［REJECT］键选择。按［ACCEPT］键，所选项打印出大写字母，表明为已选择；按［REJECT］键，打印出小写字母，表明被拒选。

要退出主菜单项选择，可把光标移到代表菜单项的字母 G 上，按［ENT］或［ACCEPT］键，接收机即处于准备接收状态，打印机打印出：

```
Nav. print ready.
```

用户在设置过程中，接收机不会拒收信息。当设置操作完毕，打印机打印出“Nav. Print ready.”之后，收到的电文信息将被打印出来。

2.菜单项 A：设置发射台（Set station）

这一菜单允许用户选出准备接收的发射台。为便于选台，如果此前接收机是设在自动模式上，则必须在菜单项 C 中改为“人工设置”。打印机将打印出：

```
Change to manual selection mode and
try again.
```

按［◄］或［►］键，将打印头移到菜单项字母 A 上，然后按［ENT］或［ACCEPT］键。显示如图 6-3-4 所示的打印内容。

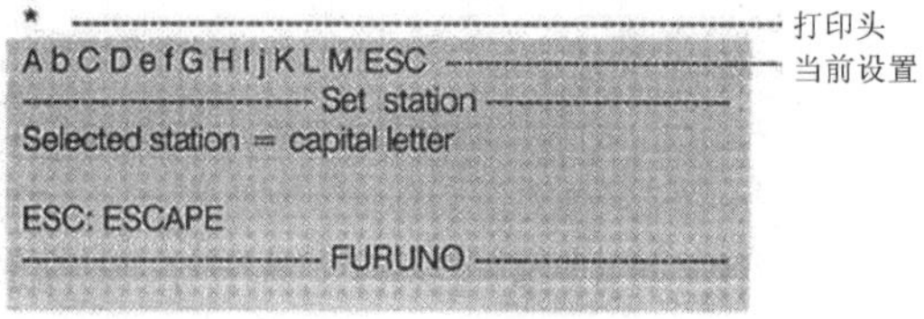

图 6-3-4　设置发射台

该打印内容中，第一行字母 A～M 代表发射台，其中 A、C、D、G、H、I、K、L、M 字母为大写，表明被设置为接收，选择方法是把打印头移到相应的字母上方，然后按[ACCEPT]键；如果按[REJECT]键，则字母显示为小写，表明被设置为拒收。选到字母 M 后，按[ENT]键，继续进行 N～Z 的选择，如果当前选择无须改变，把打印头移到“ESC”上方，按[ENT]键退出。上述选择中，如果要对此前的选择进行修改，可按[◀]键将打印头移动到相应字母上方，然后进行适当操作。

3.菜单项 B：设置信息种类（Set message）

此菜单项用来选择用户要接收的信息种类，设置步骤如下：

（1）进入主菜单后，按[◀]或[▶]键，将打印头移到菜单项字母 B 上方，然后按[ENT]或[ACCEPT]键，打印状态如图 6-3-5 所示：

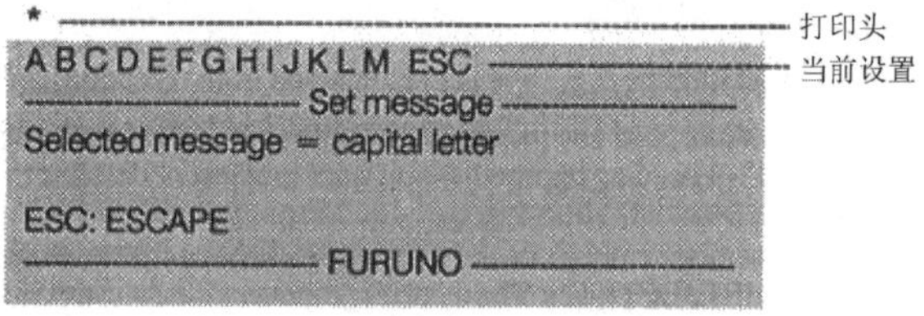

图 6-3-5　设置信息种类

（2）把光标移到相应字母上方，按[ACCEPT]键，把字母设为大写，表明被设置为接收；或按[REJECT]键，把字母设为小写，表明被设置为拒收。选到字母 M 后，程序自动进入 N～Z 的选择，如果对此前的选择无须改动，则将打印头移到“ESC”项上方，按[ENT]或[ACCEPT]键退出选择。

4.菜单项 C：设置功能（Set function）

（1）选择菜单项 C，打印机打印出如图 6-3-6 所示的信息：

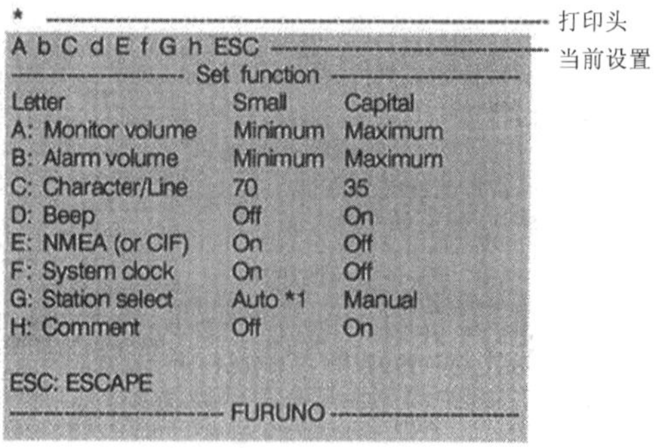

图 6-3-6　设置功能

注意：*1 自动功能用于欧洲及美国、日本、中国和新加坡水域。

各菜单项含义如下：

A——信号监听音量(小/大)。

B——报警音量(小/大)。

C——每行字符数(通常设在 35)。

D——按键声音(开/关)。

E——导航数据输入(开/关)。NMEA 表示美国国家海洋电子协会。CIF 表示 FURUNO 内部通信。

F——来自导航设备时间信息(开/关)。

G——自动或人工选台。

H——字符误码率打印功能(开/关)。

(2)按[ENT]键选择菜单项,用[ACCEPT]和[REJECT]键对每个菜单项内容加以确认。

5.菜单项 D:打印已接收的电报识别码(Print received ID)

按[◀]或[▶]键,把打印头移到主菜单项字母 D 上方,按[ENT]键,打印机将打印出 72 h 内接收到的电报报头识别码,打印结果举例如下:

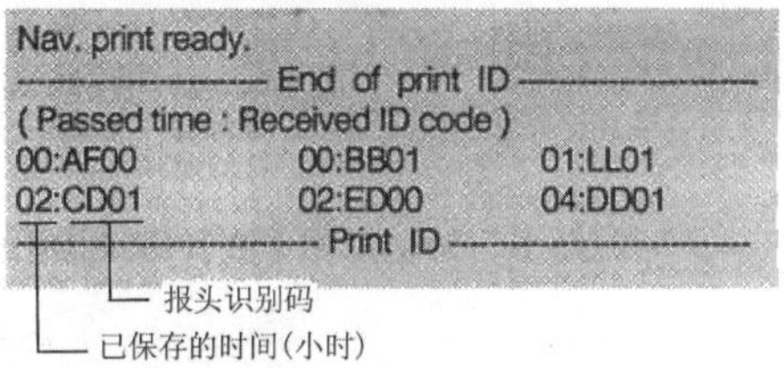
Nav. print ready.
---------- End of print ID ----------
(Passed time : Received ID code)
00:AF00   00:BB01   01:LL01
02:CD01   02:ED00   04:DD01
---------- Print ID ----------

打印完上述信息后,接收机返回接收模式。

6.菜单项 E:打印设置状态(Print status)

在主菜单中选择菜单项 E,打印机打印出下列信息:

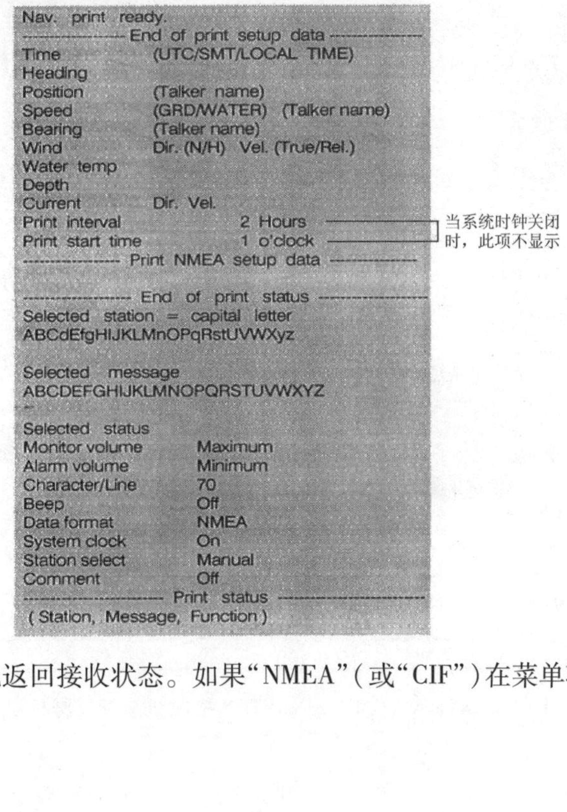
Nav. print ready.
---------- End of print setup data ----------
Time (UTC/SMT/LOCAL TIME)
Heading
Position (Talker name)
Speed (GRD/WATER) (Talker name)
Bearing (Talker name)
Wind Dir. (N/H) Vel. (True/Rel.)
Water temp
Depth
Current Dir. Vel.
Print interval 2 Hours
Print start time 1 o'clock
---------- Print NMEA setup data ----------

---------- End of print status ----------
Selected station = capital letter
ABCdEfgHIJKLMnOPqRstUVWXyz

Selected message
ABCDEFGHIJKLMNOPQRSTUVWXYZ

Selected status
Monitor volume Maximum
Alarm volume Minimum
Character/Line 70
Beep Off
Data format NMEA
System clock On
Station select Manual
Comment Off
---------- Print status ----------
(Station, Message, Function)

打印完毕,接收机返回接收状态。如果“NMEA”(或“CIF”)在菜单项 C 中设置为关闭,则将不打印上述内容。

第四节　SMARTFIND GMDSS NAVTEX 接收机的操作

SMARTFIND GMDSS NAVTEX 是英国 MCMURDO 公司设计生产的一款符合 IMO MSC.148(77)和 IEC 61097-6(Ed2.0)技术标准的新型海上安全信息(MSI)接收机。SMARTFIND GMDSS NAVTEX 接收机具有宽大的显示屏,易于读取数据,信息可以完全同屏显示;可以根据接收频道、接收发射台、信息类别对信息进行预分类。其具有三个独立的接收频道,对应频率分别是 490 kHz、518 kHz 和 4 209.5 kHz,可以在这三个频率上同时接收 MSI。SMARTFIND GMDSS NAVTEX 能够与集成驾驶台系统(IBS)连接,向其他的导航助航设备提供 NAVTEX 信息,但是要求 IBS 必须符合 IEC 61097-6(Ed2.0)技术标准中关于串口的要求。

一、按键及屏幕显示

SMARTFIND GMDSS NAVTEX 接收机的按键及屏幕显示如图 6-4-1 所示。

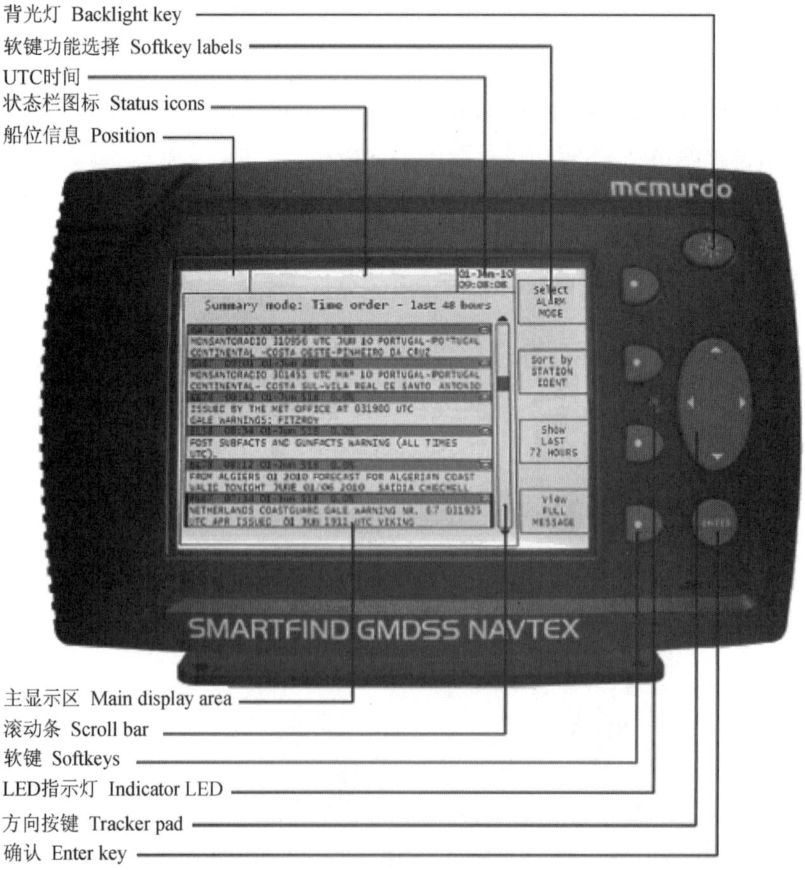

图 6-4-1　SMARTFIND GMDSS NAVTEX 接收机按键及屏幕显示图

屏幕状态栏中显示的图标如图 6-4-2 所示，表示各菜单链接。

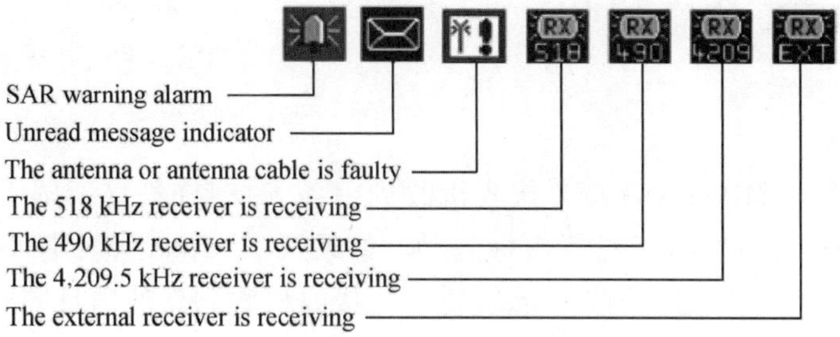

图 6-4-2 屏幕状态栏中显示的图标

各菜单含义如下：

①SAR warning alarm：搜救信息报警。

②Unread message indicator：未读信息指示。

③The antenna or antenna cable is faulty：天线或天线连线故障。

④The 518 kHz receiver is receiving：518 kHz 接收机正在接收。

⑤The 490 kHz receiver is receiving：490 kHz 接收机正在接收。

⑥The 4,209.5 kHz receiver is receiving：4 209.5 kHz 接收机正在接收。

⑦The external receiver is receiving：外接接收机正在接收。

二、开机

接通 SMARTFIND GMDSS NAVTEX 电源，前端面板上的红色 LED 闪亮，数秒延迟后，将出现开机界面，如图 6-4-3 所示。

图 6-4-3 开机界面显示图

大约 30 s 后开机界面消失，接着屏幕显示如图 6-4-4 所示，表示 SMARTFIND GMDSS NAVTEX 接收机准备接收海上安全信息。

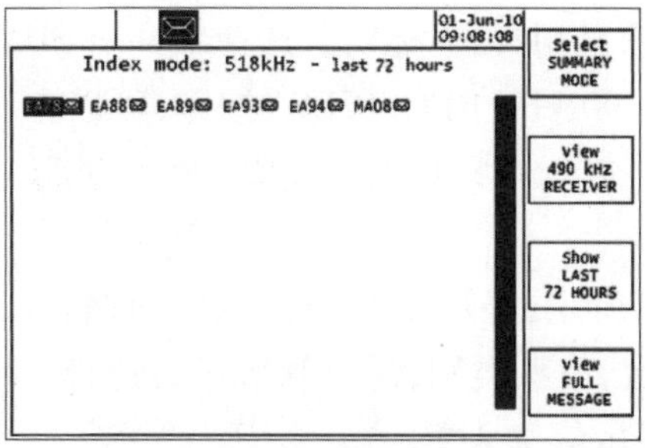

图 6-4-4 准备接收示意图

三、NAVTEX 信息接收

1.接收新信息

当 SMARTFIND GMDSS NAVTEX 接收机收到一条新信息时,显示屏上会弹出一个提示框,如图 6-4-5 所示,并且"未读信息"图标闪动。如果按下[Enter]键,则可以查看信息;如果取消提示框显示,不查看信息,则按[Right]键。当接收机收到新的消息同时还有短暂的声响提示相关人员注意。如果不需要声音提示,该功能可以在系统设置菜单中取消。值得注意的是,当显示屏上弹出新信息提示时,只有[Enter]键和[Right]键有作用,其他按键只有等到信息提示被移除后才可以发挥作用。

当接收机收到 A 和 L(航行警告)、B(气象警告)、D(搜救信息)类型的信息时,接收机会发出报警声,一直等到信息确认后,报警声才停止。

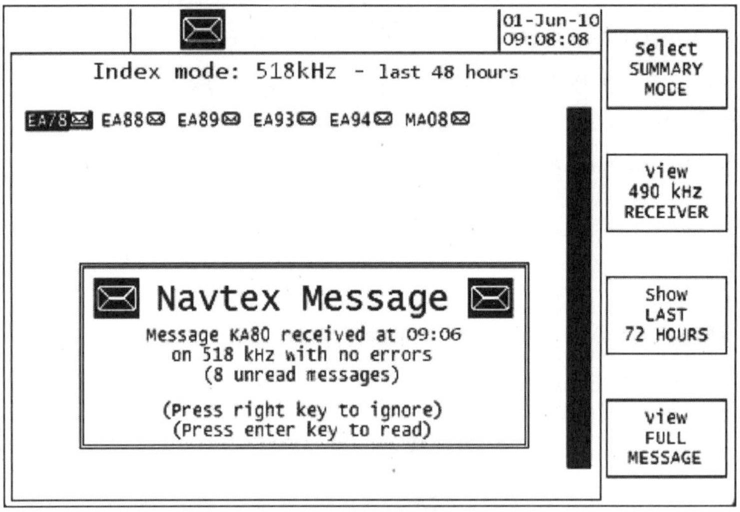

图 6-4-5　收到新信息

2.信息查找和查看

SMARTFIND GMDSS NAVTEX 接收机设计了不同的方式,便于相关人员查找和查看信息,主要有三种显示模式:信息索引(Message Index)、信息概要(Message Summary)和信息全文(Full Message)。

(1)信息索引模式

信息索引模式如图 6-4-6 所示,显示了每条信息的 B1、B2、B3、B4 码。通过方向键移动光标到所需查看的信息。未读信息用"✉"标明。选择"Select SUMMARY MODE"按键,可以查看信息的前两行;选择"View 490 kHz RECEIVER"按键,可以查看在 490 kHz 上接收的信息;选择"Show LAST 72 HOURS"按键,可以按时间间隔对信息进行分组。

(2)信息概要模式

信息概要模式如图 6-4-7 所示,显示了每条信息的前两行。信息能分类显示,标准有三个:信息播发时间、信息发射台、信息类别,通过软键进行选择。[Show]键控制了显示屏显示信息的数量,通过[View]键显示信息全文。

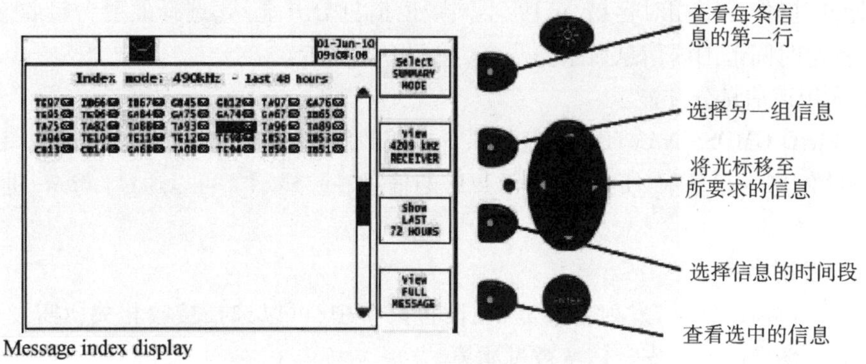

图 6-4-6 信息索引显示

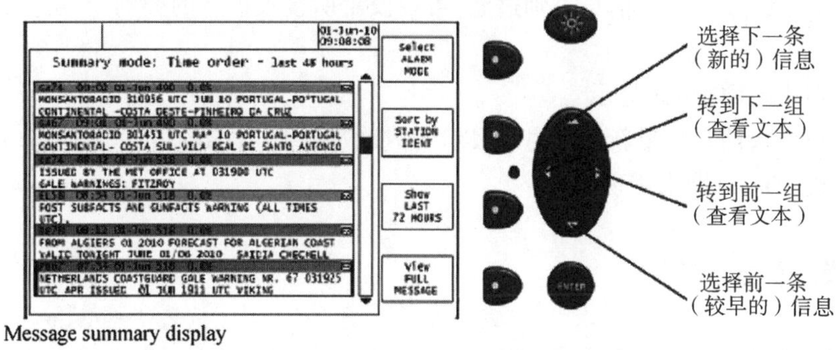

图 6-4-7 信息概要显示

(3)信息全文模式

接收机会对接收的信息自动保存 72 h,然后自动删除,但是有一些重要的信息需要被长期留存。在信息全文显示模式下,如图 6-4-8 所示,可以锁定需长时间保存的信息(Lock message)。在信息索引模式下,锁定的信息用“ ”标明。锁定的信息可以在信息全文模式下解锁(Unlock message)。长期保存信息的数量最多是 250 条。

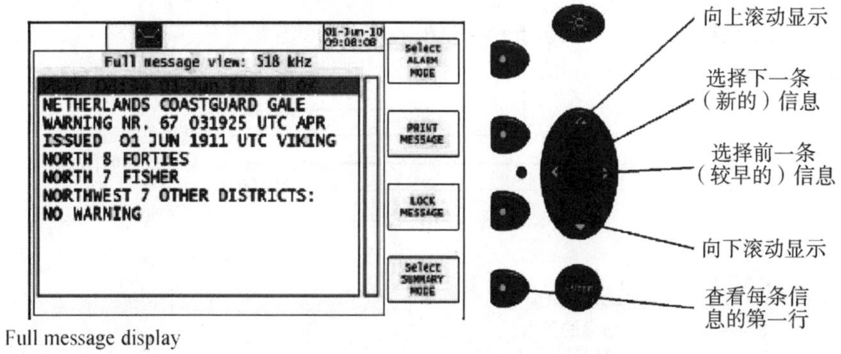

图 6-4-8 信息全文显示

3.控制信息分类显示

SMARTFIND GMDSS NAVTEX 接收机开机后,会收到相当数量的海上安全信息。这些大数量的信息会给用户查找某一特定信息带来麻烦。因此 SMARTFIND GMDSS NAVTEX 引入了相关设计，使操作变得相对容易，包括：不同频道信息分开显示、选择发射台接收、选择信息类别接收、特定时间范围内信息显示。

（1）不同频道信息分开显示

SMARTFIND GMDSS NAVTEX 系统提供 3 个接收频道：所有 518 kHz 的信息一起显示；所有 490 kHz 的信息一起显示；所有 4 209.5 kHz 的信息一起显示。可以通过[View]键在三个频道之间转换。

（2）选择发射台接收

选择发射台接收又叫作发射台过滤，在设置菜单中，可以选择接收相关所需发射台的信息，其余发射台播发的海上安全信息被过滤掉。

（3）选择信息类别接收

选择信息类别接收又称为信息类别过滤，可以设定所接收信息的类别，不需要的信息类别拒绝接收。

（4）特定时间范围内信息显示

为了让用户更快地获得最新的信息，可以选择接收最近 4 h 内的信息、最近 12 h 内的信息等。此功能通过[Show]键来实现。

四、设置模式

进入设置模式，按下[Enter]键，保持 3 s，显示屏显示设置模式。在设置模式下，SMARTFIND GMDSS NAVTEX 接收机不能弹出信息接收框，以保证设置过程不受干扰。设置完毕后，一定要退出设置模式，返回正常操作模式。退出设置模式的方法为：按下[Enter]键，保持 3 s，直到显示屏进入正常操作模式。

1.NAVTEX 信息头

NAVTEX 信息起始行叫作信息头，信息头标明该信息的发射台、信息的类别、信息编号、信息接收的日期和时间、接收频率和误码率，如图 6-4-9 所示：

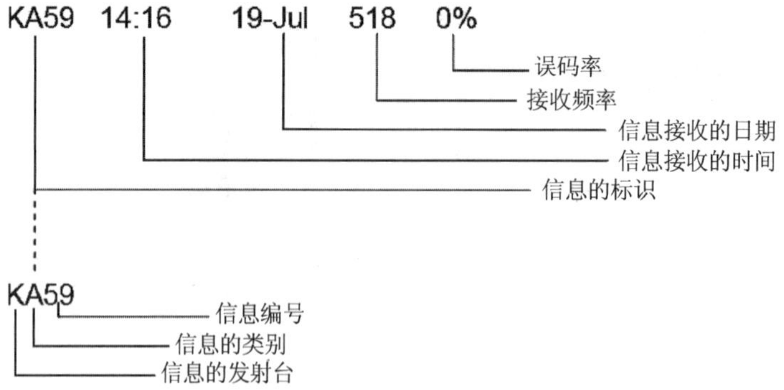

图 6-4-9 NAVTEX 信息头

2.NAVTEX 信息头的彩色显示

对于不同类型的海上安全信息，SMARTFIND GMDSS NAVTEX 接收机的信息头有不同的颜色显示，如图 6-4-10 所示。

ID	Message category	Colour
A	Navigational warnings	CYAN
B	Meteorological warnings	GREEN
C	Ice reports	GREEN
D	Search and rescue information and pirate warnings	RED
E	Meteorological forecasts	GREEN
F	Pilot service messages	MAGENTA
G	AIS, DECCA messages	BROWN
H	LORAN messages	BROWN
I	Not currently used	BROWN
J	SATNAV messages (GPS, GLONASS)	BROWN
K	Other electronic navaid system messages	BROWN
L	Navigational warnings (additional)	CYAN
M to U	Not currently used	BROWN
V	Notice to fishermen (US only)	BROWN
W	Environmental (US only)	BROWN
X, Y	Not currently used	BROWN
Z	No message on hand	BROWN

图 6-4-10　信息头的彩色显示

注：CYAN—青色；GREEN—绿色；RED—红色；BROWN—褐色；MAGENTA—洋红色。

3.信息选择接收设置

按下[Enter]键，保持 3 s，进入设置模式。几秒钟后，显示信息选择接收（信息过滤）屏幕，如图 6-4-11 所示。

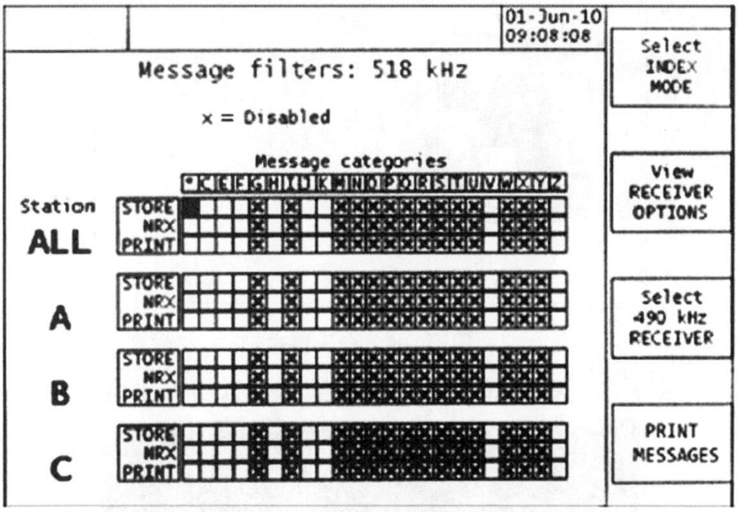

图 6-4-11　信息选择接收设置

信息接收设置页面表明不被显示、存储或输出的某些播发台的信息或信息类别。每个接收频道有各自的信息接收设置页面，可以通过“Select * * * * receiver”键选择接收频道。信息设置在一个电源周期内有效。

从图 6-4-11 可以得知，在缺省设置下，接收所有发射台的信息类型为 A～F，H，J～L，V～Z 的信息（对应检查框 Checkbox 显示为“□”）。信息类型 G，I，M～U，W～Y 被标识（对应检查框 Checkbox 显示为“☒”），表明拒收这些类型的信息。用上、下、左、右方向键移动到信息类型对应的检查框，按下[Enter]键，检查框变为"☒"显示，该信息被拒收；反之，如果检查框变为"☐"显示，说明接收该信息。如果发射台的所有信息被拒收，则等于取消选定该发射台。

A、B、D、L 这四种信息类型不能被单独设置。如果一个发射台的全部信息被拒收，那么这四种信息也会被拒收；如果至少能够接收该发射台的一种信息，这四种信息就能被接收。

值得注意的是，第一行"ALL"的设置跟其余行的设置有区别。例如，如果在第一行将类型为 G 的信息标记，即检查框显示为"☒"，那么其余行（播发台 A~Z）类型为 G 的信息也会被标记，拒收该类型的信息。如果将第一列的"＊"标记，对应行的信息种类将会被反选（之前拒收信息变为可接收信息）。

对于每个发射台和每个信息类型，有三种信息过滤选择，分别对应"STORE FILTER""NRX FILTER""PRINT FILTER"。"STORE FILTER"表示信息既不被显示，又不被存储；"NRX FILTER"表示信息不被发送到"COM1"或"COM2"（如果 NRX 至 COM1 或 COM2 语句可用）；"PRINT FILTER"表示信息不被打印。

五、液晶显示器（LCD）设置

LCD 有两种显示模式：白天模式和夜晚模式。按下照明按键保持 3 s，进入 LCD 设置模式，显示白天模式，如图 6-4-12 所示。使用左、右按键调整 LCD 的对比度，使用上、下按键调整 LCD 的亮度。

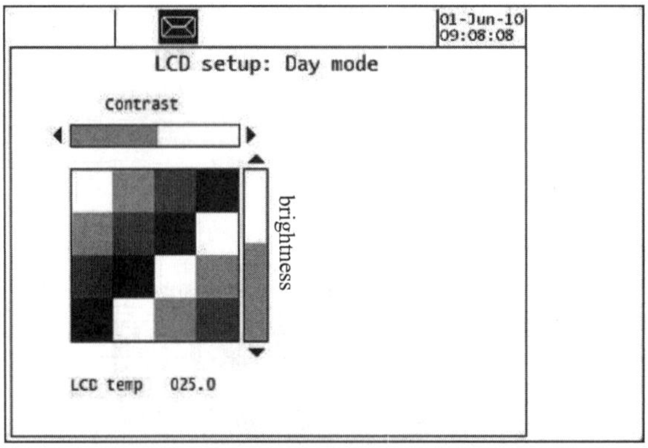

图 6-4-12　白天模式

短按照明键，显示屏从白天模式转换到夜晚模式，如图 6-4-13 所示。

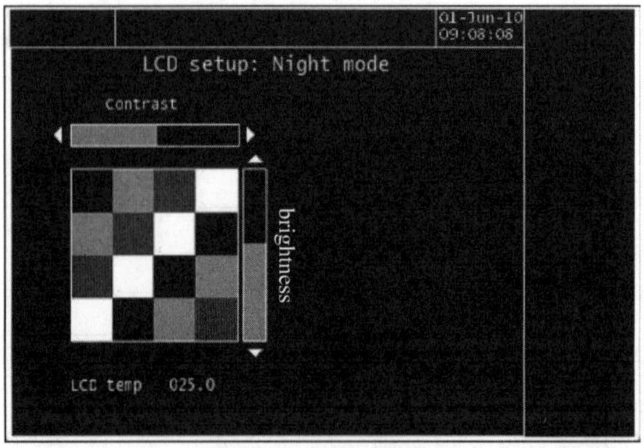

图 6-4-13　夜晚模式

第五节　NAVTEX 接收机的维护保养注意事项

①定期检查天线，确保天线接头密封良好，没有腐蚀迹象。

②确保 NAVTEX 接收机显示屏背面的接线良好。

③用软布定期清洁 LCD 显示屏，勿用清洁剂清洁设备。

④及时清洁打印头和更换打印纸。

⑤利用 NAVTEX 接收机的自检功能，对设备进行测试检查，确保接收机工作状态正常。

第六节　气象传真机概述

传真机是通过无线或有线通信设备传递文字、图片、照片等信息“真迹”的设备。其主要特点是不仅将信息的内容传递给对方，而且可以把信息的形式传递给对方，使对方得到一幅与原件完全相同的“真迹”副本，实现了远程复制（拷贝）。海上通信中，传真机与 Inmarsat 船站相连可以实现船舶之间、船舶与陆上用户间的双向传真通信。而海上的气象传真系统将陆地气象观测台观测到的各种气象资料、图片，由海岸气象传真播发台在固定的频率上定时向远洋船舶播发。航行在各海区的船舶可以使用气象传真接收机（如图 6-6-1 所示）有选择地接收海岸电台播发的气象传真图，及时掌握船舶所在海区的气象情况，以保证船舶航行安全。在 GMDSS 系统中，气象传真与 NAVTEX 业务同属海上安全信息播发系统。NAVTEX 业务是关于 A1 与 A2 海区的航行警告、气象警告、搜救信息、冰况报告、气象预报等的发送与接收。气象传真业务则是 EGC 业务中的辅助业务，用于向 A3 与 A4 海区的航船提供气象云图，例如地面天气分析，高空等压线天气分析，24 h、48 h、72 h、96 h 天气预测及天气预报，海浪预报，温度、云层、冰层、潮流以及卫星图片等资料。与文字气象广播相比，它具有直观、准确、预报时间长、范围广、便于分析等优点，还可以接收航行警告图、新闻传真等，所以为远洋船舶广泛地应用，为船舶航行安全提供了保证。气象传真还弥补了个别海区无气象播发台的不足。

图 6-6-1　气象传真接收机示意图

图 6-6-2 为气象传真接收机原理图，海岸气象传真播发台将待发的气象传真图通过气象传真发送机将图像信号转换为电信号送入单边带发射机，单边带发射机将此电信号转换为下边带（LSB）高频信号通过天线发射。气象传真机的单边带接收机单元接收海岸电台发来的信

号,并送入气象传真接收机的信息处理单元进行处理,然后控制打印单元打印出一幅与原稿完全相同的气象图副本。

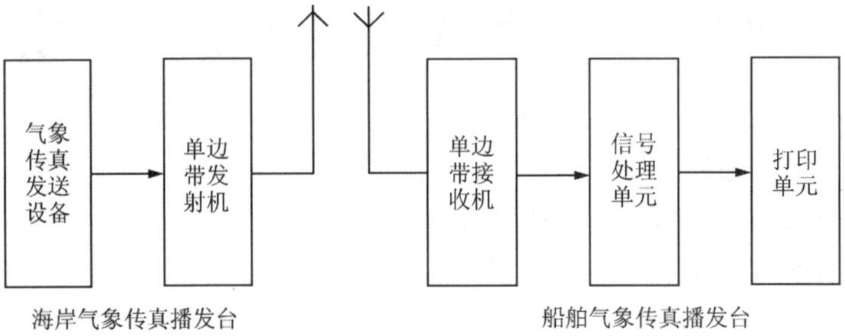

图 6-6-2　气象传真接收机原理图

工作原理:气象传真机系统包括传真发送机和传真接收机。传真发送机的工作原理是将原稿件固定在以每分钟 60、90、120 或 240 转的转速(SPEED)旋转的转鼓上;同时,图像传感器沿着导杆从左向右慢慢移动,对原稿件进行逐点扫描并将原稿件的黑白信号转换成电信号。在完成对原稿件的一行扫描之后,传感器自动返回导杆的左端。在导杆左右移动的同时,转鼓进行旋转,将原稿件上移一个微小的距离(一行),传感器继续扫描原稿件的第二行。随着鼓的转动和图像传感器的移动,图像被分解成很多行微小的黑白点信号。气象传真发射机将这些黑白信号转换成 1 500 Hz(黑)和 2 300 Hz(白)的电信号,并将此电信号送入单边带发射机转换成下边带(LSB)高频信号进行发送。其工作种类是 F3C。在接收端,单边带接收机将接收的下边带高频信号进行解调,还原为 1 500 Hz(黑信号)、2 300 Hz(白信号),将其送入传真接收机中进行处理。在气象传真接收机中,传真纸一般为热敏纸并固定在转鼓上,转鼓按照一定的速度旋转(转速与发方相同)。同时,热敏打印头装置在导杆上按照一定的速度左右移动。当收到 1 500 Hz 的黑信号时,传真接收机的信号处理单元发出命令,使热敏头发热,热敏纸上印出一个黑点;反之,打印头不发热,热敏纸上空出一个白点。打印头按照控制单元的指令从左向右逐点打印,到达右端点,实现自动换行。打印头周而复始地工作,直至一张原稿接收完毕。

为了使收、发机自动同步,传真发送机一般在发送气象传真图之前先传送遥控信号。遥控信号包括相位同步信号、开始信号(同时表明扫描线密度,也称为合作系数)和结束信号。相位同步信号是原稿件边缘上一宽度为 8 mm 的带有白色间隔的黑色连续信号。开始信号是原稿件边缘上一列黑点,当其频率为 675 Hz 时,表示气象传真发射机的扫描密度为 1.9 线/毫米(合作系数 IOC 为 288);当其频率为 300 Hz 时,表示气象传真发射机的扫描密度是 3.8 线/毫米(合作系数 IOC 为 576)。当气象传真接收机收到此遥控信号时,信息处理单元便启动打印机打印传真图,同时自动设置扫描密度,使之与发方同步。结束信号是原稿件左边缘上一列黑点,其频率为 450 Hz。当气象传真接收机接收到此信号时,便得知发方已经发完一幅气象传真图,信息处理单元将会产生控制信号,使打印单元停止打印。

英版《无线电信号表》第Ⅲ卷给出了全球播报海上安全信息和无线电气象服务的海岸电台的有关信息(包括播发信息的种类、时间和使用的频率等),其中也包括气象传真播发台的有关资料(海岸电台的工作频率,发布的传真图种类、区域和发布的时间,以及转速、扫描密度等信息)。通过英版《无线电信号表》的索引(Index of Coast Radio Station),船舶用户可以查找海上气象传真播发台信息。各区域主要气象传真播发台及呼号如表 6-6-1 所示。

表 6-6-1　各区域主要气象传真播发台及呼号

区域	海岸电台	呼号	国家
第一区（非洲）	内罗毕 Nairobi	5YE	肯尼亚 Kenya
	开罗 Cairo	SUU	埃及 Egypt
	比勒陀利亚 Pretoria	ZRO	南非 S.Africa
	达喀尔 Dakar	6VY/6VU	塞内加尔 Senegal
	圣丹尼斯 St.Denis	HXP/FZS63	留尼汪(法)Reunion
第二区（亚洲）	北京 Beijing	BAF	中国 China
	上海 Shanghai	BDF2	中国 China
	新德里 New Delhi	ATA/ATP/ATU/ATV	印度 India
	东京 Tokyo	JMH/JMJ	日本 Japan
	曼谷 Bangkok	HSW	泰国 Thailand
	哈巴罗夫斯克 Khabarovsk	/	俄罗斯 Russia
第三区（南美洲）	布宜诺斯艾利斯 Buenos Aires	LRP/LRB	阿根廷 Argentina
	里约热内卢 Rio De Janeiro	PPO/PWZ	巴西 Brazil
	巴西利亚 Brasilia	PPN	巴西 Brazil
	圣地亚哥 Santiago	CCS	智利 Chile
第四区（北美洲）	埃斯奎莫尔特 Esquimalt	CKN	加拿大 Canada
	哈利法克斯 Halifax	CFH	加拿大 Canada
	旧金山 S.Francisco	NMC	美国 U.S.A.
	诺福克 Norfolk	NAM	美国 U.S.A.
第五区（西南太平洋）	堪培拉 Canberra	AXM	澳大利亚 Australia
	达尔文 Darwin	AXI	澳大利亚 Australia
	奥克兰 Auckland	ZKLF	新西兰 New Zealand
	珍珠港 Pearl Harbor	NPM	美国 U.S.A.
	檀香山 Honolulu	KVM70	美国 U.S.A.
	关岛 Guam	NPN	美国 U.S.A.
第六区（欧洲）	索菲亚 Sofia	IZJ	保加利亚 Bulgaria
	罗马 Roma	IMB	意大利 Italy
	奥芬巴赫 Offenbach	DCF	德国 Germany
	布拉克内尔 Bracknell	GFE/GFA	英国 U.K.
	马德里 Madrid	EBA	西班牙 Spain
	罗塔 Rota	AOK	西班牙 Spain
	北雪平 Norrkoping	SMA	瑞典 Sweden
	安卡拉 Ankara	YMA	土耳其 Turkey
	莫斯科 Moskva	RBI/RND/RDD/RAB	俄罗斯 Russia
	奥斯陆 Oslo	LMO	挪威 Norway
	巴黎 Paris	FTE/FTI/FTM/FYA	法国 France

第七节　FURUNO FAX-408 型气象传真机的操作

一、概述

FURUNO FAX-408 型气象传真机是日本 FURUNO(古野)公司开发的一款气象传真机,该机采用特有的扫描记录热敏头,可生成高品质的传真图像,其特点如下:

①具有热敏头系统的电子扫描可提供清晰的图像,并实现超静音运行。

②通过所有现有传真站和频率进行设置。用户也可自行设置频道并编辑现有频道。

③通过内置时间表计时器实现完全自动化传真操作,可存储 16 个计时器程序。

④完全自动化选择速度、IOC、相位调整和频率,也可手动选择。

⑤9 色调记录提供清晰详尽的气象图。

⑥ISB 移动功能可跟踪 SSB 多路广播的频率(此频率通常在 1~2 kHz 内变动)。

⑦可记录外部接收器的信号。

⑧提供符合 WMO 标准的自动启动/停止电路。

图 6-7-1 和表 6-7-1 分别为 FURUNO FAX-408 型气象传真机示意图及操作按键说明。

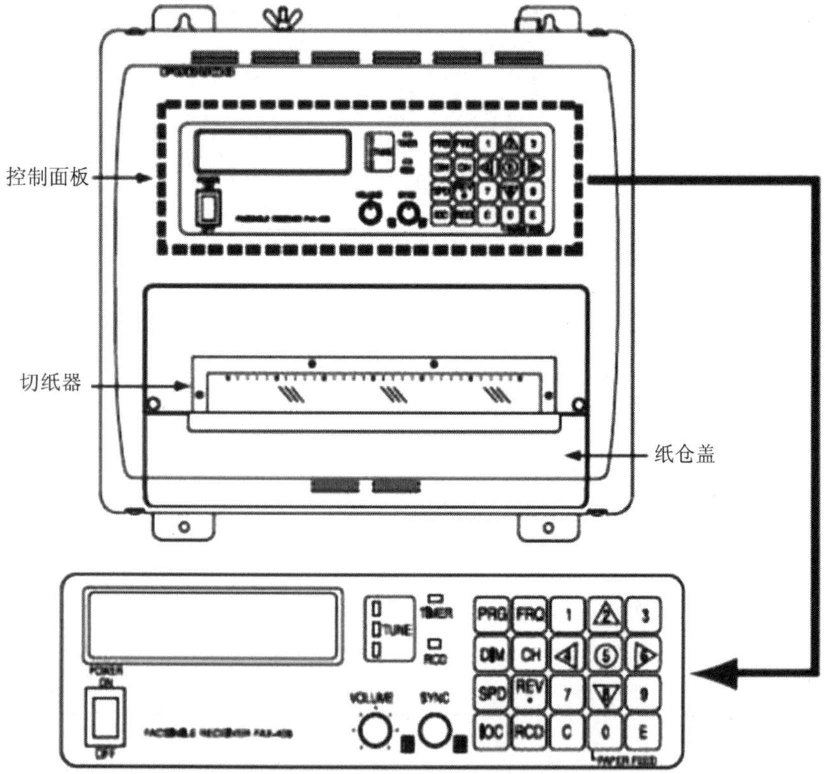

图 6-7-1　FURUNO FAX-408 型气象传真机示意图

表 6-7-1　操作按键说明

按键、指示符	说明
POWER ON / OFF	开启和关闭电源
VOLUME	调节 Rx 信号和按键的音量
SYNC	微调定相信号
PRG	启用一种设置模式(与数字键组合使用)。按此键后,再按相应的数字键选择设置模式: 1——选择内部或外部接收器 2——设置计时器接收功能 3——设置休眠计时器 4——添加或编辑频道 5——设置日期和时间 6——设置 ISB 移动 7——调节 LCD 对比度 9——清空 RAM
FRQ	· 从频道模式切换到频率模式 · 在频率模式下设置频率
DIM	调节 LCD 和 LED 的亮度(共五个级别)
CH	· 从频率模式切换到频道模式 · 在频道模式下设置频道
SPD	选择记录速度
REV •	· 反转记录格式(从白底黑字到黑底白字,反之亦然) · 输入频率时插入小数点;输入频道时插入星号 · 选择+或
IOC	选择 IOC(协同指数)
RCD	在手动记录时开始及停止记录
E	确认设置值
C	· 在设置模式下清除数据 · 从设置模式切换到待机模式

续表

按键、指示符	说明
△2	在频道模式下提高频道，或在频率模式下提高频率
◁4	在记录时手动定相(向左)。每按一下记录位置向左移动约 5 mm
5	显示日期和时间
▷6	在记录中手动定相(向右)。每按一下记录位置向右移动约 5 mm
▽8	在频道模式下降低频道或在频率模式下降低频率
0	进纸
TUNE	当接收频率高于、等于或低于设置的频率时，顶部、中间或底部的 LED 分别亮起
TIMER	当计时器模式或休眠模式启用时亮起
RCD	· 当接收开始信号时闪烁 · 记录过程中亮起

二、操作规程

1.开启/关闭电源

按[POWER]键开启或关闭电源。通电后会显示最近使用的频道。

2.调节 LCD 对比度

(1)按[PRG]键。

(2)按[7]键显示对比度设置屏幕。

```
SET CONTRAST
   by ▲/▼ KEY
```

(3)按[▲]/[▼]键调节对比度，共有 10 个级别(0~9)。选定的级别会显示在 LCD 上。

(4)按[E]键。

(5)按[C]键返回待机屏幕。

3.调节 LCD 和 LED 亮度

使用[DIM]键调节 LCD 和 LED 的亮度，共有 5 个级别。

4.频道显示和频率显示

使用[CH]键选择频道显示；使用[FRQ]键选择频率显示。

频道编号以3位数字显示。图6-7-2中所示例子的频道编号为000。

(a)频道显示　　(b)频率显示

图6-7-2　频道显示和频率显示

5.频道设置

在频道显示模式中，按[▲]/[▼]键选择频道编号。此外，也可在频道显示模式下按[CH]键，然后使用数字键输入频道编号。要自动接收频道组中灵敏度最高的频率，可使用[REV/·]键在第3个数字位置输入星号(＊)。

6.选择所需频率并微调频率

可通过按[FRQ]键，然后使用数字键和[REV/·]键(用于输入小数点)来手动输入频率。可用频率范围为2 000.0~24 999.9 kHz。在频率显示模式下，使用[▲]/[▼]键微调频率，解析度为0.1 kHz。正确调整时，中央的TUNE LED(绿色)亮起。如果上端的TUNE LED(红色)亮起，请使用[▲]键；如果下端的TUNE LED(红色)亮起，请使用[▼]键。

7.设置气象传真播发台频道进行自动接收

世界各国气象传真播发台频道可在操作说明书的"Facsimile Station Tables"中查阅。频道由3位数字组成，其中第1、2位数字为播发台频道号(如C00为日本东京台)，第3位数字为播发台频率号，当第3位数字选择"＊"时，表示选择播发台所有频率。在每次修改完播发台频率后，应及时更新表中的内容。

C00*	JMH	3622.5
S120	I576	

注: ＊表示自动选择频率

(1)按[CH]键调出频道显示模式。

(2)按[▲]/[▼]键选择3位数的气象传真播发台频道。

①或按[CH]，再用数字键直接输入3位数的接收频道。当第3位数字选择"＊"时，表示选择播发台所有频率进行扫描接收。如选择日本东京台"C00＊"频道，表示选择日本东京台所有频率进行扫描接收。

②当日本东京台的任一频率开始播发气象图时，接收机即自动启动并打印。

8.手动接收

若要接收进行中的传真广播或来自不使用开始和停止信号的传真站的传真广播，可使用手动接收，方法如下：

(1)按[CH]键显示频道屏幕。

C000	JMH	3622.5
S120	I576	

(2)按[▲]/[▼]键选择所需频道。

注意:也可按[FRQ]键,然后使用数字键和[REV/·]键(用于输入小数点)输入广播站频率。

(3)按[RCD]键开始接收。

屏幕上显示"MANUAL START SEARCHING FRAME"(手动开始搜索画面),同时 RCD LED(橙色)闪烁。

(4)如果此后并未开始记录,请再次按[RCD]键。当记录开始时,RCD LED 停止闪烁并保持常亮。

(5)如果必要,可分别使用[SPD]键和[IOC]键选择转速和 IOC。当收到停止信号时,自动停止记录。若要手动停止记录,请按[RCD]键。当记录停止时,RCD LED 熄灭。

9.设置定时接收时间

(1)按[PRG]键显示设置模式。

(2)按[2]键调出定时接收设置模式。

(3)按[4]键选择"STR",并调出"存储定时接收"设置。

(4)用[▲]/[▼]键选择定时编程号,如 R1(有 16 个定时编程号可供选择,按顺序分别为 R0~R9,RA~RF),然后按[E]键确认,并调出定时接收的播发台"频道选择"设置。

(5)输入定时接收的播发台 3 位数频道号,然后按[E]键确认。

(6)用[▲]/[▼]键选择定时接收日期(其中" * "表示每天定时接收),然后按[E]键确认。

(7)输入定时接收的起始和停止时间(两个编程号的定时间隔必须至少为 1 min)。

(8)按[E]键确认,按[C]键退出定时编程。

(9)若要设置另一个定时时间,则可重复步骤(1)~(8)。

10.启动定时接收

(1)按[PRG]键和[2]键进入定时接收设置模式。

(2)按[2]键选择"ON",调出"定时接收"选择。

(3)用[▲]/[▼]键选择已设置的定时编程号,按[▶]键激活定时接收。

(4)重复第(3)步可选择激活其他定时。

(5)选择完所有定时编程号后按[E]键确认并退出。

11.更改气象传真播发台频率

当气象传真播发台频率改变时,必须及时更改,并在操作说明书"气象传真播发台频道表"中做相应更改。

(1)按[PRG]键,再按[4]键调出"频道编程"设置。

(2)输入需要更改的频道号(如 002 代表东京台,JMH/13 988.5 kHz),按[E]键确认。

(3)用[▲]/[▼]/[◀]/[▶]键设置台号(如 JMH),按[E]键确认并调出频率设置。

(4)输入更改后的新频率,按[E]键确认。

(5)选择合适的速度(1~120,2~90,3~60;正常为1),按[E]键确认。

(6)选择合适的IOC(1~576,2~288;正常为1),按[E]键确认。

(7)按[1]键选择正常图像接收格式([2]键为反格式)。

(8)按[E]键确认更改,按[C]键退出。

12.设置日期和时间

(1)按[PRG]键,再按[5]键。

(2)按[▲]/[▼]键设置月份,按[E]键确认。

(3)输入2位数字设置日期,按[E]键确认。

(4)用[▲]/[▼]键选择星期,按[E]键确认。

(5)输入2位数的年份,按[E]键确认。

(6)输入4位数的时间(24 h),按[E]键确认。

(7)按[C]键退出。

13.计时器接收

多数传真站根据相关气象台发布的时间表来传输传真图像。可在气象台的出版物《气象传真广播》中找到传真时间表。如果想定期接收某个传真广播,则可利用计时器模式实现真正的"免手动"自动操作。可设置16个计时器程序。

(1)注册计时器程序

①按[PRG]键显示设置模式。

```
C000    JMH    3622.5        [PRG]键 →       SET PRG. NO. 1-9
S120    576                  ← [C]键         ESC PUSH C KEY
```

待机屏幕　　设置模式

②按[2]键显示计时器接收设置模式。

```
TIMER RCV  : 1-OFF
2-ON  3-RCL  4-STR
```

③按[4]键选择STR(存储)。

```
STORE TIMER REG
SET REG NO.0-F
```

④使用[▲]/[▼]键选择计时器程序编号,然后按[E]键。

⑤输入频道编号后按[E]键。

```
R1  C000  SET  DAY
of THE WEEK by ▲▼
```

⑥使用[▲]/[▼]键设置接收程序的周期。选择星号(*)表示在每天的同一时间获取广播。

⑦按[E]键。

```
R1   C000   MON
SET ATART/STOP
```

⑧用数字键设置开始和停止时间(24 小时制)。当逐一连续注册程序时,程序间的时间间隔应至少为 1 min。例如,要注册两个程序,第一个为 12:00—12:30,第二个为 12:30—13:00。此时,第二个程序的设置时间应为 12:31—13:00。

⑨按[E]键。

⑩按[C]键。

(2)选择计时器接收的计时器程序

执行以下操作,选择计时器接收时使用的计时器程序:

①按[PRG]键、[2]键显示计时器接收设置模式。

```
TIMER    RCV : 1-OFF
2-ON   3-RCL   4-STR
```

②按[2]键选择"ON"(开启)。

```
SET REG No. 0-F
PUSH ▲/▼ & ▶& E KEY
```

③使用[▲]/[▼]键选择计时器程序编号,然后按[▶]键。

④必要时重复步骤③选择其他程序。

⑤选择所有需要的程序后,按[E]键。

显示最早程序的开始和停止时间。当启用计时器记录时,TIMER LED(橙色)亮起。请注意,除[PRG]键之外的所有键均被锁定。

(3)在等待接收时禁用计时器操作

可执行以下操作从计时器接收时间表中删除计时器程序:

①按[PRG]键显示以下消息:

```
TIMER  RCV  : OFF?
PUSH E KEY
```

②按[E]键。

(4)在计时器接收过程中解锁键盘

记录时,除[PRG]键之外的所有键均被锁定,以避免意外调整设备。要想在计时器接收启用时操作键盘,请执行以下操作:

①按[PRG]键显示以下信息:

```
KEY LOCK : OFF?
PUSH  E  KEY
```

②按[E]键解锁键盘。

(5)确认计时器程序

执行以下操作确认输入的计时器程序:

①按[PRG]键、[2]键显示计时器接收设置模式。

②按[3]键选择RCL(恢复)。

```
RECALL  TIMER  REG
SET  REG  NO. 0-F
```

③使用[▲]/[▼]键选择计时器程序编号，然后显示所选计时器程序的内容。

④按几下[C]键返回待机屏幕。

14.处理传真图像

记录过程中可调整速度、IOC、定相、同步和图像格式。

(1)速度和IOC

选择正确的速度和IOC，否则接收的图像将类似于图6-7-3。

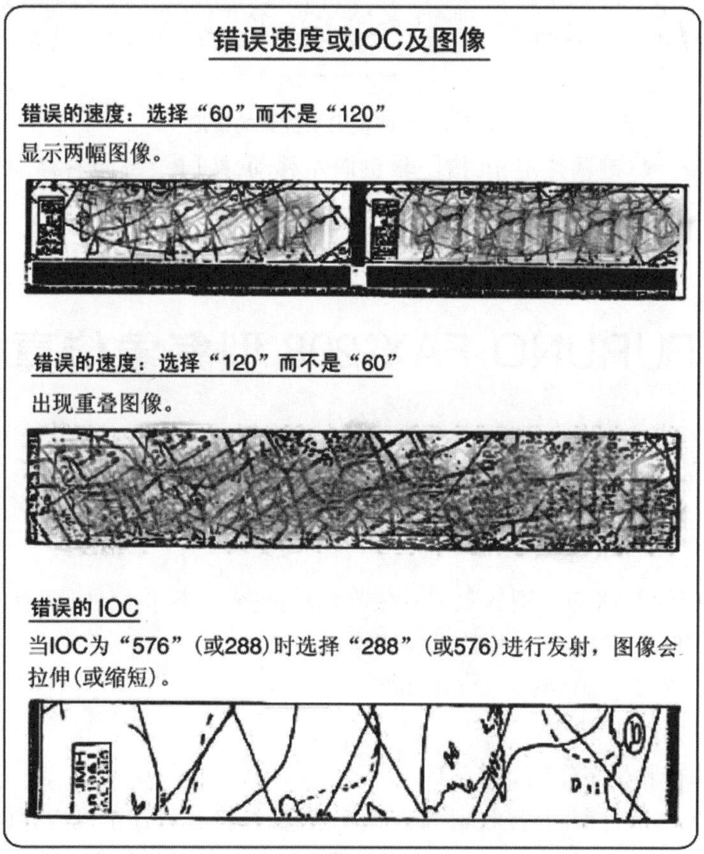

图6-7-3　错误速度或IOC及图像

速度是传真发射器上磁鼓(原始图像所处的位置)的转速(60、90或120 r/min)。请执行以下操作选择速度：

①按[SPD]键显示速度信息：

```
SPEED:120
1-120   2-90   3-60
```

②按[1]、[2]或[3]键选择所需的正确速度。

IOC 是合作系数的首字母缩写,是由 WMO 指定的线密度标准(IOC 576,高密度;IOC 288,低密度)。请执行以下操作选择 IOC:

③按[IOC]键显示 IOC 信息:

```
IOC: 576
1-576    2-228
```

④按[1]或[2]键选择适当的 IOC。

(2)手动定相

当 FAX-408 开始记录进行中的广播或噪声阻止定相信号的探测时,记录上会出现一个死区(黑色或白色条纹)。这是由相位失配造成的。此时请调整记录位置(如图 6-7-4 所示)。

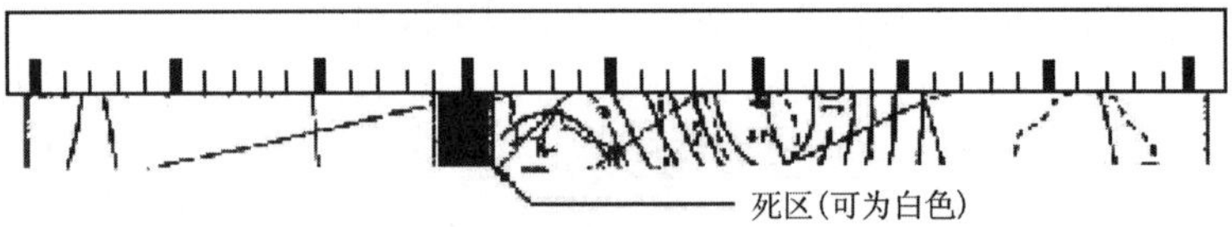

图 6-7-4　需调整记录位置的情形

使用[▶]键或[◀]键调整定相,按[◀]键向左移动,按[▶]键向右移动。每按一下记录会向左(向右)移动约 5.0 mm。

第八节　FURUNO FAX-208 型气象传真机的操作

一、简介

FURUNO 生产的 FAX-208 型气象传真接收机功能齐全,操作简便,配有 NAVTEX 接收线路,能够接收 NAVTEX 信息,其主要技术性能简介如下:

(1)接收频率范围为 80 kHz~30 MHz。

(2)最大功率损耗为 27 W。

(3)NAVTEX 接收机工作于 518 kHz。

在接收气象传真信号期间,接收到 NAVTEX 信息时,将其暂存于机内存储器中,并在传真图打印完成后打印出来。对于 NAVTEX 中的“A”“B”“D”“L”类信息和电文编号为“00”(紧急)的 NAVTEX 电文则立即打印,并发出声光报警。这期间的气象传真图将被中断接收。

(4)具有人工接收并打印的功能。

(5)具有定时打印功能。使用者可以在设置定时打印程序后,启动定时打印程序,实现定时启动和停止打印。

(6)具有定时停止打印功能。在启动打印机后,使用者可以设置定时停止打印时间,实现自动停止打印的功能。

(7)具有自检和打印已编程序功能。

频率存储功能:机内分区存储了全世界主要气象传真播发台的呼号及工作频率。每区可存 10 个台,操作者可以键入频道号来选择播发台。同时,还提供 10 个台的存储空间供使用者使用。标明 8 个气象传真区中主要台的呼号,以方便使用。频道号为三位数,第一位数表示机内气象传真分区号,第二位数表示播发台号,第三位数表示该台的频率号。这样,每个台的每个工作频率对应一个三位数的频道号。例如,北京台位于 1 区内,其台号为 5,它共有 8 个工作频率,则北京台的频道号是 150~157。设置某台频道号,则该台的呼号和工作频率将随频道号一起显示在屏幕上。通过选择频道号,便可设置气象传真接收机的接收频率,方便使用。本机将世界气象传真区域划分为 8 个海区存储,中国、日本等国家处于第一海区。中国有北京台(呼号为 BAF)、上海台(呼号为 BDF)、台北等台发布气象信息。例如,我们要接收北京台的气象传真图:[CH]→[1]→[5]→[5]→[ENT]。

屏幕显示:155N BAF 13087.0。这里,155 为频道号,N 为图像正常打印方式,北京台的第 5 号工作频率为 13 087.0 kHz。此时,气象传真接收机的接收频率为 13 087.5 kHz。

二、面板及各键的作用

FAX-208 型气象传真机的面板如图 6-8-1 所示,共有 12 个按键、4 组指示灯、2 个旋钮和 1 个电源开关。下面详细介绍面板按键的作用。

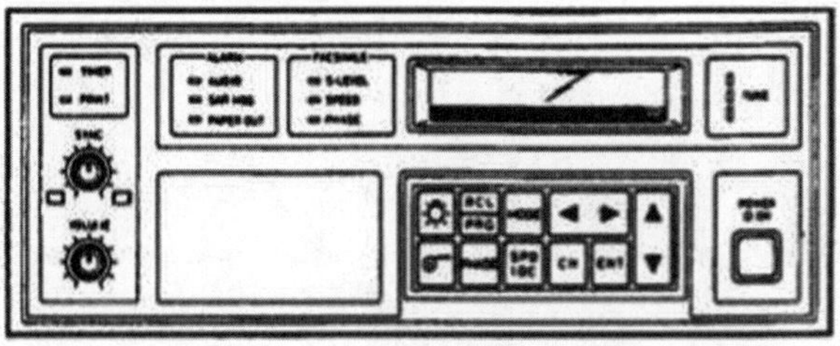

图 6-8-1 FAX-208 型气象传真机面板

1.功能键

(1)亮度调整键,调整显示器亮度。

(2)进纸键,按一下出一行纸。

(3)[RCL]/[PRG]键,按一下,进入查看已编程序菜单;按此键两次,进入设置编程菜单。

(4)[MODE]键,打印机工作方式的选择键。

(5)[PHASE]键,相位调整。当发现在打印的图中黑条(或白条)不在两边,而在图中间时,用该键调整,以使收发同步。此键只有在打印记录的过程中才能起作用。

(6)[SPD/IOC]键,此键有两项功能,一项功能为扫描速度(SPEED)的设置,当发现在打印的图中出现图像重叠或图像横向重复时,用该键调整扫描速度,以使收、发同步;另一项功能为设置合作系数 IOC,即扫描线密度的调整。288 称为低密度,576 称为高密度。当发现打印的图被拉长或被缩短时,用该键调整合作系数,以使收、发端合作系数同步。当发端为 288,收端为 576 时,图被缩短;而当发端为 576,收端为 288 时,图被放大。该键只有在打印记录的过程中才起作用。

(7)[CH]键,频道号选择键。通过设置频道号,选择发射台和接收机的工作频率。

(8)[ENT]键,功能选择的确定和输入数据的确定。

(9)[◀]/[▶]键,左右移动光标键。只有在光标出现在某一位的下面时,该位的数据才能够改变。

(10)[▲]/[▼]键,改变光标所在位的数字或菜单的项目(翻菜单)。

2.指示灯

(1)面板上指示灯功能分述如下:

①[TUNE]指示灯,当接收频率没有调谐好时,三个指示灯朝上或朝下依次亮。当调谐正确时,中间一个指示灯稳定地亮。

②[S-LEVEL]指示灯,当接收信号太弱时亮,此时应更换接收频率。

③[PHASE]指示灯,当图像相位不同步时亮。

④[SPEED]指示灯,当收、发转速不同步时亮。

(2)[ALARM]报警指示灯:

①[AUDIO]指示灯,NAVTEX 接收机收到 A、B、L 类信息,且声报警处于接通状态(ON)时亮,同时发出声报警。如果 NAVTEX 的声报警关闭时灯常亮,则作为声报警器关闭的提示。

②[SARMSG]指示灯,当接收到 NAVTAX 系统播发的搜救(D 类)信息时亮。

③[PAPEROUT]指示灯,在记录纸用完时亮。

(3)工作状态指示灯:

①[TIMER]指示灯,该灯亮表示打印机工作在定时打印方式下,计时开始。

②[PRINT]指示灯,正在打印时该灯亮。

三、菜单功能说明

1.MODE 菜单(工作方式选择)

按[MODE]键一次,出现 MODE 的第一项菜单;按[▼]或[▲]键,依次显示菜单目录如下:

MANUAL START? 手动打印方式开始吗?(打印机未工作时出现。)

MANUAL STOP? 手动打印方式停止吗?(正在打印时出现。)

TIMER ON? 定时器方式开始吗?(按一次[▲]键出现。)

SLEEP ON? 设置定时停止打印时间吗?(按两次[▲]键出现。)

MODE ESCAPE? 退出菜单吗?(按三次[▲]键出现。)

2.RECALL 菜单(查看已编程序)

按[RCL/PRG]键一次,将进入查看已设置程序的第一项菜单;按[▲]或[▼]键,依次显示菜单目录如下:

TIME 显示时间(小时:分,机内时钟)

RECALL NAVTEX? 调出已设置的 NAVTAX 程序吗?(按一次[▲]键出现。)

RECALL SCHEDULE? 调出已编制的定时程序吗?(按两次[▲]键出现。)

RECALL CH FREQ? 查看频率/频道表吗?(按三次[▲]键出现。)

RCL ESCAPE? 退出查看菜单吗?(按四次[▲]键出现。)

3.PROGRAM 菜单

按[RCL/PRG]键两次,进入编辑程序菜单;按[▲]/[▼]键,依次显示菜单目录如下:

SET CLOCK? 设置机内时钟吗?

SET NAVTEX? 设置 NAVTAX? (按一次[▲]键出现。)

SET SCHEDULE? 设置定时程序吗? (按两次[▲]键出现。)

UPDATE CH FREQ? 修改频道/频率吗? (按三次[▲]键出现。)

ERASE SCHEDULE? 删除全部定时程序吗? (按四次[▲]键出现。)

PRG ESCAPE? 退出编程菜单吗?

要进入某项菜单,首先要按相应的功能键;再按[▲]/[▼]键翻菜单,选中菜单后(显示该项菜单后)按[ENT]键进入该项菜单。在每个菜单中,如果没有需要的项目,则不能随便按[ENT]键,应选择"—ESCAPE?"菜单,再按[ENT]键,退出此项功能,返回正常显示。

4.监听菜单

按[MODE]键两次,屏幕上出现"MONITOR FAX? (监听气象传真接收机信号吗?)"。按[▲]/[▼]键,屏幕上出现"MONITOR NAVTEX? (监听 NAVTEX 接收机信号吗?)"。想监听哪一类信号,就在该菜单下按[ENT]键。监听 NAVTEX 或 FAX 接收机时,在有信号和无信号的情况下,机器发出的声音会有区别。

5.打印已设置的程序菜单

在关机的状态下,按住[RCL/PRG]键不放,再按一下[POWER]键,直到屏幕上出现 PRINTER 菜单,显示菜单目录如下:

PRINTER SCHEDULE? 打印已设置的定时程序吗?

PRINTER NAVTEX? 打印已设置的 NAVTEX 程序吗? (按一次[▲]键出现。)

PRINTER CHFRG? 打印机内存储频率表吗? (按两次[▲]键出现。)

选择某一项菜单,按[ENT]键,便打印该项程序的具体内容。打印结束后,需要关机。重新开机才能进行其他的操作。

四、操作规程

FURUNO FAX-208 型气象传真机的操作都是按照以上五个菜单来进行的,其主要操作介绍如下:

1.开启 FAX-208

按面板上的电源开关[POWER]键一次,则屏幕上依次显示:"FURUNO【DFAX】"→"TIME09:50"→"152 N BAF 8122.0"(上次关机前设定的频道)。这时可以进行各项操作。

2.人工接收并打印气象传真图

此方式是操作人员必须掌握的操作,其操作步骤举例如下:

(1)从《无线电信号表》第Ⅲ卷第一册查得 TOKYO/JMH 气象传真播发台播发"气象大势分析图"的时间是 02:40UTC,其呼号是 JMH,转速为 120 r/min,合作系数为 576,还有播发所用频率和播发区域。

(2)通过查 FAX-208 型气象传真机使用说明书附图可知,TOKYO/JMH 台在一区,可以提前 2 min 打开气象传真接收机,以便接收遥控启动信号。

(3)选择播发台。按[CH]键,显示“152 N JMH 3622.5”,光标在表示频道号的前三位数字下面出现→按左移键将光标移至频道号第一位,设置区号→用[▲]/[▼]键改变数字,选择 1 区→按右移键设置台号,用[▲]/[▼]键改变数字,选择 0 号台(呼号 JMH 出现)→按右移键设置频率号,用[▲]/[▼]键改变数字,选择频率号,例如 4(4 号频率显示),显示“104 N JMH 13087.0”→按[ENT]键,接收该台的信号。

注意:要根据船舶所在航区,选择信号强度和清晰度好的频率。一般情况下,如果中间的绿色接收指示灯稳定地亮,表示信号较好。

还有一种扫描接收的方式,在进行频率号设置时按[▲]键直至出现“ * ”,例如显示“10 * N JMH 13087.0”,这里的“ * ”表示扫描接收。一个台有若干个工作频率,如果你选择了“ * ”,按[ENT]键后,接收机会自动扫描接收,最后停留在此台信号最强的频率上。

(4)开始手动打印。如果气象传真的遥控启动信号没有能启动气象传真接收机的打印机,则可按[MODE]键一次,显示“MANUAL START?”→按[ENT]键,PRINT 灯亮,打印机工作,并显示“SPD/IOC120/576?”→用[▲]/[▼]键选择扫描速度为 120,按右移键将光标移到合作系数的数下面,再用[▲]/[▼]键选择合作系数 576→按[ENT]键,打印机开始打印传真图。

(5)调整扫描速度和合作系数。如果发现 SPEED 灯亮,说明速度不同步,按面板上的[SPD/IOC]键,再用[▲]/[▼]键选择合适的数值,按[ENT]键确认。

(6)相位调整。如果 PHASE 灯亮,说明相位不同步,则按[PHASE]键,读出黑条位置即刻度尺的读数(例如 20);用[▲]/[▼]键选择 20,按[ENT]键,则黑条会移到两边正确位置(打印头左移 20 个刻度)。相位调整是使用中经常碰到的问题,应熟练掌握。

(7)停止打印。停止打印有两种方法,分别介绍如下:

①手动停止打印

按[MODE]键一次,显示“MANUAL STOP?”,然后按[ENT]键,几秒钟后,打印机停止打印。

②定时停止打印

当手动记录已经开始后,可以使用“SLEEP ON”程序(即定时停止打印程序),设定停止打印的时间。只要启动定时停止打印程序,即使操作者不在现场,传真机也会在设定的时间自动停止打印,避免造成打印纸的浪费。

方法是按[MODE]键一次,进入 MODE 菜单→再按[▲]键两次,显示“SLEEP ON?”→按[ENT]键,显示“OFFAT:”→停止打印。

这里有两种停止打印的方法:

a.设置停止打印的具体时间

按[▲]键使光标出现→按[▶]键将光标移至小时下,用[▲]/[▼]键输入数字设定小时→用[▶]键将光标移至分钟下,用[▲]/[▼]键输入数字设定分钟,例如“12:30”→按[ENT]键确定,显示“OFF AT 12:30”,表示将在“12:30”停止打印。

b.由遥控信号控制打印机停止打印

按[▲]/[▼]键两次,显示“OFF AT * :”,然后按[ENT]键确认。当该传真图结束,收到停止的遥控信号后，打印机停止打印。若想退出定时停止打印程序，则按一下[MODE]键即可返回正常工作状态。

3.调整内部标准时钟

机器的定时工作方式、定时停止打印等，都要依靠内部的时钟，所以时钟要准确。设置时钟的操作如下：

(1)按[RCL/PRG]键两次，显示“SETC LOCK?”

(2)按[ENT]键，显示“12:34”。

(3)按[◀]/[▶]键移动光标到某位数字下方，用[▲]/[▼]键改变数字，逐位修改各位数字，正确地设置本地时间或UTC时间。

(4)按[ENT]键，屏幕返回正常显示。

内部时钟是用单独的锂电池供电，所以设备断电后时钟仍然继续工作。

4.设置定时接收打印程序

定时接收打印程序可以预先设置接收台的频道号、触发方式、开始和停止打印的时间，在启动定时器后，实现定时接收气象传真。FAX-208最多可以设置16条定时接收打印程序。设置之前要先查看《无线电信号表》第Ⅲ卷，查得将要接收的气象传真播发台的气象传真播发类型，播发频率，播发时间，播发台呼号、转速、合作系数和播发区域等信息。根据船舶的位置和播发台各频率的信号质量确定一个较好的频率。

(1)设置定时接收气象传真程序如下：

①按[RCL/PRG]键两次，进入程序设置。

②按[▲]键两次，显示“SET SCHEDULE”。

③按[ENT]键，显示“000 N PRV * XX:XX”。

④用[▲]/[▼]键配合[◀]/[▶]键设置频道号。例如TOKYO/JMH可设置104。

⑤右移光标至“ * ”下方。“ * ”所在位代表程序开始时的触发方式，共分三挡：“ * ”为遥控触发；“S”为定时器触发，合作系数为576；“F”为定时器触发，合作系数为288。用[▲]/[▼]键设定触发方式，按[▶]键右移光标。

⑥用[▲]/[▼]键设置打印开始时间，例如“106N,JMH * 13:20”。

⑦右移光标出现停止时间，例如“ * 13:20—:—”。

⑧再用[▲]/[▼]键设置停止时间，例如“ * 13:20—13:50”。按[ENT]键确认，一条定时程序的设置完成。

重复以上步骤，再设置其他的定时程序。注意在设置了16个定时程序时间后，再次设置定时程序，屏幕上会显示“SCHEDULE FULL!”并返回正常显示。此时应删除部分程序后再重新设置。如果两个定时程序在时间上重叠，则后面的程序无效。在定时程序中，当选择了遥控触发方式时，设定的开始打印时间应比气象传真播发台发送气象传真图的时间早2~3 min。因为如果发射台在发射传真图之前的几分钟收不到遥控启动信号，则接收机不能定时接收信号。

(2)启动定时接收和打印程序

①按[MODE]键一次，进入MODE菜单。

②按[▲]键一次，显示“TIMER ON?”按[ENT]键，[TIMER]灯亮，显示器显示距离当前机

内时钟最近的一条定时程序,传真机按照定时程序规定的时间,自动启动和停止接收,打印出我们预先设定的要接收的气象传真图。

5.查看定时接收气象传真程序

查看定时接收打印程序的操作如下:

(1)按[RCL/ORG]键一次。

(2)按[▲]键两次,显示"RECALL SCHEDULE?"

(3)按[ENT]键,进入"查看定时接收打印程序",显示第一条定时程序(00:00—23:59之间数值最小的定时程序)。

(4)按[▲]键一次,显示下一条程序,重复按[▲]键,找到要修改的定时程序。按[S]键,返回上一条程序。

(5)按[ENT]键退出。

6.修改定时接收打印程序

(1)按照上述查看定时接收打印程序步骤,把要修改的定时接收打印程序显示出来。

(2)按[RCL/PRG]键一次,此时出现光标。

(3)逐位修改频道号、遥控方式、开始时间和结束时间。

(4)按[ENT]键确认。

7.删除定时接收打印程序

(1)删除一条定时接收打印程序

①按照上述查看定时接收打印程序步骤,将要修改的定时程序显示出来。

②按[RCL/PRG]键一次,此时出现光标。

③按[▶]键移动光标,到结束时间下。用[▲]/[▼]键修改结束时间,使它等于开始时间。

④按[ENT]键确认,屏幕上将显示"ERASE",该程序删除。

(2)删除全部定时接收打印程序

①按[RCL/PRG]键两次,进入PROGRAM菜单。

②按[▲]键两次,显示"ERASE SCHEDULE?"。

③按[ENT]键,显示"ERASE OK? Y/N"。

④当光标在"Y"下方时,按[ENT]键,显示"ERASE",表示定时打印程序已经全部删除;当光标在"N"下面时,按[ENT]键,显示"ESCAPE",则定时打印程序不删除,并退出该项操作,设备返回正常状态。

8.打印已经设置的程序

FAX-208型气象传真机包括一个打印程序,它可以将已经编辑好的NAVTEX程序、定时打印程序或修改后的频率表打印出来备忘。操作如下:

(1)按[POWER]键关断电源。

(2)按住[RCL/PRG]键不放,再按电源开关[POWER]键一次,屏幕上显示"PRINT SCHEDULE?",松开[RCL/PRG]键。

(3)按[▲]键,翻菜单,显示"PRINT NAVTEX?",再按一次[R]键,显示"PRINT CH FREQ?"。

（4）选中菜单后，按[ENT]键，FAX 208 将打印已经设定的程序。

（5）打印结束后，屏幕上显示“END”字样。

（6）按[POWER]键关断电源，再重新开机以返回正常工作状态。

9.设置 NAVTEX 程序

NAVTEX 程序的设置包括发射台和信息种类的设置以及声光报警开关的设置。FAX-208 的特点是，将欲接收的信息发射台或信息种类设置为大写字母，将拒收台或信息种类设置为小写字母。例如欲接收 A、D、L 台发布的 A、B、D、E、L 类信息，只要将 A、D、L 台设置为大写字母，再将 A、B、D、E、L 类信息设置为大写字母，其他台和其他信息种类设置为小写字母即可。具体操作如下：

（1）设置信息发布台

①按[RCL/PRG]键两次，进入 PROGRAM 菜单。

②按[▲]键一次，显示“SET NAVTAX？”。

③按[ENT]键，显示“STATION：abcdefgh…”，光标在字母 a 的下方。

④按[▲]/[▼]键，将字母 a 变为大写，按[▶]键移动光标逐个字母设置，使之符合要求。显示为“AbcDefghijkLmopqrstuvwx”，设置正确。

⑤按[ENT]键确认。

（2）设置信息种类

发布台设置完成，自动进入信息种类的设置，显示“MESSAGE：ABcDefgh…”。A、B、D、L 类信息是强制接收的信息，因此，它们均为大写字母（强制接收的信息种类不能改为小写字母），按照举例只要将 E 设置为大写，其他信息设置为小写即可。操作方法与信息发布台的设置方法相同。全部信息种类都设定后，按[ENT]键确认。

（3）声光报警开关的设置

信息种类设置完成后，设备自动进入声光报警开关的设置，显示“AUDIO ALARM ON？”，按[ENT]键确认，收到 A、B、L 类信息时设备发出声光报警；按[▲]/[▼]键显示变为“AUDIO ALARM OFF？”，按[ENT]键确认，则收到 A、B、L 类信息时设备不发出声光报警。按照要求在设备接收到 A、B、L 类信息时，设备应发出声光报警，提示驾驶员注意接收航行安全信息。

10.查看已设置的 NAVTEX 程序

（1）按[RCL]键一次，进入查看菜单。

（2）按[▲]键一次，显示“RECALL NAVTEX？”。

（3）按[ENT]键，显示信息发射台设置信息。

（4）按[▲]/[▼]键，显示信息种类设置信息。

（5）按[◀]/[▶]键，可以具体查看每个信息发射台或每种信息的情况。

（6）按[ENT]键，退出查看程序。

11.自动检测功能

FAX-208 型气象传真接收机有“自动检测”功能。进入自动检测的操作步骤如下：

（1）按[POWER]键关断电源。

（2）按住[MODE]键不放，再按电源开关[POWER]键一次。

（3）显示“TEST”后，松开[MODE]键，设备开始进行自检。设备将依次检测调相功能、打印机、气象传真接收机、NAVTEX 接收机、微处理器等。屏幕上会依次显示“PRINTER”“FAX”“NAVTEX”“MASTER”等字样,并将结果打印出来。

(4)当显示“PUSH[……]”时,表示下面进行“按键”的检测。按照屏幕指示,依次按面板上的各个键,以便检测各个按键的性能。如果按键正常,全部检测完成后,屏幕将先显示“ALL KEY OK”,再显示“END OF TEST”。

(5)按[POWER]键,关断电源。

(6)按[POWER]键,重新开机,设备进入正常工作状态。

第九节　气象传真机的维护与保养

一、清洁

使用软布清除主单元上的灰尘。如有污垢,可用以水稀释的中性清洁剂擦拭。切勿使用化学清洁剂清洁机柜或控制面板,这会损坏油漆和标记。热敏头变脏时,记录上会出现杂乱的线条或点。请使用磁头清洁纸片(#2000,附送)和方形纸模(将普通白纸裁切并折叠成以下尺寸,如图 6-9-1 所示)并按照以下步骤清洁热敏头。

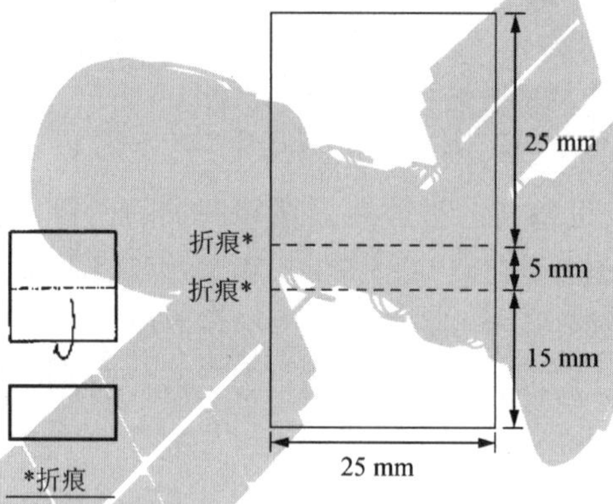

图 6-9-1　方形纸模的裁切和折叠

①关闭电源。

②松开单元顶端的两颗螺丝,然后卸下纸仓盖及切纸器。

③向下推动纸张释放杆并拆下卷纸。

④将方形纸模的长端朝上并插入进纸槽,如图 6-9-2 所示。确保纸模接触纸张挡块。

⑤将磁头清洁纸片光洁面朝上并插在纸模上方,直至其穿出,必要时拉直纸片。

⑥向上推动纸张释放杆。

⑦开启电源。

⑧按[0]键直至纸片伸出 5~15 cm。

⑨向下推动纸张释放杆,然后卸下磁头清洁纸片和方形纸模。

⑩重新安装卷纸、纸仓盖及切纸器。

图 6-9-2　将方形纸模插入进纸槽

注意: 每张磁头清洁纸片只能清洁一次。切勿使用粗糙度超过#2000 的清洁纸片,这会损坏热敏头。

如果记录仍模糊不清,则关闭电源,将浸过酒精的棉签插在热敏头和橡胶卷轴之间,直至插入约 4 mm。移动棉签进行清洁,且仅用酒精清洁,请仅使用微量的酒精。过量的酒精会溶解打印箔片内的腐蚀性成分,从而损坏热敏头。同时,开启电源前应确保酒精已完全挥发。

二、更换记录纸

请仅使用 FURUNO 指定的记录纸(如表 6-9-1 所示)。使用其他记录纸会降低性能、损坏热敏头并妨碍探测到"纸已用完"。当纸张快用完时,屏幕上会显示"PAPER OUT!!"(纸已用完),并自动停止记录。当纸张余下约 3 m 时,纸张上会出现宽度为 2~3 mm 的红线。此时应根据下列步骤更换纸张。

表 6-9-1　FURUNO 指定的记录纸

部件名称	型号	编号
记录纸	TP-0820B	000-157-755-10

①松开切纸器的两颗螺丝并打开切纸器,将其与纸仓盖一起卸下,向下推动进纸杆,如图 6-9-3(a)所示。

②按照图示方向推动纸张导轨(2),同时卸下剩余的卷纸,如图 6-9-3(b)所示。

③将记录纸穿过纸末探测杆和橡胶卷轴,抓住卷轴上方的纸张边缘并向上拉,如图 6-9-3(c)所示。

④向上推动进纸杆,拉出纸张使其略微超过单元的前端,如图 6-9-3(d)所示。

⑤装上纸仓盖,如图 6-9-3(e)所示。

⑥装上切纸器并拧紧两颗螺丝,记录纸应伸出切纸器,如图 6-9-3(f)所示。

注意: 热敏头对潮湿的抵抗力很弱,因此记录纸应远离水或潮湿环境,以免纸张因潮湿而阻塞。

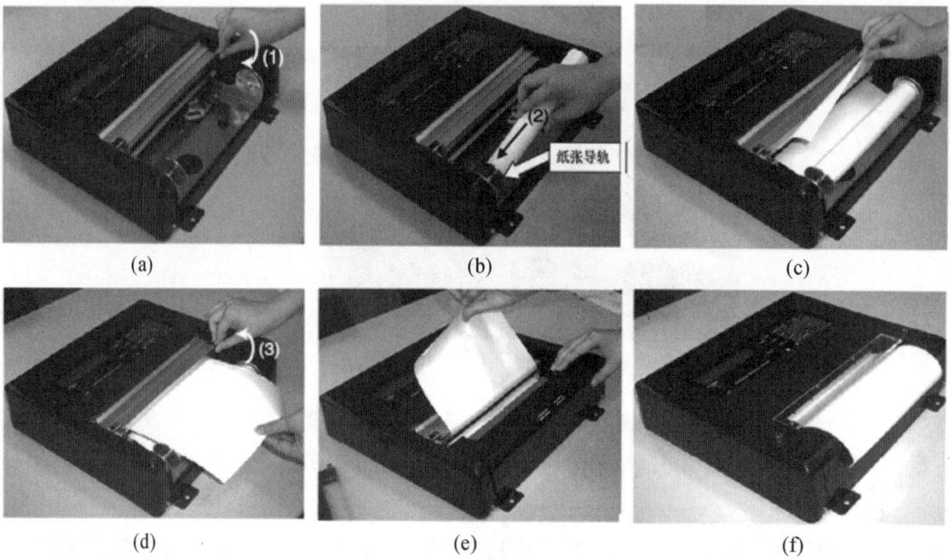

图 6-9-3　更换记录纸

三、更换保险丝

主单元后部的保险丝可保护设备免受电流过载及设备故障带来的损坏。如果电源无法开启,请检查保险丝是否烧断。保险丝的型号和编号如表 6-9-2 所示。

⚠ 警告

请使用合适的保险丝。

使用错误的保险丝会损害设备或引起火灾。

表 6-9-2　主单元后部保险丝的型号和编号

部件名称	型号	编号
保险丝	FGBO 125 V 7 A PBF	000-155-831-10

四、备用电池

主单元内的锰锂电池用于维持时钟运转,其寿命大约为 5 年。当电池电压过低时,时钟变慢,此时应请合格的技术人员更换电池。

五、清空 RAM

RAM 可存储全球各地传真发射站的频率数据。如果部分 RAM 因错误而删除,则传真发射站的数据可从 ROM 检索,此时需要清空 RAM。请谨慎执行该操作,因为清空 RAM 将删除其中所有数据(频率等)。

①按[PRG]键,然后按[9]键。

```
RAM CLEAR !!
PUSH  E  KEY
```

②按[E]键清空 RAM。

③按[C]键返回待机屏幕。

注意:切勿混淆 RAM 错误和键盘锁定。当探测到某些异常操作时,键盘会被锁定。此时请关机。

练习题

1.NAVTEX 接收机已经开机,请根据正在使用的设备解释 NAVTEX 接收机面板各功能键的作用。

2.NAVTEX 接收机处于关机状态,请开启 NAVTEX 接收机,完成设备的自检并解释自检结果。

3.NAVTEX 接收机已经开机,本船在 NAVAREA 第 11 区航行,欲接收上海台(Q)、大连台(R)、香港台(L)播发的航行警告、气象预报、气象警告信息,请操作设置。

4.本船计划从新加坡航行到上海,请口述如何从《无线电信号表》中正确查找 NAVTEX 播发台信息。

5.本船的 NAVTEX 接收机已经开机,在 NAVAREA 第 11 区航行,收到以下电文,请口述该电文的播发台与报文类型及序号。电文: ZCZC PL01 NETHERLANDS COASTGUARD TEST MESSAGE THIS IS A TEST MESSAGE CONCERNING TEST OF EQUIPMENT. NNNN

6.请根据正在使用的气象传真机,解释气象传真机面板各功能键和旋钮的作用(包括音量调节、频率设置、编程、自动、手动、电源、扫描等关键性操作)。

7.气象传真机已经开机,请解释气象传真机的程序菜单并说明可实现的功能。

8.本船从新加坡航行到上海,口述如何从《无线电信号表》中查询接收气象传真播发台的相关信息。

9.气象传真机已经开机:①设置在频率 13 988.5 kHz 上接收日本(JMH)的气象传真信号,并启动手动接收;②打印传真图(已知 JMH 的扫描速度是 120,合作系数是 576)。

10.气象传真机已经开机:①删除原来的所有定时程序,手动扫描接收日本(JMH)在 13 988.5 kHz 上发送的传真图;②口述设置气象传真机定时接收时注意的问题。

11.气象传真机已经开机,设置以下定时接收程序,并启动定时程序:北京台(BAF),接收频率是 8 121.9 kHz,开始接收时间为 0100UTC,结束时间为 0130UTC。

12.气象传真机已经开机,内部时钟设置为 1200UTC,请将气象传真机的内部时钟设置为 0110UTC。

13.如果接收的气象传真图出现拉长形变,请结合正在使用的气象传真机,口述说明如何调整。

14.如果接收的气象传真图出现左(右)扭曲,请结合正在使用的气象传真机,口述说明如何调整。

15.气象传真机已经开机,操作气象传真机进行自检并打印自检信息。

第七章 EPIRB和SART操作

第一节　406 MHz EPIRB 的操作

一、406 MHz EPIRB 概述

GMDSS 系统的主要功能是提高海上船舶的航行安全及保证人员的生命安全，COSPAS-SARSAT(全球卫星搜救系统)作为 GMDSS 系统的重要组成部分，可以自动进行对 406 MHz 应急无线电示位标(EPIRB)发出遇险报警信号的监控。

当船舶在海上航行发生危险、需要救助时，专用的海上卫星紧急无线电示位标(Emergency Position Indicating Radio Beacon，EPIRB)作为重要的船对岸报警设备，可以用来发射遇险信号，表明自己所处的状态和位置，以便尽快获得救助。当船舶遇险时，EPIRB 设备沉到水下 2~4 m 后，在水的压力下，其释放器上的静水压力开关会被打开，释放出的 EPIRB 将会自浮到水面上，并通过海水开关自动开启，发出遇险信号。之后，遇险信号由卫星转发器接收处理和中继后，以实时或存储转发的方式到达地面上的本地用户终端(Local User Terminal，LUT)，然后通过陆地上的公众交换网或专业线路通知任务控制中心(Mission Control Center，MCC)和相关的搜救协调中心(Rescue Coordination Center，RCC)，完成船对岸的遇险报警，如图 7-1-1 所示。

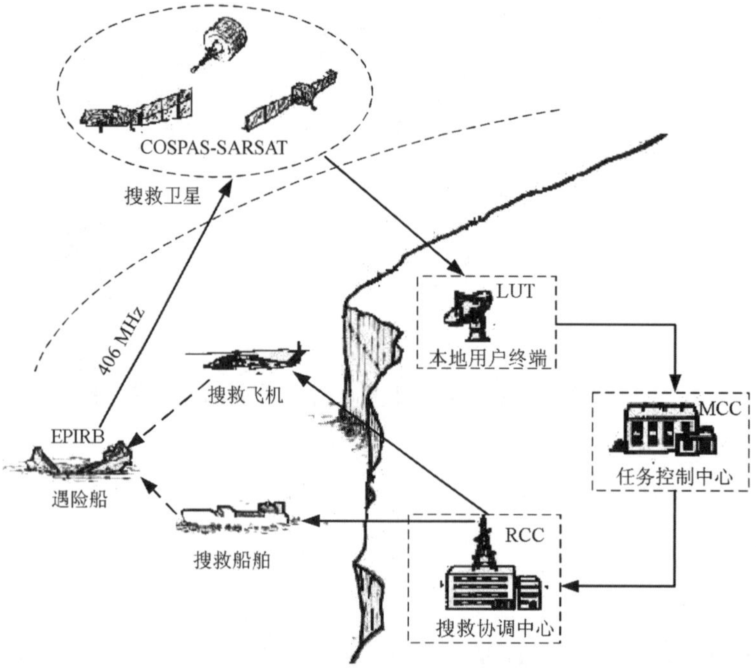

图 7-1-1　COSPAS-SARSAT 系统示意图

目前，GMDSS 系统所认可的 EPIRB 共有两种，分别为 COSPAS-SARSAT 系统中的 406 MHz EPIRB 和地面通信系统中的 VHF-EPIRB，地面系统中的 VHF-EPIRB 实际上就是一个在 70 频道工作的简单 DSC 发射设备，而且只能在 A1 海区使用，所以用户不多，几乎没有厂家生产相关产品。而目前主要使用的 406 MHz EPRIB 设备多为第二代和第三代产品，所发射的报警信号中除含有自己的识别码信息外，还含有遇险位置、遇险性质等内容。同时，为了提高搜救效率，海用 406 MHz EPIRB 中还附有 121.5 MHz 的滑声信号，供搜救飞机或船舶测向定位。同时为了提高夜间搜救能力，EPIRB 多配装强亮度闪光灯。

本章将首先对 EPIRB 的性能规范、安装测试要求和基本组成做简要介绍，然后对四种典型的 EPIRB 设备的基本操作进行讲解。

二、406 MHz EPIRB 设备的操作

1.406 MHz EPIRB 设备的性能规范

COSPAS-SARSAT 406 MHz EPIRB 的性能规范要求如表 7-1-1 所示。

表 7-1-1　406 MHz EPIRB 的性能技术指标

数字报文		
数字报文	短格式	280 ms±1%（包含 112 bit 数据）
	长格式	360 ms±1%（包含 144 bit 数据）
载波恢复		160 ms±1%
比特同步		全部是“1”（发射序列前 15 位）

续表

帧同步		常规操作时为 000101111(自测试时为 011010000)	
格式标志		“0”——短格式,“1”——长格式	
报文内容		短格式 87 bit,长格式 119 bit	
信号调制和发射			
报文重复周期		50 s±5%	
发射时间	短格式	440 ms±1%	
	长格式	520 ms±1%	
载频	(406.025±0.001)MHz(5 年之内变化不得超过±0.005 MHz)		
	(406.028±0.001)MHz(5 年之内变化不得超过+0.002/-0.005 MHz)		
频率稳定度	短期稳定度		$\leqslant 2\times10^{-9}$(100 ms 内)
	中期稳定度	平均斜率	$\leqslant 1\times10^{-9}$/min
		残留频率变化率	$\leqslant 3\times10^{-9}$
输出功率(50 Ω 负载)		5 W±2 dB	
传输速率		400 bit/s±1%	
失效模式		发射停止不超过 45 s	
温度特性			
工作温度		1 类:-40~+55 ℃。2 类:-20~+55 ℃	
温度梯度		±5 ℃/h	
存放温度		-50~+70 ℃	
温度冲击		30 ℃温差允许 15 min 内恢复	
最短工作寿命		48 h	

可以看出,EPIRB 启动后,每 50 s 发送一次持续时间约 0.5 s、输出功率为 5 W 的含有数字编码信息的射频脉冲信号;失效模式是指示位标出现故障时,内部需要检测,停止发射时间不超过 45 s;温度冲击是指在 30 ℃ 温差范围内,允许示位标 15 min 内的性能下降,也就是 15 min 后各项指标应恢复到标准值;最短工作寿命是指示位标被启动后至少工作 48 h。从指标规范看,不是强制要求 406 MHz EPIRB 包含 121.5 MHz 频率,但大多数 406 MHz EPIRB 含有121.5 MHz 频率,这是因为在 121.5 MHz 频率上可发射引航信号,并可以为搜救飞机提供飞行监测信号,以提高搜救效率。表中的 406.028 MHz 载频是国际搜救卫星组织规定的新 406 MHz 示位标频率,该标准将在适当时启用,届时原 406.025 MHz 示位标频率将改为 406.028 MHz。

2.406 MHz EPIRB 安装与维护要求

根据 IMO 在《国际海上人命安全公约》(SOLAS 公约)中的要求,所有 300 总吨以下的船舶必须装备遇险定位与搜救设备,从 1993 年 8 月 1 日起,所有船舶须按要求配备 EPIRB 设备,目前世界绝大多数远洋船舶配备了 406 MHz EPIRB 设备。

配备了 EPIRB 的船舶应及时向有关机构进行注册。注册的内容在注册卡中已标明,主要包括 EPIRB 的出厂序列号,船舶的国籍、船东、船名等信息。如果注册的内容有任何更改,应迅速通知注册机构,比如船名的更改与 EPIRB 的丢失、被盗等。

安装 EPIRB 设备前,各船舶公司的通信导航部门应认真核对和测试所装设备与船舶的资料是否相符;特别要做好电池有效期、静水压力释放器有效期等有关数据的记录工作。EPIRB 电池、静水压力释放器的更换,需要由船舶所属公司的有关管理部门负责监督、执行,并将更新日期填入“EPIRB 设备更新管理记录表”,一式两份,留存备查。

406 MHz EPIRB 一般安装在驾驶台两侧或驾驶台顶部。安装的地方应便于接近,容易维护,方便人工启动。其周围应张贴明显标志,周围及其顶部无障碍物,无污染品,无机械冲击,无海浪冲击。安装 EPIRB 设备后,船长应组织全体船员学习该设备的使用方法和注意事项。当船舶处于紧急状态时,该设备只有在船长的批准和指示下方可启动。

EPIRB 设备紧急情况下的操作使用及设备的日常维护由二副负责。远洋船舶每次开航前,二副应对 EPIRB 进行 1 次测试;短航线船舶,每季度第一次开航前由二副对设备进行 1 次测试。测试时,应按产品说明书自行进行测试,防止由于误操作所导致的误报警。

3.406 MHz EPIRB 设备的基本组成

406 MHz EPIRB 的生产厂家众多,但其设备的基本组成如图 7-1-2 所示。其上半部为主控单元、信号收发单元及天线,下半部为电源及控制开关(控制开关主要分为海水开关、磁性开关和水银开关三种)。两个部分之间用密封圈套住,在外壳的两部分之间有一层密封垫圈,以保持良好的水密性。此外,为保证遇险时能自动或手动脱离船体,EPIRB 还装备有释放机构。EPIRB 的结构外壳具有足够的强度,以便在遇险时可以将其直接抛入水中。为了醒目,外壳通常涂成橙红色或亮黄色,顶部有闪光灯。EPIRB 通常还带有反光带,白天反射较强的日光,使搜救者容易发现;夜间闪光灯闪烁,使其在很大范围的海面上可见。闪光灯电源由光敏开关控制,白天能自动关闭。另外,示位标上还附有一根绳索,通常用于弃船后将其绑到救生艇筏上。(注意,绳索不能捆绑在船体上。)

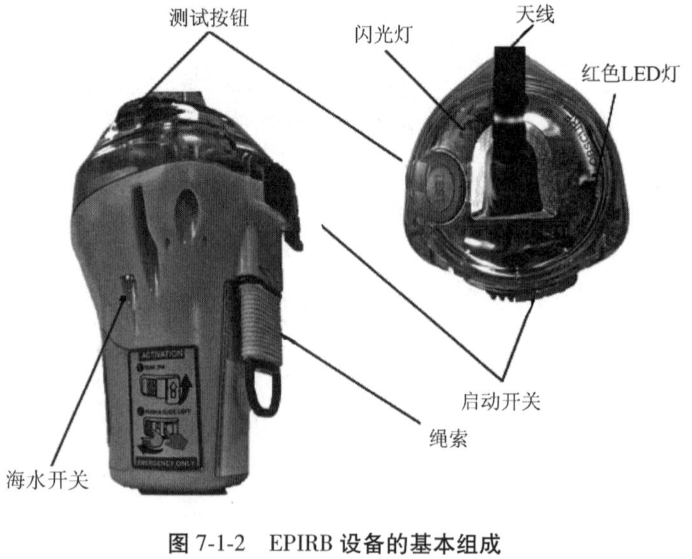

图 7-1-2 EPIRB 设备的基本组成

(1)电源

EPIRB 的工作主要靠电池供电。根据 EPIRB 的规范要求,示位标被启动后至少应工作 48 h,因此,示位标中通常使用高性能的锂电池,内含控制开关及保险丝。当 EPIRB 被投入水中时,控制开关可自动接通电源。通常要求电池每年检查维护一次,每四年更换一次。

(2)主控单元

主控单元包括微控制器和传感器两部分。其中,微控制器是 EPIRB 的控制中心,负责所有信息的处理以及控制命令的发出。在微控制器内部的寄存器中,可以完成来自外部导航设备船位信息的存储和更新,也可以写入船舶的识别码、协议标志和注册信息等编码信息。传感器主要是指压力传感器,用于实时测量环境参数,并传递给微控制器,由微控制器根据环境参数做出相应的判断,以实现报警信息的自动发射。

(3)信号收发单元

信号收发单元包括 406 MHz 的信号发射机、频率合成单元、功率控制单元以及天线单元等。其中频率合成单元为发射单元提供高稳定度的频率,以产生发射信号的载波频率;发射单元主要完成对基带信号的编码调制,并在调制后进行带通滤波,以除去杂波干扰;功率控制单元对发射功率进行控制,使其满足示位标要求的发射功率。当发生紧急情况时,示位标通过自动或人工启动,存储在寄存器中的船位、船舶识别码和注册信息等经过编码后由发射天线发射出去。EPIRB 的天线通常为外置或内置的全向天线。

(4)释放机构

释放机构是用来保证遇险时示位标能自动或手动脱离船体的部件。通常 EPIRB 的释放机构有两种:不带静水压力释放器的壁挂式固定支架和带有静水压力释放器的自浮式释放架(或存放盒)。

EPIRB 的启动方式分为三种:自动启动、手动启动和遥控启动。

如果示位标的存放盒或安装支架是自浮式的,则该示位标可以自动启动。当船舶遇险,船体下沉到一定深度(一般为 1.5~4.0 m)后,由压力传感器测得海水静压力,静水压力释放器自动启动,示位标脱离支架或存放盒,浮出水面,开始发射报警信号,所以自动启动式示位标需要安装在没有遮挡的暴露场所。当然,自动启动式示位标通常也可以手动启动。

手动启动是指人为地将示位标从人工释放支架或自浮式支架(存放盒)中取出,手动启动示位标的遇险报警功能,使示位标开始发射遇险信号。

此外,示位标通常还带有防止意外操作的防护装置(如挡板、密封条等),用来防止误报警。

4.主要机型

目前远洋船上使用的 EPIRB 设备主要有:

(1)挪威 JOTRON 公司的 TRON30S 型和 TRON40S 型 406 MHz EPIRB

该产品平时倒置存放在自浮式释放架上,机体上有一个箭头"↑"表示平时放置的方向,箭头应指向示位标的尾部,水银开关因倒置而处于电路断开;应急开关在"OFF"位置上。

(2)英国 MCMURDO E5/G5 型 406 MHz GPS EPIRB

英国 MCMURDO 公司生产的示位标在整个航运业中所占的市场份额最大,其产品有 MCMURDO E3、MCMURDO E4/G4、MCMURDO E5/G5 型,它们的操作特性基本相同。其中 G4 和 G5 型示位标内置 GPS,在报警序列中含有即时船位,是第三代 EPRIB 的代表。E5/G5 还配备一个完全封闭的自浮式存放盒,一旦该示位标从存放盒中取出,浸入水中会自动激活,也可以按人工启动按键启动发射。G5 型号的 EPIRB 还配备了完整的 12 通道的 GPS 接收器,以较短的时间间隔更新位置信息,从而提高定位的速度和精度。

(3)法国 KANNAD AUTO 型 406 MHz EPIRB

该设备平时放置在自浮式存放盒内,呈待机状态,从存放盒中取出后,浸入水中会自动激活。

(4)日本 JRC 公司的 JQE 3A/103A 型 406 MHz EPIRB

该产品是自浮式 EPIRB,发射 406 MHz 遇险报警信号和 121.5 MHz 航空自引导信号。

该设备平时放置在自浮式支架上,示位标上的箭头和示位标自浮式支架上的黑色箭头应对齐,应急开关应在"AUTO"位置上。

(5)丹麦 SAILOR 公司 SE-Ⅱ和 SGE-Ⅱ型 406 MHz EPIRB

SAILOR 406 MHz EPIRB 具有完全封闭的外壳,允许进行自测。SAILOR EPIRB 也可配置一个快速脱离的舱壁安装支架,便于携带。船舶使用的 SAILOR 406 MHz EPIRB 可选择标准 SE-Ⅱ或 SGE-Ⅱ这两个版本。SGE-Ⅱ内置 GPS,具有提供位置信息和搜救服务的能力。

(6)韩国 SAMYUNG 公司 SEP 型 406 MHz EPIRB

该设备采用海水开关/磁性开关双重保险,可防止误发射。同时,还配有高强度的氙气闪光灯。该示位标也可在不打开存放盒的情况下完成自检,可有长达 6 年的电池使用寿命及 48 h 的工作时间。该设备的最为独特之处是可通过数据线连接 Windows 系统,完成内部编码器的输入和编辑。

(7)美国 ACR 公司的 RLB-38 型 406 MHz EPRIB

该示位标电池为不可充电锂电池,期限为生产日期后的 6 年或安装日期后 5 年。RLB-38 型设备配备一个完全封闭的自浮式存放盒,在不打开存放盒的情况下也可自测。一旦示位标从存放盒中取出后,浸入水中会自动启动发射,也可以通过人工按键打开。

(8)英国 Ocean Signal 公司的 Safe Sea E100/E100G 型 406 MHz EPIRB

Safe Sea E100 和 E100G 均配备了一个完全密封的自浮式存放盒,工作于 406 MHz 频带内,同时还可发射 121.5 MHz 引航信号和高亮度 LED 频闪灯。其中 E100 信号不带 GPS,而 E100G 内置具有 50 频道的 GPS 接收器,可以快速、准确地获取位置信息。Safe Sea 电池的使用寿命可以说是同行业中最长的,可达 96 h。

(9)乌克兰的 URANIS 公司的 PRO-5 型 406 MHz EPIRB

该示位标是根据最新的 GMDSS 和 IMO 的产品规范设计出来,并且得到 IMO 的推荐。

PRO-5 作为新一代的产品,不但融合了最新的数字技术,而且融入了设计精致和技术先进的模拟信号电子组件,从而发展出"全球最小的 EPIRB 产品",耗电量极低。

(10)中国 NEB-1000 EPIRB

该示位标为我国自主研发的 EPIRB,是根据 IMO 最新规范设计出来的。其内置 GPS 接收机遇险报警的精度可提高到 10 m 内。示位标内置一次性锂电池,可保证设备连续发射 48 h 以上;并且采用双频工作方式,在遇险发射 406 MHz 信号的同时,还发射 121.5 MHz 航空滑声信号,便于搜救单元进行搜救定位。

除以上这些型号外,还有一些厂商或同一厂商生产的不同型号的 EPIRB 设备,如韩国 Saracom 公司的 EB-10 型 EPIRB、英国 KANNAD Maritime SAFELINK 型以及英国 MCMURDO E3 型 406 MHz EPIRB 等产品,接下来将会选择部分产品介绍其启动与维护操作。

三、TRON40S 型 406 MHz EPIRB 的操作

TRON40S 型 406 MHz EPIRB 是挪威 JOTRON 公司的产品，其结构主要由两部分组成(如图 7-1-3 所示)：上半部分为电路板和天线单元，下半部分为电池仓，电池单元上标有失效日期，通常每 4 年更换一次。两部分之间用 O 形环连接，以保证水密性，更换电池时打开 O 形环即可更换。此外，中间还有一段 20 m 长的系索，可系在救生筏上。其上还有一个指示灯，用于显示设备的工作状态，设备启动后，指示灯即以每分钟 20 次的频率闪亮。

整个 EPIRB 壳体呈橘黄色，顶部附加一圈带有反射、透射性能强的反光带，以便在搜救过程中更容易被发现。EPIRB 的顶部中间还装有氙气强光闪光灯，在夜间能见度好时，可见距离可达 10 km。闪光灯和信标共用一个电源。闪光灯的电源由光敏开关控制，白天会自动关闭。

通常 EPIRB 垂直放置在支架上，支架用螺栓固定在船上。目前适合 TRON40S 型使用的支架有 5 种，分别为 MB5、MB4、FB5、FB4 和 FBH4 型。其中 MB5 和 MB4 属于手动释放支架，无静水压力释放器，不支持自动发射功能，只能放在容易接近且振动较小的地方，以便测试、维护和保养，该支架通常放在室内。FB5、FB4 和 FBH4 属于自动释放支架，带有静水压力释放器，在水中 EPIRB 可自动从架上脱离，浮至水面，因此该支架通常安装在周围空旷且有适当高度的甲板上。

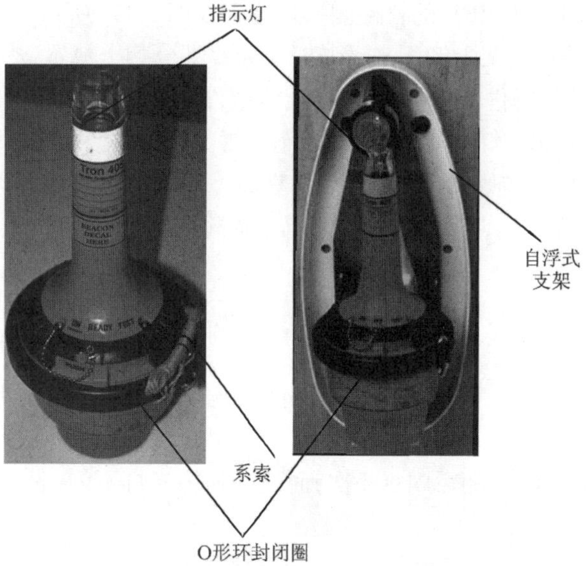

图 7-1-3　TRON40S 型 406 MHz EPIRB 的结构

1.手动启动操作流程

TRON40S 型 406 MHz EPIRB 的手动启动操作流程如图 7-1-4 所示。

①手动启动 EPIRB 时，首先要将 EPIRB 从支架上取下，拔出示位标固定钳的锁针。

②揭开 EPRIB 顶部的封条，并拉出 EPIRB 封条下的固定销，弹簧开关将会自动弹到“ON/EMERGENCY”(应急)位置，这时 EPIRB 顶部的 LED 指示灯开始每秒闪一次，表面 EPIRB 正在发射 121.5/243 MHz 信息；约 50 s 后，闪光灯转入下一个闪亮序列周期，再闪亮一

次,表明正在发射 406 MHz 报警信号。

③要终止这种发射,可将开关拨向“READY”位置,并将锁定插销恢复原位。然后将 EPIRB 放回支架即可。

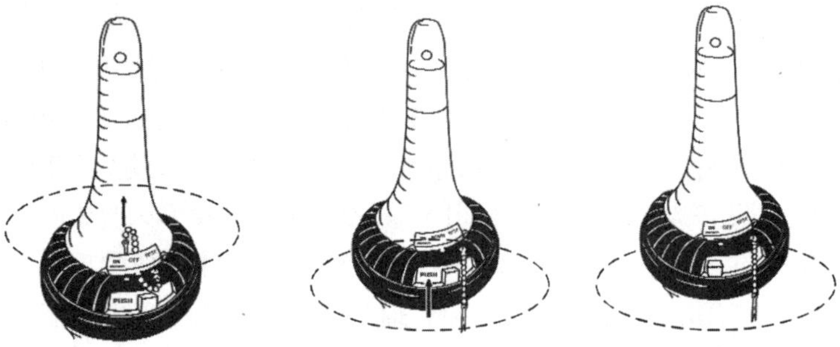

图 7-1-4　TRON40S 型 406 MHz EPIRB 的手动启动示意图

2.自动启动操作流程

平时 EPIRB 被倒置安装在自动释放支架上,当船舶发生事故,EPIRB 随支架一同没入水中时,静水压力释放器将会在示位标沉入 2～4 m 的水深时自动开启,使 EPIRB 上浮到水面上。此时海水开关或水银开关将会接通,EPIRB 将会发射报警信号。

3.自检测操作流程

TRON40S 型 406 MHz EPIRB 的自检测操作流程如图 7-1-5 所示。

(1)将 EPIRB 从固定支架上卸下来,倒转,使天线部分朝上放置,然后将 EPIRB 的开关打到“TEST”位置,手和其他物件离开 EPIRB 的天线部件。

(2)这时可见顶部 LED 灯开始闪亮,该状态持续 15 s 后改为稳定发亮。

如果测试后,EPIRB 没有稳定亮灯,则表示有故障。具体情况及分析如下:

①如果 LED 灯常亮 15 s,随后闪烁 1 次,而顶部强闪光灯不闪,表明 EPIRB 的 406 MHz 发射机供电不足;

②如果 LED 灯常亮 15 s,随后闪烁 2 次,而顶部强闪光灯不闪,表明 EPIRB 的电池电压不足;

③如果 LED 灯常亮 15 s,随后闪烁 3 次,而顶部强闪光灯不闪,表明 EPIRB 的 121.5 MHz 发射机供电不足;

④如果 LED 灯常亮 15 s,随后闪烁 4 次,而顶部强闪光灯不闪,表明 EPIRB 的 406 MHz 发射机无法关闭;

⑤如果 LED 灯常亮 15 s,随后闪烁 5 次,而顶部强闪光灯不闪,表明 EPIRB 未进行设置或设置没有完成。

测试完成后,应将 EPIRB 放回支架。

4.维护保养操作流程

(1)示位标应每 3 个月执行内部自测试一次。

(2)每年进行年度检查 1 次。

(3)每 2 年更换静水压力释放器单元。

(4)每 4 年更换电池单元。

(5)平时应注意检查支架是否有损伤，如有条件，尽量放置在较空旷的场所，避开较大的金属器件，以求在紧急状况下可以更好、更快地进行 EPIRB 报警。

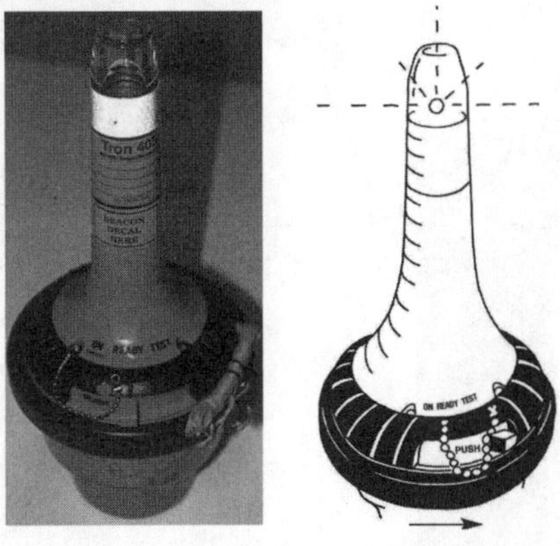

图 7-1-5　TRON40S 型 EPIRB 的自检测操作示意图

四、McMurdo E5/G5 型 406 MHz EPIRB 的操作

McMurdo E5/G5 型 406 MHz EPIRB 由英国马克默多公司生产，其外形结构如图 7-1-6 所示。其中 E5 型顶部有白灯和红灯，G5 型则有白灯、红灯和绿灯，其中绿灯用来指示内置 GPS 定位仪的工作状态。该 EPIRB 通常放置在由螺栓水平或垂直地安装在船舶甲板上的自浮式存放盒内，其上不得有任何物品遮挡，以便于在紧急情况下 EPIRB 能够不受阻挡地浮至水面。由于许多型号的 EPIRB 利用海水开关来完成自动启动，而当船舶未遇险时，在恶劣的海况或暴雨的环境下，开关自动启动而导致误报警的情况并不少见，因此 E5/G5 型 EPIRB 的自动启动设计成通过海水开关和磁性开关的组合来实现，即 EPIRB 存放盒内有一块隐藏的磁铁使 E5/G5 型 EPIRB 的磁性开关处于断开状态，如果 E5/G5 型 EPIRB 正确放置并卡紧在其位置上，可以有效地防止海水或雨水启动海水开关。此外，安装时还要注意，要在支架的静水压力释放器的黄色标签上标注其有效日期，并填写在 E5/G5 型 EPIRB 存放盒侧面的标签上。一般静水压力释放器的有效期为 2 年。

1.人工启动操作流程

当船舶发生险情且并未沉没时，通常采用人工方式手动启动 EPIRB 发射求救信号，如图 7-1-7 所示：

(1)首先需要拔掉存放盒上方的 R 形金属插销，打开存放盒，向上用力将 EPIRB 从安全座上提出。

(2)松开 EPIRB 上的天线插头，并将 EPIRB 上的 R 形金属插销拔掉。

(3)向上揭开红色开关保护罩，右手按住“PRESS”按钮，左手将开关推到最左边“ON”的位置。

示位标开启后 50 s 内是不发射报警信号的，这时只是白色指示灯闪烁，红色指示灯常亮，同时蜂鸣器发出急促声响，表示 EPIRB 即将发射遇险报警信号。50 s 后，示位标的红色、白色指示灯同时闪烁；蜂鸣器与指示灯同步，发出声响，这意味着 EPIRB 开始发射遇险报警信号。如果需要关闭 EPIRB，则将开关推回右边即可。

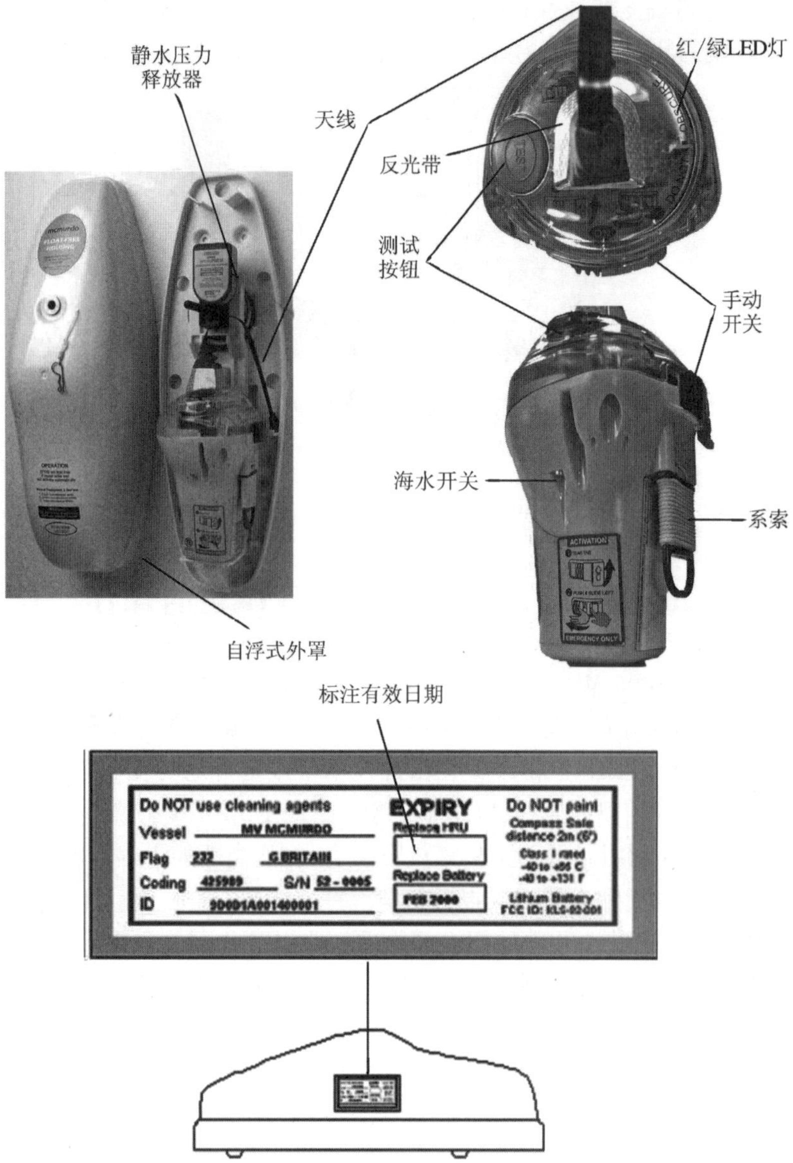

图 7-1-6　McMurdo E5/G5 型 406 MHz EPIRB 的外形结构图

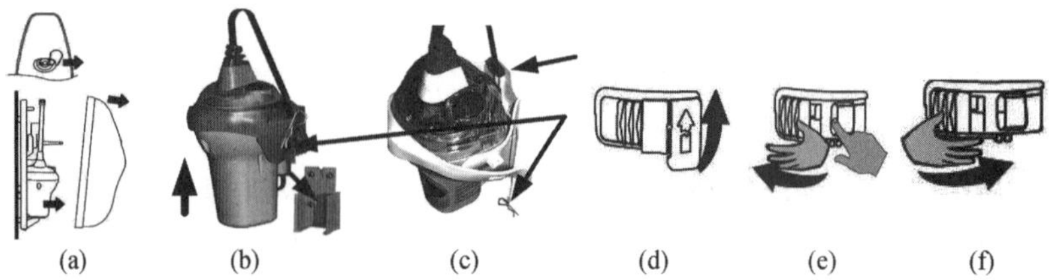

图 7-1-7　McMurdo E5/G5 型 406 MHz EPIRB 的人工启动示意图

2.自动启动操作流程

McMurdo E5/G5 型 EPIRB 属于自浮式 EPIRB，同时利用磁性开关和海水开关来实现启动。一旦船舶遇险下沉，EPIRB 将随船舶沉入水中，待沉入深度达 4 m 左右时，EPIRB 就会自动从存放盒中释放出来,启动磁性开关。待浮出水面后,EPIRB 上的海水开关遇水后导通,EPIRB 就会闪烁并开始自动发射遇险报警信号,如图 7-1-8 所示。

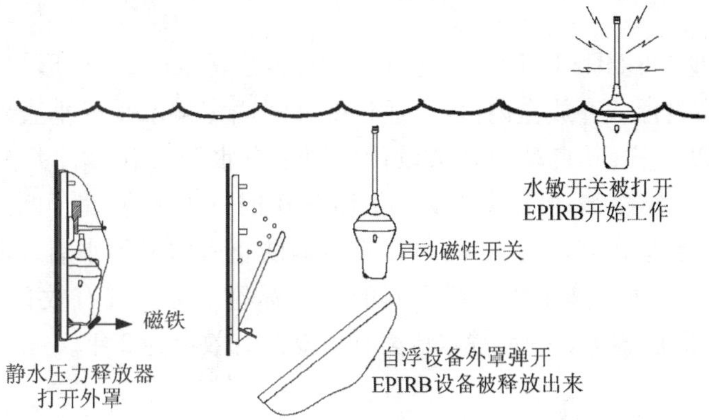

图 7-1-8 McMurdo E5/G5 型 406 MHz EPIRB 的自动启动示意图

3.自检测操作流程

该 EPIRB 本身带有自检功能,可检验设备的电池、发射机、闪光灯等部件是否正常。国际上推荐 EPIRB 设备的自检周期为一个月,过度频繁的检查将会耗光电池的电量。具体自检步骤如下:

(1)首先按住 EPIRB 顶部的"TEST"按钮直至红灯亮,此时 EPIRB 开始自检。

(2)如果自检项目全部通过,红灯和白灯将同时闪烁数次,闪烁的次数直接对应于电池使用的时间:

①鸣叫/闪烁 3 次,表示电池累计使用 0~4 h;

②鸣叫/闪烁 2 次,表示电池累计使用 5~6 h;

③鸣叫/闪烁 1 次,表示电池累计使用超过 6 h。

(3)但若有任何项目不通过,将不会有任何闪烁现象并且红灯不亮。

4.维护保养操作流程

EPIRB 设备应每月检查 1 次,检查内容包括:外观是否有损坏,有无进水现象;EPIRB 是否安装在支架上,并且牢固可靠,不左右摇晃;电池和静水压力释放器是否在有效期内。

同时,在日常维护中,还应重点注意 EPIRB 的误报警问题。目前,EPIRB 多使用海水开关,容易在恶劣的海况或暴雨的环境下自动启动,为了避免误启动,EPIRB 的存放盒内会有一块隐藏的磁铁使 EPIRB 处于关闭的状态。如果 EPIRB 没有正确放置,该磁铁将不会起作用,海水或雨水仍有可能启动海水开关。因此最简单的误报警预防措施就是正确安放 EPIRB 设备。

但一旦 EPIRB 设备引起误报警,请采取以下措施:尽快通知附近的搜救机关,说明为误报警,使他们及时停止一切救援服务;关掉 EPIRB,尽快将其海水开关干燥,并将开关推回最右边;如果无法关掉 EPIRB,可以切断或折弯天线,将 EPIRB 放入密闭的金属容器中,直至电源耗尽;绝不提倡用拔掉电池的方式来切断电源,因为这可能会引起触电。

五、McMurdo E3 型 406 MHz EPIRB 的操作

McMurdo E3 型 406 MHz EPIRB 由英国马克默多公司生产，其外形结构如图 7-1-9 所示。该 EPIRB 可放置在自浮式存放盒内，也可通过壁挂式固定架水平或垂直地安装在船舶两侧。同 E5/G5 型 EPIRB 一样，其自动启动被设计成通过海水开关和磁性开关的组合来实现，即 EPIRB 存放盒内有一块隐藏的磁铁使 E3 型 EPIRB 的磁性开关处于断开状态，如果 E3 型 EPIRB 正确放置并卡紧在其位置上，则可以有效地防止海水或雨水启动海水开关。此外，安装时还要注意，要在支架的静水压力释放器的黄色标签上标注其有效日期，并填写在 E3 型 EPIRB 的存放盒侧面标签上。一般静水压力释放器的有效期为 2 年。

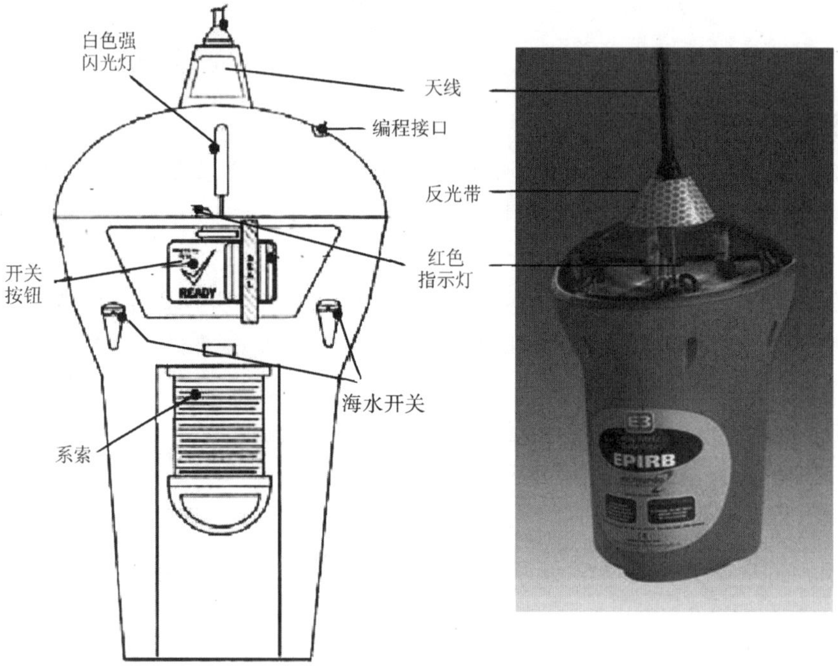

图 7-1-9　McMurdo E5/G5 型 406 MHz EPIRB 的外形结构图

1. 人工启动操作流程

当船舶发生险情且并未沉没时，通常采用人工方式启动 E3 型 EPIRB 发射求救信号，具体步骤如图 7-1-10 所示：

（1）首先需要拔掉存放盒上方的 R 形金属插销，打开存放盒，向上用力将盒盖打开，然后将 EPIRB 从安全座上取出。

（2）向上揭开红色开关保护罩，将开关推向最左边的位置，并按压"ON"按钮，直至 EPIRB 闪光灯开始闪亮。

（3）示位标在开启后 50 s 内是不发射报警信号的，只是白灯闪烁，红色指示灯常亮，同时蜂鸣器发出急促声响，表示 EPIRB 即将发出报警信号。

（4）50 s 后，EPIRB 的红色、白色指示灯同时闪烁，蜂鸣器与指示灯同步，发出声响，这意味着 EPIRB 开始发射遇险报警信号。

(5)如果需要关闭 EPIRB 设备,则将开关推回最右边位置,并按压"READY"按钮即可。

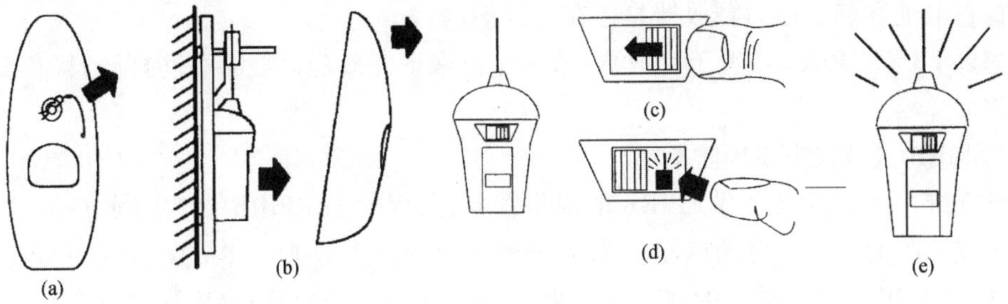

图 7-1-10　McMurdo E3 型 406 MHz EPIRB 的人工启动示意图

2.自动启动操作流程

E3 型 EPIRB 属于自浮式 EPIRB,同时利用磁性开关和海水开关来实现启动。一旦船舶遇险下沉,EPIRB 将随船舶沉入水中,待沉入深度达 4 m 左右时,EPIRB 就会被自动从存放盒中释放出来,启动磁性开关。待浮出水面后,EPIRB 上的海水开关遇水后导通,EPIRB 就会闪烁,50 s 后开始自动发射报警信号,如图 7-1-11 所示。

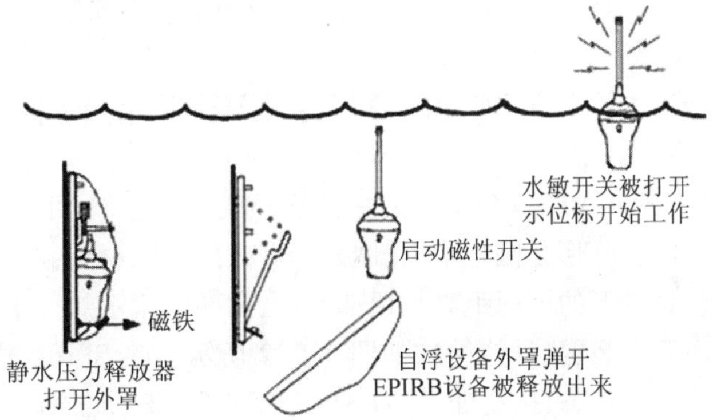

图 7-1-11　McMurdo E3 型 406 MHz EPIRB 的自动启动示意图

3.自检测操作流程

该 EPIRB 使用自带的自检电路检验设备的电池、发射机、闪光灯等部件是否正常。国际上推荐 EPIRB 设备的自检周期为每个月 1 次,而且最好是在每个小时的首个 5 min 内进行,以避免干扰其他船舶的正常通信。如果 EPIRB 放置在封闭式存放盒内,可直接通过存放盒上的测试窗口进行测试,而不需要将其取出来。如果 EPIRB 放置在壁挂式固定架上,则可将 EPIRB 从固定架上取下来,然后进行测试,具体测试步骤为:

首先按住 EPIRB 上的"READY"按钮直至红灯亮,此时 E3 型 EPIRB 开始自检;当红色指示灯熄灭后,白色强闪光灯将闪烁 3 次,表示测试成功;但若有任何测试项目不通过,将不会有任何闪烁现象,并且红灯不亮。

4.维护保养操作流程

(1)EPIRB 设备的检查

EPIRB 设备应每月检查一次,检查内容包括:

①外观是否有裂缝、损坏,有无进水现象;

②EPIRB 是否安装在支架上,并且牢固可靠,不左右摇晃;

③确保 EPIRB 的系索没有固定在船体上,以免遇险时随船一起下沉;

④检查电池和静水压力释放器是否在有效期内;

⑤如果 E3 型 EPIRB 放置于存放盒内,一定要保证存放盒盖能够手动打开,且存放盒上方无遮挡物。

(2)EPIRB 设备误报警预防措施

在日常维护中应重点注意 EPIRB 的误报警问题,现代的 EPIRB 多为海水开关,容易在恶劣的海况或暴雨的环境下自动启动。为了避免误启动,E3 型 EPIRB 的存放盒里会有一块隐藏的磁铁,使 EPIRB 处于关闭的状态。如果 EPIRB 没有正确放置,该磁铁将不会起作用,海水或雨水仍有可能启动海水开关。因此,最简单的误报警预防措施就是正确安放 EPIRB 设备。但一旦 EPIRB 设备误报警,请采取以下措施:

①尽快通知附近的搜救机关,告之为误报警,使他们及时停止一切救援服务;

②关掉 EPIRB,尽快将其海水开关干燥,并将开关推回最右边;

③如果无法关掉 EPIRB,可以切断或弯折天线,将 EPIRB 放入密闭的金属容器中,直至电源耗尽;

④绝不提倡用拔掉电池的方式来切断电源,因为这可能会引起触电。

六、KANNAD AUTO 型 406 MHz EPIRB 的操作

KANNAD AUTO 型 406 MHz EPIRB 由法国 IESM 公司生产,可内置 GPS 接收机。该 EPIRB 具有自浮式存放盒,外形是圆柱形,壳体采用聚碳酸树脂材料制成,外表涂成黄色。上部贴有反光带,可延长日光下的可视距离。顶部有红、白两个指示灯。中间有测试开关、手动开关、海水开关和应急断电装置,具体结构如图 7-1-12 所示。该 EPIRB 通常放置在自浮式存放盒内,海水开关处于断开状态,按钮处于“TEST/READY”状态,此时 EPIRB 电源处于断开状态。同时自浮式存放盒的上盖由静水压力释放器锁住。

1.人工启动操作流程 (如图 7-1-13 所示)

①在船舶遇险求助时,扳开安全环上的红色锁销,把安全环从静水压力释放器向上卸下,打开存放盒取出 EPIRB。

②撕掉 EPIRB 上的密封条,将护板上推,按压“ON”挡,电池将给发射机供电。之后的 19 s 设备进行自检,每秒声响 1 次,红色和白色指示灯交替闪烁。

③19 s 后示位标将会自动发射遇险报警信号,这时示位标顶部的指示灯每 3 s 闪烁 1 次,每秒声响 1 次。

④如果想停止发射,则将开关拨到“TEST/READY”位置上,即可停止发射。

⑤另外,也可直接将 EPIRB 扔入水中,从而启动发射,不过不推荐使用该种方式。

2.自动启动操作流程

该 EPIRB 设备采用海水开关。如图 7-1-14 所示,当船舶遇有突发事故,示位标沉入水下 4 m 时,自浮式存放盒上的静水压力释放器自动释放 EPIRB;EPIRB 上浮至水面,海水开关闭合,电池开始给发射机供电,从而开始发射遇险报警信号;之后 EPIRB 应通过系索将 EPIRB 固定在救生艇筏上或幸存者身上,并且远离沉船地点。

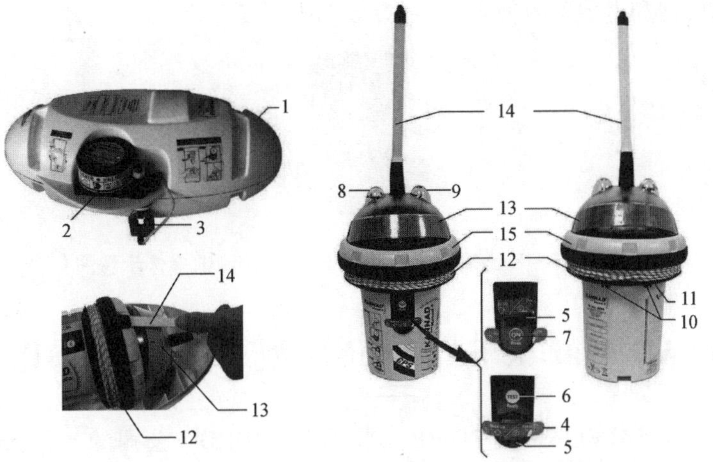

图 7-1-12　KANNAD AUTO 型 406 MHz EPIRB 的外形结构图

1—自浮式存放盒；2—静水压力释放器；3—安全环；4—密封条；5—护板；6—“TEST/READY”按钮；7—手动开关按钮“ON”；8—白色指示灯；9、10—红色指示灯；11—应急断电开关；12—系索；13—反光带；14—可折叠式天线；15—密封项圈

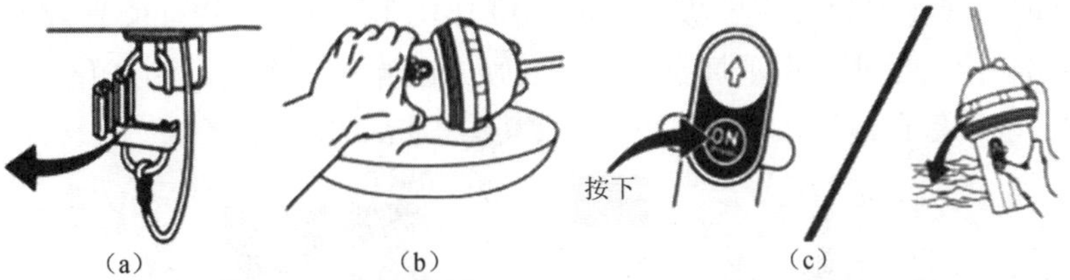

图 7-1-13　KANNAD AUTO 型 406 MHz EPIRB 的人工启动示意图

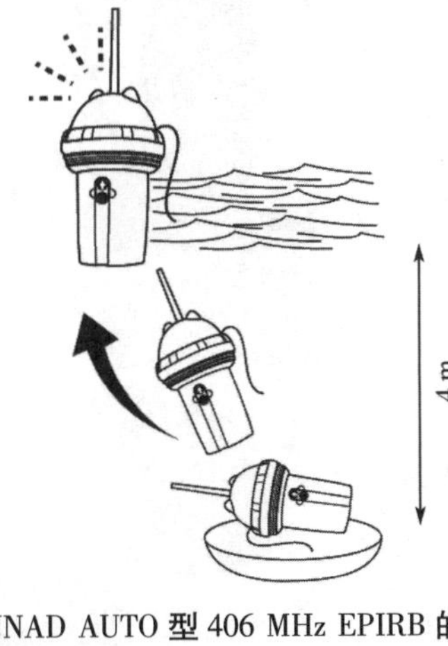

图 7-1-14　KANNAD AUTO 型 406 MHz EPIRB 的自动启动示意图

3.检测与维护操作流程

①首先打开存放盒上的安全环上的红色锁销，将安全环从静水压力释放器上卸下来，打开箱盖，取出里面的 EPIRB 设备。

②按压 EPIRB 开关处的“TEST/READY”按钮 1 s，设备自检开始进行，如图 7-1-15 所示。

③自检在 15 s 内完成。自检开始后，蜂鸣器每秒响 1 次，同时白色和红色指示灯开始闪烁。如果每秒闪 2 次，则说明示位标正常；如果为不规则闪亮，则说明设备有故障。此外，还应

注意静水压力释放器和电池的有效期,要在有效期内更换。

图 7-1-15　KANNAD AUTO 型 EPIRB 的测试操作示意图

七、KANNAD Marine SAFELINK 型 EPIRB 的操作

KANNAD Marine SAFELINK 型 EPIRB 是英国 MCMURDO 公司的产品,分为无 GPS 和内置 GPS 两种类型,其中无 GPS 型 EPIRB 同 KANNAD AUTO 型 EPIRB 在外形和使用上极为相似,接下来主要介绍内置 GPS 的 SAFELINK 型 EPIRB。如图 7-1-16 所示,该型示位标具有自浮式存放盒(A),外形呈方形,壳体采用聚碳酸树脂材料制成,并涂成白色。在自浮式存放盒上部安装有静水压力释放器(1A),而 EPIRB(B)平时存放在存放盒内部,并用锁销(2A)封闭,水平/竖直地放置在驾驶台或甲板空旷处。EPIRB(B)的上部贴有反光带,延长日光下的可视距离。顶部有红、绿两个指示灯及白色氙气强光闪光灯。中间有测试开关、手动开关和海水开关。此外,该设备在进行人工设置编程时,其编程指示灯会常亮。

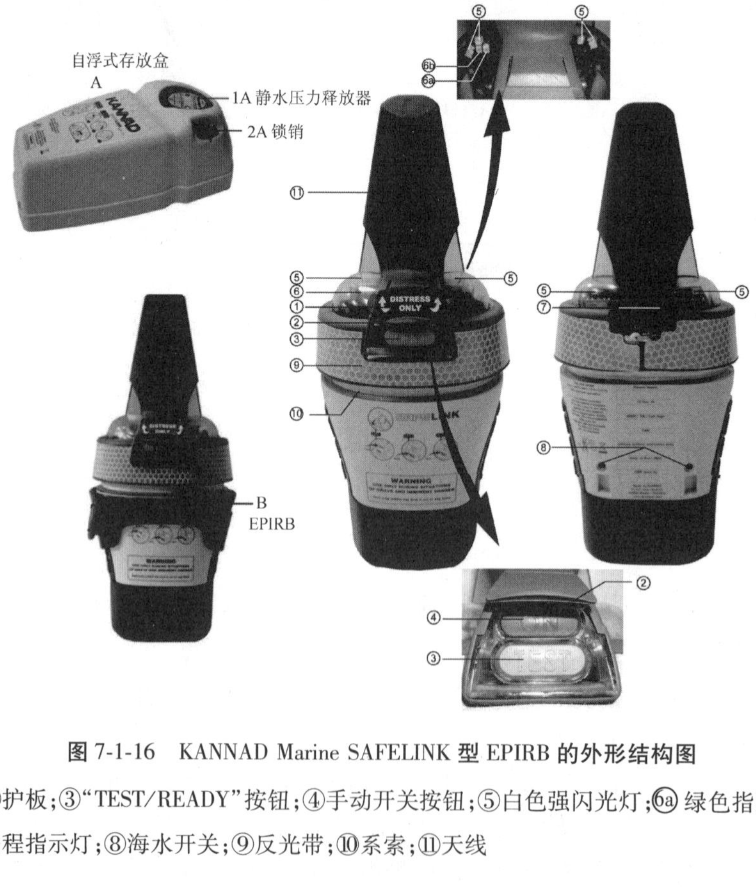

图 7-1-16　KANNAD Marine SAFELINK 型 EPIRB 的外形结构图

①密封条;②护板;③"TEST/READY"按钮;④手动开关按钮;⑤白色强闪光灯;⑥a 绿色指示灯;⑥b 红色指示灯;⑦编程指示灯;⑧海水开关;⑨反光带;⑩系索;⑪天线

1.人工启动操作流程

KANNAD Marine SAFELINK 型 EPIRB 的人工启动如图 7-1-17 所示。

(1) 在船舶遇险求助时，首先拔出存放盒上的红色锁销，把安全环从静水压力释放器上卸下，然后将 EPIRB 从存放盒中取出。

(2) 撕掉 EPIRB 上的密封条，将护板上推，按压“ON”按钮 1 s。之后电池将给发射机供电，并且每秒声响 1 次，此时示位标开始进行自检。

(3) 自检结束后，EPIRB 将会自动发射遇险报警信号，这时 EPIRB 顶部的白色氙气强闪光灯每 3 s 闪烁 1 次，且每秒钟声响 1 次。

(4) 如果想停止发射，按“TEST”按钮 2 s，即可停止发射。

(5) 另外，也可直接将 EPIRB 扔入水中，从而启动发射，不过并不推荐该方式。

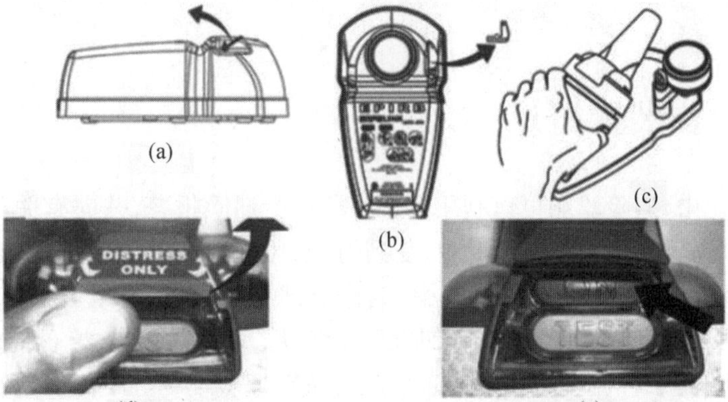

图 7-1-17 KANNAD Marine SAFELINK 型 EPIRB 人工启动示意图

2.自动启动操作流程

该 EPIRB 设备采用海水开关。如图 7-1-18 所示，当船舶遇有突发事故，EPIRB 沉入水下 4 m 时，自浮式存放盒上的静水压力释放器自动释放 EPIRB；示位标上浮至水面，海水开关闭合，电池开始给发射机供电，从而开始发射遇险报警信号；之后应通过系索将 EPIRB 固定在救生艇筏或幸存者身上，并且远离沉船地点。

图 7-1-18 KANNAD Marine SAFELINK 型 EPIRB 自动启动示意图

3.检测与维护操作流程

该 EPIRB 的自检应每月进行 1 次，并且测试的时间应为每 UTC 整点时间的首个 5 min 内进行，测试操作步骤如下：

(1)首先拔出存放盒上的安全环上的红色锁销,打开存放盒的箱盖。

(2)按压示位标开关处的"TEST/READY"按钮 2 s,设备自检开始。

(3)整个自检在 15 s 内完成。自检开始后,蜂鸣器每秒响 1 次,同时白色和红色指示灯开始闪烁。

(4)最终的测试结果将通过绿色和红色指示灯来显示:如果绿色指示灯闪烁,则说明 EPIRB 正常;如果红色指示灯闪烁,则说明设备有故障。此外,还应注意静水压力释放器和电池的有效期,务必要在有效期内更换。

第二节　SART 的操作

一、搜救定位装置概述

在 GMDSS 系统中,遇险船舶可以利用多种手段进行遇险报警,并向有关部门告知遇险船舶或者幸存者的位置。但是在实际情况中,受到海流、风向以及其他因素的影响,遇险船舶或者幸存者的位置可能会发生很大的变化,因此若遇到恶劣海况、浓雾或者黑夜等恶劣情况,现场搜救遇险船舶或者幸存者的工作难度将变大。搜救应答器(Search and Rescue Transponders,SART)是一种让搜救船舶或者搜救飞机在搜救现场近距离发现和准确锁定幸存者位置的重要设备,它与救援船舶或者飞机上的雷达配合,在一定范围内准确锁定幸存者的位置,特别适用于夜晚或者恶劣海况下的搜救作业,是 GMDSS 的寻位设备。目前在航海上应用于遇险船舶及幸存者寻位的设备分为两种,一种是雷达搜救应答器(Radar-SART),另一种是自动识别系统搜救应答器(AIS-SART)。

1.Radar-SART

船用 Radar-SART 是 GMDSS 系统必配设备。其工作频率为 9.2~9.5 GHz(X 波段),天线极化方式为水平极化,有效天线高度为 1 m 以上。SART 在开机时与搜救船舶或者飞机上 X 波段雷达配合使用。当被任一 X 波段(9 GHz)雷达的脉冲触发时,Radar-SART 很快发出一响应信号,在对方雷达荧光屏上形成可连成直线的 12 个光点信号。SART 已成为在遇险现场对遇险船舶、救生艇筏及幸存者进行寻位的主要手段,属于 GMDSS 寻位系统。SART 一方面可以在搜救船舶或飞机的雷达照射时发出特定的示位信号,使搜救者在复杂的海况下及时发现遇险幸存者,确定遇险的准确位置,大大地提高救助的成功率;另一方面其发出的信号声响可以向幸存者表明搜救援助单元已驶近其遇险位置,可增加幸存者的信心。图 7-2-1 为 SART 搜救应用示意图。

便携式 SART 可以在船上使用,或者在救生艇筏上使用。当发生海难事故需要弃船时,必须携带 SART 离开母船到救生艇筏上,然后进行适当安装并由人工开启,使 SART 处于待命状态。当 SART 通过其接收天线接收到正在进行搜索与救援工作的船舶与飞机上 9 GHz 波段雷达发出的扫描信号后,应答器 SART 通过反射天线发出应答信号。该应答信号被 9 GHz 波段雷达接收后,就会在其显示器的荧光屏上以一系列的光点组成的信号形式显示,SART 雷达显示图如图 7-2-2 所示，这是 SART 相应雷达波的回扫信号造成的。当距离近至约 1 n mile 时，由于旁瓣现象，雷达显示器上的标志信号由 12 个光点逐渐扩展为 12 条弧线，再近则可形成 12 个同心圆。因此要求搜救雷达的操作员必须随距离的逐渐接近，适时降低雷达增益，始终保持雷达显示器上的 SART 标志信号呈 12 个光点状态。

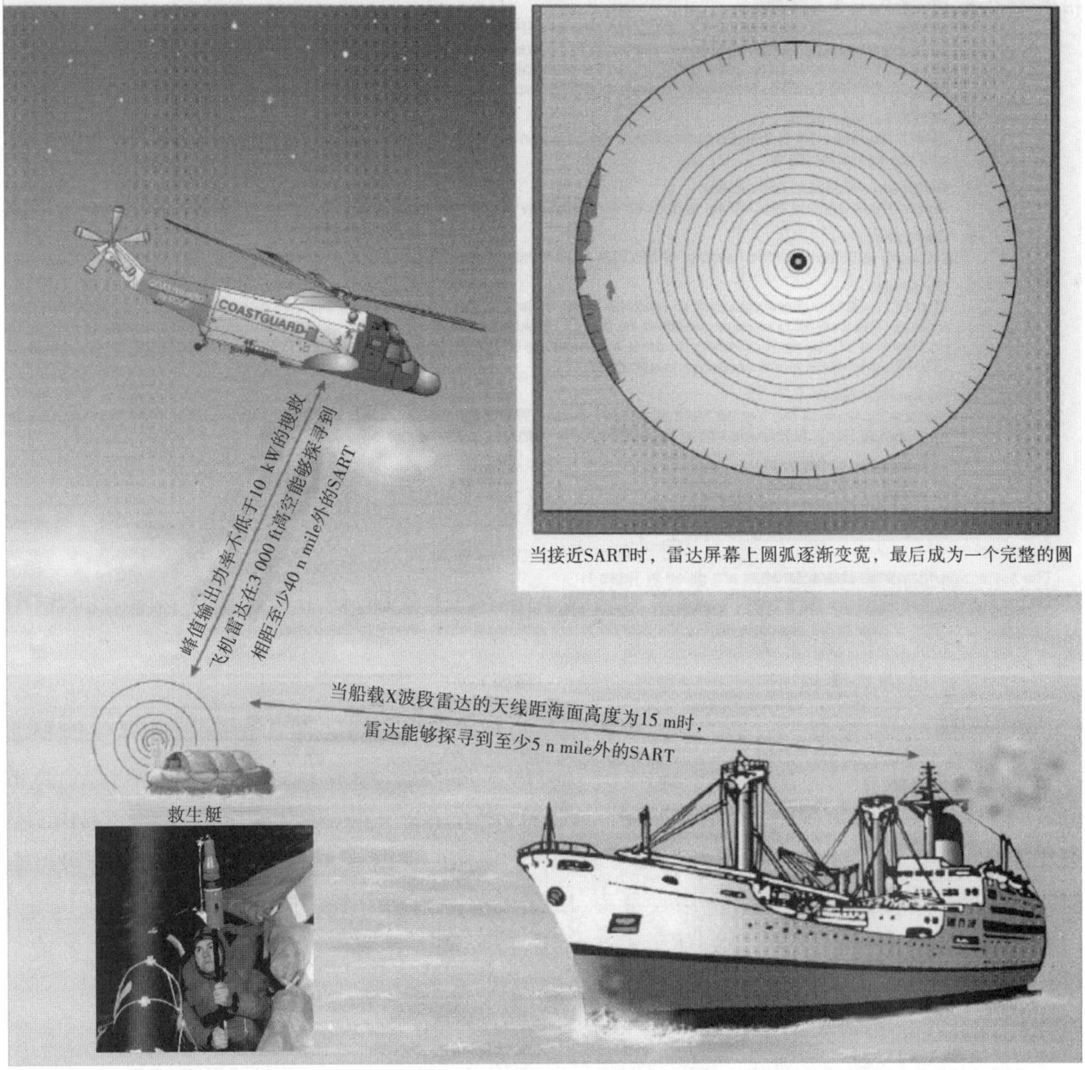

图 7-2-1　SART 搜救应用示意图

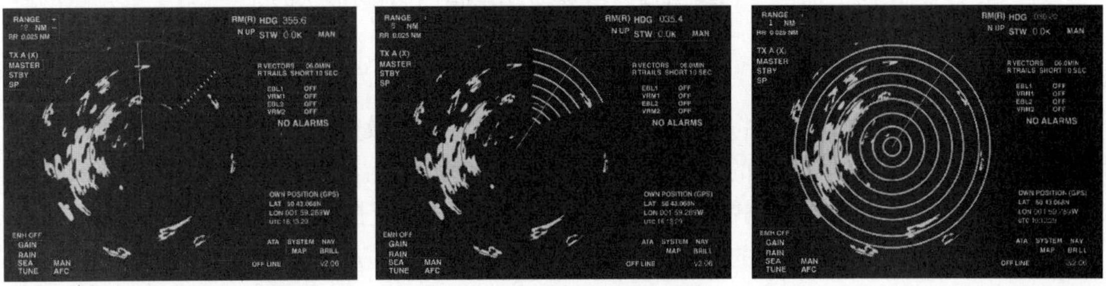

图 7-2-2　SART 雷达显示图

亮点的个数与雷达的量程和 SART 与搜救船的距离有关，其中第一个亮点到雷达荧光屏中心的距离 *OA* 是救助者到遇险者的距离；12 个亮点首尾大约相距 8 n mile，每两个亮点大约相距 0.65 n mile。在距离 SART 1 n mile 时，亮点将变为宽弧，如果更近，甚至变成同心圆。根据这种独特的信号，搜救者可以判断出遇险船舶或者救生艇筏，或者遇险幸存者所在的位置，进行营救。图 7-2-3 为 SART 示位原理图。

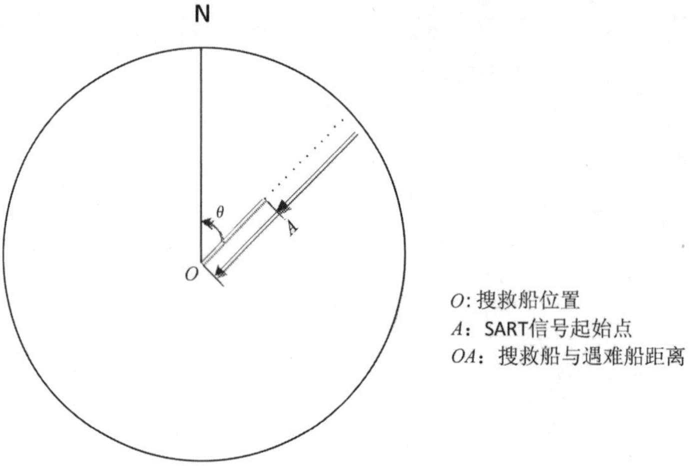

图 7-2-3 SART 示位原理图

SART 独特的信号极易识别，搜救船舶或飞机在海上救助，使用雷达搜寻遇险者的 SART 信号时，应注意以下几个问题：

（1）雷达量程的选择

在使用雷达小量程挡时，仅能显示 SART 的几个亮点，例如在 3 n mile 量程仅能显示 SART 信号的 4 个亮点。在恶劣海况下，杂波干扰非常严重，经常不能看见完整的 12 个点的 SART 信号。在一般情况下，海浪干扰最严重的可延至 4 n mile，不会完全淹没整个 SART 信号。因此，由两亮点间距离大约为 0.65 n mile，可推算出遇险者的位置。从以上分析可以看出，开始进入搜救区时，应尽量选用大量程，以在大范围内搜寻到遇险者的 SART 信号。当搜寻到遇险者的 SART 信号后，最好使用雷达的 6～12 n mile 量程。这些量程能看到完整的或多个 SART 亮点，易区别其他回波和确定 SART 的位置。

（2）SART 的距离误差

在 SART 距搜救者雷达 6 n mile 左右时，距离误差 150 m 以上；而在接近 SART 时，雷达能接收到 SART 的正向扫描信号和返回扫描信号，会出现两个不同形状的亮点，第一个亮点的距离延迟不大于 150 m。

（3）选择合适的雷达带宽

小于 5 MHz 的雷达带宽将使 SART 的信号稍有衰减。最好使用中等带宽，以确保获得 SART 的最佳信号。一般雷达的远距离量程采用宽脉冲和窄带滤波器，带宽为 3～5 MHz；雷达的近距离量程采用短脉冲和宽带滤波器，带宽为 1～25 MHz，应根据具体情况，灵活选用。

（4）接近 SART 时应注意的问题

在接近 SART 时，来自雷达天线的旁瓣波束，可能使 SART 信号在雷达的荧光屏上变成一串圆弧或同心圆。这种情况可用海浪抑制旋钮来消除。如出现这种情况，则证明 SART 在船附近，应减速并注意搜索。

(5)恶劣海况下使用注意事项

在海况不好的情况下，为增加 SART 信号的可见度，可失谐雷达，以减少海浪回波的影响。自动频率控制雷达不允许手动失谐设备。注意，在失谐的情况下，一些需要的信息比如航行和避碰信息可能被忽略，因此要尽快回到正常调谐状态。

(6)导航雷达的调整

在搜救过程中，要合理地调整雷达增益，最好使雷达显示器出现轻微背景噪声，但是还不至于干扰到正常信号的辨别，以获得对 SART 信号的最大范围的搜寻。为获得最佳探测距离，海浪抑制旋钮应置于最小。注意，在受到海浪杂波干扰时，不适用海浪抑制旋钮，最近的 SART 回波可能被淹没。在这种情况下，可从 SART 回波的最后亮点推算出本船船位。如海浪抑制旋钮有自动/人工方式选择，则选择人工方式。在搜寻 SART 时，应将抗雨雪干扰功能设置在人工状态，直到搜寻到 SART 信号。如果海浪抑制和抗雨雪干扰用一个旋钮控制，则建议选择手动搜寻 SART 信号。

注意：SART 和雷达反射器不能在同一个救生艇筏上使用，因为雷达反射器可能阻挡 SART 的信号。

2.AIS-SART

根据 IMO 有关船舶配备 GMDSS 设备的规定，500 总吨及以上的船舶需要配备 2 台雷达应答器 SART，500 总吨以下的船舶需要配备 1 台 SART。2007—2008 年，IMO 修改了 GMDSS 方面的标准，并修订了 SOLAS 公约相关章节，将原来船舶强制配置的“雷达应答器(SART)”修改为“搜救定位装置”，后者包括“雷达应答器(SART)”和“自动识别系统搜救发射器(AIS-SART)”。自 2010 年 1 月 1 日起，SART 和 AIS-SART 可以互换。AIS-SART 满足 IMO MSC.246(83)《用于搜救目的的 AIS-SART 性能标准》〔2007〕要求，是 GMDSS 的组成部分。

AIS-SART 是一种船舶救生用定位装置，其工作频段为 161.975 MHz/162.025 MHz，采用的是 VHF 工作频段。工作原理是 SART 设备内置高精度 GPS，在打开开关后，将自身位置信息和识别码自动精确传送至周围的搜救船舶，并在对方船舶 AIS 显示器上显示方位、距离等信息，从而确保搜救活动的及时与有效。AIS-SART 工作在两个 VHF 频道(CH87、CH88)，工作时在两个频道上交替发射。

由于 VHF 频段上的无线电波是直线传播的，所以 AIS-SART 的最大通信距离跟收、发双方的天线高度有直接关系：

$$A=25(\sqrt{H}+\sqrt{h})\ (\text{n mile})$$

其中：H、h 分别为收、发天线水面高度(m)。

通常情况下，5 n mile 外的船舶 AIS 可以收到 AIS-SART 的遇险信号，搜救飞机则更远，可达到 20~40 n mile，甚至上百海里。AIS-SART 具有自己独特的识别码(9 位数字)，标在产品外壳上，它由 970+6 位数字组成(如 970261234)，产品出厂前已经写入产品的芯片中，一经写入不能更改。其他船舶如果收到这类识别码的 AIS 位置报告及“SART ACTIVE”内容的安全信息，可以判断附近有遇险船只或者救生艇筏。

目前，由于生产厂家不同，SART 外形也不尽相同。下面介绍几种不同型号的 SART 及设备操作。

二、SART 设备性能规范与工作要求

(1)搜救作业救生艇雷达应答器,应能在救助装置的雷达上通过一系列等间隔点来显示遇险的位置。

(2)能容易地由非熟练的人员启动。

(3)装有防止意外启动的装置。

(4)配有视觉或听觉装置或视觉和听觉兼有的装置,以显示正确的操作,并提示幸存者注意雷达以触发 SART。

(5)能人工启动和关闭,也可包括自动启动装置。

(6)具有待命状态的指示功能。

(7)能从 20 m 高度处落入水中而不损坏。

(8)能在水下 10 m,至少 5 min 内保持水密。

(9)在规范的浸水情况下,受到 45 ℃热冲击时设备仍然能保持水密。

(10)如该设备不是救生艇整体的一个组成部分,应能正向浮起。

(11)如能漂浮,应有一根与 SART 相连的可浮绳索。

(12)在较长时间的阳光照射下不会损坏。

(13)在所有便于辨认的表面应有明显的橙黄色。

(14)有光滑的外部结构,以防止损坏救生筏。

(15)配有与救生筏内天线套相匹配的竿或者其他装置,并有使用说明。

(16)应有足够的电池容量,应能够在待命状态下工作 96 h,并能在待命阶段以 1 kHz 脉冲重复频率对连续询问提供 8 h 的应答发射。

(17)SART 设计应能在-20~+50 ℃的环境下工作,并能在-30~+65 ℃的温度范围内存放而不致损坏。

(18)工作时天线应至少高出海平面 1 m。

(19)当高度为 15 m 的航海雷达在相距至少 5 n mile 处对 SART 进行询问时,SART 应能正常响应。当峰值输出功率至少为 10 W 的飞机雷达在 914.4 m(3 000 ft)上空,相距不少于 30 n mile 处,对 SART 进行询问时,SART 应能正常响应。

三、RESCUER SART 的操作

RESCUER SART 由法国 IESM 公司生产,外壳呈橘黄色,重量为 940 g,高度为 300 cm,直径为 62 cm。其外形、存放容器和开关位置如图 7-2-4 所示。通常该 SART 主机设备放置在指定的存放容器中,并放置在驾驶台的两侧。船舶遇险时可首先从墙壁上取下盛有 SART 的容器,移开 SART 容器中部的塑料托板,取出 SART,然后按以下步骤启动。

1.人工启动操作流程

如图 7-2-5 所示,该机底部有一个黑色环为工作开关,通过扭转可进行不同工作状态的转换。平时开关被锁销锁定在"1"的位置,SART 此时处于"OFF"状态;开关在标有"2"的位置,为"TEST"状态,当开关置于此处时,设备进行测试;当开关在标有"3"的位置时,为"ON"状

态，表示 SART 开启并处于待机工作状态。

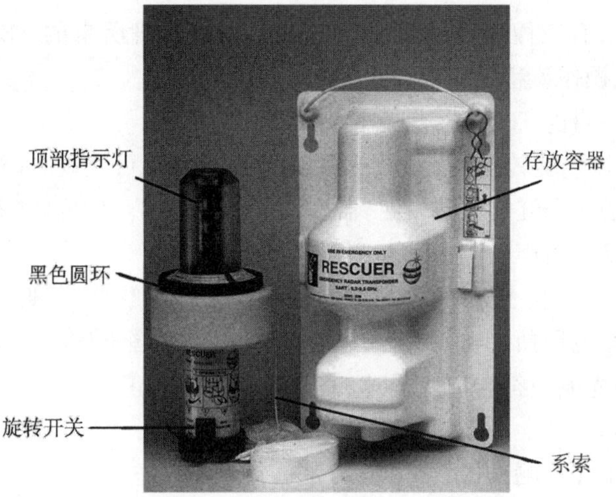

图 7-2-4　RESCUER SART 的外形结构图

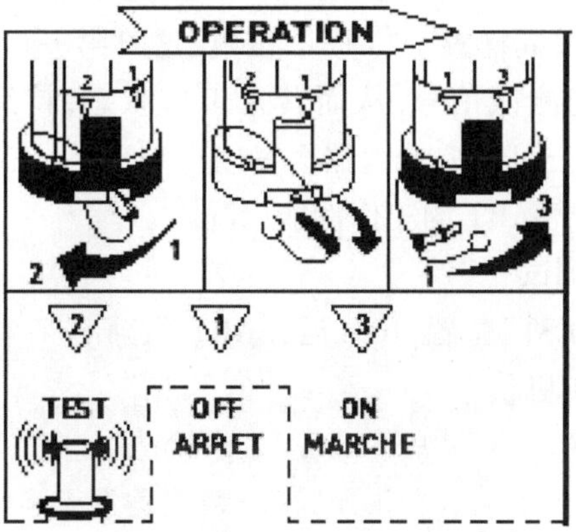

图 7-2-5　RESCUER SART 启动方法

遇险时，首先拔出底部圆环上的锁定开关的锁销，将工作开关旋转到"ON"的位置，SART 被开启并处于待机工作状态，中部黑色圆环附近的红色指示灯亮。当收到 9 GHz 雷达信号时，SART 被触发，从待机状态转为发射状态，开始不断发射 9 GHz 雷达的应答信号。此时设备还发出声光响应：黑色圆环附近的红色指示灯亮，顶部指示灯闪烁且蜂鸣器发出声响（雷达触发 1 次，顶部指示灯闪烁 1 次，声响 1 次）。根据指示灯和蜂鸣器的变化，可判断是否有救援船正在接近。

2.安装操作流程

①如果船舶遇险而未进行弃船，应将开启的 SART 放置在一个开阔地带，并适当固定。

②如果船舶遇险后弃船，落水人员应携带开启的 SART，并将 SART 上的系索伸展，与 SART 保持一定距离，防止身体阻挡信号的接收和发射。

③如果船舶遇险后弃船，在救生艇筏上使用 SART 时，可利用救生艇筏的天窗附近的橡皮座，将 SART 安置在救生艇筏顶部的天窗附近，便于信号的接收和发射。

3.自检测操作流程

SART 的自测方法有三种,但国际上推荐使用 SART 自身所带的 TEST 功能进行测试,下面将会对这三种测试操作流程做简要介绍。

(1)利用 SART 自身的 TEST 功能自检测

将 SART 底部的黑色旋转开关置于"TEST"位置,前 10 s 可发现 SART 的中部黑色圆环附近的红灯闪亮,顶部的 4 个红灯闪亮,蜂鸣器发出急促的声响。10 s 后,中部的红灯仍然闪亮,顶部 4 个红灯熄灭,蜂鸣器声响停止,设备处于待机状态。

注意:在测试过程中,设备能够响应 X 波段雷达信号的触发,因此测试时间应尽可能短,以避免被其他船舶收到并作为一个真实的 SART 信号处理。

若测试过程中声光响应符合以上描述,表示 SART 性能正常,应旋转开关至"OFF"位置,结束自检测试。

(2)用两台 SART 相互测试

如果船上有两台 SART,则可以相互检测判断其是否性能正常。具体方法如下:

①将一台 SART 的开关置于"TEST"位置 10 s 以上,使其处于待机状态。

②将另一台 SART 的开关同样置于"TEST"位置,这时第一台处于待机状态的 SART 能够响应第二台 SART 所发射的测试信号,从而转入工作状态,持续时间为 10 s。这样第一台 SART 顶部的 4 个红色指示灯会闪亮,蜂鸣器会发出声响,表示该设备工作性能正常。

③同理,可以测试第二台 SART 的工作性能情况。

(3)利用雷达信号进行测试

①将 SART 开关置于"TEST"位置,10 s 后,SART 顶部的 4 个红色指示灯停止闪亮,蜂鸣器声响停止,表明该机处于待机状态。

②打开船舶雷达,将其置于 X 波段(3 cm)工作状态,此时 SART 将会由待机状态转入发射状态。该机顶部的 4 个红色指示灯会再次闪亮,蜂鸣器发出声响,并且在雷达屏幕上可以看到同心圆状的应答信号,说明 SART 工作正常。

注意:此种测试时间应不超过 3 s,以免干扰周围其他船舶的雷达。完成测试后,应将 SART 的开关扭转至"OFF"位置,停止 SART 的工作。

4.维护操作流程

①SART 设备外壳应每个月检查 1 次,并及时清洁,以保证 SART 表面的船名、呼号、MMSI、电池有效期等各种标记足够清晰。

②SART 采用电池供电,要求电池容量可维持至少 96 h 的待机状态和至少 8 h 的工作状态,因此,一定要保证电池在有效期内。

③SART 的工作性能测试应每 3 个月进行 1 次,以此保证 SART 的正常工作状态。

④此外,平时还应注意检查 SART 的固定支架或存放容器是否有损伤,如有条件,尽量放置在较空旷的场所,避开较大的金属器件,以求紧急状况下可以更好、更快地获取和使用该设备。

四、Pathfinder TM3 型 SART 的操作

Pathfinder TM3 型 SART 由美国 ACR 公司生产,外壳呈橘黄色,高度为 330 cm,直径为

72 cm,其外形和开关位置如图 7-2-6 所示。通常该 SART 主机(A)放置在安装架中,并放置在驾驶台的两侧墙壁上,如图 7-2-7 所示。船舶遇险时可首先从安装架取下 SART,然后按步骤启动 SART。

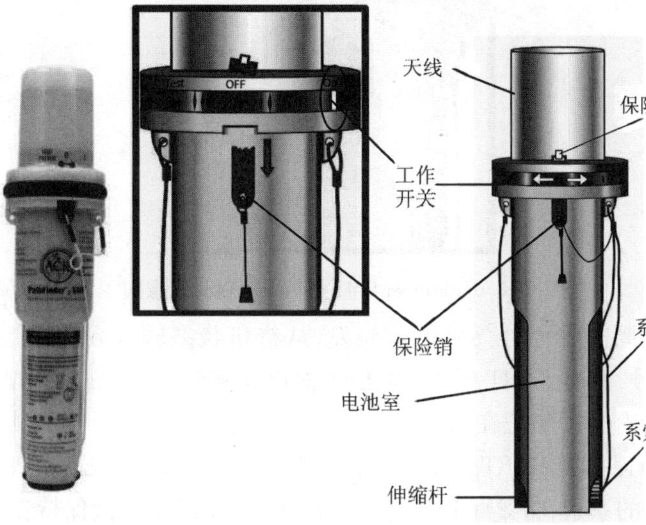

图 7-2-6　Pathfinder TM3 型 SART 的外形结构图

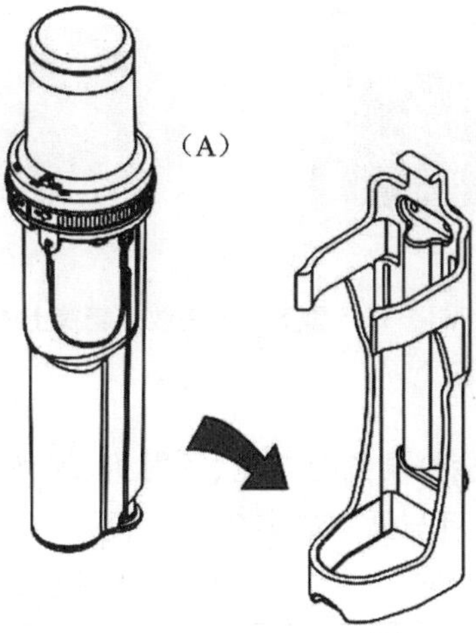

图 7-2-7　Pathfinder TM3 型 SART 安装示意图

1.人工启动操作流程

如图 7-2-8 所示,该机中部有一个蓝色圆环为旋转开关,扭转此开关可进行不同工作状态的转换。平时,开关被保险销锁定在“OFF”的位置,使 SART 处于关闭状态;当开关在“TEST”位置时,设备进行测试;当开关在“ON”位置时,设备处于待机状态,表示 SART 开始工作。

①首先从安装架上将 SART 取下来,然后取下蓝色圆环上的保险销锁,并拉下保险销。

②将工作开关向右旋转到“ON”的位置。此时,SART 立即进入测试模式,进行灯光和声响元件的测试。

③1 s 后 SART 进入待机模式,此时 SART 每 4 s 发出 1 次声光报警。

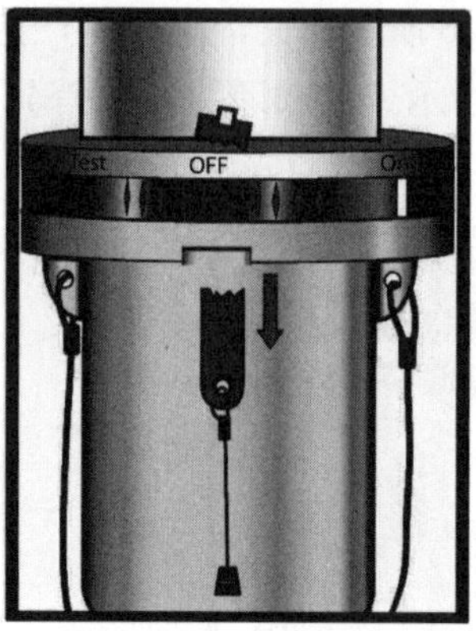

图 7-2-8 Pathfinder TM3 型 SART 启动示意图

④当收到 9 GHz 雷达信号时，SART 被触发，从待机状态转为发射状态，开始不断发射 9 GHz 雷达的应答信号，此时 SART 每 1 s 发出 1 次声光报警。因此，通过观察指示灯和蜂鸣器的变化，可判断是否有救援船正在接近。

⑤如果有需要，可以打开 SART 的底盖，抽出里面的伸缩杆(最长可达 1 m)，固定在救生艇筏上；或使用 SART 的系索，将 SART 吊装在救生艇筏的顶部(尽量保持在海面 1 m 以上)，如图 7-2-9 所示。

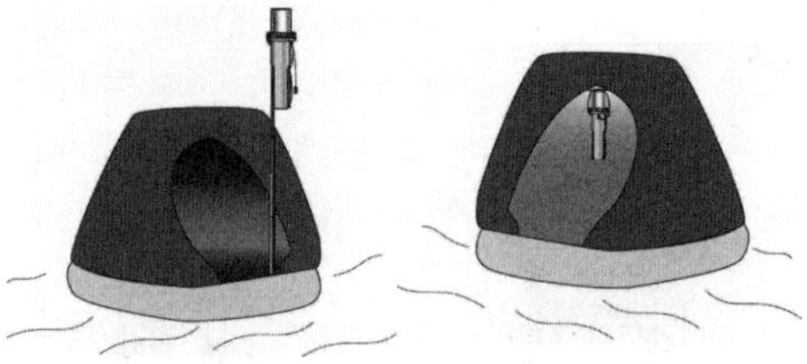

图 7-2-9 Pathfinder TM3 型 SART 在救生艇筏上的固定示意图

2.检测与维护操作流程

该机本身带有自检功能，可检验设备的电池、发射机、闪光灯等部件是否正常。Pathfinder TM3 型 SART 推荐设备的检查项目与周期如表 7-2-1 所示。

表 7-2-1 Pathfinder TM3 型 SART 设备检查项目与周期

检查项目	检查周期
外观检查	2 个月
电池使用是否过期	2 个月
伸缩杆检查	2 个月
系索检查	2 个月
保险销检查	2 个月
性能可靠性测试	2 个月
功能测试	1 年

(1)Pathfinder TM3 型 SART 设备应每 2 个月检查其外壳至少 1 次，查看 SART 外部是否有裂缝或损坏，并及时清洁 SART 外壳，以保证 SART 表面的船名、呼号、MMSI、电池有效期等

各种标记清晰，同时要保证 SART 的保险销密封正常。

(2)每 2 个月要检查一次 SART 的伸缩杆是否工作正常，同时也要检查 SART 的系索是否在线轴上缠绕紧密，一定要确保系索没有缠绕在船体上。

(3)SART 采用电池供电，要求电池容量可维持至少 96 h 的待机状态和至少 8 h 的工作状态，因此，一定要每 2 个月检查 1 次电池是否在有效期内。

(4)如果以上项目全部通过，则可进行 SART 的性能可靠性检查，即将 SART 开关置于"TEST"位置 10 s，确保 SART 在无雷达应答的情况下每 4 s 发出 1 次声光报警，在有雷达应答的情况下每秒发出 1 次声光报警。

(5)如果船上有两台 SART，则可以相互检测判断其性能是否正常。具体方法如下：将一台 SART 的开关置于"TEST"位置 10 s 以上，使其处于待机状态；将另一台 SART 的开关同样置于"TEST"位置，这时第一台处于待机状态的 SART 能够响应第二台 SART 所发射的测试信号，从而转入工作状态，持续时间为 10 s，而且第一台 SART 在第二台 SART 的触发下，进入测试状态，每 4 s 发出 1 次声光报警，来验证该机工作性能是否正常。同理，可以测试第二台 SART 的工作性能情况。

此外，Pathfinder TM3 型 SART 应每年进行 1 次功能测试，测试方法如下：首先，将 SART 置于开阔处，并使其距离船舶雷达的天线至少 150 m；然后将 SART 开关置于"TEST"位置，时间要小于 10 s；通过观察船舶雷达(X 波段)是否有同心圆出现在屏幕上，以及 SART 是否每秒都发出声光报警来判断 SART 的工作性能是否正常。

五、McMurdo S4 型 SART 的操作

McMurdo S4 型 SART 的系绳设计为内置式，可自由收缩绳索，为安装使用提供了更多的便利，适合在海洋恶劣环境下使用。McMurdo S4 型 SART 结构如图 7-2-10 所示，其中部旋转开关有"OFF""TEST""ON"3 个位置。无论开关处于"ON"还是"TEST"位置，设备都能响应雷达波触发，SART 处于不同状态时指示灯和蜂鸣器的响应如表 7-2-2 所示。

表 7-2-2 McMurdo S4 型 SART 状态及响应

序号	SART 状态	蜂鸣器状态	红色指示灯状态
1	OFF	关闭	关闭
2	预备状态(TEST 或 ON)	关闭	每 2 s 闪 1 次
3	受雷达触发后的工作状态(TEST 或 ON)	每 2 s 声响 1 次	常亮

表 7-2-3 列出了 McMurdo S4 型 SART 的技术指标。

表 7-2-3 McMurdo S4 型 SART 的技术指标

频率	9.2~9.5 GHz
极化方式	水平极化
扫描速率	5 μs/200 MHz
响应信号	12 个扫描信号
扫描格式	前向：7.5 μs±1 μs。反向：0.4 μs±0.1 μs

续表

发射脉冲宽度	100 μs
全向辐射功率	>400 mW(+26 dBm)
RX 灵敏度	>-50 dBm(0.1 mWm2)
工作时间	待命状态可达 96 h;连续的 1 kHz 触发信号的情况下达 8 h
温度范围	工作温度:-20~+55 ℃。存储温度:-30~+65 ℃
激活时间	<10 μs
天线高度	≥1 m
响应延迟	≤0.5 μs
天线波束	垂直:±12.5°。方位角:全向±2 dB
浮力	有浮力

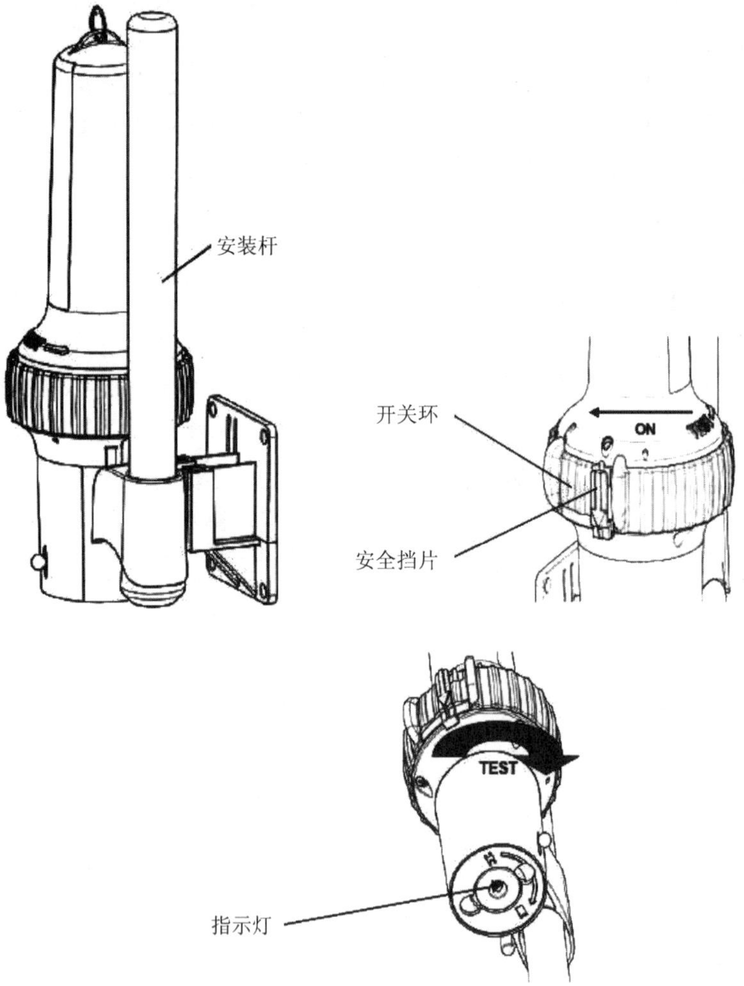

图 7-2-10　McMurdo S4 型 SART 结构示意图

SART 的具体操作方法如下：

1.自测试

将 SART 从支架上取出。测试时将开关旋转至“TEST”位置，若有雷达触发，则底部红色指示灯常亮，每 2 s 发出 1 次声响。如果没有收到雷达信号，则机身底部的红灯每 2 s 闪烁 1 次，无任何声响；如果收到雷达信号，则机身底部的红灯将持续亮，并且每 2 s 发出“哔”的声音，这说明 SART 可以正常工作。自检测试只能持续几秒钟，避免附近船舶探测到此信号而引起误会。测试完毕，松开开关圈退回“OFF”位置即可。

2.人工启动

将 SART 从支架上取出，拔掉黑色可伸缩支杆底部的橡胶盖，拉出黑色支杆并拉出系绳，固定于艇筏位置。拔出保险销，旋转设备开关到“ON”位置，SART 首选启动 15 s 自检，响应时底部红色指示灯常亮，每 2 s 发出 1 次声响。15 s 后若无雷达触发，则处于预备状态。若受到雷达触发，则 SART 处于工作状态，响应同上。若要停止 SART，则可将开关置于“OFF”的位置，插上保险销。

六、TRON AIS-SART 的操作

TRON AIS-SART 由挪威 JOTRON 公司生产，外壳呈橘色，高度为 250 cm，直径为 89 cm，重量约为 450 g，其外形、结构如图 7-2-11 所示。

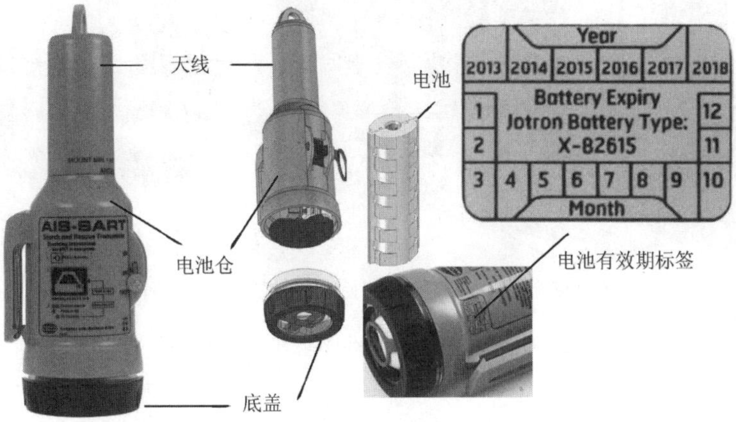

图 7-2-11　TRON AIS-SART 的外形、结构图

1.安装操作流程

TRON AIS-SART 可以根据需要选择不同的安装方法，通常将其放置在支架内。对于 TRON AIS-SART，其常见的支架有 3 种：

(1)壁挂式支架

该种支架主要用于 AIS-SART 的存放，通常安装在驾驶台的两侧，用 4 个 4 cm 的螺丝固定，如图 7-2-12 所示。

(2)救生艇支架

该种支架主要在开放式救生艇上使用，在救生艇的艇壁上垂直安装，如图 7-2-13 所示。

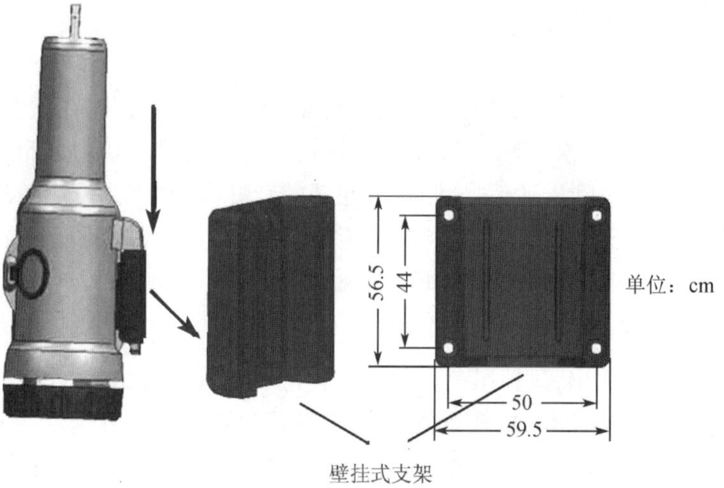

图 7-2-12　TRON AIS-SART 的壁挂式支架

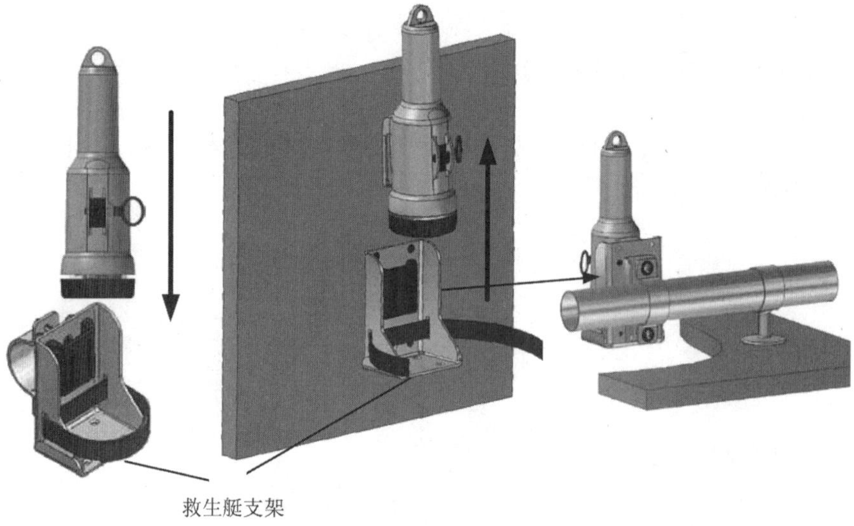

图 7-2-13　TRON AIS-SART 的救生艇支架

(3)伸缩杆式支架

伸缩杆式支架能够增加 SART 的安装高度,并可在开放式和封闭式救生艇中使用,如图 7-2-14 所示。

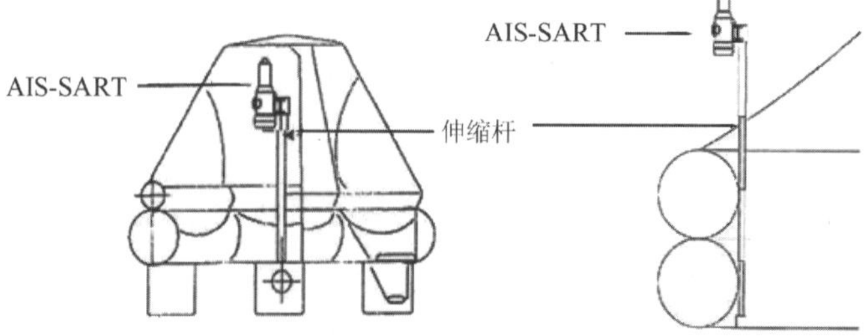

图 7-2-14　TRON AIS-SART 的伸缩杆式支架

2.启动操作流程

TRON AIS-SART 的启动如图 7-2-15 所示。

①首先从支架上将 SART 取下来,然后撕掉密封条。

②将工作开关向右旋转到“ON”的位置。此时,AIS-SART 上的 LED 指示灯开始闪亮,蜂鸣器开始发出有规律的声响。

③将 SART 固定在支架上,并确保 SART 上方无遮挡物,这样便于 AIS-SART 进行 GPS 定位。

④TRON AIS-SART 中下部的指示灯(绿色+红色)同时闪亮,表示应答器当前正在进行 GPS 定位,定位时间大约为 15 min,同时可听到蜂鸣声。

⑤当 GPS 定位成功后,指示灯只有绿灯闪亮,此时 AIS-SART 会自动更新自己的位置信息,并发送给周围的船舶。

⑥如果 GPS 定位不成功,即只有红色指示灯闪亮,这时就需要重新固定 AIS-SART 的位置,并进行设备重启。

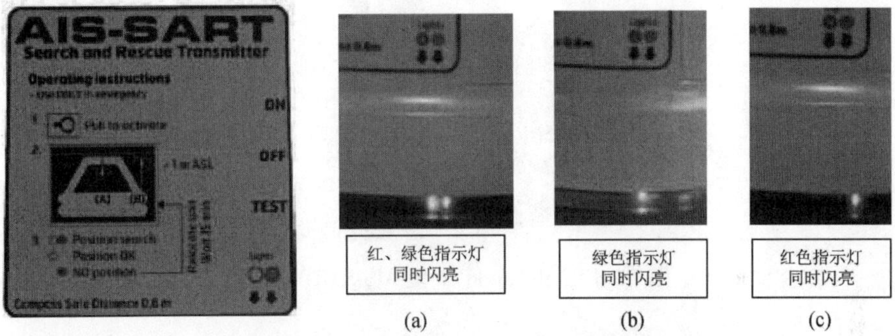

(a) (b) (c)

图 7-2-15 TRON AIS-SART 启动示意图

3.检测操作流程

AIS-SART 的性能测试:

①首先将 AIS-SART 从支架上取下,并带到船舶开阔处,以便于 GPS 定位。

②将 AIS-SART 的开关置于“TEST”处,LED 灯开始闪亮,此时 AIS-SART 开始进行自检。

如果只有红灯闪亮,说明设备电路有问题:红灯闪烁 2 次,说明 AIS-SART 的发射设备有问题;红灯闪烁 3 次,说明 AIS-SART 的电池电压低;红灯闪烁 4 次,说明 AIS-SART 的发射频率错误;红灯闪烁 5 次,说明 AIS-SART 未进行设置或设置未完成;红灯闪烁 6 次,说明 AIS-SART 故障不明确,需要联系 JOTRON 公司;红灯闪烁 7 次,说明 AIS-SART 的信息收发系统出现问题。如果两个 LED 指示灯(红色+绿色)都开始闪亮,说明 AIS-SART 设备开始进行 GPS 定位。如果 15 min 后,听到一个 15 s 的蜂鸣声,并且只有绿灯闪亮,说明设备的测试成功,会在电子海图设备上显示“⊗”图标,在 AIS 设备上显示如图 7-2-16 所示的“SART TEST”信息。如果听到一个 15 s 的蜂鸣声,并且只有红灯闪亮,说明测试不成功,需要重新放置 AIS-SART,并进行设备重启。

```
Menu Message                1/2

> 97001001:SART TEST
```

图 7-2-16 TRON AIS-SART 测试成功后的显示

4.维护操作流程

AIS-SART 的维修保养：

①AIS-SART 应至少每个月检查外壳 1 次，查看 AIS-SART 外部是否有裂缝或损坏，并及时清洁 AIS-SART 外壳，以保证 AIS-SART 表面的船名、呼号、MMSI、电池有效期等各种标记的清晰；

②应每个月进行 1 次 AIS-SART 的性能测试；

③AIS-SART 的电池每 5 年至少更换 1 次，以保证 AIS-SART 的正常工作。

七、McMurdo S5 型 AIS-SART 的操作

如图 7-2-17 所示为英国 McMurdo 公司研制的 S5 型 AIS-SART，是为数不多的较小尺寸的产品之一，方便安装。图 7-2-18 为 McMurdo S5 型 AIS-SART 结构示意图。

图 7-2-17　McMurdo S5 型 AIS-SART 示意图

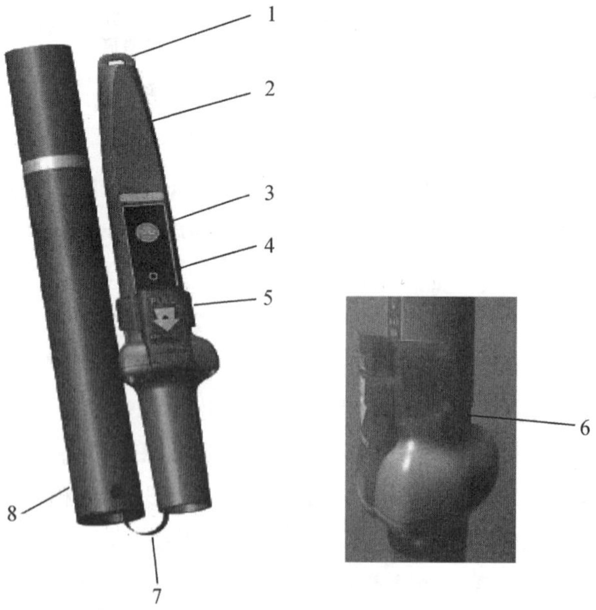

图 7-2-18　McMurdo S5 型 AIS-SART 结构示意图

1—架孔；2—天线；3—自检测按钮；4—LED 灯；5—激活按钮；6—GPS 区域；7—金属带；8—安装端

McMurdo S5 型 AIS-SART 是一款具有发射遇险位置、状态、安全灯信息能力的救生装置。它的发送信息格式与 AIS 系统一致，通过接收 GPS 信号确定船只当前的精确位置信息和时间

信息，定期向 AIS 系统发射信号，报告遇险船只当前所处的精确位置。产品满足 IEC 61097-14 协议和 IMO MSC.246(83)决议要求。表 7-2-4 列出了 McMurdo S5 型 AIS-SART 的主要参数。

表 7-2-4　McMurdo S5 型 AIS-SART 的主要参数

输出功率	31 dBm±1.5 dB
频道宽带	25 kHz
频率范围	频道 1：161.975 MHz；频道 2：162.025 MHz
传输速率	9 600 bit/s
调制方式	GMSK
持续工作时间	在环境温度为-20～+55 ℃的范围内可以持续工作 96 h
水密性	10 m 水深能够保持至少 5 min 水密
防跌落要求	可以承受 20 m 高空坠入水中的冲击
工作温度	-20～+55 ℃

内置自检装置，且自检测试更为直观、简捷，内置式系绳便于自由收缩 10 m 防水深度，电池有效期 6 年，可持续工作 96 h。表 7-2-5 列出了 McMurdo S5 型 AIS-SART 的技术指标。

表 7-2-5　McMurdo S5 型 AIS-SART 的技术指标

技术指标类型	IMO AIS-SART	非自浮式
操作方式	手动激活开关	防误操作保护盖
	自检测	检查发射机、电池、GPS 和指示灯
AIS 发射机	操作频率	161.975 MHz/162.025 MHz
	输出功率	全向辐射功率 1 W
	AIS 信息类型	1，14
	调整类型	GMSK
	天线	垂直整合
电池	类型	锂电池
	连续工作时间	最少 96 h
	搁置寿命	6 年
	使用	可替换式
GNSS	GPS	频道 20
工作环境	工作温度	-20～+55 ℃
	存放温度	-30～+70 ℃
	防水	进入水中 10 m 以下
	浮力	可浮动
	外部装饰	橙黄色
罗经安全距离	0.5 m	

续表

技术指标类型	IMO AIS-SART	非自浮式
符合的标准	AIS-SART	IEC61097-14, IEC60945
	无线电	ITU R M.1371
	GNSS/GPS	IEC61108-1
	IMO	MSC.246(83)

1.安装操作流程

图 7-2-19 是 McMurdo S5 型 AIS-SART 安装端全部展开示意图。AIS-SART 被带到救生艇筏上时应该垂直放置,同时 AIS-SART 被激活后也应该垂直放置,这样 AIS-SART 才可以将信号无阻碍地向天空发射。特别地,GPS 区域也不应因被阻挡而影响接收信号。当 AIS-SART 被放置时,天线基准线应该位于水面以上至少 1 m 高处。

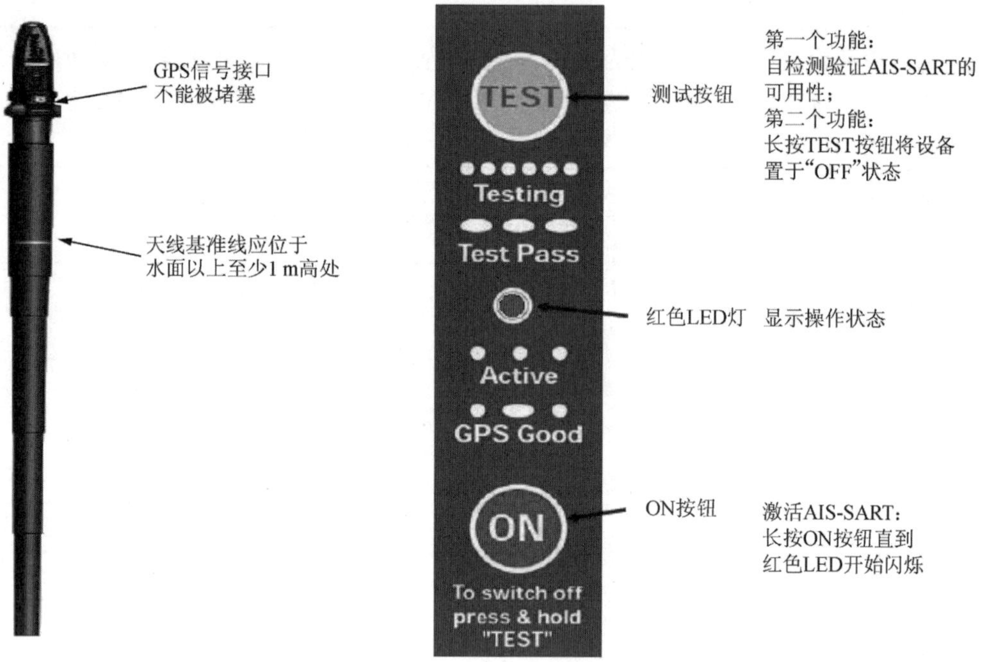

图 7-2-19 McMurdo S5 型 AIS-SART 安装端全部展开示意图

图 7-2-20 为 McMurdo S5 型 AIS-SART 放置程序示意图。具体程序如下:

①从支架上取下 AIS-SART 包;

②将 AIS-SART 包带到救生筏上;

③打开包并取出 AIS-SART;

④将天线从伸缩杆中伸长,安装端部朝下,将 AIS-SART 插入安装端顶部;

⑤去掉端部橡胶底,将端部区域全部露出来;

⑥扭转使 AIS-SART 完全与端部连接。

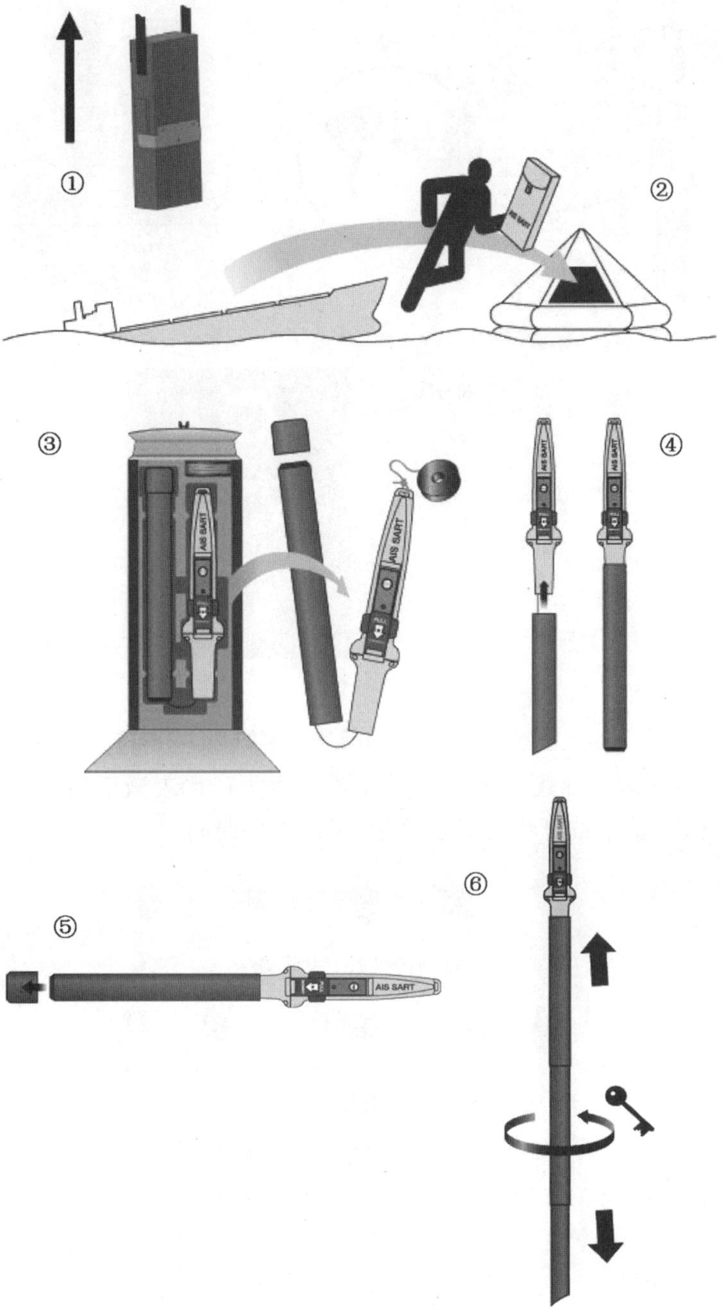

图 7-2-20　McMurdo S5 型 AIS-SART 放置程序示意图

2.启动操作流程

McMurdo S5 型 AIS-SART 遇险报警的具体操作方法如下：

①如图 7-2-21 所示，扳开插销，将“ON”的位置露出来。

②按“ON”按钮。

③红色的 LED 灯将开始每过几秒钟闪一下。闪亮表示已启动但 GPS 没有定位，常亮表示 GPS 已经定位。

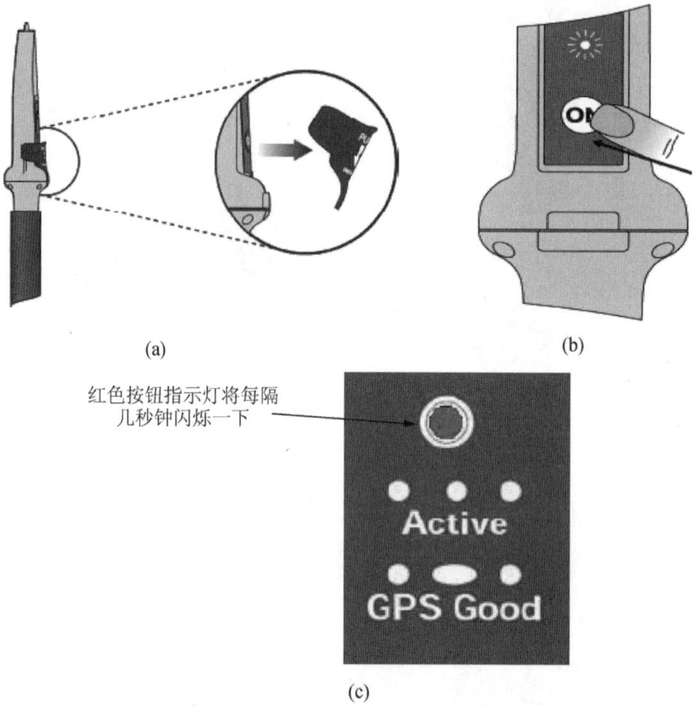

图 7-2-21　McMurdo S5 型 AIS-SART 遇险报警操作方法示意图

图 7-2-22 为红灯闪烁方式代表的不同含义，其中(a)代表激活后每隔 3.5 s 闪烁一次；(b)代表 GPS 位置固定后红灯将在每分钟内闪烁较长的时间。

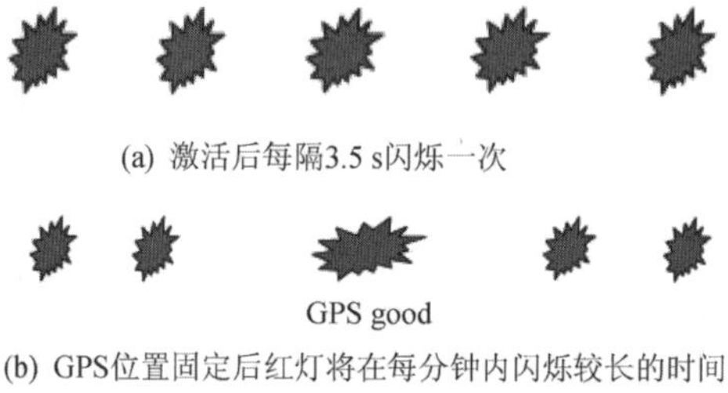

图 7-2-22　红灯闪烁方式代表的不同含义

McMurdo S5 型 AIS-SART 取消激活的具体操作方法如下：

当误操作或者紧急报警之后，欲取消 AIS-SART 的激活时，可以按下“TEST”按钮 2 s 将 AIS-SART 关掉，红色 LED 灯将不再亮，如图 7-2-23 所示。

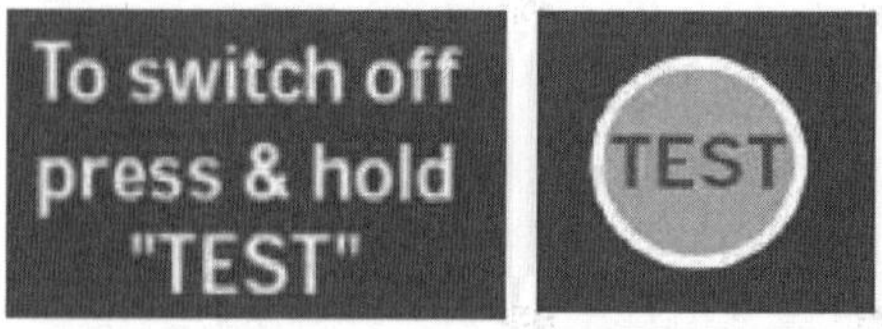

图 7-2-23　McMurdo S5 型 AIS-SART 取消激活操作方法示意图

McMurdo S5 型 AIS-SART 的自检测方法如下：

按下“TEST”按钮 2 s，启动常规自检测功能。红色 LED 灯亮代表正在进行自检测。退出测试后，将按钮置于常闭位置，天线收妥，安放于支架上。图 7-2-24 是 McMurdo S5 型 AIS-SART 自检测界面示意图。

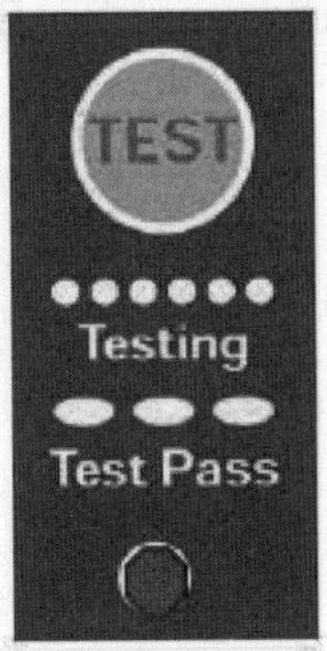

图 7-2-24　McMurdo S5 型 AIS-SART 自检测界面示意图

3.日常维护保养

每年进行 AIS-SART 的自检测。检查电池是否在有效期内，其外包装和支架是否有破损。如果需要，则使用清水清洁外包装并擦拭干净。

注意：不能使用化学溶剂清洁 AIS-SART 或其配套包。电池有耗尽的可能，因此需要更换。

更换原则：

①电池应该每 5 年更换一次；

②电池有效日期应该在电池外包装上标识出来；

③当已经到了失效日期或者 AIS-SART 被激活超过 6 h 时，电池必须更换；建议由 McMurdo 公司服务部门实施电池更换，以实现专业的完整评估和整体检查。

练习题

1.EPIRB 已经关机并置于支架之上，请指出 EPIRB 上的出厂序列号、船舶名称标志及电池和静水压力释放器的有效期。

2.请说明 EPIRB 方式开关类型、作用及特点。

3.EPIRB 关机并置于支架之上，请从支架上正确取下 EPIRB 设备并安装回原来位置。

4.EPIRB 关机并置于支架之上，请使用该 EPIRB 完成自测试。

5.EPIRB 关机并置于支架之上，请用该 EPIRB 说明 EPIRB 自动启动及人工启动过程。

6.请根据正在使用的 EPIRB 说明在日常维护过程中如何防止误报警和取消误报警。

7.请根据正在使用的 EPIRB 说明日常如何维护和保养 EPIRB。

8.SART 关机并置于支架之上，请指出标志在 SART 上的船名、呼号及电池有效期。

9.请说明在母船和救生艇筏上如何正确安装和开启 SART。

10.SART 关机并置于支架之上，请根据正在使用的 SART 对其进行测试。

11.请说明 SART 日常管理与维护的注意事项。

参考文献

[1] 陈放,张国强. GMDSS 通信设备与业务.2 版. 大连:大连海事大学出版社,2015.
[2] 黄耀倧,杨家轩. GMDSS 设备操作与维护. 大连:大连海事大学出版社,2014.
[3] 陈放,张国强,关巍. GMDSS 通信设备与业务.3 版. 大连:大连海事大学出版社,2021.
[4] 国际海事组织. 国际海上人命安全公约(综合文本). 北京:人民交通出版社,2014.
[5] 交通运输部海事局. 海船船员培训大纲. 北京:人民交通出版社,2016.
[6] 王化民,李建民. 船舶通信技术与业务. 大连:大连海事大学出版社,2020.
[7] Admiralty List of Radio Signals (NP281-286). United Kingdom Hydrographic Office,2019.
[8] 中华人民共和国海事局. 国际海事组织海员行为示范课 1.25:全球海上遇险与安全系统通用操作员证书. 大连:大连海事大学出版社,2016.
[9] SN.1/Circ.322,Information on the Display of AIS-SART,AIS Man Overboard and EPIRB-AIS Devices. MSC.92,2013.
[10] JRC Instruction Manual. JUE-75C Inmarsat-C Mobile Earth Station. Tokyo:Japan Radio Co., Ltd,2003.
[11] JRC Instruction Manual. JUE-85 Inmarsat-C Mobile Earth Station. Tokyo:Japan Radio Co., Ltd,2006.
[12] Furuno Operator's Manual. Inmarsat-C Mobile Earth Station:Felcom 12. Nishinomiya:Furuno Electric Co.,Ltd,2003.
[13] Furuno Operator's Manual. Inmarsat-C Mobile Earth Station:Felcom 15. Nishinomiya:Furuno Electric Co.,Ltd,2009.
[14] Furuno Operator's Manual. Inmarsat Mini-C Mobile Earth Station:Felcom 16. Nishinomiya:Furuno Electric Co.,Ltd,2008.
[15] TT-3020C (H 2095C) / TT-3022D. Maritime/Fisheries Capsat Transceiver Technical Reference Manual. Soeborg:Thrane & Thrane A/S,1996.
[16] Sailor User Manual. Sailor TT-3084A Fleet 77 / TT-3086A Fleet 55. Aalborg SV,Denmark:Thrane & Thrane A/S,2008.

[17] Nera F77 User Manual. Billingstad:Nera Satcom AS,2003.

[18] JRC Instruction Manual. 250W/500W/800W MF/HF Radio Equipment JSS-296/596/896 Service Manual. Tokyo:Japan Radio Co.,Ltd,2004.

[19] Furuno Operator's Manual. SSB Radiotelephone:FS-2570. Nishinomiya:Furuno Electric Co.,Ltd,2009.

[20] SAILOR HC4500 MF/HF Control Unit Operating Instructions. Aalborg SV,Denmark:Thrane & Thrane A/S,2004.

[21] SAILOR RT4822 VHF-DSC Operating Instructions. Aalborg SV,Denmark:Thrane & Thrane A/S,2005.

[22] Furuno Operator's Manual. VHF Radiotelephone: FM-8500. Nishinomiya: Furuno Electric Co.,Ltd,2007.

[23] Furuno Operator's Manual. VHF Radiotelephone: FM-8800D/8800S. Nishinomiya: Furuno Electric Co.,Ltd,2009.

[24] SKANTI Operator's Manual. VHF 1000 DSC Professional VHF with Built-in DSC. Ballerup: Skandinavisk Teleindustri SKANTI A/S,1999.

[25] Sailor User Manual. SAILOR SP 3520 VHF GMDSS. Aalborg SV,Denmark:Thrane & Thrane A/S,2007.

[26] JRC Instruction Manual. NCR-300A NAVTEX Receiver. Tokyo:Japan Radio Co.,Ltd,1989.

[27] Furuno Operator's Manual. NAVTEX Receiver:NX-500. Nishinomiya:Furuno Electric Co.,Ltd,2005.

[28] Furuno Operator's Manual. NAVTEX Receiver: NX-700A/B. Nishinomiya: Furuno Electric Co.,Ltd,2009.

[29] McMurdo. Smartfind GMDSS NAVTEX GMDSS Tri-channel NAVTEX Receiver User and Installation Manual. Portsmouth:McMurdo Ltd,2010.

[30] JOTRON User's Manual. Tron 40S Cospas Sarsat 406 MHz EPIRB. Tjodalyng,Norway:Jotron AS,2006.

[31] JOTRON User's Manual. Tron 40S MKII / Tron 40GPS MKII. Tjodalyng, Norway: Jotron AS,2011.

[32] McMurdo. E3 EPIRB Service Manual. Portsmouth:Orolia Ltd,2007.

[33] McMurdo. Smartfind E5 and G5 EPIRB User Manual. Portsmouth:Orolia Ltd,2007.

[34] Kannad Marine. Kannad Marine EPIRB User Manual. Portsmouth:Kannad Marine,2010.

[35] McMurdo. S4 Rescue SART User Manual. Portsmouth:Orilia Ltd,2010.

[36] ACR product Support Manual. PathFinder TM3 Search and Rescue Transponder. Fort Lauderdale:ACR Electronic Inc,2011.

[37] McMurdo. S4 Rescue SART User Guide. Portsmouth:McMurdo Ltd,2007.

[38] Sailor User Manual. 9GHz SART II. Aalborg SV,Denmark:Sailor Ltd,2014.

[39] McMurdo. Smartfind S5 AIS SART User Manual. Portsmouth:Orolia Ltd,2012.

[40] JOTRON User's Manual. Tron AIS-SART. Tjodalyng,Norway:Jotron AS,2012.

[41] Furuno Operator's Manual. FAX/NAVTEX Dual Function Facsimile Receiver:FAX-208 Mark-

2. Nishinomiya:Furuno Electric Co.,LTD,2002.

[42] Furuno Operator's Manual. Facsimile Receiver:FAX-408. Nishinomiya:Furuno Electric Co., LTD,2009.

[43] Sailor. TT-3000E Mini-C GMDSS User Manual. Aalborg SV, Denmark:Thrane & Thrane A/S,2007.

[44] JRC. Inmarsat Mini-C JUE-95SA Operation Guide. Tokyo:Japan Radio Co.,Ltd.

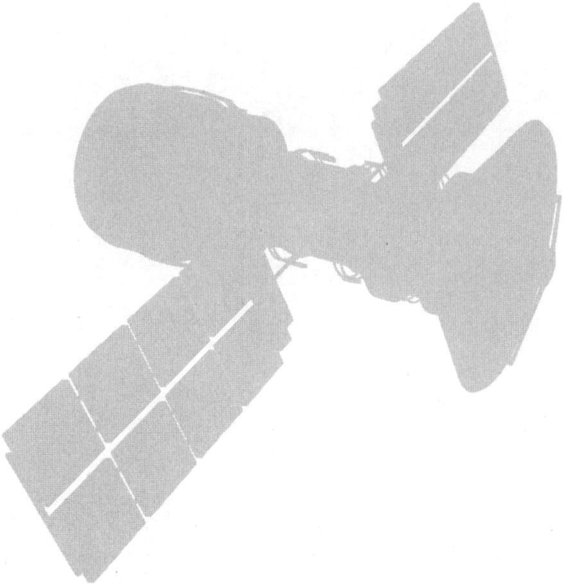